문예신서
153

시적 언어의 혁명

줄리아 크리스테바

김인환 옮김

東文選

시적 언어의 혁명

Julia Kristeva
La Révolution du Langage Poétique

© 1974 Éditions du Seuil

This edition was published by arrangement
with Éditions du Seuil, Paris
through Korea Copyright Center, Seoul

"그러므로 과학적인 연구에서 중요한 것은
자아가 개념에 대해 분투하는 것이다."

헤겔,《정신현상학》

A

이론적 전제

'이데아'의 구체화라 할 수 있는 우리의 언어철학도 고문서학자, 고고학자, 혹은 죽은 것들을 좋아하는 사체애호가의 사상보다 더 나을 것이 없다. 그들도 무엇보다 담론적 기능 작용의 잔재들에 매혹되어, 그러한 물신(fétiche)으로 그것을 만들어 낸 것을 대체하기 때문이다. 이집트·바빌로니아·미케네. 우리는 그들의 피라미드, 상형문자가 새겨진 서판들, 작은 파편으로 조각난 암호문들을 우리의 동시대인들의 담론 속에서도 찾아보게 되고, 그리하여 그것들을 체계화하는 것이 그것들을 소유하는 것이라고 믿고 있다.

휴식의 사상(pensée), 역사의 소용돌이에서 떨어져 나온 한가로운 사유의 발로, 이것은 아무데도 정착되지 않은 언표들을 형식화하면서 집요하게 언어의 진리를 추구하는 사상이거나, 아니면 잠자는 육체——드러누워 휴식을 취하고, 잡다한 사회와 역사의 현장에서 물러난, 직접적인 실천에서 멀리 떨어진 육체——의 이야기에 귀를 기울이면서 주체의 진리를 추구하는 사상이다. "존재하느냐, 존재하지 않느냐. (……) 죽는다는 것은 잠자는 것. 잠을 자다…… 아마도 꿈을 꾸는 것이겠지!"[1] 그런데 바로 그러한 사상이 하나의 진리를 제시해 준다. 그 진리는 (자본주의) 사회가 요청하고 조장하는 활동이 신체와 주체를 가로지르는 **과정**(procès)[2]을 억누른다는 것과, 따라서 그 사회 구조가 억압하는 것, 즉 의미 생성(signifiance)[3]의 산출 양태에 접근하는 기회를 얻어내기 위해서는 개인 상호간과 사회 상호간에서 생기는 경험으로부터 우리가 벗어나야만 한다는 것을 지적하고 있다.

고문서학자, 고고학자, 그리고 사체애호가의 방식들은 한 강력한 과학적 요구의 기초가 될 수 있었다——다시 말하면 하나의 선험적 인 것, 체계화할 수 있는 여건, 관찰 가능한 대상인 언어에서 출발 하여 추론들을 구축할 수 있게 해주었다——그런데 그 방식들은 현대 또는 최근에 일어난 여러 현상들에 적용될 경우에는 난처한 과녁이 되어 버린다. 그 방식들이 고백하는 것은 무엇인가. 그것은 자본주의 생산양식이 언어를 여러 종류의 개인 언어(idiolecte)로 분 열시켜 성층화되게 하였고, 또 그 개인 언어들을 폐쇄되고 의사소 통이 불가능한 고립된 섬들로, 잡다한 시간성(과거의 유물이나 앞으 로의 탈출)을 살아가고 또 알려지지 않은 기괴한 공간으로 만들었 다는 고백이다.

그러한 담론적 우여곡절은 하나의 분류법을 만들어 내고, 그것은 사회 전체 속에서 주체적이고 사회-경제적인 분류법과 관련되어 있 다. 총체성의 대행자이자 통제 업무에 임명된 과학이나 이론이 개 입하는 것은, 그것들의 대륙 속에 그 담론적 우여곡절을 끌어들여 ——그것들을 잃어버리면 다시 시작할 것을 각오하고——이해하기 쉽게 만들고, 그런 다음에는 일시적이나마 새로이 그것들을 통합시 킨다. 왜냐하면 바로 그것이 과학이나 이론의 대장정이기 때문이다. 언어학, 기호학, 인류학, 정신분석학의 임무는 사고하는 주체, 즉 자 기가 있음을 사고나 언어 속에서 인지하는 데카르트적 주체가 바 로 그 존재 쪽으로, 또 그것을 구조화한다고 간주되는 다양한 조작 쪽으로 온갖 초언어적[4] 실천을 끌어들이는 것이다. 그리고 이 실천 속에서 언어와 주체는 단지 계기들에 불과하다.

언어철학과 그 철학이 기초가 되는 인문과학은 이처럼 계기들에 대한 사유처럼 드러난다. '학문 분야'에 따라서 단지 언어에 관한 것이나 주체에 관한 것으로, 아니면 더 광범위하게는 사회-경제에 관한 것으로 드러난다 해도, 그 계기들은 여전히 단편들로, 잔재들로 남아 있어서 우리는 그것들의 개별적인 분절(分節)을 다시 그려 낼 수 있다. 하지만 좀처럼 그것들의 내적 의존관계나 생성을 밝혀 낼 수는 없다.

문제는 다른 방법이 있는지 없는지 그 여부를 아는 데 있지 않다. 왜냐하면 대상이 언어와 의사소통 내에서 결합시키고 결합되는 실주체(sujets pleins)들이 이루는 인간 세계라면 다른 방법이 없다는 것은 확실하기 때문이다.

문제는 단지 피라미드의 기반과 그 단층을 계산해 내고, 바빌로니아의 서판들 위에 새겨진 필적들이나 미케네의 선 모양의 문자들을 흉내내는 것 또한 아니다. 경제학, 현상학 또는 정신분석학의 그러한 세련됨은 닫힌 총체를 해체시켜서, 그 총체가 필연적으로 그 자체를 산출해 내는 표류하는 인과성을 지니고 있음을 지적해 준다. 그러나 각각의 울타리에 내재하는 '바깥'을 상정하는 것도 필요하다. 그러지 않을 경우, 그 내부에서의 차이가 무한히 확장된다 해도 그것은 여전히 울타리로 남아 있을 것이기 때문이다. 말하자면 닫힌 울타리의 중심을 분산시키고, 그리하여 복수적이고 이질적인 우주들 사이에 한 과정의 변증법을 구축하는 것이 필요하게 된 것이다.

이러한 전망에서 우리는 끊임없이 프로이트의 정신분석 이론과, 또 그 학문이 최근에 보여 준 다각적인 발전에서 차용해 온 관념들과 개념들에게서 도움을 받을 것이다. 그와 같은 개입을 원하는 것은 **변증법적 논리**의 최첨단에 **유물론적 토양**(주체를 기반으로 하는 의미 작용의 이론, 주체의 형성 이론, 그리고 주체의 신체·언어·사회와 관련된 변증법적 이론)을 부여하는 데 목적이 있다. 그러나 이러한 방식이 겨냥하는 것은, 어느 특정 학파의 정통성에 충실하기보다는, 텍스트[5]들이 실천하는 것과 같은 의미 생성의 과정에 합리적인 근거를 부여할 수 있을 분석 이론의 양상들을 산출해 내는 것이다.

이 변증법은 고문서 해석에서 나온 것일까? 여하튼 이 변증법은 스스로 제자리를 지정하고, 그리하여 모든 의미 실천을 하나의 형식론으로 환원시키는 실증주의적 담론에 고유한 총괄적 단편화를 거부할 뿐만 아니라, 그것 자체를 사회 전체의 또 다른 (담론적, 이념적, 경제적) 작은 섬들로 축소시키는 동일화도 거부한다.

이 지점에서부터 하나의 의미 실천을 볼 수 있을 것 같다. 그것은 언어 속에 모습을 드러내고, 오직 언어를 **통하여**서만 이해되는 실천이다. 언어학이 과제로 삼고 있는 대상을 음성·어휘·통사면에서 파열시키는 이 실천은 모든 유인원적(anthropomorphique) 과학이 그에 대해 시도하는 파악법에 도전하고, 분석 주체[6]의 전이[7]에 굴복되어 휴식하는 육체에 동화되지도 않는다. 그뿐만 아니라 이 실천은, 그렇게 함으로써 형식주의적이고 정신분석적인 장치들의 한계를 입증하면서 변함 없이 집요한 이념적 제도와 기구들을 와해시켜 버린다. 이러한 실천——일종의 현대 문학——이 사회 구조와 그 이념적·사체애호적·예속적 등가물의 '위기'만을 입증하는 것은 아니다. 그런 종류의 위기는 각 생산양식의 개명기와 쇠퇴기에 존재했었다. 그래서 호메로스적인 명확성과 공동성을 뒤잇는 핀다로스의 애매성은 수많은 예들 중의 하나이다. 로트레아몽·말라르메·조이스·아르토 같은 몇몇 작가들만을 거론해 보면, 이들과 함께 그 위기는 하나의 새로운 현상을 보여 준다——자본주의 생산양식은 담론상에서 가장 볼 만한 파열들 중의 하나를 생산하고 배척하는 동시에, 그 자체의 쇄신을 위하여 그 파열을 이용한다. 담론의 파열은, 주체와 그의 이념적 한계의 파열이기 때문에 삼중 효과를 갖게 되고, 다음과 같은 세 가지 계열의 질문을 제기한다.

1. 우선, 이 파열은, 우리 시대의 담론적 총체의 내부에 특수하게 독립해 있기 때문에, 언어의 변화가 **주체의 신분**—주체와 신체, 타자, 대상과의 관계—의 변화라는 사실을 밝혀 준다. 또한 그것은 규범적인 언어가 신체, 물질적인 외부, 그리고 이른바 언어를 포괄하는 의미 생성의 과정(procès de la signifiance)을 분절하는 수많은 방법들 중의 하나임을 드러내 보여 준다. 그렇다면 이 세 가지 층은 어떻게 분절되는가? 또 의미 실천의 내부에서 그것들의 상호관계는 어떤 것일까?

2. 그와 동시에 이 파열은 자본주의 생산양식이 과학과 기술면에서 생산방법에서 발달된 수준에 이르렀기 때문에 더 이상 언어적·이념적 **규범들**에 전적으로 집착할 필요는 없으나, 그것들의 **과정을 있는 그대로**(le procès en tant que tel) 통합시킬 수 있다는 것을 밝혀 준다. 다시 말하면 그 파열은 예술 형식으로 주관적이고 이념적인 의미 형성의 산출 기반을 드러내 보일 수 있다. 이 기반을 원시 사회에서는 '신성한 것'이라 부르고, 현대 사회에서는 정신분열증처럼 거부할 수 있다. 이러한 통합의 척도는 무엇인가? 어떤 조건에서 그러한 통합이 불가피하고, 검열되고, 억압되거나 아니면 소외되는가?

3. 결국, 의미 체계의 역사와 특히 예술·종교·의식의 역사 속에는 단편적인 현상들이 회고적으로 나타나고, 그 현상들은 공동체적 성격이 더 강한 의미 체계 속에서 제거되거나 아니면 통합되어서 의미 생성의 과정 그 자체를 지적한다. 마술·샤머니즘·비교(ésotérisme)·카니발 혹은 '이해할 수 없는' 시(詩) 등은 사회적으로 유용한 담론의 한계를 강조하고, 또 그 담론이 억압하고 있는 것, 즉 주체와 그의 의사소통 구조를 넘어서는 **과정**을 증언한다. 그런

데 어떤 역사적 순간에 사회적 교환이 의미 생성과정의 발현을 '시적' 혹은 '비교적' 양상으로 지지하거나 필요로 할까? 어떤 조건하에서 이 '비교'가 사회적으로 정착된 의미 실천의 한계들을 수정하여 변혁에, 더 나아가서는 사회-경제적 혁명에 대응할까? 또 어떤 조건하에서 그 반대로 이 비교가 출구 없는 막다른 골목으로 남아 있고, 그 비교를 자신을 확대하고 완화하며 영속시키는 데 이용하는 사회 질서가 베푼 악의 없는 만족으로 남아 있을까?

따라서 언어적 피막들의 저장고나 구조들의 집적소도 아니고, 은거한 육체의 증언도 아니지만, 그 반대로 무의식적·주관적·사회적 관계의 총체를 공격·횡령·파괴·구축, 간략하게 긍정적 폭력이라는 태도 속에 포함시키는 한 실천의 요소 그 자체인 '담론'이 존재한다면, 그것이 곧 '문학'이고, 우리는 그 특수성을 강조하여 **텍스트**라고 부른다. 그리고 이렇게 윤곽이 잡힌 개념(이 점에 대해서는 재론하겠다)은 우리를 이미 '담론'에서 뿐만 아니라 '예술'에서도 멀리 떼어 놓는다. 텍스트는 정치혁명의 실천에 비할 수 있을 하나의 실천이다. 왜냐하면 텍스트의 실천은 정치혁명의 실천이 사회 내에 도입하는 것을 주체 내에 끌어들이기 때문이다. 20세기의 역사와 정치 경험이 주체의 변화에는 사회가, 사회의 변화에는 주체가 결여될 수 없다는 것을 증명한다는 것이 사실이라면——그러나 헤겔의 변증법의 전복 이래로, 그리고 더욱 프로이트의 혁명 이래로 거기에 대해 의문을 품을 여지가 있었던가?——, 우리가 문학 실천에 대해 제기할 질문들은 문학 실천과 불가분의 관계를 맺고 있는 정치적인 지평을 겨냥하게 될 것이다. 형식미를 추구하는 비교의 노력이나 양자를 분리시키기 위한 사회학주의적, 혹은 형식주의적 독단의 억압이 어떤 것이든간에. 그래도 우리는 이 이질적인 과정을 **의미 생성**이라고 부를 것이다. 그렇게 함으로써 명확해지는 것은 한편으로 생물학적인 압력이 사회적으로 통제·조정·배치되어서 사회 장치들과 관련된 과잉을 생산한다는 사실과, 또 한편으로는 욕동[8]의 기능 작용이 하나의 실천, 다시 말하면 자연적이고 사회적인 저항·유한성·정체의 변화가 되었다는 사실이다. 이것은 단지 그 기능 작용이 언어적이고 사회적인 의사소통의 약호 속에 투여되었을 때인 것이다. 들뢰즈·가타리[9]와 마찬가지로 레잉과 쿠퍼가 정신분열의 구조파괴적이고 무의미한 유출을 강조하고, 무의식의 욕망하고 무의미한 기계를 역설한 것은 옳다. 인류학과 정신분석학에 다소 양분을 주는 의사소통과 규범성의 옹호자들에 비하면 그들의 접근방식은 해방군과도 같다. 그렇지만 우리가 쉽사리 확인하게 되는 것은 '정신분열증적 유출'의 구체적인 예들이 매우 빈번히 현대 문학 속에, 하나의 실천 속에 기술되었다는 사실이다. 그 실천 속에서 그 '유출'은 유출로 실현되기 위하여 언어 속을 파고들어, 시니피앙을 횡령하고 이동하면서 '욕망하는 기계'의 이질적인 생성을 **시니피앙 내**에 실행한다.

우리가 **의미 생성**이라는 표현으로 지적하는 것은 바로 이 한계가 없고 결코 닫히지 않은 생성과정이다. 그것은 언어를 향하여, 언어 안에서 그리고 언어를 가로지르는 욕동, 즉 교환가치와 그 주역들——주체와 그 제도들——을 향하여, 그 안에서 그리고 그것들을 관통하는 욕동의 끊임없는 기능 작용이다. 무질서하게 분할된 토대도 아니고, 정신분열증의 폐색도 아닌 이 이질적인 과정은 구조화와 탈구조화의 실천, 즉 주체와 사회의 **한계**를 향한 **극한에로의 이행**[10]이다. 그리고——오직 이러한 경우에만——그 과정이 향락[11]이고 혁명이다.

I

세미오틱과 쌩볼릭[12)]

"대자적(對自的) 대상을 미리 확정할 것.
의식의 배후에 있는 논리"

헤겔, 1931년 가을

I. 언술 행위의 현상학적 주체

이제 우리는, 무엇보다도 우선, 의미 생성의 과정이라는 것이 의미의 일반 이론과 언어 이론들, 그리고 주체 이론들과 관련하여 무엇을 의미하는지를 분명히 밝힐 필요가 있다.

여기서 우리가 상기해야 할 것은, 현대의 언어 이론들은 그 종류가 아무리 다양하다 해도 모두 언어를 엄밀히 '형식적인' 대상——언어가 통사나 수학화와 연관된다는 의미에서 ——으로 간주하는 데에 동의하고 있다는 사실이다. 이러한 관점에서 젤리그 해리스의 언어 개념은 일반적으로 받아들여질 수 있을 것 같다. 그는 언어(langage)를 다음과 같이 정의되는 것으로 상정하고 있다.

1) 시니피앙과 시니피에 사이의 자의적 관계,

2) 언어 외적인 요소(extra-linguistique)의 대체물로서의 기호의 인정,

3) 기호의 이산성,

4) 기호의 가산성 내지는 유한성.[13]

그런데 일반적으로 '의미론' 내지는 '화용론'의 범주에 속한다고 생각되었던 여러 가지 문제들이 부상하면서 언어 외적인 요소라는 당혹스러운 질문이 제기된 것은, 오직 촘스키의 생성문법의 발전과 그 문법 이론과 연관되거나 그 이론과 논쟁을 벌인 논리적-의미론적 탐구들이 있었기 때문이다. 그러나 현대 언어학이 연구한 언어

라는 대상[14]은 주체를 잃었거나, 아니면 주체를 단지 하나의 초월적 자아(후설의 의미로, 그리고 더 직접적으로는 뱅베니스트의 언어학적 의미로[15])처럼 간주함으로써 언어의 '외재성'(초언어적인 것이기 때문에 항상 이미 변증법적인)에 대한 물음을 지연시키고 있다.

현재의 언어학 연구에서는 두 가지 경향이 이 '외재성'에 대해 전념하고 있는데, 그 두 경향은 외재성을 해명하지 못한 것이 곧 언어 이론 그 자체의 발전을 저해한다고 생각하는 것 같다. 그 두 가지 경향을 설명하기 전에, 그러한 결함은 이미 '형식적' 언어학에서 여러 가지 문제점을 제기하고 있는가 하면, 특히 '언어'라는 대상으로 환원될 수 없는 의미 실천들(예술·시·신화 등)의 기능 양상을 특징짓는 데 많은 관심을 쏟는 기호학에게는 그 문제가 언제나 제기되어 왔었다는 사실을 말해 두기로 하자. 그 두 경향은 다음과 같다.

1. 첫번째 경향은 시니피앙과 시니피에 사이의 '자의적(arbitraire)' 관계를 논의의 주제로 삼으면서, 그 관계가 '유연적(motivé)'으로 드러나는 의미 체계를 검토한다. 그와 같은 유연성의 원리를 우리는 프로이트의 무의식 이론에서 찾아낸다. 이것은 욕동 이론과 일차과정 이론(이동·압축)이 의미를 나타내지 않는 '텅 빈 시니피앙들'을 심신 양쪽의 기능 작용과 관련하여 위치시킬 수 있거나, 아니면 적어도 그 시니피앙들을 일련의 은유와 환유(換喩)의 연속으로 연결시킬 수 있는 한에서 가능하다. 그리고 그 연속은 결정 불가능한 요소가 되기 위해 '자의'를 '분절'로 대체한다. 분석 주체의 담론, 언어의 '병리학,' 결국 예술적 체계, 특히 시적 체계는 특히 그와 같은 탐구에 적절하다.[16] 이때에 언어의 형식성은 심신 양쪽의 '외부'와 관련되어 있으면서 궁극적으로는 분할된 실질(성감대로 분할된 육체)로, 그리고 발달 도상에 있는 '자아'가 가족 삼각형의 세 가지 극(極)과 맺고 있는 관계에 따라 분절된 실질로 환원된다. 런던 정신

분석학파의 주장과 특히 멜라니 클라인의 주장에 빚을 지고 있는 이 이론은, 언어의 형식성에게 형식 이론이 제외시키고 있는 여러 차원들(욕동들)과 작용들(이동·압축·음성·억양의 차이)을 복귀시키고 있다. 그러나 의미 생성이 주체의 한 과정인 한에서는 **의미 생성의 과정**이라는 변증법적 개념을 그 전체라고 말할 수는 없으므로, 그와 같은 고찰은 제아무리 통찰력을 발휘한다 해도 언어의 통사-의미론적 기능 작용에 대한 설명을 놓치고 있는 것이다. 왜냐하면 전(前)오이디푸스 단계에 있지만, 항상 이미 **기호과정**(semiosis)에 투입된 분할된 육체는 회복되어도 후기 오이디푸스 단계의 주체와 언제나 쌩볼릭적이고/아니면 통사론적인 언어로의 이행을 분절하기에는 부족하기 때문이다. (이 점에 대해서는 다시 검토하겠다.)

　2.두번째 경향은, 보다 최근의 것이고 더 많이 알려진 것으로, 이론의 형식성 그 자체 내에 화용론과 의미론에 엄격하게 국한되어 온 **기호과정**의 한 '층'을 도입하는 경향이다. 그 이론은, **언술 행위의 주체**(벵베니스트와 퀴리올리 등의 의미에서)를 상정함으로써, 아주 깊숙한 '심층 구조' 속에 양태 논리의 제관계, 전제의 제관계 및 그 이외의 언어 행위에서 화자간의 제관계를 설정한다. 후설과 벵베니스트에서 직접 유래된 이 **언술 행위의 주체**[17]는, 그가 지닌 범주의 직관으로, **의미론 분야**뿐만 아니라 **논리적이고 상호 주관적인 관계들**을 도입하고 있으며, 그 관계들은 언어 내적인 문제인 동시에 언어 외적인 문제라는 사실이 판명되고 있다.[18]

　언어는 무엇을 뜻하고자 하는(bedeuten) 주체에 의해 수용되는 한 **범주들을 분절하는** '심층 구조'를 지닌다. 그 범주들은 의미론적이고(근대에 발전한 생성문법에 도입된 의미론의 영역에서처럼) 논리적이며(양태관계에서처럼), 상호 의사소통적인(존 설이 '언어 행위(speech act)'를 의미의 증여자로 불렀던 것에 이유가 되는)[19] 범주일 뿐만 아니라, 언어의 역사 속에서 언어의 변화와 관련됨으로써 통시성과 공시성[20]을 연결시키는 범주들이다. 그렇게 함으로써 언어학은 범주화의 모든 다양성을 받아들이고, 또 그것을 통하여 언어학이 비켜설 수 있으리라 믿었던 철학 쪽으로 스스로를 개방하기에 이른다.

　　바로 그러한 관점에서, 의미 영역의 여러 가지 구속을 설명하는 데 관심이 있는 몇몇 언어학자들은, 발화 주체가 언표에 대해 갖는 다양한 입장과 관련이 있는 **문체**의 다양한 유형들을 구별해 내고 있다. 이와 같이 문체론을 의미론 속에 도입할 때에도, 그러한 연구가 겨냥하는 것은 항상 현상학적 주체임을 표명하는 언술 행위의 주체를 고려한 의미의 기능 작용에 대한 관찰이다.[21] 한 걸음 더 나아가 그와 같은 언술 행위의 주체——초월적 자아——라는 장(場)에서부터 시작하고, 언어학이 의미론과 논리학 쪽으로 열려진 것에 힘입은 많은 언어학자들은 의미 작용을 이념적이고, 따라서 역사적인 산물(production)처럼 제시하고자 한다.[22]

　　여기서 우리는 현대 언어학의 이 두번째 경향이 제시하는 진보적 이론과 그 난해성을 토의할 수는 없다. 이 경향은 현재 한창 형성되어 가는 중이고, 따라서 그 결과 역시 잠정적일 뿐이지만, 그 경향이 취하고 있는 학문적인 바탕은 우리가 여기서 스치고 지나갈 수밖에 없는——단지 우리가 현재 시도하고 있는 구체적인 연구가 허용하는 한에서——현상학에 관한 논쟁의 핵심으로 우리를 끌어들이고 있다.[23]

　　차후에 명확히 밝히겠지만 우선 간단히 요약하자면, 방금 언급한 두 가지 경향은 우리에게는 하나의 동일한 의미 생성의 과정이 될 **두 가지 양태**(modalités)를 지적한다. 우리는 첫번째 양태를 '**세미오틱**(le sémiotique)'이라 부르고, 후자를 '**쌩볼릭**(le symbolique)'이라

부를 것이다. 이 두 양태는 언어를 구성하는 **의미 생성의 과정**에서 불가분의 관계를 맺고 있다. 그리고 이 둘 사이의 변증법은 담론의 유형들(서술·메타 언어·이론·시 등)을 결정한다. 그것은 이른바 '자연' 언어가 세미오틱과 쌩볼릭의 다양한 분절 양상을 허용한다는 것을 뜻한다. 그 반대로 전적으로 세미오틱만을 바탕으로 하여 구성되는 비언어적인 기호 체계들(예를 들면 음악)도 있다. 하지만 우리는 앞으로 이러한 독점권이, 특히 주체의 구성 요소인 의미 생성과정의 두 가지 양태 사이에 필요한 변증법 때문에, 매우 상대적이라는 사실을 알게 될 것이다. 주체는 항상 세미오틱인 **동시에** 쌩볼릭이기 때문에, 그 주체가 산출해 내는 의미 체계는 어떤 것이든 간에 '전적으로' 세미오틱일 수도 없고, 또 '전적으로' 쌩볼릭일 수도 없다. 그러나 그 의미 체계는 서로 쌍방간에게 진 빚의 표적을 면할 수는 없는 것이다.

ㄹ. '코라' 세미오틱: 욕동의 질서잡기[24]

'세미오틱(sémiotique)'이라는 말을 쓰면서 우리는 그 낱말의 그리스어 σημεΐον=변별적 부호·흔적·지표·전조적 기호·증거, 새겨졌거나 글로 씌어진 기호·각인·형적·상형화=의 의미를 수용하게 된다. 이 어원에 대한 환기는 하나의 고고학적인(더구나 그 어휘가 포함하고 있는 잡다한 의미 때문에 거의 설득력을 잃은) 장식에 불과할 수도 있다. 혹시라도 **변별성**(distinctivité)을 내포하고 있는 그 단어의 지배적인 어원 사용이 그 함의를 의미 생성의 과정 속의 어느 명확한 양태와 연결시키지 못하게 한다면 말이다. 여기서는 프로이트의 정신분석이 욕동의 **소통**과 구조화 **장치**를 전제하면서,

그리고 에너지와 또 그것이 찍어 놓은 자국을 이동하고 압축하는, 이른바 **일차과정**을 가설하면서 지적하는 것이 문제가 된다. 이산량의 에너지가 앞으로 구성될 주체의 신체 속을 관류한다. 그렇게 되면 주체의 생성과정 속에서 그 에너지들은 그 육체——항상 이미 기호화하고 있는——에 가족 및 사회 구조가 강요하는 구속을 따라서 제자리를 잡는다. '에너지의' 충전인 동시에 '정신적인 요소의' 표지이기도 한 욕동은, 이처럼 우리가 **코라**(chora)라고 부르는 것——즉 통제된 만큼이나 변화무쌍한 운동성 속에 그러한 욕동과 그 정지(stases)가 형성한 비표현적인 총체——을 분절한다.[25]

코라라는 용어를 우리는 플라톤의 《티마이오스》에서 빌려 왔다. 이것은 움직임과 그 순간적 정지로 이루어진, 극히 일시적이고 근본적으로 유동적인 분절을 지칭하기 위해서이다. 앞으로 우리는 불확실하고 확정지을 수 없는 이 **분절**을, 이미 표상 영역에 들어가 있고 또 기하학을 탄생시키기 위한 공간의 현상학적 직관에 호응하는 **배치**(disposition)와는 구별할 것이다. 우리가 추구하는 **코라**의 이론적 기술(記述)이 **코라**를 분명하게 드러내는 표상의 담론을 따른다 해도, **코라** 그 자체는 단절과 분절——리듬——로서 분명한 것, 사실임직한 것, 공간성, 그리고 시간성에 앞선다. 우리의 담론——모든 담론——은 **코라**와는 반대로 진행된다. 다시 말하면 그것은 **코라**에 의거하는 동시에 그것을 배척한다. 왜냐하면 **코라**는 지칭되고 통제될 수는 있어도 결코 결정적으로 조정되지는 않기 때문이다. 따라서 우리는 **코라**의 위치를 정하고, 필요하다면 위상학(topologie)[26]을 그려낼 수도 있겠지만, 절대로 **코라**를 공리화할 수는 없을 것이다.[27] **코라**는 아직 무엇을 누구에게 나타내는 조정(position)이 아니기 때문에, 다시 말해서 기호가 아니기 때문에, 다른 조정을 위하여 누구를 나타내는 조정, 즉 시니피앙은 아닌 것이다. 하지만 코라는 그와 같은 의미를 지닌 조정을 목적으로 하여 생성된다. 모형도 아니고 복제도 아닌 이 코라는, 형상화에, 따라서 반사화(spéculansation)에 앞서고, 또 그 심층에 깔려 있으면서 오로지 음성 또는 신체 근육의 리듬과의 유추만을 허용한다. 앞으로 이 코라라는 운동성에게 사회화된 신체의 차원에서 제 몸짓과 음성적인 놀이를 (오직 언어와 관련되어 우리의 관심을 끄는 양상만을 언급하기 위하여) 되돌려 주어야 할 것이다. 그렇게 하는 것은, 플라톤이 데모크리토스의 리듬에서 그 운동성의 놀이를 탈취하여 은닉해 둔 것 같은 존재론과 무정형성[28]으로부터 그 놀이를 구출해 내기 위함이다. 무의식에 관한 이론이 제기한 주체 이론은, 앞으로 우리에게 정립(thèse)도 조정도 없는 이 운율적 공간 속에서 의미 생성의 형성과정을 읽어낼 수 있게 해줄 것이다. 플라톤은, 이 직접소(réceptacle), 즉 코라를——거기에는 신이 부재하므로——아직 하나의 정돈된 '우주'로 통일되지 않은, 양분을 공급하는 모성적인 그 무엇이라고 지칭함으로써,[29] 플라톤 스스로 우리를 그 공간으로 인도하고 있다. 그런데 통일성, 자기 동일성 내지 신성(神性)은 지니지 않았지만 코라도 한 가지 규제(réglementation)를 따르고 있다. 그 규제는 쌩볼릭적인 법칙의 그것과는 다르지만 일시적으로 분절하고, 또 지속적으로 다시 시작함으로써 불연속성을 실현해 나간다.

우리는 다음과 같은 코라의 규제를 강조하지 않을 수 없다. 코라는 의미 생성의 한 양태이고, 그 속의 언어 기호는 아직 대상의 부재로서, 그리고 현실과 쌩볼릭과의 구별로서 분절되지 않은 상태이다. 그리고 코라의 음성과 몸짓의 구성은 자연적인 혹은 사회-역사적인 다양한 구속(말하자면 생물학적인 성차이 및 가족 구조 등)이 부여하는, 이른바 객관적인 질서잡기를 따른다. 우리가 앞으로 상정할 수 있는 것은, 항상 이미 쌩볼릭인 사회 조직이 자신의 속박을 중재된 형식으로 찍어내고, 그 중재된 형식은 **코라**를 **법**(loi; 쌩볼릭에 해당되는 용어이다)에 따라서가 아니라 질서잡기를 통하여 구성한다는 것이다.[30] 이러한 중재(médiation)는 무엇일까?

우리가 알고 있듯이 몇몇 심리언어학자들에 의하면 '구체적인 조작'[31]은 언어 학습에 앞서고, 언어 이전의 세미오틱 공간을 이처럼 언어에 선행하거나 언어를 초월한 논리적 범주에 따라서 구성한다고 한다. 이 학자들의 연구에서 앞으로 우리가 채택하게 될 것은 조작성(opérationalité)[32]의 원리가 아니라, 신체(신체 그 자체로 구성중인), 대상들, 그리고 가족 구조의 구성원들간의 관계를 주도하는 언어 이전의 기능성(fonctionnalité)의 원리이다.[33] 그러나 우리는 이 기능성을 기호 체계의 의미에서 언어(langage)와 관련되는, 다시 말하면 음성적 언어 체계(langue), 혹은 몸짓의 언어 체계(귀머거리나 벙어리에게서 볼 수 있는)가 있고 없다와는 무관한 쌩볼릭의 조작과는 구별할 것이다. **세미오틱**을 논하면서 우리가 생각하게 되는 근육운동의 기능성은 기호의 조정에 선행한다. 따라서 그 기능성은 형성된 인식 주체가 수용한 것의 의미로 인지적(cognitive)이라고 말할 수는 없을 것이다. **코라** 세미오틱을 구성하는 **여러 가지 기능**[34]이 적절한 발생론적 해명을 찾아낼 수 있는 곳은 오로지 주체 이론 속이다. 이 이론은 주체를 판단력의 주체로 환원하는 것이 아니라, 쌩볼릭 이전의 여러 기능들의 다른 무대를 주체 내에 펼쳐 준다. 욕동에 관한 프로이트의 관점을 발전시킨 멜라니 클라인의 이론은 잠시 우리를 그 도정으로 안내할 것이다.

따라서 여기서는 오이디푸스 이전의 세미오틱의 기능들과 어머니에게 몸을 연결시키고, 또 그쪽으로 방향을 정하는 에너지의 방출이 문제가 된다. '욕동'은 항상 이미 모순적이고 동화력이 있는 동시에 파괴적이라는 사실에 특히 유념하자. 사분자(tétrade)[35]처럼, 혹은 ADN〔디옥시리보핵산〕과 ARN〔리보핵산〕[36]의 분자 배열을 따르는 '이중나선'처럼 나타낼 수 있었던 이 이중성은 세미오틱을 지닌 육체로서 항구적인 분열의 장을 만들어 간다. 구강 욕구와 항문 욕구는 둘다 어머니의 몸과 연관되어 진전되고 구조화되는 욕구[37]들로, 이러한 감각-운동의 조직화를 지배한다. 따라서 바로 이 어머니의 몸이 사회관계를 조직하는 쌩볼릭의 법을 중재하고, 그리고 파괴·공격·죽음으로 이르는 도상에서는 **코라** 세미오틱의 질서잡기의 원리가 된다고 말할 수 있을 것이다.[38] 왜냐하면 우리가 욕동을 분할된 혹은 모순적인 구조, 매번 '긍정적인' 동시에 '부정적인' 구조처럼 기술할 수 있었던 것은, 그와 같은 이중성이 욕동의 가장 두드러진 특징을 규정하는 강력한 '파괴파(onde destructrice)'를 생성해 낸다는 것을 알려 주기 때문이다. 프로이트는 가장 본능적인 욕구가 바로 죽음의 욕동이라고 지적한 바 있다. 그러므로 욕동이라는 용어는 정지에 대한 욕구의 방출을 지칭하고, 정지 그 자체는 이러한 욕구 충전의 반복으로 이루어진다는 것을 뜻한다.[39] 욕구 충전과 정지는 둘다 쌍방의 기능 작용에서 결과로 나타나는 그 어떤 동일성('신체 자체'의 동일성일지라도)도 감당해 내지 못한다. 주체의 산출장(lieu d'engendrement)인 **코라** 세미오틱은 주체에게는 부정의 장이고, 거기에서 주체의 통일성은 그것을 생산하는 욕구의 충전과 정지의 과정 앞에 굴종하고 만다. 앞으로 우리는 이 세미오틱의 산출 방식을 **부정성**(négativité)이라고 부르면서 판단 주체의 행위로서의 부정(négation)과는 구별할 것이다.[40]

생체 구조와 사회 구조의 억압에 의해 제동이 걸린 욕구의 충전은 따라서 정지를 겪는다. 말하자면 충전의 소통이 잠시 고정되어, 세미오틱화가 가능한 다양한 소재들이라고 부를 수 있는 요소——음성·몸짓·색채——속에 **중단**을 표시한다. 음성(나중에는 음소), 몸짓, 또는 색채 등의 단위와 차이는 욕동의 그와 같은 정지의 표지들이다. 그리하여 욕동에 기반을 두고 있으면서 유사함이나 대립에 따라서 미끄러지기 또는 압축으로 분절되는 그러한 이산적 표지들 사이에는 연결, 즉 **기능함수**(fonction)가 성립된다. 여기서는 은유와 환유의 원리가 그것들을 떠받쳐 주고 있는 욕동 체제(économie pulsionnelle)와 불가분의 관계를 맺고 있다.

세미오틱의 조직을 위한 이동과 압축의 과정이 맡고 있는 기본적인 역할을 인정하면서 우리가 해야 할 것은 그 과정에게 한편으로는 분할된 신체의 각 부위들을 연결시키고, 또 한편으로는 그 부분들을 아직 완전하게 형성되지 않는 '외부의' '객체들'과 '주체들'을 연결시키는 관계들(경우에 따라서는 위상학적 공간으로 나타낼 수 있는 관계들)을 덧붙이는 일인 것 같다. 이러한 유형의 관계들은 **세미오틱**을 의미 생성과정의 심신상관적 양태로서, 다시 말하면 쌩볼릭은 아니지만 하나의 연속체(continuum)를 (분절이라는 어휘의 가장 넓은 의미로) 분절하는 양태로서 규정해 주는 것 같아 보인다. 즉 음성의 변화(리듬과 억양)를 위한 (구강과 항문) 괄약근들 상호간의 관계, 혹은 그 괄약근들과 가족 구성원들 사이의 관계 등등.

기호 이전이자 통사 이전의 것인 이 모든 절차와 관계들은, 발생론적인 관점에서는 그 절차와 관계들과 혼동되지 않는 언어의 습득에 선행하고, 그에 필요 불가결한 것으로 상정되어 있다. 그런데 이 이론이 그러한 절차와 관계들을 주체의 형성과정 속에 통시적으로 '위치시킬' 수 있는 것은, 그것들이 **주체 자체의**, 다시 말하면 **사유**(cogitatio) **주체의 의미 생성과정 속에서 공시적으로 기능 작용을 하고 있기 때문이다.** 그렇지만 그 절차와 관계들이 주목을 끌 수 있었던 것은 오로지 꿈의 논리가 있었기 때문이다. 그리고 그 절차와 관계들이 의미 생성의 과정을 지배하는 것은 오직 **텍스트의**

실천과 같은 몇몇 의미 실천들 속에서이다.

　우리는 세미오틱의 어떤 분절들이 생물학적인 약호나 생리적인 '기억'을 통해 전달될 수 있다는 가정을 형식화할 수 있다. 그 분절들은 이처럼 쌩볼릭의 기능을 생득적인 기반으로 형성하기 때문이다. 알려진 바와 같이 생성문법의 한 조류는 언어의 보편적 특성에 대한 생득론을 주장하고 있다. 그 뒤를 잇는 것에서 밝혀지겠지만, **쌩볼릭**――따라서 구문과 모든 언어적 범주――은 성 차이를 포함한 생물학적 차이와, 구체적으로 그리고 역사적으로 정해진 가족 구조가 형성하는 객관적인 억압을 통한 타자와의 관계에서 비롯된 사회적 산물이다. 유전적인 프로그램들이 유효한 것은 오직 세미오틱의 차원에서이다. 그것들은 이동과 압축, 흡수와 거절, 거부와 정지 같은 언어 습득에 있어서 생득적이고 종의 기억에 필수적인 전(前)조건들로 작용하는 일차과정을 포함한다.

　말라르메가 '글 속에 깃든 신비(Mystère dans les lettres)'에 대해 **언급할** 적에, 그는 언어에 내재하는 이 세미오틱의 리듬을 지적하고 있다. 언어와 무관하고, 수수께끼 같으며 여성적인, 쓰여진 글(l'écrit)의 심층에 자리잡은 이 공간은 운율적이고 자유분방하며, 이해할 수 있는 말로 옮겨 놓을 수 없는 것이다. 그 공간은 음악적이고 판단 행위에 선행하지만, 그러나 유일한 보증――통사론――에 의해 제지된 공간이다. 우리는 그것을 증명하기 위해 '글 속에 깃든 신비'라는 텍스트 전부를 인용할 수 있을 것이다.[41] 하지만 여기서는 단지 '그 텍스트 밑에 깔린 선율 내지는 노래'의 기능 작용을 여성과 관련시키는 구절들만을 인용해 보기로 하자. "그런데 그들의 지명을 받은 '어둠'의 하수인은 이제 그녀가 수수께끼가 아니었음을 알리기 위해 오로지 몸을 흔드는 것으로써만 한 마디 내뱉을 뿐. 그녀는 제 치마를 부채처럼 흔들면서 '이해할 수 없어요!'라고 딱 잘라 말하지는 않는다. (……) 그들(비평가들)은 무상으로, 혹은 최소한의 관심을 가지고 일역을 맡으면서 우리의 '성모'와 '수호성녀'가 어떤 꿈에 대해서, 마치 모든 것이 결국에는 귀착되는 척도 모양 자신의 열개(déhiscence)와 공백을 보여 주도록 노출시킨다."[42] 위의 구절에다 글의 '신비스러운' 기능 작용을 통사론이 이해할 수 있게 만들어 놓은 리듬처럼 지칭하고 있는 구절들을 첨가해 보자. "그런데 그것(신비)을 선택하는 리듬의 본능을 따르면서, 시인은 속박을 벗어난 수단과 그 결과 사이에서 균형의 결핍을 보게 됨을 부인하지 않는다."[43] "'신비'를 '음악'의 영역으로 제한하고자 하는 사람들이 있다는 사실을 나는 알고 있다. 그때는 씌어진 글이 그것을 간청한다."[44] "이러한 대조 속에서, 이해력을 위해 내가 뜻하는 중심점은 어떤 것일까? 하나의 보증이 필요하다——.

통사론——.

(……) 명료한 구조를 논리의 원초적인 번갯불에 비상하게 적용하기. 문장 같기도 하고, 여기서는 억압된 더듬거림 (……) 논쟁——평균적으로 필요한 명확성이 세분으로 빠져 나간다 해도——그것은 문법학자들에게 남은 몫이다."[45]

보다시피 세미오틱에 대한 우리의 입장은 무의식에 대한 프로이트의 입장을 고려한 주체 이론과 불가분의 관계를 맺고 있다. 우리에게 모습을 드러내는 언어 속의 주체는 초월적 **자아**(ego)의 중심을 이동시키고 절단하여, 하나의 변증법 쪽으로 길을 연다. 이 변증법 내에서 통사와 범주에 대한 주체의 이해력은 과정의 첫 계기에 불과하고, 그 과정(procès) 자체는 항상 죽음의 욕동이 지배하는 타자와의 관계와 '시니피앙'을 생산해 내는 그 과정의 반복에 따라서 움직인다. 라캉의 정신분석이 열어 준 이러한 전망에서, 하지만 정신분석에게는 부수적인 관심거리에 불과한 **텍스트**라는 한 실천의 구속하에서, 우리는 **세미오틱**과 **쌩볼릭**의 구별을 형식화하는 일을 시도해야 한다.

3. 후설의 힐레적 의미: 판단 주체가 요구하는 자연적인 정립

여기서 우리는 옐름슬레우의 기호학에서처럼 언어에 앞서고, 항상 이미 거기에 있는 의미를 탐구하는 내재적 기호학과 우리를 갈라 놓고 있는 모든 요소를 만나게 된다. 그와 동시에 우리는 데카르트적 언어 개념에 대해 우리가 가지고 있는 인식론적인 상이함을 깨닫게 된다. 데카르트적인 개념은 언어를 사실에 의거한 '자연적' 여건들로써 미리 조건지어졌거나 아니면 그것들과 **동등**하고, 또 그 연장선상에서 생득적인 사유로 간주한다. 그러나 우리가 여기서 강조하고 싶은 것은 의미론-통사론의 기능에 관한 현대 이론이 최근에 획득한 학문적인 정당성에 대한 또 하나의 계기(moment)이다. 여기서는 후설의 현상학이 문제가 된다. 그의 현상학은 언어 행위를 해명함에 있어서, 점차적으로 데카르트 철학이 차지하던 자리를 물려받고 있는 것 같다.

후설의 현상학이 여기서 우리의 주목을 끄는 것은, 단지 그것이 오늘날의 언어학이 지닌 과제들을 검증해 주는 것 같아서이다. 그것은 다음 두 가지 사실을 확인해 준다.

──한편으로, 현상학적 고찰에서 영감을 얻은 생성문법의 한 조류에는, 통사론적 잠재능력을 단순히 구체적인 통사활동의 자연조건으로 간주하는 것이 아니라, 의식적인 혹은 의도적인 초월적 자아, 즉 판단하거나 말을 하며 동시에 자기 의식에 이질적인 요소는 모두 괄호 속에 집어넣는 자아의 산물로 간주하는 경향이 있다. 이

러한 괄호넣기는 언제나 겨냥되고 파악된 하나의 '사물'을 가리키는 **명사적** 카테고리로서 언어의 활동 속에 항상 이미 현존하는 **객관성**의 양상으로 이루어진다.[46) 데카르트 철학이 점점 더 현상학적 관점에 가까워짐은 초월적 우주로서의 언어 우주의 여러 가지 한계를 명백히 말해 준다. 그것은 동시에 논리 행위로 간주된 '지각' 또는 언어적인 '경험'의 한계들도 설정한다. 그 두 가지 행위 속에서는 어떤 경우에도 형식적인 통사-의미 이론의 근거를 찾아낼 수 없다. 그 이유는 그 두 가지가 처음부터 바로 그 이론 자체에 의해, 다시 말해서 정립적이고 (명명하고) 통합적인 (술어적 서술을 하는) 그것의 초월적 자아에 의해 설정되어 있기 때문이다. 그렇지만 우리의 관점에서 현상학에 도움을 요청해 얻어낼 이점이 있다면, 그것은 자아의 **조정**이라는 넘어설 수 없는 구속을 온갖 언어 행위와 모든 초언어학적인 실천을 구성하는 유일무이한 구속으로 증명해 보이는 것이다. 이런 의미에서, 그리고 현대 언어 이론을 토대로, 후설의 현상학은 화자 주체의 조정성(positionalité) 자체에 대한 의문을, 즉 우선은 그 치환과 그 다음은 그 부정성에 대한 의문을 이어 주는 다리가 될 수 있는 것같이 생각된다. 요약하면, 그것은 앞으로 변증법적이고 정신분석학적인 또 하나의 지평에 의거할 수 있는 의문이다.

　——다른 한편, 후설 현상학의 한 계기는 통사나 술어의 울타리를, 편재하는 '의미'나 '지향'을 벗어나는 것처럼 보일 수도 있다. 이 '계기'는 **힐레**(hylé) 속에서 가장 완전하게 드러난다. 힐레는 플라톤의 **코라**나 헤겔의 '힘'(이에 대해서는 다시 언급하겠다)과 마찬가지로 어려운 추론 속에서 파악되고, 설정되자마자 곧 혼란스러워지지만, 또 그런 설정됨 없이는 아무것도 아니다. 힐레는 후설의 사색이 추구하는 도정 그 자체에 내재하는 것이므로 독창적인 논증

이라고 주장하지는 않으면서, 우리는 다음 세 가지 사실을 환기하고자 한다. 첫째 힐레는, 그것이 의미할 수 있거나 파악 혹은 명명되었을 때부터 언제나 함수적(후설의 의미로)이어서, 즉시 정립적 의식에 나타난다. 둘째, 힐레는 그 조정성의 투영이다. 셋째, 그렇기 때문에 힐레는 현상학에서 말하는 노에마(noéma)의 망, 즉 '지각'에서부터 술어에 선행하는 영역을 구성하는 현상학적 '욕동'의 망에게 이질적으로 보일 수 있는 모든 것에게도 똑같이 그러하다. 그래서 데카르트적 주체의 틀 속에서와 초월적 자아의 틀 안에서는, 이미 주체의 조정성의 투사가 아닌 술어적 분절과 마주하는 그 어떤 이질성도 있을 수 없다. 그리하여 우리는 앞으로 이러한 이질성을 헤겔 변증법의 '네번째 항'인 부정성의 운동과, 그리고 특히 무의식과 무의식 속에 든 욕동에 대한 프로이트의 발견을 바탕으로 하여 생각할 수 있을 가능성을 찾아보려고 노력할 것이다.

그러므로 우리가 세미오틱이라고 부르는 것은 후설적 '의미'가 아니다. 후설적 의미는, '자아(ego)'를 위하여 그것의 '지향 대상(ob-jekt)'을 가진 '지향적 체험'이 형성되도록 현실의 대상을 괄호 안에 넣기(Einklammerung)로 구성된다. "……하나의 의미를 갖는 것, 혹은 '어떤 의미를 염두에 두는 것(etwas in Sinne zu haben)'은 모든 의식의 근본적인 특징이다. 따라서 의식은 단순한 체험이 아니라 하나의 의미를 가진 체험, 즉 '노에시스적(noétique)' 체험이다."[47] 후설의 의미 이론은 그의 저서 《논리학 연구》에서 《현상학을 위한 주요 사상》[48] 사이에 수정이 가해졌고, 또 이 두번째 저서의 전개 속에서도 여러 가지 변화를 겪는다. 그러므로 여기서 우리는 그 이론에서 우리의 논의와 관계되는 몇 가지 측면만을 지적할 것인데, 그 것은 세미오틱에 대한 우리의 진의와 의미와 의미 작용에 관한 후설의 현상학적 진의를 차별화하고 싶은 생각에서이다.[49]

현상학적 논증의 초기에는, 의미가 단지 '노에마(noéma)적인 계기들'로 둘러싸인 노에마의 핵만을 구성한다 해도, 다른 계기들(역설(doxa)·통사 형태·표현 등)은 의미를 끌어내는 **자아**와 똑같은 위치에서 파생된다. 그러나 이 의미는 어떤 형태로든 지향성에 선행하는 **힐레** 속에 이미 나타나 있다. 말하자면 힐레는 항상 이미 거기에 있는 의미의 '질료'이고, 그리고 맨 먼저 그것의 노에즈(noèse)가, 그 다음에는 노에마가 '형식'이 될 것이다. 후설은 이 '노에마적 의미의 질료' 속에, '결국에는 모든 체험들과 지향적이라는 특징은 갖지 않더라도' 지향성과 '흡사한 체험들까지도 자기 속에 보유하고 있는 보편적인 환경' 속에 '일차적 내용' —— '욕동(Triebe)'까지도 포함하는 '감각의 내용' ——을 분류해 넣고 있다.[50] 이와 같이 힐레-질료가 의미가 될 수 있는 것은 오직 그것이 지향적인 것과 '닮아감'에 따라서이다. 그러므로 후설적인 제충동(impulsions)은 모든 체험과 마찬가지로 '지향성에 특유한 힘을 지니고 있다.' 이 말은 그러한 충동은 통합된 동일한 **자아**에게, 그리고 그 자아에 의해서 부여된다는 것을 뜻한다. 여기서 우리는 현상학적 '체험'과 그 '충동'을 세미오틱을 생산하고/아니면 파괴하며, 또 '주체'와 '객체'의 구별에 **선행하는** 프로이트적 욕동과 구분하는 근본적인 차이점을 알게 된다.

　(노에즈와) 상관적인 힐레와 노에마의 중합은 어떤 식으로도 **자아** 속에 단절이 생기게 하지 않는다. 왜냐하면 바로 그 '무엇을 향한 시선'이, 의식의 대상으로 포착된 대상을 향하여 방향이 정해져서, 그 두 가지를 모두 관통하기 때문이고, 또 이 포착은 노에마의 '가장 **내밀한**' 계기, 즉 노에마적인 특성들의 '지주(support)'이기 때문이다.[51] 직관을 끌어내는 '질료'와 '무엇(quid)'이 노에마의 핵과 대응하는 것은, '그와 같이 의미된 것(visée)'이 노에마의 지주를 구성

하기 때문이다. 그리고 그것들의 결합이 실현되는 곳은 항상 포착하는 시선의 빛 속이다. 그 이유는 그것들이 함께 '의미(Sinn)'와 '의미 작용(Bedeutung)'을 분절하기 때문이다. 여기서 우리는 힐레('질료')와 노에마의 상관성이 확립됨을 알 수 있다. 후자, 즉 노에마를 형성하는 것은 하나의 '대상'·'무엇'·'의미' 그리고 '내용'이다. 이런 것들은 한 '의미 작용'의 '술어들'——형식적이거나 실질적이고, 한정되거나 한정되지는 않았지만 언제나 한정할 수 있는 술어들——의 닫힌 체계를 만들어 내는 '명확한 표현과 개념적 파악'이다.[52] 이때에 조정된 시선은 한순간도 항상 이미 현존하는 주체를 위해 항상 이미 분리된 대상을 겨냥하여 의미하기(la visée)를 그치지 않는다. 그리하여 힐레적인 사항들과 그에 관련된 사고 행위(noèses)들이 다양하게 보이는 것도 항상 그 중심이 코기토의 의식인 '본질적으로 가능한 개별 의식'[53]에 조정되었기 때문이다. 우리는 노에마들 속에서 보다 논리적으로 이러한 통일성을 찾아볼 수 있을 것이다. 노에마는 인간 정신의 무한성을 가리키는 무한한 이념적 다양성으로 짜여져 있지만, 그 중심은 항상 여기서는 소여(donnée)의 지위로 승급된 **사물**의 단일성을 향하여 기울어져 있다. 요지부동한 의지는 자신을 정당화하기 위하여 자기가 자신의 바깥, 자연계에 위치시켜 놓은 초월적인 법칙들에게 제설정을 의뢰한다. 그러므로 이러한 원(cercle)을 요약하는 것은 '자연적인 정립'이라는 개념이다. 이것은 우선적으로 자연적인 요소의 조정이지만, 결과적으로는 자연적인 요소 속에 들어 있는 **모든 조정**이고, 따라서 유의명제(proposition à signification) 속의 대상 혹은 의미의 조정이기도 하다. 오성(悟性)의 주체를 기호와 통사(의미와 의미 작용——후설의 용어로는 명제의 의미 작용)의 주체로 조정하기는 힐레 혹은 노에즈의 조정을 결정짓고, 따라서 회로 바깥에 있지만 조정된 것 속에 '그와 같이' 되돌아오는 자연의 조정을 확정해 준다. 이때 그 의미의 지대에서, 자아와 대상 사이에서 질료, 핵 혹은 내용으로 전개되는 상호 회피운동은 **거울 같은 투영**의 반사적 울타리 속에서 지속된다. 하지만 그것이 구체적인 혹은 집단적인 통일된 개인 속에 든 균열은 전혀 아니다. 그렇다고 대상이나 자아의 우발적인 상실을 암시하는 것은 더더욱 아니다. 더구나 후설이 분명하게 설명한 것처럼, 의미와 그 자아는 **보기**(voir)와 **판단하기**(juger) 속에 실제의 기반을 두고 있다. 현상학적 고찰의 다양한 층위에 개입하는 **보기**와 **판단하기**는 초월적 자아를 조정하는데 서로 밀접한 관계를 맺고 있으며, 이 초월적 자아가 앞으로 초월적인 의도와 직관을 조정하게 된다. **표상**——즉 기호——과 **판단**——즉 통사——속에는 한 **조정된 자아**가 분절되는데, 그것은 그러한 조정으로, 자아의 도래에 선행하는 것으로 상정된 공간에게 의미를 제공할 수 있도록 하기 위해서이다. 따라서 의미는, 노에마의 핵 혹은 노에즈적 의미의 증여로서의 의미뿐만 아니라 의미의 골격인 힐레까지 포함하여, 판단이 제시하는 것과 같은 의미 작용(Bedeutung)의 투사에 지나지 않는다. 명제는 한 신념의 정립, 즉 **역설**을 진술하거나 표현하고, 이 역설은 확실성의 양태 속에서 하나의 원역설(proto-doxα)이 된다. **"모든 정립적 특성에는 이런 식으로 역설의 양태들이 감추어져 있다. 그리고 양태가 확실성의 양태이면, 그것은 역설적 원정립(proto-thèse)들로서, 노에마적 의미로 말하자면 정립적 특성들과 일치한다."**[54] 이것은 모든 코기토는 **정립적**이기 때문에 객체화될 수 있거나, 아니면 적어도 사실임직한 것이 될 수 있다는 것을 뜻한다. "논리적인 의미에서 '신념'과 '판단'이 (솔직한 심정으로는 그 두 가지를 동일시하고 싶지 않지만) 밀접하게 관련되어 있다는 사실과, 신념의 종합은 언술적 명제의 형식으로 자기 '표현'을 찾아낸다는 사실을 아무도 의심하지 않을 것이다."[55] 근본적인 원역설은 두말할 것도 없이 **존재**, 즉 환원할 수 없는 집정관 같은(archontique) 조정이다.[56] 그러나 원역설이 정립적이기 때문에, 그리고 정립적인 한에서 원역설을 표현하는 판단과 밀접한 관계를 맺고 있기 때문에 문제가 다음과 같이 전도될 수 있다. **존재**의 역설을 설정하는 조정은, **그것이 조정하는 것이 '나'인 한** 논리적으로 그리고 실천적으로 판단의, 즉 항상 정립적인 사유의 조정이 아닐까?

달리 말해 보면, 정립이란 무엇보다도 '자연적인 정립' 혹은 판단의 '정립 기능'이 되기 이전에 '나'의 정립이 아니겠는가? 그렇다면 이 질문에 관련되는 것은 '나'를 산출하는 것이어야지, 그러한 '나'의 조작들이어서는 안 되는가? 판단하는 '나'를 기원으로 설정하지 않는 이러한 질문은, 정립적인 것과 역설적인 것을 단지 그것들을 넘어서는 의미 생성의 **과정에 내재하는** 것으로 자리잡게 할 따름이고, 또 그러한 질문은 다음과 같은 또 하나의 새로운 의문을 제기한다. 즉 주체의 조정인 정립적 요소는 어떻게 생겨날 수 있었는가?[57] 이와 같은 역전으로, 우리가 대상에 비추어 조정된 (정립적) 주체의 언술 행위로서의 '의미 작용(Bedeutung)'의 문제를 제거해 버리는 것은 아니다. 그러나 우리는 의미 작용, '정립적 요소', 그리고 '주체'를 **산출 가능한 것**으로 지정한다. 그렇게 하는 것은 탐구가 계속 그것들과는 무관한 것으로 남아 있으면서, 그것들을 산출하는 세미오틱의 조건들 쪽으로 발전해 나가기를 바라기 때문이다. 세미오틱은 정립에 앞서고, 의미 작용에 선행한다. 왜냐하면 세미오틱은 주체의 조정에 앞서기 때문이다. 명제 속에서 사유하는 **자아**에 선행하는 '의미'는 존재하지 않지만, 의미 작용과 기호에 이질적인 제분절은 존재한다. 바로 이것이 **코라** 세미오틱이다. **코라** 세미오틱은 이산적이고 배치된 상태로 있지만, 하나의 정립으로 구성되어 가는 '의미'에 의해 통합될 수 있는 것은 아니다. 앞으로 우리가 알게 되겠지만, 하나의 정립은 하나의 단절이기 때문이다.

　이제 다시 생성문법으로 되돌아와 보면, 우리는 다음과 같은 사실을 깨닫게 된다. 생성문법이 가진 어휘화될 수 있는 의미론적 범주들이나 그것들의 결합관계를 명확히 밝힐 수 있는 논리적 범주들은, 낱낱이 다 그런 것은 아니지만 학문적 성립이라는 관점에서 볼 때, 후설의 노에마[사고 대상]와 노에즈[사고 행위], 즉 의미의 핵 또는 구름에 해당한다. 이 두 가지는 원역설(존재)에서 파생되는데, 원역설 그 자체는 판단 주체의 정립 의식에 의해서 그리고 그것에게 주어진 것이다. 더구나 생성문법은, 오직 명제 속에 드러나는 것과 동일한 판단적 정립 의식에서부터 출발하여, 제2단계에서, 그리고 그와 동일한 인식론적인 공간을 채우기 위하여, 의미-논리의 범주성을 발견할 수가 있었다. 이 범주성은 제아무리 소박하고 경험적일 수 있다 해도 범주들을 조정하는 의식과, 또 그 속에 숨어 있는 원역설에 의존하고 있는 이상은 어느 정도 엄밀하다. 물론 모든 명제를 원역설로 치환할 수 있다는 것을 증명하는 것이 언어학의 역할은 아니다. 이렇게 거리를 둠으로써 생기는 결과는 이러하다. 언어는 **에이도스**[eidos; 형상]로 이해되고, 그 고찰은 현상학적 순수성 속에서 이루어지지, **힐레**에서 출발한 언어 행사의 관점에서 이루어지지는 않는다. 그 결과 언어학적 메타 언어에 의해 겨냥된 대상은, 현상학적 순수성 속에서 의미 혹은 의미 작용의 핵들의 종합으로 이루어진 하나의 규범성과/아니면 문법성이라는 말이 된다. 그렇지만 우리가 예측할 수 있는 것은, 그러한 방향으로 들어선 현대 언어학이 (심리언어학과 함께) 노에즈, 노에마 그리고 힐레까지 포함한 모든 현상학적 장비들을 되찾아내어 의미(존재와 판단)의 왜곡이라는 문제를 모면한다는 것이다. 왜냐하면 그러한 문제는 언어학으로 하여금 그 학문이 지닌 주체에 대한 학설을 수정하게 하고, 더 나아가서는 언어학 자체의 위치 문제를 제검토하도록 하기 때문이다.

　오늘날 생성문법은 담론 사용이 제시하는 의미론적 제문제를 해결하려고 시도하면서, **표층 구조**의 몇 가지 양상이 의미 해석(예를 들면 전제)에 적절하다는 사실을 덧붙여 주장하고 있다. '확대 표준 이론'[58]은 심층 구조 속에 **어휘 목록**들까지 도입하고 있다. 그러나 그것들의 설정은 어휘 **범주**에 의해 지배되고 있음도 동시에 명시하고 있다.[59] 생성문법 이론의 확대를 나타내고 있는 이 두 경우에서는 중요한 결정권이 계속 **심층 구조와 범주성**에 남아 있다. 그래서 이 두 가지는, 우리가 증명하였듯이, 주체의 정립적 조정과 관련이 있다. 다시 말하면, 의미 선택의 다양성 혹은 다의성은 최종적으로 거기에 귀착한다는 것이다. 그 이유는 하나의 동일한 데카르트적-역설적 주체가 그것들을 뒷받침해 주기 때문이다. 바로 그러한 주체의 관점에서 촘스키가 다음과 같이 말한 것은 분명히 옳은 말이다. "그러므로 내가 보기에 심층 구조는 하나의 잘 정의된 층위로, 이것은 글의 구조를 위한 제조건의 기본 규칙을 부여하고, 어휘의 삽입에 적절한 문맥을 정의하며, 그리고 '의미관계' 혹은 '개념 구조'라는 용어로 해석하기에 적절한 문법관계를 제공하는 것 같다."[60] 우리가 앞으로 논하게 될 것은, 화자 주체가 더 이상 현상학에서 말하는 초월적 자아도, 데카르트적 자아도 아니고, 텍스트의 실천에서처럼 **과정중인 주체**(sujet en procès)일 경우 심층 구조 아니면 적어도 변형의 제법칙은 혼란을 겪게 되고, 또 그것들과 함께, 의미론 그리고/혹은 범주적 문법으로 해석될 수 있는 가능성 역시 동요를 받게 된다는 사실이다.

4. 옐름슬레우의 전제된 의미

언어 기호학은 일반적으로 사고 주체가 떠맡은 명제나 혹은 기호(형태소·어휘소 등)라는 표현 속에서 의미의 '형성'에 하나의 '실질'처럼 앞서 존재하는 의미의 정립과 같은 뜻으로 쓰인다. 옐름슬레우는 다음과 같이 썼다. "이와 같이[61] 우리는 여러 나라 언어 체계에서는 기호 연쇄가, 상이한 점이 많기는 해도, 하나의 공통 요인인 의미, 즉 사고(pensée) 자체를 가지고 있다는 사실을 알 수 있다. 이 경우 사고는 단지 그것이 지닌 외적 기능, 다시 말하면 인용된 각각의 명제와 연결된 기능의 총체에 의해 한정되어 일시적으로 하나의 무정형의 덩어리, 아직 분석되지 않은 실체처럼 나타난다. (……) 마치 똑같은 모래알들이 서로 다른 모양들을 만들 수 있는 것처럼, 그리고 똑같은 구름이 계속 새로운 형태를 취할 수 있는 것처럼, 동일한 의미가 다른 언어 속에서 다른 형식을 취하고 있는 것이다."[62] 언어의 기능들, 특히 옐름슬레우가 말하는 기호 기능은 이 무정형적인 의미의 형식을 규정한다. 그리하여 오직 그 기능과 형식의 개입에 의해 의미는 존재할 수 있는 가능성을 획득한다. 표현할 수 있는 의미에 앞선 전제는 내용의 형식과 표현의 형식 너머에, 그리고 내용의 실질과 표현의 실질 너머에 위치되어 있으므로, 그야말로 근본적인 것으로 남는다.

게다가 **표현**과 **내용**이라는 기호 기능은 우리를 현상학적인 우주로 되돌려보낸다. 그 두 가지의 경우 이 기능은 전제된, 따라서 항상 이미 어떤 식으로든 조정된 의미와 언어적인, 혹은 더 넓게는 기호적인 의미의 언술 행위 사이의 중계항(relais)이다. 그래서 그 두 경우 기호적인 요소는, 그것이 존재자로서 조정된 대상의 기호인 한에서는 기호에 소속된다. "하나의 기호는 그 무엇의 기호이고, 이 '그 무엇은' 말하자면 기호 그 자체의 바깥에 있는 것이 옳다고 생각한다."[63] 옐름슬레우는 형태론, 어휘론 그리고 통사론의 구별을 인정하지 않는다. 하지만 그가 형식과 실질,[64] 내용과 표현을 통하여 존재하게 되는 것으로 설정하는 의미는 정립적 의식의 의미이다. 이 정립적 의식은 자신이 그렇다고 시인하지 않지만, 연방 자신의 초월성을 은폐하면서, 그 의미를 항상 거기에 있는 대상으로 교체할 때에는 잊지 않고 그 초월성을 폭로하는 의식이다. 언리학[65]의 실체론은 마치 그것을 포함하고, 또 그것을 앞지르는 현상학적 체계와 연대관계를 맺고 있는 영역처럼 보인다. 비록 옐름슬레우가 '물리주의와 현상학'[66]의 논쟁에서 망설이는 듯한 태도를 취하는 말을 하고 있지만, 언어 형식은 물리적 성질을 가질 수 있고, "실천중인 메타 기호학은 실체의 기술과 일치한다"[67]라고 선언할 때의 옐름슬레우는 물리주의를 택하는 것처럼 보이기도 한다. 그래도 옐름슬레우의 기호론이 과감히 언어(langage)에 맞서고 있는 한, 후설의 노에마와 노에즈에 가까움을 묵인하는 의미 영역(내용의 형식, 내용의 실체)은 표현을 만나게 되고, 이 표현은 이론을 위하여 의미를 구성하는 제2의 구속이 된다. 언어 체계와의 관계에서 이 표현은 "여러 가지 차원에서 공간화된 모습을 상상할 수 있게 하고, 그리고 분할되지는 않았지만 분할 가능한 연속체처럼 나타나는 음성-생리학적 영역"[68]으로 정의된다. 그러나 이 연속체를 분할하여, 각각의 언어 체계에 특유한 시니피앙이 거기에서 분절될 수 있게 해주는 제관계는 정의되지 않았다.[69] 뿐만 아니라 기호론적 우주의 생산과정 속에서의 표현과 내용이라는 두 기능의 차이도 정의되지 않았다. 사실 옐름슬레우적인 '과정(procès)'은 이질적인 생산과정이 아니라 형상(eidos), 즉 순수한 현상성이다. 이것이 밝히는 것은, 오직 "새로운 결합 형태 속에서 끊임없이 다시 나타나는 요소들의 유한한 후속"[70]처럼 간주되기 위하여 그 요소들 각각은, 정립적 의식이라는 동일한(말해지지 않은) 설정을 따르기 때문에 동일한 지위를 갖는다는 것이다.

실제로 의미 생성과정의 전개 속에서 질적으로 상이한 단계들이 불분명한 것은, 언리학에서 그 과정 내부에서 언어의 위치가 불명확한 것과 같은 성질을 띠고 있다고 생각된다. 옐름슬레우는 언어 속에서의 의미의 기능 작용에서부터 출발하여 표현과 내용의 기능들을 밝혀내고, 그런 다음 결합 형태는 다르다 해도 모든 기호 표현 체계(색채·음성 체계 등) 속에서 그 기능을 되찾는다. 우리에게 필요해 보이는 것은 그 반대로 다른 기호 표현 체계들에서 언어 체계를 구별하는 것이고, 그리하여 언어 기호(그리고 그 기호가 유도할 수 있는 이분법, 즉 표현/내용 등)를 오직 다른 것들과는 질적으로 다르고, 오성적 주체의 조정에 의존적이거나 아니면 거기에서 생겨난 의미 생성과정의 한 단계처럼 간주하는 것이다.[71] 그렇게 하기 위해서, 그리고 메타 언어적 기술이 요구하는 것을 유지하면서, 우리가 개념(concept)과 범주(catégorie)를 이용하여 전(前)-기호의 기능 작용을 설명할 수밖에 없다는 것은 분명하다. 그리고 이 전-기호는 언어 내부에 있을 뿐만 아니라 자율성을 지니고 있으면서, 다른 의미 표현 체계들을 만들어 낸다. 그렇지만 우리는 이론적 담론에서 피할 수 없는 이 범주성을 사용함으로써 새로운 대상, 즉 **세미오틱**을 지적하기에 이른다. 이 세미오틱은 현상학과 거기에서 파생된 기호론 또는 의미론의 제분야가 작용하는 장(場)인 노에즈-노에마적 층으로 환원되지는 않는다. 이리하여 우리는 주체의 과정에서 근본적인 한 단계——혹은 한 영역——를 명시할 수 있는 가능성을 보유하게 되는데, 그 가능성은 의미 작용의, 다시 말해서 **쌩**

볼릭의 도래로 은폐되어 있다. 그러한 가능성을 보유함으로써, 그리고 그와 같이 정의된 세미오틱의 영역을 계속 탐구함으로써, 우리는 쌩볼릭에게는 앞으로 시니피앙(스토아학파[72]의 철학자들과 소쉬르의 의미에서)이 될 요소의 기능 작용을 더 잘 특정지을 수 있게 될 것이다.[73]

소통, 에너지 운송, 신체적·사회적 연속체와 의미 자료를 지닌 연속체의 오려내기, 변별성의 확립과 파란 많은 **코라** 속에서의, 운율적이지만 표현이 없는 총체 속에서의 그 변별성의 질서잡기인 **세미오틱**은 유출과 표지로서 분절된다. 글쓰기, 흔적, 그리고 자크 데리다가 현상학과 그 언어 연구의 아류들의 비판 속에 도입한 문자(gramme)[74]의 기능 작용은 여기서 논하게 된 사실의 본질적인 측면을 말해 준다. 그의 저서 《그라마톨로지에 대하여》[75]는 Bedeutung(의미 작용)에서 **빠져** 나가는 것을 특징짓고 있다. 그렇지만 우리는 계속 **세미오틱**이라는 용어로서 쌩볼릭과 그 주체의 확립에 논리적으로, 시간적으로 선행하는 그 기능 작용을 지칭할 것이다. 실제로 이 용어는 우리에게 프로이트가 '심신적'이라고 지칭한 이질적인 기능 작용을 생각해 보게 한다. 이 '심신적'이라는 프로이트의 표현은 형이상학에 속하면서 그 어휘소는 무엇보다도, 그리고 객관적으로, 그 기능의 기본 조건인 것 같은 (생물학적이고 사회적인) 조직화라는 이중적인 구속을 지칭하고 있다. 동시에, 그리고 바로 그런 점에서, '세미오틱'이라는 용어는 그것을 포괄하는 보다 더 광범위한 과정(processus), 즉 **의미 생성과정**의 일부와 똑같은 뜻을 지닌다. **세미오틱, 쌩볼릭** 그리고 **의미 생성**이라는 용어들이 지닌 어원상의 유사성은 차이를 둔 통일성을 지적하는데, 궁극적으로 그 차별화된 통일성은 주체의 과정의 통일성이다. 그러므로 세미오틱은 쌩볼릭이 조정하는 (그러나 부재인) 주체를 위한 의미 생성과정의 한 양태라고 하겠다. 언어학에서 구조주의 이론은 앞으로 우리가 쌩볼릭이라고 부를 것이고, 점괄적 자아(ego ponctuel)로 유지되기 위하여 명제 속에 드러나게 되는 것보다는 세미오틱에 더 가까운 것으로 생각된다. 구조주의 언어학은 음운론적 대립이나 은유와 환유라는 두 축에 작용하면서, 우리가 세미오틱이라고 불렀던 것 속에서 기능하는 몇몇 분절들(전부는 아니지만)을 설명해 주는 것 같다.[76]

물론 구조주의 언어학은 세미오틱에서 그 기반을 이루는 욕동과, 욕동이 주체의 구성에서 갖는 관계를 제거해 버릴 수는 있다. 그러나 구조주의 언어학이 구조인류학의 한 방법이 될 경우, 구조적 이분법을 지탱시켜 주는 욕동이 연구자의 주목을 끌게 되는 것은 불가피한 사실이다. 그렇지만 욕동은 다시 한 번 거기에서 제거되었고, 구조주의는 무의식으로부터 오직 법의 기탁물, 즉 담론의 영상만을 간직한다.[77] 오로지 언어에의 귀속이라는 관점에서 고찰되어, 욕동적 기반을 결여한 구조적 작용들은 현상학적 환원에 소속된다. 따라서 이 작용들은 그러한 환원이 드러낼 수 있는 것, 즉 정립적 쌩볼릭의 기능 작용에 속한다.[78] 우리는 이러한 구조적 작용들을 프로이트가 말하는 '일차과정'의 의미로 해석하여 욕동으로 가득 채우거나, 아니면 진위를 결정할 수 없는 문자(gramme) 속에 해체시켜서, 현상학이라는 은신처에서 그 작용들을 끌어내어 시니피앙을 형성하는 과정 ——논리적으로 데카르트적 주체가 산출하는 문법적인 기호열에 선행하지만, 그 전개에 있어서는 동시에 일어나는 과정 ——으로서 특수화할 수밖에 없었다.

5· 정립적 요소: 단절 혹은 경계

우리는 앞으로 세미오틱(욕동과 그 분절들)을 의미 작용의 영역과 구별할 것이다. 이 의미 작용의 영역은 언제나 명제 아니면 판단의 영역, 다시 말하면 조정의 영역이다. 후설의 현상학이 역설·조정·정립이라는 개념들을 통하여 다양하게 배합시키는 이 조정성은, 의미 생성의 과정 속에 하나의 단절처럼 구조화되면서, 주체와 그 대상들의 동일화를 조정성의 조건으로 창설한다. 우리는 의미 작용의 조정을 산출하는 이 단절을 정립상(phase thétique)이라고 부를 것이다. 모든 언술 행위는, 단어의 언술이든 문장의 언술이든간에, 정립적이다. 모든 언술 행위는 하나의 동일화를 요구한다. 다시 말하면 주체를 자기 이미지로부터 그리고 그 이미지 내에서 분리하고, 동시에 그 주체의 대상들로부터 그리고 그 대상들 내에서 분리하는 것을 요청하는 것이다. 언술 행위가 우선적으로 요구하는 것이고, 그후 쌩볼릭으로 바뀐 한 공간 속에 대상들이 설정되는 것이고, 그것은 이처럼 분리된 그 두 조정을 연결시켜서 열린 조정의 결합 체계 속에 등록하거나 아니면 재분배하기 위함이다. '일문일어 (一文一語)'라는 유아의 초기 언술 행위, 즉 몸짓, 대상 그리고 발성을 총동원하는 이 언술 행위는 아직 문장(명사구-동사구)이라고 할 수는 없을 것이다. 그런데 우리는 그것을 설명하기 위해 생성문법을 조금 지나칠 정도로 억지 해석한다. 그렇지만 이 언술 행위는, 그것이 주체와 대상을 분리하여, 거기에 세미오틱적 단편을 부여하고, 바로 그 부여에 의해서 세미오틱적 단편이 하나의 시니피앙이 된다는 의미에서 정립적이다. 이러한 부여가 은유적인가 아니면 환유적인가('멍멍'이가 개를 말하면, 모든 동물이 '멍멍'일 것이다)는,

그것이 하나의 **부여**(attribution), 다시 말하면 동일성 혹은 차이의 조정이라는 사실과 또 그 부여가 판단 혹은 명제의 핵을 나타낸다는 사실에 비하면 논리적으로는 이차적인 것이다. 의미 생성과정의 정립상은 언술 가능성의, 의미 작용의, 즉 명제의 '가장 심층적인 구조'이다. 후설은 의미 작용의 이 심층 논리를 '자아(moi)'의 '구속받지 않은 자발성'을 산출하는 근원으로 다루면서 신학적으로 논하고 있다. "그 구속받지 않은 자발성, 자유로운 활동은 조정하기, 설치하기, 전제로서 그리고 귀결로서 조정하기 등으로 이루어진다. 자아는 그러한 정립들 속에서 수동적인 거주자처럼 살아가지는 않는다. 오히려 이러한 정립들은 자아로부터, 산출의 원천(Erzeugungen)으로부터 빛을 발하는 광선이다. 각각의 정립은 하나의 **행동 개시점**〔Einstzpunkt; 차라리 진입 지점〕에서, 근원 정립(Ursprungssetzung)이라는 점에서 시작된다. 바로 이것이 최초의 정립이고, 또한 종합의 연쇄 속에 들어 있는 정립들 하나하나이다. 이 행동 개시점은 바로 그와 같은 정립에 속한다. 행동 개시점은 그 원초적 현실성을 드러내는 주목할 만한 양태이다. 그것은 **심사숙고 후의 결단**(fait) 같은 그 무엇이고, 의지와 활동의 개시이다."[79] 이러한 의미에서 **의미 작용은 오직 하나뿐이다.** 그러므로 명제와 대상을 보유하고, 그 둘 사이의 공모관계를 유지하는 것은 바로 정립상의 의미 작용이다.[80]

정립적이지 않은 기호는 존재하지 않는다. 그리고 모든 기호는 이미 배아상태에 있는 '명제'로서, 앞으로 시니피에의 기능을 하게 될 '계사'를 통하여 시니피앙을 대상에게 부여한다.[81] 기호의 모형을 처음으로 형식화한 스토아학파의 기호론은, 기호와 명제를 그 상호간의 두 가지 증거처럼 간주하면서, **기호와 명제 사이의 공모관계**를 이미 확립하고 있었다.

현대 철학은 의미 작용을 창출하는 **정립**(기호와/혹은 명제)을 표상하는 권리가 초월적 자아에 귀착한다는 것을 인정한다. 그러나 단지 프로이트에서부터 시작하여 정립의 기원에 대해 의문이 제기되는 것이 아니라, 정립의 산출과정에 대한 의문이 제기될 수 있었다. 정립적 요소 속에서 형이상학의 기반에 오명을 씌우려면 형이상학의 예비군 역할을 하기 마련이다. 이 정립의 산출조건들을 특정하지 않는 한. 프로이트의 무의식 이론과 라캉의 무의식 이론의 발전은, 정립적 의미 작용이 의미 생성의 과정에서 몇 가지 정확한 조건으로 산출할 수 있는 한 단계라는 사실을 밝혀 주고, 또 정립적 의미 작용은, 언어의 문턱이므로, 주체를 그 과정에 환원되지 않게 구성한다는 사실도 밝혀 주는 것 같다. 그리고 이러한 태도는 주체를 초월적 자아에 환원하는 것도 아니고, 의미 작용을 창출하는 정립상을 부인하는 것도 아니다.

6. 시니피앙에 부재중인 주체를 조정하는 거울과 거세

무의식 이론이 재구성하는 주체의 역사 속에서, 우리는 의미 생성의 과정 속에서 의미 작용을 형성하는 이 정립적 계기를 두 번 반복해서 만나게 된다. 즉 거울 단계와 거세의 '발견 시기'에서이다.

전자(거울 단계)는 의미 작용 기능의 핵심에서, 즉 기호와 명제 속에서 발견되는 이 '공간적 직관'을 산출한다. 그러나 이때부터 '어린이'는 거울 속에서 하나의 통일체로 마주하여 자리잡은 상(image)을 포착하기 위하여 그 상으로부터 분리되어 있어야 하고, 그의 육체는 우리가 앞에서 언급한 바 있는 세미오틱의 운동성, 그의 신체 전체를 형상하기보다는 오히려 토막으로 분할하는 그 세미오틱의 운동성에 의해 계속 동요된 상태에 있어야 한다. 라캉에 의하면, 조산아의 출생에 기인하는 인간의 생리적 미성숙은 이와 같이 모든 고정된 조정이며, 그리고 무엇보다도 상(像) 그 자체의 조정을 분리된, 이질적인, 열개(裂開)하는 조정으로 결정짓는 그 무엇이다.[82] 거울 상의 포착과 그 상에로의 욕동의 투여는 1차 나르시시즘을 구성하고, 이때부터 **코라** 세미오틱에서 분리된 모든 대상을 구성하는 길을 열어 준다. 뿐만 아니라 라캉은 거울 상은 '대상 세계'의 '원형'을 구성한다고 주장한다.[83] 상상된 자아의 조정 역시 분리되고 의미할 수 있는 대상의 조정을 유도한다. 기호를 준비하는 두 개의 분리 작용은 이와 같이 배치되어진다. 기호는 (**코라** 세미오틱으로) 동요받은 육체가 주변의 연속성으로부터 동시에 이탈되는 면전의 이마고(imago: 원형상)와 대상에게 발사한 목소리일 것이다. 더구나 어린아이의 최초의 일문일어적 언표는 거울 단계의 한계처럼 간주되는 시기(6개월에서 18개월)이다. 단절(coupure)이기도 한 이 조정에서부터, 디지털 체계로서 이중분절을 지니고, 이산적 요소를 결합하는 의미 작용이 시작된다. 이때에 언어 습득은 이러한 조정──분리──동일화와 **코라** 세미오틱의 운동성 사이에서 일어나는 날카롭고도 극적인 충돌처럼 생각될 수 있다. 어머니의 몸에서 분리되기, 포르트-다 놀이,[84] 항문성과 구순성[85]은 이마고와 개별적 대상을 파괴하는 항구적인 부정성처럼 행사하면서 세미오틱 망의 분절을 용이케 한다. 이 세미오틱 망은, 그 다음부터, 그것이 다소 **시니피앙**으로서 통합되어진 언어 체계에서 꼭 필요한 것이 될 것이다.

거세는 주체를 의미로 나타낼 수 있는 것으로 설정하는 이 분리의 과정을 완수한다. 다시 말하면 주체는 분리되어 타자, 즉 거울 속의 이마고(시니피에)와 세미오틱 과정(시니피앙)과 항상 대결상태에 놓인다. 온갖 요구의 수신자인 어머니는 이타성(altérité)의 자리를 차지한다. 요구들의 수용기이자 보증인 격인 풍성한 어머니의 몸은 나르시스적인, 따라서 상상적인 모든 효과와 만족을 대신한다. 이것은 어머니가 남근임을 뜻한다. 거세의 발견은 주체를 어머니에 대한 그의 의존상태에서 분리시키고, 이 결핍을 통하여 남근적 기능으로 하나의 쌩볼릭의 기능——**바로 그러한 쌩볼릭의 기능**——을 만들어 나간다. 이것은 중대한 귀결을 지닌 결정적인 계기이다. 왜냐하면 주체는 자기 동일성을 쌩볼릭 속에서 발견하면서 어머니와의 융합으로부터 **분리되고**, 자신의 향락을 생식기(génitale)로 **한정시켜** 세미오틱의 운동성을 쌩볼릭의 질서 속으로 이동시킨다. 이렇게 하여 정립상의 형성이 완성되고, 그것은 시니피앙과 시니피에 사이에 벌어진 공백을 모든 욕망을 향하여, 그리고 시니피앙과 시니피에를 뛰어넘는 향락까지 포함한 모든 행위를 향하여 열려 있는 통로로서 설정한다.[86]

라캉적인 논증의 자세한 부분에까지 들어가지 않고서도 여기에서 강조할 수 있는 것은, 남근이 시니피에들의 효과를 시니피앙에 의해 산출된 것으로 총괄한다는 사실과, 그리고 남근 자체가 하나의 시니피앙이라는 사실, 다시 말하면 남근이 언표 내에 나타나지는 않지만 그것 자체의 바깥에서 언술 행위를 가능케 하는 한 조건을 가리킨다는 사실이다. 그 조건은 다음과 같다. 언술 행위가 존재하기 위해서는 **자아**(égo)가 시니피에 속에 조정되어야 하고, 그것은 시니피앙 속에 결여된 주체의 한 기능으로서 그렇게 되어야 한다. 완결된 조정의 체계(의미 작용)는, 주체가 존재하기에의 결핍(manque à être)이라는 조건하에서, 오직 주체의 지지를 받아서만 기능한다. 주체는 의미 작용 속에 있지 않으며, 그렇기 때문에 의미 작용이 존재한다. 형상된 자아와 욕동의 운동성 사이에, 어머니와 어머니에게 호소된 요구 사이에 벌어진 공백은 라캉이 '시니피앙'의 장(場)으로서 대타자(Autre)의 장이라고 부르는 것을 만들어 낸 단절 그 자체이다. 주체는 '항상 보다 더 순수한 시니피앙에 의해'[87] 엄폐되어 있지만, 그러나 거기에 존재하기에의 이 결여(ce manque à y être)는 **타자**에게 의미 작용의 가능성을 유지하는 역할을 떠맡긴다. 이때부터 타자는 더 이상 어머니가 아니면서(거울단계와 거세가 결국 아이를 어머니로부터 분리시킨다), 라캉이 대타자라고 부르게 될 시니피앙의 장으로서 나타난다. 그렇다면 이 이론적 수법이 세미오틱의 운동성을 초월화하고, 그 '운동성'을 초월적 '시니피앙'으로 구성한다는 말인가? 우리가 보기에 이와 같은 세미오틱 운동성의 변질은 그 운동성을 자기 성애적이고 모성적인 그 울타리 속에서 벗어나게 하고, 그리하여 시니피앙/시니피에의 단절을 도입함으로써 그것에게 의미 작용을 만들어 낼 수 있는 가능성을 제공해 주는 것 같다. 그와 같은 식으로 의미 작용 자체가 의미 생성과정의 한 단계——근본적이지는 않으나 경계에 가까운 단계——처럼 나타난다. 의미 작용은 전의식의 표지 아래에[88] 자리잡고 있기 때문이다. 결국 언어를 구성하는 이러한 시니피앙/시니피에의 변질은 사회적 영역에 빚을 지고 있고, 그것에 의해 유도되고, 그것에 의해 강요된 것으로 드러난다. 말하자면 어머니에 대한 의존상태가 단절되어, 타자와의 쌩볼릭적 관계로 변형되는 것이다. 대타자의 구성은 타자와의 의사소통을 위해서 필요 불가결한 것이다. 그렇기 때문에 시니피앙/시니피에의 분할은 사회적 승인과 동의어이다. 즉 '사회 질서의 첫번째 검열'이다.

이와 같이 정립상, 즉 이마고의 조정, 거세와 세미오틱의 운동을 대타자의 장으로 조정하는 것은 의미 작용의 조건, 다시 말하면 언어의 조정을 위한 필요조건이라고 생각된다. 이 정립상은 이질적인 두 영역인 세미오틱과 쌩볼릭 사이의 분할선을 표시한다. 후자, 즉 쌩볼릭은 전자인 세미오틱의 일부를 포함한다. 그리고 그 두 가지의 분기는 이때부터 시니피앙/시니피에의 단절로 표시된다. **쌩볼릭**이라는 용어는 단절에 의해 산출되고, 단절 없이는 존재할 수 없는, 항상 분열상태에 놓인 이러한 통합을 아주 적절하게 지칭해 주는 말인 것 같다. 다시 한 번 이 단어의 어원을 생각해 보자. 그리스어 $\sigma\acute{\nu}\mu\delta o\lambda o\nu$가 확인의 기호인 것은, 그 속에 한 '대상'을 두 개로 나누고, 각각이 분할된 한 부분을 차지한다는 뜻이 들어 있기 때문이다. 그것은 마치 눈의 눈꺼풀처럼 분할의 양끝을 서로 가까이 접근시킨다. 또한, 그리고 따라서, **쌩볼릭**은 온갖 종류의 접근시키기 혹은 합쳐놓기이고, 그 모든 접근시키기와 합쳐놓기는 계약으로서, 적대관계의 결과로 생기거나 아니면 그 적대관계를 상정한다. 결국 그것은 하나의 교환인데, 적대감의 교환이기도 하다.

쌩볼릭적·정립적 통일성은 (시니피앙/시니피에로) 분할되어 있을 뿐 아니라, 이 분할 자체가 이질적인 기능 작용을, 다시 말하면 의미와 의미 작용에 앞서고, 유동적이며, 무정형이자 이미 규제된 욕동적 **세미오틱**을 시니피앙의 위치에 자리잡게 한 단절의 결과이기도 하다. 앞에서 우리는 이 세미오틱을 아동 정신분석, 특히 오이디푸스 이전 단계와 욕동 이론에 근거하여 설명하려고 노력한 바 있다. 화자 주체에게 있어서는 환몽(fantasme)이 시니피앙의 영역 속으로의 욕동의 침입을 분절한다. 환몽은 시니피앙을 전복시키고, 그리하여 대타자의 장을 좌우하는 욕동의 환유를 대상을 박탈하고 자기 성애적인 신체를 향하여 되돌아오는 향략 속으로 이동시킨다. 다른 한편 언어의 방어 체제가 그것이 지닌 애매성, 즉 그것을 떠받쳐 주는 죽음의 욕동을 드러낸다. 나르시스적, 반사적, 상상적 투여(investissement)라는 간접적인 수단을 통하여 쌩볼릭으로 구성된 언어가 신체로서 하나의 장(lieu), 즉 신체가 그 안에서 조정들을 통하여 자신을 의미하는 시니피앙의 장을 만들면서 욕동의 공격으로부터 보호할 경우, 그리하여 언어가 죽음의 욕동에 고용되어 그 욕동을 유도할 수 있는 나르시시즘의 수납주머니가 될 경우, 이때 환몽은 우리가 조금만 잊고 있어도 욕동에게 고유한 이질성의 집요함을 환기시켜 준다.[89] 이리하여 우리는 의미화 연쇄(chaîne signifiante)[90]와 의미 구조의 온갖 시적 '변형'을 생각할 수 있게 된다. 이 변형들은 '첫번째 상징화의 잔해들'(라캉), 다시 말하면 정립상이 들추어 내어 시니피앙/시니피에로서 연결시킬 수 없었던 욕동들의 공격에 굴복한다. 그 결과 '사회 차원의 검열,' 즉 시니피앙/시니피에 검열의 온갖 뒤틀림(dérèglement)은 그 중에서도, 무엇보다도, 어떤 시니피앙도, 어떤 대타자도, 어떤 거울도, 어떤 어머니도 만족시킬 수 없었던 죽음을 지향하는 욕동의 쇄도를 증명한다. 무엇보다도 '예술적' 실천 속에서는 쌩볼릭의 전제조건인 세미오틱이 바로 쌩볼릭의 파괴자라는 것이 드러나고, 또 그것은 우리로 하여금 세미오틱의 기능에 대해 그 무엇을 추적할 수 있게 한다. 이것은 무엇을 말하는가? 정신분석에서는 멜라니 클라인이 논하는 오이디푸스 이전 단계가 '분석적인 관점에서는 생각할 수 없는 것'이지만, 그렇다고 효과가 없는 것은 아니라는 사실을 수용한다. 그리고 오직 오이디푸스 콤플렉스 단계(이것 자체가 성기(性器)의 첫번째 성숙을 야기하므로)의 반작용에 의해 질서가 잡힌 성기 단계에서만 주체와 시니피앙의 관계가 성립되고, 그와 동시에 언어 습득이 완성된다는 사실도 수용한다.[91] 이때부터 오이디푸스 이전 단계를 특징짓는다고 전제된 기능 작용이 오직 성기 단계 이후(post-génital)의 완전한 언어 행사를 통해서만 나타나고, 이 언어 행사는 우리가 앞에서 말한 것처럼 남근의 결정적인 지배력을 전제로 한다. 이것은 거세에 의한 주체의 확고한 조정이 있어야만 정립에 대항하는 욕동의 공격이 환몽이나 정신병 속으로 빠지지 않고, '제2단계의 정립'을, 다시 말하면 **코라** 세미오틱에 고유한 기능 작용을 언어 장치 속에서 되찾기를 야기할 수 있다는 것을 의미한다. 바로 이것이 예술적 실천들, 특히 시적 언어가 증명해 주는 것들이다. 남근의 조정과 그것을 떠받쳐 주는 거세에서부터 그리고(논리적·시간적으로) 그 이후에, 다시 말하면 오이디푸스 콤플렉스 이후와 특히 오이디푸스 콤플렉스 단계의 반작용에 의한 생식능력의 조절 이후와 사춘기에, **코라** 세미오틱은 정립에 대한 약점처럼 이해되는 것이 아니라 정립의 전제조건처럼 이해하게 된다. 이때 우리는 왜 정신분석이, 우리가 정립이라고 불렀던 것과의 관계에 의거하여 그와 같이 정의된 신경증 환자나 정신병 환자들의 치료 실천에서, 세미오틱의 운동성을 단지 언어와/혹은 시니피앙 질서의 뒤틀림처럼 생각할 수밖에 없는지 그 이유를 알게 된다. 역으로 정신분석에 대한 여러 가지 저항은 이러한 정립상에 대한 거부로서 나타나고, 또 세미오틱의 운동성을 정립에 대해 자율적이고 정립 없이도 있을 수 있거나 정립을 알지 못하는 것으로 실체화하는 시도로서 표명된다. 이 경우 시에서는 정립에 대한 이러한 거부의 전개, 즉 발생론적인 약호과정의 일종의 직접적인 기술이 나타난다. 마치 하나의 실천이 정립 없이도 가능했던 것처럼. 그리고 한 텍스트가 그런 것으로 존속되기 위하여 세미오틱 운동성의 마무리도, 구조화도, 일종의 통합화도 요구하지 않는 것처럼. 이 마무리 작업은, 그것이 이루어지기 위하여, 언어의 정립을 필요로 하는 하나의 종합이 된다는 것과, 그리고 세미오틱이 오직 하나의 새로운 장치를 만들어 내기 위해서 그 마무리 작업을 분쇄한다는 것은, 우리에게는 **의미** 실천으로서의 한 텍스트를 신경증 환자의 담론을 특징짓는 편류(dérive)와 구별하는 것이라고 생각된다. 그리고 우리는 이 구별을, 다만 '기념비적인' 역사의 바깥에, 기념비적인 구분들(blocs)을 혼합시키는 반동 세력들 중에서 자주 확인되는 초월 속에 자리잡지 않고서는 지워 버릴 수 없다.[92] 따라서 정립을 **코라** 세미오틱의 억압이 아니라 수용되거나 받아들여진 조정으로 간주하는 주체만이 정립을 문제로 삼아, 하나의 새로운 장치가 분절될 수 있게 한다. 거세는, 그것이 야기하는 쌩볼릭의 조정을 통하여 세미오틱이 회귀할 수 있도록 하기 위하여, 하나의 문젯거리, 하나의 외상(trauma), 하나의 비극이었어야만 한다. 모든 게임이 바로 거기에 있다. 오이디푸스 콤플렉스의 완성은 반드시 필요하고, 마찬가지로 그것이 지닌 사춘기의 반응도 필요하다. 그것은 쌩볼릭 속에서의 세미오틱의 지양[93]이 (피분석자의 긴의자의 대체물인 자가분석적 담론뿐만 아니라) 사회-역사적 기능을 가진 의미 실천을 가능케 하기 위해서이다. 동시에 이 오이디푸스 콤플렉스 단계의 완성과, 또 그것이 불러일으키는 생식력은 세미오틱을 억압할 수 없게 한다. 바로 이 억압이 메타 언어와 '순수한 시니피앙'을 형성한다. 그 어떤 순수한 시니피앙도 세미오틱을 남김 없이 지양(헤겔의 Aufheben 의미로)하지 않는다. 그래서 이러한 신화를 믿었던 사람은 어떤 시, 어떤 그림, 어떤 작곡 앞에서 자신이 느끼는 매혹 또는 지루함에 대해 의문을 제기해 보기만 하면 된다. 그러므로 뛰어넘을 수 있는 한계로서의 정립은 모성적 **코라** 속으로 회귀하기 위하여 교묘히 피해야 하는 상상적 거세나, 영원히 강요되어 잘 정돈된 시니피앙을 영속시키고, 신성하고 변치 않는 것으로 대타자의 영역 속에 조정하는 거세와는 전혀 다른 것이다.[94]

ㄱ. 프레게의 의미 작용: 언술 행위와 지시 작용

시니피앙이 조정되고 나면 의미 작용은 어떻게 될까?

우리가 후설의 이론에서 알게 된 것은, 의미 작용이 기본적 정립을 필요로 하는 하나의 술어 기능처럼 형성되고, 기본적 정립은 현존재(un être-là)의 정립이기 때문에 본질적으로 초월적 자아의 정립이라는 사실이었다. 이 술어 기능, 더 적절히 말해서 이 판단은, 존재하는 것이든 아니면 속성적인 것이든간에, 무엇보다 조정이 문제가 되는 사실에 비하면 (프로이트가 **부인**(Verneinung)[95]에 관한 논문에서 생각한 것처럼) 부차적인 것이다. **코라** 세미오틱이 이제 '주체'-'대상'의 연속체와 분리되어 있는데, **무엇의** 조정이라는 말인가?──**대상** 아니면 **지시 대상**(dénotatum)의 조정이다. 프레게는 이 **지시 대상**의 언표를 Bedeutung, 즉 의미 작용이라고 부르는데, 이 경우 의미 작용은 곧 지시 작용이다. 프레게와 후설의 견해 차이는 표면적인 것에 불과하다. 앞에서 말했듯이 후설에게는 한 대상을 그런 대상으로 고립시키는 것은, 판단 자아의 언술 행위가 대상에 관련되어 있는 이상, 판단 자아의 조정에서 분리할 수 없는 수반조건이다. 그렇기 때문에 프레게가 여기서 증명하는 것처럼 다수의 기호들은 동일한 지시 작용이 부여한 동일한 의미 작용을 가질 수 있다. 그러나 프레게는 보다 더 앞선 생각을 한다. 기호의 무한한 과잉은 대상들을 지시하기 이전에 **한 대상의**, 그 대상의, 그 대상성의 조정인 **지시 작용의 조건 그 자체**를 함의하는 것이 아닐까? 달리 말하면 지시 작용이란 주체가 융합하고 있던 생태계로부터 자신을 분리하여, 그 분리에 의해 그 생태계를 지시할 수 있기 위하여 주체가 갖는 가능성일 것이다. 프레게는 다음과 같이 기술하고 있다. "한 명제의 진리치(valeur de vérité)가 그것이 지닌 지시 작용이라면, 모든 진실한 명제는 똑같은 지시 작용을 갖고, 마찬가지로 모든 거짓명제들 역시 똑같은 지시 작용을 갖는다. 여기에서 우리는 지시 작용이 명제들의 개별성에서 아무것도 얻어내지 않는다는 사실을 알게 된다."[96] 하나의 대상을 가지고, 단지 그 대상에서 시작하여 진실 혹은 거짓일 수 있는 그러한 가능성을 명제는 (프레게에 의하면) 그것이 지닌 '개념'과 '사고'와의 관계에서 얻어낸다. 그러나 동일선상에서, 그 미궁 속으로 빠져들지 않으면서, 프레게는 발화된 술어 작용은 Bedeutung(의미 작용)의 논리적 모형이기는 하지만 그 두 가지가 동일시되는 것은 아니라고 주장한다. 판단이 Bedeutung을 산출하면 Bedeutung은 그 속에 갇혀 있지 않고, 이질적인 차원에, 즉 존재하는 대상 속으로 반송된다.[97] 두 개의 '층위'에 걸쳐 있는 프레게의 Bedeutung은, 대상을 조정하는 동시에 쌩볼릭적인 정립을 확립하는 단절을 지칭하는 것처럼 보인다. 판단에 내재하는 외재성인 Bedeutung은 오로지 그러한 분열에 의해서만 진리치가 된다. 그래서 정립은 **지시 작용의 조건인 동시에 언술 행위의 조건이다**[98]라는 결론을 내릴 수 있을 것이다. 그와 같은 내적 외재성의 가능성 자체가 의미 작용을 진리일 수 있는 것으로 확립할 경우, 프레게가 최종적으로 단 하나의 지시 작용밖에 없을 것임을 시사한 그 이유를 우리는 이해할 수 있게 된다.[99] 그런데 지시 작용은 소쉬르가 말하는 지시 대상(référent)이 아니다. 프레게는 **지시 작용**(dénotation)을 갖지 않고 오직 **의미**(sens)만을 가진 기호들의 존재를 정립한다. 왜냐하면 기호들은 그 어떤 실제 대상을 가리키지 않기 때문이다. 예를 들자면 '예술적' 기호들이 그러하다. 그러므로 예술작품으로 받아들여진 어떤 사고나 사고의 한 부분의 지시 작용에 대해 몰두하지 말아야 할 것이다. 그런데 사고가 계속 명제로 존재하는 한, 예술작품 앞에서도 그와 같은 불안이 존재한다는 것을 가정하지 않을 수 없다. 예술에서 의미 작용의 특수한 지위는 **의미**와 **지시 작용**의 가능성 사이에 항시 존속하는 애매성에서 비롯된다. 이 경우 의미는 문법성과 같은 것이고,[100] 지시 작용 역시 판단이나 명제의 구조 속에 부여되어 있는 것이다. 하지만 그것이 실현되는 것은 오직 몇 가지 조건하에서이고, 특히 술어 기능이 존재가치를 얻어낼 때이다.[101] 그런데 어떤 조건하에서 술어 기능이 한 대상의 존재와는 무관한 계사(copule)이기를 끝내고, 그 대상을 가리키는 지시적 가치를 획득하는 것일까? 프레게는 언술 행위를 지시 작용으로 바꾸는 의미화 행위의 체제를 명확하게 밝히지는 않고 있다. 그렇지만 모든 진실한 명제를 위한 '동일한 지시 작용'에 대해 언급하면서, 그는 주체가 **코라** 세미오틱에서 분리되어 대상을 실제 그대로 지칭할 수 있는 가능성이 존재하는 곳이 바로 상징화의 정립적 기능 속이라는 것을 생각할 수 있게 한다.

정립은 의미를 나타낼 수 있는 대상을 조정한다. 다시 말해서 정립은 의미 작용을 (대상의) **지시 작용**처럼, 그리고 (의미되고 의미하는 조정에 불참하고 **빠져** 있는 주체의) **언술 행위**처럼 설정한다. 이때부터 정립은 그러한 분할을 연사(syntagme)의 대치와 병치를 통하여 명시하는 가능성을 조건짓고 내포한다. 명제와 판단은——후자가 명제와 공외연적인(coextensif) 한에서——정립을 통하여 시작된 의미 작용(언술 행위+지시 작용)을 (연결관계 혹은 사상(寫像)관계[102]에 의해) 전개하거나 아니면 **선상화**(線狀化)한다. 비록 정립이 하나의 단순한 명명하기처럼 나타난다 해도, 그것은 이미 **명제적**(혹은 통사적)이고, 또한 통사는 정립의 바깥 설치(ex-position)인 것이다. 주어와 술어는 정립에 내재하는 분할을 나타낸다. 다시 말하면 그것들은 분할을 명확히 진술하고 현실화한다. 그러나 이론이 집요하게 주어와 술어를 독립적인 실체로 간주한다면, 주어와 술어는 (정립적) 의미 작용과 통사 구조의 공유성과, (주체 내에 부여된) 지시 작용과 (술어 속에 부여된) 언술 행위 사이의 공범관계 내지는 대립관계를 엄폐하는 데 기여할 수 있다. 그러므로 우리는 '주어'와 '술어,'

또는 더 친근하게 말해서 '명사'와 '동사'라는 용어로 고정시킬 수 있었던 것을 정립의 두 가지 양태로 간주할 수 있을 것이다. 이 두 양태는 조정된 것과 조정하는 것, 결합된 것과 결합하는 것, 지시 작용과 언술 작용을 나타내면서 정립적인 과정의 내부와는 분리될 수는 없으나, 결국에는 치환할 수 있거나 아니면 역전할 수 있는 것이다. 조정, 결합, 단언, 일관성을 이루는 요소, 언표를 보완하여 그 것으로 유한한 언표(하나의 문장)를 만드는 요소, 간단히 말해서 화자 주체가 시공적이고 의사소통적인 조정을 표시하는 요소, 이것은 형태론이 '동사'처럼 인정하는 것일 수 있거나, 그렇지 않을 수도 있는 술어적 기능을 지닌 요소이다. 그와 동시에, 벵베니스트가 밝혔듯이, 가변적 술어 기능은 '불변항(invariant)의 자리'로서, 그것은 언어 외적인 현실과 문장의 완결성을 동시에 조정하고, 그 두 가지 차원 사이의 관계를 확립하는 역할을 맡는다. 여기서 문제가 되는 것은 우리가 단언과 통사 내적 완결의 불가분성을 집약해 주는 정립적 기능이라고 불렀던 것, 바로 그것이기 때문이다.

의미 생성의 과정을 정립적 부정성처럼 생각한다는 사실은 이처럼 우리를 '주체'와 '술어'라는 고전적인 용어를 상대화하여, 그 용어들 속에서 정립의 두 가지 분리 불가능한 양태들(조정된 것-조정하는 것, 결합된 것-결합하는 것, 수식된 것-수식하는 것 등) 사이에서 작용하는 보다 일반적인 관계의 (몇몇 언어나 언어 이론에 고유한) '부분집합'만을 볼 수 있도록 안내한다. 쿠리우오비치[103]가 말하는 '수식 성분'과 '피수식 성분'의 관계, 또는 스트로슨[104]이 말하는 '특색 개념(features concepts)'이나 '특색 배치 진술(featureplcing statements),' 그리고 언어의 기술도면에 관한 샤우미안[105]의 응용 생성 모형[106]은 다 똑같이 정립과 통사의 불가분성을 설명하는 것이라고 생각된다. 이 불가분성이 의미하는 것은, 의미 작용(Bedeutung)은 하나의 과정이고, 그 속에는 현상으로 대치할 수 있지만 정립적 단절의 두 가지 측면(지시 작용-언술 행위)처럼 확인할 수 있는 '항들'이 조정된다는 사실이다.[107]

통사는 정립적 단절을 이산적이고 치환할 수 있는 요소들의 대립 형태로 기록하지만, 그 요소들의 구체적인 조정은 일정한 의미를 나타낸다. 통사란 시니피앙과 그 시니피앙이 지닌 이질적 요소를 분리하던 정립적 단절을 언어의 동질적 요소 속에 이동하기와 표상하기이다. 정립이 만들어 낸 **변질**은 오직 통사 기능 사이의 **분할**(피수식 성분-수식 성분, '특색-배치' 혹은 주체-술어)처럼 기재된다. 화자 주체를 만들어 내는 이 변질은, 바로 그 화자 주체를 변질의 바깥에, 이질적 요소 속에 방치해 둔다는 조건하에서 실현된다. 실제로 통사의 지주인 이 화자 주체는 통사 내에 부재중이다. 그러나 화자 주체가 다시 나타날 적에, **코라** 세미오틱이 시니피앙의 질서를 재편성하면서 정립의 조정을 교란시킬 때에, 우리는 그런 식으로 피지시 대상과 통사관계도 교란되었음을 확인하게 된다. 피지시 대상은 **코라** 세미오틱의 전환(transposition)에서 생긴 일련의 공시 대상들로 세분화된다.[108] 그와 병행하여 통사의 분할(피수식 성분-수식 성분, 명사구-동사구, 혹은 의미론적 특징의 배치)도 역시 교란된 상태에 있다. 의미화 과정, 즉 통사의 마지막 양상에서 우리가 확인하는 것은 문법적 기호열의 분할(이것을 우리는 이미 이질적인 기호 체계 속에서의 정립적 단절의 전환이라고 불렀다)이 유지된다는 사실이다. 이것은 통사적 범주가 유지되어, 그 범주들이 사실임직한 지시 작용과 의사소통의 가능성을 똑같이 보장한다는 것을 의미한다. 그렇지만 문법적 기호열의 **완전성**은 방해를 받게 된다. 왜냐하면 그 분할은 명사구-동사구, 피수식 성분-수식 성분 등의 총체 속에서 완전히 해결되지 못하기 때문이다. 이러한 생략 또는 이러한 통사적 **비완전성**

은 정립적 단절이 단순히 통사 내적인 것, 즉 의미를 지닌 이질성의 내부에서의 분할로 유지되기가 불가능함을 나타내는 것으로 해석될 수도 있다. 이질적인 분할, 즉 **코라** 세미오틱의 침입은 통사열의 '범주' 하나하나를 표시하여, '타자'가 확인할 수 있는 통사항(주어 혹은 술어, 피수식 성분 혹은 수식 성분 등)으로 조정되지 못하게 막는다. 특히 우리가 시적 텍스트에서 관찰할 수 있는 이러한 의미 실현에서는, 이타성이 순수 시니피앙 속과 혹은 단순한 통사 요소 내에 유지되기가 어렵다. 왜냐하면 대타자가 이질적 요소, 고정할 수 없는 요소가 되어 항을, 조정된 것을, 따라서 통사적인 것을 부정적으로 간주하여 그것들이 지닌 상실의 가능성에게로 반송하기 때문이다.

우리는 **텍스트**가 행한 이 도정이 '술어'에서 '주어'에게로, '일반'에서 '특수'에게로라는 헤겔식의 단순한 회귀가 아니라는 것을 알 수 있다. 그 도정은 판단 속에서 작용하지만, 삼단논법에 의해 실현된 헤겔적 회귀는 아니다. 여기서 문제가 되는 것은 이질적인 **과정** 속에서의 **조정의 파열과 유지**이다. 텍스트의 **세미오틱 장치**가 증언하는[109] 음성적, 어휘적 그리고 통사적 차원의 교란이 그 증거이다. 문장에서 완전성의 교란, 또는 통사적 생략은 논리적 (통사적) 운용의 무한화(infinitisation)로 인도한다. 그리하여 많은 항들이 서로 연결되지만 복원할 수 없는 삭제의 영향 아래서,[110] 무한히 서로 관계를 맺게 된다. 문장은 삭제되지 않고 무한화된다. 마찬가지로 피지시 대상은 소멸되지 않고 미메시스적인, 허구적인, 공시적인 대상들 속에서 계속 증식된다.

6 · 정립의 침해[111] : '미메시스'

문학에서 의미 작용은 지시 작용의 이러한 가능성을 상정한다. 그러나 판단을 쌓으면서, 실제 대상의 인식에로 안내하는 연쇄들을 따르지 않고, 그 의미 작용은 문법적 합성의 탐구 방향으로, 그리고/아니면 언술 행위 쪽으로 기울고 있다. 미메시스는 아마도 진실한 대상이 아니라 진실임직한 대상의 구성일 것이다. 그렇게 될 수 있는 것은 그 대상이 그런 것(즉 명시되지는 않았다 해도 분리되고 기록된 것)으로 조정되어 있지만, 언술 행위의 주체에 내재적으로 의존되어 있기 때문이다. 그런데 언술 행위의 주체는 다음과 같은 점에서 초월적 자아와는 다르다. 이 주체에게는 코라 세미오틱이 제거된 것이 아니라 문법적인 어법 규정을 따르거나 혹은 따르지 않는 시니피앙의 지위와 관련되기 때문이다. 이리하여 우리는 **내포된 의미를 나타내는** 미메시스적 대상을 이해하게 된다. 미메시스는 쌩볼릭의 질서와 똑같은 성질을 띠고 있다. 그것은 쌩볼릭의 질서를 구성하는 몇몇 규칙들을, 혹은 문법 적합성을 재생산하기 위해서이다. 그렇기 때문에 미메시스는 대상을 조정하지 않을 수 없다. 그러나 이 '대상'은 언술 행위의 욕동 체제의 한 결과에 불과하다. 그 대상을 진솔하게 조정하는 것은 **미메시스와는 무관하다.**[112] 더욱이 시적 언어, 특히 현대의 시적 언어가 문법 적합성의 규칙을 위반할 경우, **미메시스**가 애초부터 탐구하던 쌩볼릭의 **조정**은 **미메시스**가 항상 이의를 제기하던 Bedeutung(지시 작용)의 가능성으로 전복되어 있을 뿐만 아니라, **의미**(sens ; 항상 문법적이고 더 정확히는 통사적인 의미)의 보유자로서도 역시 전복되어 있다. 쌩볼릭을 **의미**로 구성하는 작용을 흉내내는 시적 **미메시스**는 지시의 기능뿐만 아니라 정립에 고유한 주어를 **조정하는** 기능을 해체하기에 이른다. 이런 점에서 현대의 시적 언어가 고전적(연극이나 소설에서의) 모든 **미메시스**보다 훨씬 더 앞서가고 있다. 현대의 시적 언어는 지시 작용(대상의 조정)에 도전할 뿐 아니라 의미(언술 주체의 조정)에 도전하기 때문이다.

이처럼 고전적 **미메시스**의 기반을 이루던 불가피한 진실임직함을 넘어서, 언술 행위의 조정 그 자체를, 다시 말하자면 시니피앙에 결여한 주체의 조정을 분쇄하면서, 시적 언어는 세미오틱적인 표지와 소통의 망을 통하여 주체를 과정 속에 집어넣는다. 그러나 시가 욕동을 토해 내는 어법에 어긋난 말(glossolalie)[113]이기를 끝내고 언어라는 질서를 접하게 되면서부터, 시는 지시 작용과 언술 행위——진실임직함과 주체——를 만나고, 그리하여 그 두 가지를 통하여 사회적 요소(le social)를 만나게 된다.

여기서 우리는 정립이 언어에 고유한 진리의 가능성을 어떻게 조건짓는가를 파악하게 된다. 모든 정립의 위반들은 의미 작용을 유지할 때부터 틀림없이 유지되어 왔고, 쌩볼릭 속으로의 세미오틱의 유입에 의해 회복될 수 없을 정도로 타격을 받은 진(眞)/위(僞)의 경계를 뛰어넘는 것들이다. **미메시스**는 바로 이 정립의 위반이라는 장에 자리잡는다고 생각된다. 이때 진리는 더 이상 언어 밖에서 확인할 수 있는 대상에로의 환원이 아니라 세미오틱의 망을 통하여 구성될 수 있는, 그렇지만 쌩볼릭 속에 설정되어, 그때부터 항상 진실임직한 대상에로의 환원이다. 따라서 미메시스적 진실임직함은 프레게가 의미 작용을 지배한다고 생각하던 그 유일한 단절을 제거하지 않는다. 미메시스적 진실임직함은, 그것이 의미를 유지하고, 또 그 의미와 함께 어떤 대상을 유지하기 때문에, 단절을 유지하고 있다. 그러나 진도 위도 아닌 이 진실임직한 대상은, 그 신분 자체로서, 진리를 설정하는 그 단절의 절대성에 대해 의혹을 품게 한다. 미메시스는 정립의 유일성(unité)에 대해서는 크게 의혹을 제기하지 않는다. 미메시스적 담론이 언어 구조를 차용하고 있고, 서술적인 문장들로서 의미되고 의미하는 대상을 조정하는 한, 어떻게 의혹을 제기할 수 있겠는가? **미메시스**와 그와 떨어질 수 없는 시적 언어에게는 정립이 신학적인 요소가 되는 것을 오히려 방해하는 경향이 있다. 달리 말하자면, **미메시스**와 **시적 언어**는 정립의 강압이 그 정립을 만들어 내는 세미오틱의 `과정을 은폐하는 것을 막고, 그리하여 정립이 초월적 자아로서 사물화된 주체를 오직 과학이나 일신교의 교리 체제 내에서만 드러나도록 권장하는 것을 막는다. 왜냐하면 그것은 진리의 가능성을 설정하는 정립상 없이는 언어가 존재할 수 없다는 것을 증명하고, 또한 그러한 발견에서 여러 가지 귀결을 끌어내는 일이기 때문이지, 모든 의미 실천이 오로지 이 정립상에서부터 작용하기를 강요하는 것과는 별개의 일이기 때문이다. 이 후자의 움직임을 통해서, 근원과/아니면 초월이 된 정립이 (후설의 의미로) 산출할 수밖에 없는 것은 동어반복적 담론이고, 자신의 정립에서부터 출발한 이 동어반복적 담론은 제정립의 종합이다. 그러므로 과학과 신학적 교리는 억견적(doxique)이라고 할 수 있을 것이다. 그 두 가지는 억견의 **산출**을 억압하면서, 정립으로 진리 탐구가 시작되는 출발점이라는 믿음을 만들어 나간다. 그러나 이와 같은 프로그램으로 짜여진 탐구의 행정은 순환적이어서, 결국 출발점인 정립으로 되돌아온다.[114] 그 반대로 **미메시스**가 지시 의미를 복수화하고, 시적 언어가 의미에 타격을 가한다면, 쌩볼릭의 왜곡은 어떤 정확한 작용들에 의해 실행되는가?

우리는 프로이트가 무의식의 작업 속에서 지칭한 두 가지 기본 '방식'인 **이동**과 **압축**[115]을 알고 있다. 크루제프스키[116]와 야콥슨[117]은 구조언어학의 초기에 그 두 가지를 다른 식으로 **환유와 은유**라는 개념으로 도입하였고, 그 개념은 그 이후로 정신분석학의 조명을 받으면서 해석될 수 있게 되었다.[118]

　이제 우리는 제3의 '방식', 즉 **하나의 기호 체계에서 또 하나의 기호 체계로의 이행**을 첨가하지 않을 수 없다. 그 이행을 실행하기 위해 이동과 압축이 거기에 결속된다는 사실, 이것이 작용 전체를 설명할 수 있는 것은 아니다. 거기에는 정립적 **조정**의 변형이 첨가된다. 그것이 바로 낡은 조정의 파괴와 새로운 조정의 형성이다. 새로운 의미 체계는 동일한 의미 재료 속에서 산출될 수 있다. 예를 들면, 언어 속에서 이행은 서술에서 텍스트에로 행해질 수 있다. 하지만 그 이행은 다른 의미 재료에서 차용될 수도 있다. 예를 들면, 이행은 카니발적인 장면에서 글로 씌어진 텍스트로 옮겨질 수 있는 것이다. 이러한 의미에서 우리는 소설의 의미 체계 형성을 복수적이고 다양한 기호 체계, 즉 카니발, 궁정시, 스콜라학파적인 담론의 재편성에 대한 결과처럼 연구해 왔다.[119] **상호 텍스트성**(inter-textualité)이라는 용어는 하나의 (혹은 여러 개의) 기호 체계가 또 하나의 기호 체계로의 전위(transposition)를 지칭한다. 그러나 그 용어가 자주 어떤 텍스트의 '근원에 대한 연구'라는 평범한 의미로 이해되어 왔기 때문에, 우리는 그 단어보다는 **전위**라는 용어를 더 선호하게 된다. 이 용어는 한 의미 체계에서 다른 의미 체계로의 이행이 정립의──언술 행위와 지시 작용의 조정성의──새로운 분절을 요구한다는 사실을 명확하게 나타내는 이점을 가졌기 때문이다. 모든 의미 실천이 다양한 의미 체계의 전위의 영역(상호 텍스트성)이라는 것을 인정한다면, 우리는 그것이 지닌 언술 행위의 '장'과 지시된 '대상'은 결코 유일하고 완전하며, 그것 자체들에 일치하는 것이 아니라 항상 복수적이고, 파열되어, 탁상 모형이 될 수 있는 것이라는 사실을 이해하게 된다. 따라서 다의성 역시 세미오틱의 다가성과 다양한 세미오틱 체계에 소속함이 가져온 결과처럼 나타난다.

프로이트는 압축(Verdichtung)과 이동(Verschiebung)에 대해 언급하면서 **형상 가능성**(die Rucksicht auf Darstellbarkeit)에 대해서도 말하였다. 이것은 꿈의 작업(die Traumarbeit)에 있어서 근본적인 것이다. 형상 가능성은 이동에 가까우나 그것과는 명백히 다른 발전과정을 통하여 실현되는데, 그것을 프로이트는 '다양한 언어 표현의 교환(ein Vertauschung des sprachlichen Ausdruckes)'이라고 불렀다. 따라서 우리는 의미 생성의 과정이 지닌 한 기호 체계에서 다른 기호 체계로의 이행 가능성과, 또 그것들을 교환하고 전환하는 가능성을 **전위**라고 부를 것이다. 그리고 한 기호 체계에서 세미오틱과 정립 사이의 특수한 분절을 **형상 가능성**(figurabilité)이라고 부를 것이다. 전위가 낡은 기호 체계의 포기와 두 가지 기호 체계에 공통된 욕동적 매개물을 통한 이행과 새로운 형상 가능성을 지닌 새로운 체계의 분절을 상정하는 한, 전위는 그 과정에서 본질적인 역할을 맡는다.[120]

시적 **미메시스**는 정립의 유일성을 보유하고 침범하면서, 정립에게 일종의 기왕증(anamnèse)을 체험케 한다. 왜냐하면 **미메시스**가 정립의 조정 속에 세미오틱적인 욕동의 흐름을 도입하여 그것을 의미하게 하기 때문이다.[121] 쌩볼릭과 세미오틱의 이러한 유합(télescopage)은 의미 작용, 또는 지시 작용을 복수화한다. 정립적 억견을 복수화하는 것이다. 따라서 **미메시스**와 시적 언어는 정립을 부인하지 않는다. 그렇지만 그것들은 정립의 진리(의미 작용·지시 작용)를 가로질러서 정립에 대한 '진리'를 말한다. 진리라고 하는 이 두번째 용어의 사용은 물론 적절하지 않다. 이 경우는 더 이상 프레게적인 의미에서의 지시적 진리가 문제되지 않기 때문이다. 이 '제2의 진리'

는 제1의 진리(Bedeutung의 진리)가 조정되기 위하여 절단하는 행정을 재산출한다. 미메시스와 그 함축 의미를 지닌 시적 언어는 이처럼 이데올로기의 논쟁인 사회적 논쟁에 참여하는 권리를 찬탈한다. Bedeutung(의미 작용-지시 작용)뿐만 아니라 모든 의미, 따라서 조정된 주체가 산출한 모든 언술 행위와의 대결은 그것들을 그 논쟁에 참여할 수 있게 해준다. 동시에 **미메시스**와 시적 언어는 이데올로기간의 논쟁보다 더한 것을 행사한다. 말하자면 그것들은 이념적인 것의 원리 그 자체에 '이의를 제기한다.' 왜냐하면 미메시스와 시적 언어는 정립의 **유일성**(의미와 의미 작용의 전제조건)을 개진하여, 그것이 신학의 대상이 되는 것을 막기 때문이다. 정립을 절대적인 것으로, 혹은 근원적인 것으로 이용하는 것이 아니라, 하나의 필요한 테두리로 사용하면서 위반하는 주체에게는 생산의 장이기도 한 시적 언어와 그와 떨어질 수 없는 **미메시스**는 극도로 비신학적이다. 신학의 비판자가 아니라, 신학의 필연성과 주장을 인정한 신학의 내적/외적인 적대자이다. 이 말은 시적 언어와 **미메시스**가 교리에 가담하는 논증처럼 보일 수 있다는 것이다. 그리고 우리는 종교가 그것들을 이용하고 있다는 사실도 알고 있다. 그렇지만 교리가 억압하는 것을 기능하게 할 수도 있다. 그렇게 함으로써 시적 언어와 **미메시스**는 성스러운 울타리 내에 들어 있던 욕동의 수문으로서, 성스러운 울타리가 조정되는 것을 반대하는 항의자가 된다. 이리하여 의미 생성의 과정은, 그것이 행하는 실천들이 그 복합성 속에 펼치는 과정으로서, 결국 사회혁명과 합류하게 된다.

9. 불안정한 쌩볼릭, 쌩볼릭 속의 대체항: 페티시즘[122]

정립은 쌩볼릭 질서의 구성을 가능하게 한다. 그 구성을 가능케 하는 것은 쌩볼릭 질서의 모든 수직적 성층화(지시 대상·시니피에·시니피앙)와, 또 그 뒤를 있는 논리-의미론적 분절의 모든 양태들이다. 정립은 '거울 단계'에서 시작되어 남근기를 거쳐 사춘기에 일어나는 오이디푸스 콤플렉스의 재활성화에 의해 완성이 되며, 그 어떤 의미 실천도 정립 없이는 존재할 수 없다. 그러나 정립의 절대적인 필요성이 독점적인 것은 아니다. 정립에 선행하는 세미오틱이 끊임없이 정립을 깨뜨리고, 또 이러한 위반은 의미 실천의 온갖 다양한 변형들을 가져오기 때문이다. 바로 이것이 '창조'라고 부르는 것이다. 그 창조가 메타 언어의 영역(예를 들면 수학에서)에 속하든, 아니면 문학의 영역에 속하든간에, 쌩볼릭 질서를 개혁하는 것은 언제나 세미오틱의 쇄도이다. 그런데 이 사실은 특히 시적 언어에서 명백하게 드러난다. 그 이유는 쌩볼릭의 위반이 실현되려면 보편적인 의미 질서, 즉 사회적인 통일성을 접합하는 '자연' 언어의 질서 속에 욕동의 침입이 일어나기 때문이다. 이러한 위반이 일어날 때에도 주체가 정신병에 매몰되지 않는다는 것, 바로 이것이 형이상학에게, 시니피앙을 위반할 수 없는 법으로 자리잡게 하는 형이상학에게, 그리고 정립도 갖지 않고, 따라서 주체도 갖지 않은 형이상학에게 문제를 제기한다.

이른바 시적이라고 불리는 실천 속에서 세미오틱에 의한 쌩볼릭의 이러한 침해는 아마도 매우 불안정하지만, 그러면서도 그 불안정성 속에서 매우 강력한 정립의 조정과 관련을 맺고 있을 것이다. 우리가 보기에 **텍스트** 분석은 정립의 이 불안정성이 결국 상상적 포착하기의 어려움(거울 단계에 일어나는 장애들로서 나중에는 아주 뚜렷한 절시증(scoptophilie)으로, 거울이나 자기를 확인해 주는 수신자 등에 대한 병적인 요구로 나타남)이고, 또 거세의 발견에 대한 저항(대타자의 자리를 빼앗는 남근을 가진 어머니의 유지)이라는 사실을 증명해 주는 것 같다. 의미 생성과정의 정립상을 방해하는 그와 같은 어려움과 저항은, 그것들이 쌩볼릭의 구성을 막을 수 없을 때(이 방해가 아마 정신병일 것이다), 쌩볼릭의 조정 속에, 그리고 그 조정을 통하여 회귀한다. 그렇게 하는 것은 '환몽'을 야기하기 위해서 뿐만 아니라, 특히 사회 질서의 첫번째 검열——시니피앙과 시니피에 사이의 장벽——과, 주체의 조정에 대한 첫번째 보증——맨 먼저 의미 작용, 그 다음 의미(문장과 그 통사)——의 파기를 동시에 시도하기 위해서이다. 언어는 세미오틱적 분절 속에 전개되기 위하여 그것이 지닌 쌩볼릭적 기능(기호-통사)에서 빠져 나오는 경향이 있다. 말하자면 음성과 같은 물질적인 매체를 가지고 이 세미오틱의 망은 문자 속에 '음악'을 제공한다.

그렇지만 쌩볼릭 내의 세미오틱의 침입은 어디까지나 전적으로 상대적인 것에 불과하다. 침투성을 지녔기 때문에 정립은 이처럼 과정 중(mis en procès)인 주체의 조정을 계속 보강한다. 주체의 조정 덕분에 음악성은 의미 작용을 잃지 않고, 의미 작용 자체 속에서 전개된다. 거기에는 모든 논리적 종합과 이데올로기가 더 이상 이념·기호·통사, 따라서 로고스의 영역에 속하지 않고, 단순히 세미오틱의 기능 작용에 속하는 그 무엇 쪽으로 옮겨가기 이전에 그것들에 고유한 논리 속에서 분쇄된 상태로 있다. 정립적 계기가 역사적인 의미를 혼자서 조정하고 제거하는 그러한 이질성을 위한 전제조건이라는 사실, 바로 이 점을 우리는 확고하게 강조하고자 한다.

다시 반복하지만, 이 정립상의 완성 없이는 그 어떤 의미 실천도 불가능하다. 정립상의 부인(dénégation)은 주체가, 계속 정립상에 의해 한정되어 있으면서, 의미과정이 수행되기 위하여 그 행정 속에서 가로지르는 여러 장소 중의 한 곳으로 그 정립상을 이동시키게 만든다. 쌩볼릭 ──이것 없이 주체는 아무것도 할 수가 없다── 을 부인하면서, 주체는 한 대상 혹은 한 상대의 장 속에서 정립을 상상할 수 있다. 이 동작 속에서 우리는 페티시즘의 메커니즘을 확인하게 된다. 우리가 알고 있듯이 페티시즘은 어머니의 거세를 부인하는 것에서 형성되지만, 더 깊이 들어가 보면 거울 속에서 든 자아상(image du moi)과 세미오틱의 운동성을 갖춘 신체기관들을 분리하기 어렵다는 사실에까지 거슬러 올라간다. 변태성욕자에게 부인(Verleugnung), 혹은 부정(Verneinung)은 배제(Verwerfung)로까지 갈 수 있다. 부인과 부정은 거세와 그 기반이 되는 성차, 그리고 생식적 성욕을 엄폐할 가능성이 있는 다양한 양태를 나타내기 때문이다. 다음에 우리는 항문 성애에서 두드러지게 나타나는 투여(investisse-ment)가 어떤 식으로 쌩볼릭 질서의 심문(la mise en cause)을 가능케 하면서 정립의 이러한 거부에 이르는지를 검토할 것이다. 이때 투여는 바로 그러한 과정을 통하여 **정립을 대상들 속으로 이동시**키는데, 그 대상들의 배설물이 곧 원형(prototype)이다. 왜냐하면 배설물은 성적 흥분을 느끼는 괄약근으로부터 아직 자립되지 못한 자기 성애적 신체와, 어머니의 몸 아니면 어머니가 지녔다고 가정된 남근이 제공하는 쾌감 ──포기되었으나 뒤로는 마치 타협하기처럼 유지하고 있는 쾌감── 사이의 중간에 있기 때문이다. 정립적 계기 없이 가능한 의미 실천은 존재하지 않기 때문에, 정립은 쌩볼릭 질서 속에 자신을 조정시킬 수 없을 경우, 신체를 둘러싸고 있고, 욕동적으로는 그 신체에 연결되어 있는 대상들 속에서 제자리를 잡을 수밖에 없다. 페티시즘은 정립적인 것에 대한 하나의 타협이다. 쌩볼릭에서 지워지고, 욕동 속으로 이동된 '정립'은 여하간 유지되어서 의미 실천이 일어날 수 있게 한다. 또한 우리는 페티시즘이 모든 문화적 실현에 내재한다고 말할 수는 없을 것이다. 문화적 실현에 내재하는 것은 정립적 요소이고, 페티시즘은 오히려 욕동의 영역을 향한 정립의 이동이다. 욕동의 **코라**가 소통과 정지를 분절한다면, 페티시즘은 쌩볼릭에서만 볼 수 있는 정립적 계기와 욕동적으로 투여된 정지들(신체, 신체의 일부, 열린 구멍들, 용기 등) 중의 하나와의 교착이다. 이때 그 정지가 기호의 대용물이 된다. 페티시즘은 자신을 정립이라고 생각하였던 정지이다.

이제 우리는 시 속에서 세미오틱에 의한 쌩볼릭의 해체가, 정립상이 **코라** 세미오틱의 정지를 향하여 이동하였음을 필연적으로 함의하지는 않은지 자문해 볼 수 있을 것이다. 시는 공격을 받은 쌩볼릭 질서의 대용물로서, 결코 분명히 조정되지는 않았지만 항상 '예측 상태에 놓인'[123] 어떤 대상을 설치하도록 유도하지 않을까? 그 대상이 될 수 있는 것은 신체 그 자체이거나, 목소리를 낼 때 성적 흥분을 느끼는 기관들(목구멍·폐), 욕망의 수신자와 연결된 대상들, 아니면 쾌감을 지배하는 대상으로서의 언어재료 그 자체일 것이다. 더 나아가서는, 세미오틱을 통과하는 쌩볼릭의 왜곡은 하나의 대상——저서나 작품——이 거기에서 생기도록 행해지므로, 이 대상이 정립적 계기와 대체되어 그 자리를 차지하는 것이 아닐까? 이 경우 그 대상이 정립의 쌩볼릭화(symbolicité)를 혼탁하게 만들고, 그 정립의 쌩볼릭화를 자신의 존재로 가득 채운다. 그리고 이 존재가 보편성에 대해 자부심을 갖는 것은 그의 개인적인 한계와 정비례한다. 결국 예술이란 자신의 고태(古態)를 어설프게 은폐하고 있는 전형적인 페티쉬가 아니겠는가? 그 고태의 밑바닥에는 결국 어머니에게 남근이 있고, 한번도 명확하게 자기 정체성이 밝혀지지 않은 **자**

아가 영영 어머니로부터 분리되지 않을 것이고, 그 어떤 상징도 남근을 지닌 어머니에 대한 의존을 절단할 만큼 충분히 강력하지 못하다는 믿음이 유지되고 있다. 남근을 가졌다고 여겨지는 어머니와의 공생 속에서, 이처럼 페티시즘에서부터 자기 성애(auto-éroticisme)로까지 항해하면서, 어머니의 자리를 점령하는 것 이외에 달리 무엇을 할 수 있겠는가? 문제는 바로 그 속에 있다. 의미화 과정을 유지하기 위하여, 끝없이 '말로 표현할 수 없는 것' 속으로 매몰되지 않기 위하여, 그리고 한 실천의 주체를 조정하기 위하여 시적 언어의 주체는 페티시즘이 그에게 제공하는 도움에 매달린다. 그런데 정신분석에 의하면 '시인들' 개개인은 이 페티시즘의 범주에 속한다고 한다. 그렇다면, 다시 말해서 예술의 실천 그 자체가 쌩볼릭 질서의 위반이 이루어지도록 모성적 **코라**의 재투여를 필요로 한다면, 그리하여 결국 이 실천이 이른바 변태적인 주체의 구조에 적합해진다면, 우리는 차라리 시적 기능은 페티시즘을 만나지만 그것에 동화되지는 않는다고 말할 것이다. 시적 기능을 페티시즘의 메커니즘과 차별화하는 것은, 시적 기능이 의미 작용(Bedeutung)을 유지하고 있기 때문이다. 그리하여 쌩볼릭에 선행하는 세미오틱의 정지의 모든 여정과 가치화는 의미 작용의 유지가 보장되는 것뿐만 아니라, 그것들이 그 의미 작용을 분해하면서 그것을 이용하는 것을 필요로 한다. 텍스트가 아무리 음악화되었다 해도, 의미나 의미 작용 없는 텍스트는 존재하지 않기 때문이다. 그러나 반대로 이러한 음악화가 의미의 복수화이기 때문에, 텍스트는 하나의 페티쉬가 아니라고 말할 수 있다. 더욱이 이 점은 '자연' 언어에서와 동일하다. 추상어가 원시 사회에서 사용되는 페티쉬의 대응물처럼 간주될 수 있다 해도 그 단어는 **의미를 가지고** 있기 때문에, 다시 말하면 하나의 **대체물**이 아니라 하나의 **기호**(시니피앙/시니피에)이기 때문에, 페티쉬와는 아주 다른 그 무엇이고, 또 그것이 지닌 의미는 문장 속에서 펼쳐진다.[124] 텍스트는 의미 없는 것(in-signifiant)을 의미하고, 의미 실천 속에서는 의미를 알지 못하며, 의미 이전에 혹은 의미를 무시해 버린 채 작용하는 이 기능 작용을 지향한다. 따라서 모든 것이 의미하는 것이라고 말할 수 없을 것이고, 마찬가지로 모든 것이 '기계적'이라고 말할 수도 없을 것이다. '유물론적'이든 혹은 '형이상학적'이든간에, 이와 같은 대립에게 텍스트는 두 가지 이질적인 기능의 변증법을 제시한다. 그 두 가지 기능은 상호적이고, 서로 떨어질 수 없는 그 각각을 위한 전제조건이다.[125]

그리하여 우리는 세미오틱과 쌩볼릭 사이의 이 이질성은 정보 이론이 조절하는 '아날로그'와 '디지털' 사이에 잘 알려진 구별로 환원될 수 없다는 사실을 이해하게 된다.[126] 사실 아날로그식 컴퓨터는 (물리적 · 현실적) **연속량**과 그물망처럼 복잡한 변항군(變項群)들 사이에서 유추관계에 의해 효력을 발휘한다. 다른 한편 디지털식 컴퓨터는 **연산적 요소**와 불연속적인 등급을 전제로 한다. 어떤 언어학자들은 계산기용으로 만들어져, 경우에 따라서는 '자연적인' 코드들(예를 들면 신경세포의 코드나 동물적인 의사소통의 코드)에 적용가능한 이 구별을 언어의 기능 작용에 옮겨 놓고 싶어하였다. 그러나 옮겨놓기를 하면서 그 학자들이 깜박 잊고 있었던 것은, 언어가 '아날로그'인 동시에 '디지털'이고, 뿐만 아니라 언어는 무엇보다도 이중적인 분절 체계(시니피앙과 시니피에)이고, 바로 그 점이 언어를 **다른 코드들**과 구별한다는 사실이었다. 그러므로 우리가 세미오틱이라는 이름을 붙인 것이 아날로그로, **그리고** 디지털로 동시에 기술될 수 있다는 사실을 우리는 주장할 수 있다. **코라** 세미오틱의 기능 작용은 **코라**의 생존을 보장하는 디지털 체계를 조직하기 위하여 분할되는 연속체들로 이루어졌기 때문이다. (디지털성이 살아 있는 세포뿐만 아니라 사회에게도 존속의 수단인 것과 마찬가지로.)[127] 그리고 욕동의 소통에 의해 표지된 정지는 코라 세미오틱을 유지하는 데 꼭 필요한 이 디지털화에서 한몫을 차지하는 이산적 요소들이다.

그런데, 이러한 기술(이것 자체도 오로지 고도로 세련된 쌩볼릭 체계에서부터 가능하다)은 코드와 이중분절 사이의 **질적인 비약**을 만들어 내는 그 무엇을 설명하지 않는다.[128] 우리가 세미오틱과 쌩볼릭을 구별할 적에, 그리고 정립상에게 그 두 가지 이질적 요소 사이의 경계 역할을 부여할 적에, 우리는 이 본질적 계기를 명확히 탐색한다. 인간이라는 동물의 미성숙 상태는 자신이 지닌 세미오틱 '코드'와 타자(맨 먼저 어머니, 그 다음으로 쌩볼릭과/혹은 사회집단)에 의해 수용되었다는 유일한 조건에서만 가능한 자기 확인을 분리한다. 따라서 아날로그를 디지털화하기는 우리의 생체 조직의 존속을 안정시키기에는 충분하지 못하다. 그것은 욕동의 지속적인 소통을 억제할 수 없다. **타자**를 **코라** 세미오틱과 **생태계**라고 부르는 집단 사이의 조정자로 만드는 질적 변화(altération)가 반드시 있어야 한다. 이 질적 변화는 아날로그와 디지털 '코드'를 끌어모으는 능력과, 그리고 거울 단계가 준비하는 단절을 통하여 그 코드를 또 하나의 공간, 즉 상상적·표상적·쌩볼릭적 공간 속에 통합되고, 억제되고, 지배된 것으로 조정할 수 있는 능력으로 이루어진다. 그러한 질적 변화로 인하여 '코드'는 신체와 생태계의 장을 벗어나고, 그 구속에서 해방되어 '자의적' 기호 체계, 즉 인간 언어가 지닌 독특한 가변성을 획득하여, 그 다음에는 의미 실천의 광대한 구축물을 전개한다. 이때 (아날로그적이고 디지털적인) **세미오틱**은 그렇게 정립적 요소로 형성된 하나의 **대상**을 하나의 **자아**로 의미하는 언어학적 시니피앙 역할을 담당한다. 정립적인 성질 때문에 질적 변화를 갖게 된 시니피앙은 주체를 **표상한다**. 시니피앙이 정립적인 자아를 표상하는 것이 아니라, 그 조정의 과정을 표상한다고 이해해 두자. 이와 같이 세미오틱의 기능 작용에게 빚을 지고 있는 시니피앙에게는 거기로 되돌아가는 경향이 있다. 정립이 보여 주는 온갖 요동, 정립이 조정되기 이전의 단계 쪽으로 혹은 세미오틱의 정지 그 자체 속으로(디지털 코드의 그러한 이산적 요소 속으로, 아니면 아날로그 코드의 그러한 연속량 속으로) 행하는 이행, 간단히 말해서 페티시즘으로 지칭될 수 있는 것이 모두가 (동물의) 코드에게로 회귀하려는 (인간의) 언어에 고유한 경향을 명시하고 있고, 그렇게 함으로써 프로이트가 '원초적 억압'이라고 불렀던 것을 침해하고 있다. 텍스트의 체험이 겨냥하는 것이 바로 이 중대한 장, 즉 정립이다. 정립에서부터 인간적인 것이 기호 표현 그리고/혹은 사회적 요소로서 형성된다. 이러한 의미에서 텍스트의 체험은 주체를 형성하는 과정중에서 주체가 자신에게 허락할 수 있는 가장 대담한 탐구 중의 하나를 표상한다. 그러나 동시에, 그리고 결과적으로, 텍스트의 체험은 사회성의 기반 그 자체와 연관된다. 다시 말해서 텍스트의 체험은, 형성되기 위해 사회성이 이용하는 것, 사회성을 활성화시키고 그것을 추월할 수 있는 것, 사회성을 파괴하거나 아니면 변형시킬 수 있는 것과 연결되어 있다.

1ㅁ. 의미 생성의 과정

일단 쌩볼릭을 형성하는 단절이 조정되면, 우리가 **코라** 세미오틱이라고 불렀던 것은 보다 명확한 지위를 획득할 수 있다. 한편으로 우리는 원래 쌩볼릭의 전제조건인 세미오틱이 의미 실천 속에서, 마치 쌩볼릭을 위반하는 침범의 결과처럼 기능한다고 말할 수 있을 것이다. 따라서 쌩볼릭화에 '선행하는' 세미오틱은 단지 기술의 필요에 의해 정당화된 **이론적 가정**에 지나지 않는다. 실천 속에서 세미오틱은 쌩볼릭에 내재할 뿐이다. 그리고 음악이나 시 같은 실천 속에서 세미오틱을 연상시키는 복합적인 분절을 얻어내기 위하여 세미오틱은 쌩볼릭의 단절을 요구한다. 이 말은, 세미오틱화가 오직 하나의 이론만이 '선결조건'으로 격리시킬 수 있는 이 세미오틱 결합 체계의 복합성을 허용하여, 그 복합성의 기능을 특수화할 수 있다는 것이다. 그렇지만 세미오틱이 단지 그 이론의 요구를 위하여 만들어진 추상적인 대상만은 아니라는 사실은 남는다. 세미오틱의 기능 작용은 쌩볼릭의 전제조건으로서——다시 말하면 쌩볼릭의 단절 이후에 생기는 것보다 더 기본적이지만, 이미 생물학적 질서 형성에 의해 배치되어, 그리고 항상 이미 사회적이고 따라서 역사적인 하나의 결합 체계로서——거울 단계 이전에, 정립의 초벌그림 이전에 발견할 수 있는 것이다. 그러나 우리가 의미 실천 속에서 알아볼 수 있는 세미오틱은 쌩볼릭의 정립 다음에는 항상 우리에게로 되돌아온다. 이것은 쌩볼릭의 단절 이후에 오는 세미오틱이고, 정신 병적인 담론에서와 마찬가지로 '예술'의 실천 속에서 분석 대상이 된다. 그러므로 이 세미오틱의 기능 작용을 단지 '아날로그'나 혹은 '디지털'로, 아니면 흔적들의 단순한 분산 이주(essaimage)를 표현하는 것으로 한정할 수는 없을 것이다. 정립은 이러한 세미오틱적 욕동의 정지와 소통을 시니피앙들의 조정 속에 끌어모으고, 그런 다음에는 그것들을 지시 대상, 시니피에 그리고 시니피앙이라는 삼중의 묶음 속에 펼치는데, 이 묶음만이 진실의 언술 작용을 가능케 한다. 정립에 대한 이러한 사실을 고려하여, 우리는 이 절단을 출발점으로 하여 회귀적으로 산출된 세미오틱을 마치 쌩볼릭을 향한 욕동적 기능성의 '제2의' 회귀처럼, 쌩볼릭 질서에 도입된 부정성처럼, 쌩볼릭 질서의 위반처럼 표상해야 할 것이다. 이 위반은 정립상 이후에 생기는 침해처럼 나타나고, 이 침해는 정립상의 부정성화(négativation)를 산출하면서, 욕동의 소통을 따라서 시니피앙/시니피에/지시 대상이라는 세 가지 층을 흔적의 망으로 접합한다. 이 침해는 조정이 아니다. 여기서 문제된 침해는 정립적인 것과도 거리가 멀고, '원억견'을 종합적인 나선운동을 통해서, 그리고 헤겔의 절대지가 추구하는 진리 특유의 철저논증법(exhaustion)의 운동에서 지양하는 것과도 거리가 멀다. 이 침해는 정립을 깨뜨리고, 정립에 금이 가게 하여 공허로 가득 차게 하며, 그리하여 그것이 지닌 장치를 오직 '최초의 쌩볼릭화의 잔해들'을 끄집어 내어 그것들을 쌩볼릭 연쇄 속에서 '추론'하게 만드는 데에만 이용하는 위반이다. 쌩볼릭 속에서의 이러한 세미오틱의 폭발은 부정의 부정, 즉 정립에 의해 생성된 모순을 제거하여 그 자리에 쌩볼릭 이전의 무매개성을 지닌 이념적-회복적 긍정성을 형성하는 **지양**(Ausfhebung)[129]이 아니다. 그것은 조정의 위반, 이 조정 자체를 만들어 낸 모순과는 반대되는 재활성화이다.

우리는 그 증거를 여기서 문제된 부정성이 정립상을 제거하고, 그것을 비통합화하기(dé-syn-thétiser)를 지향한다는 사실에서 보게 된다. 극단적인 경우 부정성이 정립상을 완전히 배제하기에 이르는데, 그것은 세미오틱의 운동성이 작렬하여 정신분열증에서 볼 수 있는 쌩볼릭 기능의 상실을 가져올 수도 있다.

'예술'의 본질은 위반의 부정성을 통하여 정립을 분쇄하면서도, 정립을 느슨하게 풀어 주지 않는 데에 있다. 바로 그것이 정립을 위반하는 유일한 방법이다. 그리고 부정성의 공격을 받고 있는 쌩볼릭의 기능을 유지하기 어려움은 텍스트의 실천이 주체에게 나타내는 위험을 측정할 수 있게 한다. 우리에게 텍스트의 기능 작용에 내재하는 페티시즘화처럼 보였던 것이 이제는 부정성에 제동을 걸어 정지들 속에 위치시키고, 부정성이 쌩볼릭의 조정을 일소해 버리지 못하게 막는 데에 구조적으로 필요한 방어물처럼 나타난다.

정립적 단절을 통하여 세미오틱을 쌩볼릭으로 조절하기는, 언어의 기능 작용에 내재하는 것으로서, 한 사회의 의미 표현 구조의 다양한 층위에서도 나타난다. 알려진 모든 원시 사회에서 쌩볼릭 질서를 형성하는 이 단절을 표상하는 역할은 살인·인간·노예·포로·동물 살해에 맡겨져 있다. 프로이트가 사회는 공동으로 저지른 범죄 위에 세워졌다고 강조했을 때, 그는 이 단절을 발견하며, 그것을 일반화하고 있는 것이다.[130] 앞에서 우리는, 이미 **코라** 세미오틱으로서, 특히 쌩볼릭 체계로서의 언어가 어떻게 죽음의 욕동에게 봉사하고, 그것을 표류하게 하여, 마치 나르시시즘의 주머니 속에서처럼 그 욕동을 위치시키는지를 지적한 바 있다. 사회 질서는 무한한 행진이 모든 정지와, 따라서 모든 조직을 조건짓고 관통하는 죽음의 욕동의 그 위치 결정을 살해로 나타낼 수 있었다. 우리가 알고 있듯이, 종교는——근원적이고 유일하고 정립적인——이 사건에 관한 담론의 전문가가 된다. 종교에 맞서거나, 아니면 종교와 가까운 '예술'은 살해를 담당하고 그것을 관통한다. 말하자면 예술은 '죽음의' 경계가 예술적인 실천을 통하여 의미 생성의 과정에 내재하는 경계로서 설정되는 한에서 살해를 담당하고, 이 경계를 뛰어넘는 것은 바로 '예술'을 구성한다. 달리 말하자면, 죽음은 그와 같은 실천의 주체에 의해 내면화된 것이 된다. 그런 것의 지주가 되는 것은 예술이 기능하는 데에 필요 불가결하다. 이런 의미에서 예술가는 '희생양'을 나타내는 모든 형상들과 비교될 수 있다. 그러나 예술가는 희생양에 불과한 것만은 아니다. 그가 지닌 특성이 그를 다른 모든 제물을 바치는 자나, 제물로 바쳐진 것과 근본적으로 차별화한다.[131] 예술가는, 치명적인 사건을 통하여 그의 단절을 만들어 내는 요소 쪽으로 되돌아와서, 쌩볼릭이 자리잡는 가장자리 너머로 세미오틱의 운동성을 확대시키면서 일종의 제2의 탄생을 스케치한다. 이처럼 죽음과 재생의 주체가 되는 예술가의 기능은 종교적인 체계들(그 중 그리스도교는 분명히 이런 면에서 가장 명백하다)에 의해 포착되고 고정되며, 표상되고 이상화된다. 게다가 그 체계들은 그들의 성전, 사원, 이슬람교 성전, 그리고 교회당 속에 예술가를 보호해 준다. 테마·이데올로기·사회적인 의미를 통하여 예술가는 쌩볼릭의 질서 속에, 아직 정립에 의해 포착되지 않은 무사회적 욕동을 통과시킨다. 이러한 실천이 이번에는 산출된 대상과 충돌한다는 사실과, 또 어떤 정지에도 이의를 제기하는 이 실천이 처음에 논란의 소지가 있었던 정립의 대체물로 저절로 정착된다는 사실, 바로 이것이 신학의 자리를 빼앗는 미학적 페티시즘과 나르시시즘을 탄생시킨다.

11. 살해가 아닌 시에 대하여

이제, 우리가 확립한 사실, 즉 정립상 없는 언어는 존재하지 않는다는 이 구조적 사실이 내포하고 있는 사회적 관련들을 고찰해 보기로 하자. 언어적 상징 체계(symbolisme)의 사회학적 이론을 연구하기를 단념하고, 사회의 언어 상징적 '기원'을 진술하는 현재의 인류학적인 관점을 우리와 같은 방식으로 받아들이는 사람들은, '사회적인 것'과 '언어 상징적인 것'이 동의어이기 때문에, 그것들은 둘 다 우리가 정립이라고 부르는 것에 의존한다고 말할 것이다. 모스에서 레비 스트로스까지의 사회인류학은 쌩볼적인 것과 사회적인 것의 등가를 계속 주장하고 있고, 이때 사회인류학은 사회집단이 채용하는 여러 가지 규제 수단——여자 교환·마술·신화 등——을 언어로 간주한다. 인류학이 사회적 상징 체계와 언어 사이에서 확립하는 이 평행관계 내지는 등가관계를 읽어보면, 그 두 가지가 오직 하나의 장, 즉 우리가 정립이라고 불렀던 장에서만 서로 일치한다는 사실을 이해하게 된다. 이 장에는 조정들과 그 종합 형태들, 다시 말하면 그것들의 제관계가 배치되어 있다. 바로 이것이 레비 스트로스가 친족 구조와 언어 사이의 공통성을 **쌩볼릭적인** 공통성이라고 단언할 적에 그가 하고자 한 말이다. "친족 체계는 상징 체계이기 때문에 인류학에게 특별한 영역을 제공하고, 그 영역에서 인류학이 행하는 노력은 가장 발달된 사회과학, 말하자면 언어학의 노력과 거의(우리는 '거의'라는 이 단어를 강조한다) 일치할 수 있다. 이 만남에서 인간에 대한 최상의 이해를 기대할 수 있다. 그러나 이 만남의 조건은, **사회 연구와 언어학 연구가 똑같이 상징 체계와 관련되어 있다는** 사실에서 절대로 눈을 떼지 않는다는 것이다. 그런데, 상징적 사고의 출현을 이해하기 위하여 자연주의적 해석에 도움을 청하는 것이 당연하고, 또 어떤 의미에서는 필요 불가결한 것이지만, 상징적 사고가 일단 부여되면, 설명은, 새로 나타난 현상이 그에 선행하여 준비하였던 현상들과 다른 것과 마찬가지로, 근본적으로 변하지 않을 수 없다."[132] 이런 점을 바탕으로 하여 구조인류학이 연구할 수 있는 것은 (후설적인 의미에서) 정립적 생산, 즉 조정·배치·종합, 다시 말하면 구조관계들이다. 사회 질서는 (소쉬르적 의미에서) 언어 체계의 질서와 마찬가지로 항상 이미 정립적인 쌩볼릭이 부여한 것과 같은 장치이다. 사회 질서를 구조언어학에 의거하여 연구하거나, 아니면 생성언어학을 따라서 연구한다는 것도 사회적인 제관계가 쌩볼릭적이고, 다시 말해서 정립적이라고 하는 이 기본 가설에 아무런 변화도 주지 못한다.

그래서 다음과 같은 문제가 미결상태로 남아 있다. 즉 이러한 쌩볼릭의 배치 속에서 세미오틱은 어떻게 되는 것일까? 언어와 사회적 요소를 단번에 형성한 단절에 선행하는 이 세미오틱의 운동성은 어떻게 되는가? '인간 정신'의 진행은 오로지 어떤 식으로 단번에 결정적으로 구성된 '시니피앙의 온전함'을 재흡수하여, 그에 대응하는 시니피에들을 찾아내는 것을 배우는 데에 있는가? 인류학자 레비 스트로스는 그런 가정을 하는 것 같다. 이 경우 그는 문화를 전적으로 쌩볼릭적인 것으로, 상징 체계로 프로그램화되어, 비연속적이고 창시적인 상징 체계의 침입에서부터 시작되는 하나의 연속성에게 실효성을 부여하도록 정해진 것으로 간주한다. "동물 생활의 단계에서 언어가 나타난 순간과 환경이 어떠하였든간에, 언어는 순식간에 태어날 수밖에 없었다. 사물들이 점차적으로 의미하기 시작할 수는 없었던 것이다. 변화의 결과——이 변화에 대한 연구는 사회과학에 속하는 것이 아니라 생물학과 심리학에 속한다고 생각한다——에 따라 아무것도 의미를 갖지 않은 단계에서부터 모든 것이 의미를 갖는 단계로의 이행이 일어났다. 그런데 이 지적은 겉보기에는 평범하지만 매우 중요한 것이다. 왜냐하면 이러한 근원적 변화는 서서히, 그리고 점차적으로 형성되는 지식의 영역 속에서는 대응물(contrepartie)을 갖지 않기 때문이다. 달리 말하자면 '우주' 전체가 단번에 **의미를 지닌 것**이 된 순간에, 비록 언어의 출현이 지식을 증대시키는 리듬을 가속화시킬 수밖에 없었던 것이 사실이라해도, 그렇다고 해서 우주가 더 잘 **알려지게** 된 것은 아니었다. 따라서 인간 정신의 역사에서 비연속성의 성질을 제공하는 상징 체계와 연속성으로 특징지어진 지식 사이에는 근본적인 대립이 존재한다. 그 결과는 무엇일까? 그것은 시니피앙과 시니피에라는 두 카테고리는 마치 서로 보충적인 두 가지 부품처럼 동시에 그리고 연대적으로 형성되어 있지만, 그러나 지식, 다시 말해서 시니피앙의 어떤 면과 시니피에의 어떤 면을 서로 확인하게 해주는 지적 과정은 (……) 단지 아주 느리게만 그 궤도를 달린다는 것이다. (……) 인간은 처음부터 시니피앙 전체를 마음대로 사용할 수 있게 되어 있고, 그 시니피앙을 아직 덜 알려진 상태로 주어진 시니피에에게 지급하기를 몹시 거북해한다. 이 둘 사이에는 항상 부적합(inadéquation)이 있기 마련이고, 그것을 해소시킬 수 있는 것은 오직 신적인 오성이다. 그리고 부적합이 생기는 곳은, 그것이 조정될 수 있는 시니피에들에 비해서, 과잉 존재하는 시니피앙 속이다. (……) **…이 떠도는 시니피앙**(signifiant flottant)은 모든 유한한 사고의 질곡이다. (뿐만 아니라 모든 예술, 시, 신화적이고 미적인 창조의 저당이기도 하다.) 과학적 지식이 그 흐름을 억제하지는 못해도, 적어도 부분적으로 그것을 제어할 수는 있다고 하지만 말이다."[133] 이 구절에서 우리는 세 가지 계기를 지적하고자 한다.

1) 사회인류학은 언어 체계를 다루는 언어학처럼 형성될 것이다. 그것은 상징 체계의 강제성 이후에 일어나는 구조나 관계들을 탐구하면서, 상징 체계의 출현이나 일어날 수 있는 왜곡도 문제삼지 않을 것이다. 왜냐하면 사회의 그리고/혹은 상징의 연쇄고리의 틈은 모두 이와 같이 한정된 과학적 영역 밖에 있을 것이기 때문이다. 2) 사회적 상징 체계에 속하는 모든 것, 따라서 친족 구조와 신화 그 자체는, 정립을 그런 것으로 받아들였기 때문에 정립에 의해 허용된 상징 장치들이다. 따라서 정립에게 질의를 하거나 그것을 의문시하지는 않는다. 하지만 그것들은 정립을 따라서 기능하고, 그리하여 자유로워진 시니피앙을 제어하려 든다. (그러나 부분적이기는 해도, 거기에서 성공하는 것은 오직 과학뿐이다.) 3) 결국, 상징 질서 속에서는 아무것도 상징을 지닌 단절의 대응물처럼 생각될 수 없는 것 같다.

그런데 우리가 보기에 사회 질서 속에 든 두 가지 유형의 '사건 들'은 상징 체계를 형성하는 정립적 계기의 대응물로 간주될 수 있 을 것 같다. 왜냐하면 그것들은 구조인류학이 사회적 상징 체계 속 에서 밝혀내는 시니피앙의 철저한 규명의 논리를 따라서 전개되고 있기 때문이다.

그 첫번째 유형은 희생제의(sacrifice)이다. 이것은 선행하는(세미오틱의, 쌩볼릭 이전의) 폭력에 종지부를 찍고, 그리하여 폭력을 희생자에게 위탁하면서, 그 질서가 확립되는 **바로 그 순간에** 상징 질서 속으로 폭력을 이동시키는 폭력 행위이다. 희생제의는 상징과 상징 질서를 동시에 만들어 낸다. 그리고 살해의 희생인 이 '최초의' 상징이 나타내는 것은 오직 체물질(soma)의 살해, 육체의 변질, 욕동의 착복으로서의 언어의 침입이 지니고 있는 구조적 폭력이다. 이 희생제의에서 우리가 보고자 한 것은 동물적 폭력의 폭발, 인간 이전의 동물성에 대한 상기이다.[134] 그러나 우리가 보기에 고전적인 인류사회학이 희생제의에게 양의적이고, 폭력적이며, 구체적인 기능을 동시에 부여함으로써, 보다 더 정확하게 이해한 것 같다. 왜냐하면 희생제의가 나타내는 것은 바로 사회적인 것과 상징적인 것이 시작되는 그 분수령, 즉 폭력을 국한시켜 그것으로 하나의 시니피앙을 만들어 내는 정립이기 때문이다. 희생제의는 폭력의 사슬을 풀어 주기는커녕, 어떻게 폭력의 재현(표상)이 그것을 중단시키고 하나의 질서를 연결시키기에 충분한가를 보여 준다. 역으로 희생제의는 모든 질서가 재현(표상)에 의거하고 있다는 것을 가리킨다. 폭력적인 것은 상징의 침입이고, 실질(substance)이 의미를 지니도록 그 실질을 죽이는 것이기 때문이다. 살해 그 자체는 모든 사회-상징적 질서에 내재하고 있는 이 논리적 계기의 환몽적이고 신화적인 실현들 중의 **한 형태**에 불과하다. 더구나 인간의 희생제의는 시대적이 아니더라도 논리적으로 동물과 식물의 희생제의 이후에 나타난 것 같다. 그리고 신의 희생제의는 단지 아주 뒤늦게 생긴 형태로, 의식에서 찬양하는 이 정립적 계기에 대한 아주 최근에 나타난 의미론적인 덮개에 불과하다.[135] 희생제의의 다양한 형태들을 통하여 위베르와 모스는 그것들을 연결시키는 것이 무엇인지를 밝혀낸다. 즉 희생제의의 형태들은 모두가 상징 구조들을 반복하고 있다는 것이다. 실질과 자아 혹은 '지시 대상'의 유보, 계약의 확립, '이미지놀이,' 이념적 공동체의 확립, 향락의 대상을 '사회 규범' 속으로 도입하기 등이 그것이다.

　이런 의미에서 그 두 사람이 내린 결론에서 보여 주는 몇 가지 정의를 인용해 보자. "희생제의를 행하는 자가 자기의 그 무엇을 바친다 해도 그 자신을 주는 것은 아니다. 신중하게 그 자신을 유보한다."[136] "근본적으로, 계약에 의한 무엇을 지니지 않은 희생제의는 아마 존재하지 않을 것이다."[137] "……체계 전체가 이미지의 놀이에 지나지 않는다."[138] "……모든 것이 여기서는 이념들의 세계에서 일어나고 있다. 그래서 문제가 되는 것은 정신적이고 윤리적인 에너지이다. (……개인들은) 사회적인 힘 전부를 자기와 가까운 사람들과 사물들에게 나누어 준다."[139] "따라서 사회 규범은 그들 자신에게는 위험하지 않게, 집단에는 약화되지 않게 유지된다."[140] 그렇지만 희생제의가 상징 체계의 구조적 법칙을 예로서 나타낸다 해도, 그것은 동시에 이 논리적 계기와 일상적 사회사와의 구체적인 관계를 보장해 준다. 그렇기 때문에 **동일한** 희생제의 구조는 생산관계와 재생산력의 발전에 따라서 **다른 형태들**을 취한다. 상징적이고/아니면 사회적인 계약의 기초인 정립적 계기를 표상하는 임무를 맡은 '희생제의에 바쳐진 사물들'은 경제 발전이 명하는 필요에 따라서 동물, 농작물, 노예, 전사 또는 주체를 순수한 시니피앙으로 나타내는 신일 수 있다. 사회인류학은 아직 희생제의 구조의 다양한 형태들과 내적 변환을 역사적인 관점에서 체계적으로 연구한 것 같지는 않다. 그러나 이 학문은 희생제의적인 요소와 사회적인 요소를 연결시킴으로써 거대한 발걸음을 성공적으로 내디딘 셈이다.[141] 오직 사회적 요소와 인접해 있는 이 위치에서부터 시작하여 희생제의는 사회적 요소가 지닌 일관성의 강요로서 뿐만 아니라, 그 일관성의 한계로서도 고찰될 수 있게 된다. 그 한계의 다른 쪽에 있는 것은 무-쌩볼릭, 질서의 해체, 차이의 소멸과 동물성 속에서의 인간성의 매몰이다. 그래서 우리는 제의에게 인간과 동물 사이의 공동체를 유지하는 기능을 부여하고 있는 로버트슨 스미스[142]를 다시 읽게 될 것이다. 피에르 비달 나케는 최근 그리스 신화와 비극에서 사냥과 희생제의가 긴밀하게 얽혀 있는 구조적·기능적·역사적 관계를 밝혀냈다. 그는 사냥과 희생제의는 너무도 밀착해 있어서 그 두 가지가 동일한 어휘로 표현된다는 것과, 그리고 고대 그리스의 장정들, 복수의 여신들처럼 두 개의 우주를 연결시키는 형상들을 탄생시킨다는 것을 설명하였다.[143]

레비 스트로스는 토템 숭배와 희생제의가 대조적이고 양립 불가능하다고까지 지적했다.[144] 토템 숭배는 언어 체계처럼 구성되어 있고, 자연계열(식물 혹은 동물)이 전체적으로 사회계열과 동형이므로 비연속적인 항들 사이의 차이를 나타내는 일탈 체계(système d'écart)처럼 구성되어 있다는 것이다. 다른 한편 희생제의는 치환, 환유, 그리고 질서정연한 연속성(어떤 희생은 다른 희생과 등가적일 수 있지만, 그 반대의 경우는 성립될 수 없다)이 지배한다. 이 두번째 기능의 움직임을 자세히 검토할 필요가 있다. 희생제의를 행하는 자와 '신'이라는 이 두 계열은, 동형이기는커녕 희생제의 속에서 상호간의 관계를 확립하지 않으면 안 된다. 따라서 지금 우리는 이미 조정된 관계가 아니라, 관계의 형성과정과 마주하고 있는 것이다. 한편으로 우리는 관계의 두 극 사이에 인접성을 '일련의 계속적인 동일시를 이용하여' 확립한다. 그것은 각각의 희생물이나 제물로 바칠 수 있는 것이 다른 것과 유사하기 때문이다. (예를 들면, 계란 대신 오이, 그러나 그 반대는 있을 수 없다.) 에번스 프리처드는 이 관계를, 더 이상 명확히 밝히지는 않으면서, 은유라고 불렀고,[145] 레비 스트로스는 환유라는 표현을 쓰고 있다.[146] 다른 한편, 그리고 동시에, (희생제의 행위자와 신 사이의) 관계를 확립하기 위해서는 이 환유적 연쇄가 절단되지 않을 수 없다. 이것은 희생자의 파괴이다. 환유와 단절, 바로 그것이 아직 '있다(est)'는 아니지만 그것의 조정을 준비하고 있는 이 '관계의' 논리이다. 그 결과는 무엇일까?──절단난 환유는 그 어떤 신을 설정해 놓았기 때문에, 그 대가로 신으로부터 오는 응답이 예상된다. 뿐만 아니라 기도라고 하는 '보상적 연속성'이 살해라는 단절의 뒤를 잇는다. 상하로 등급화된 언술의 두 가지 심급(instance)간의 상징적 의사소통의 회로는 모두 이와 같이(증여-보상-상징적 예찬) 설정되었고, 그리고 상징 체제(économie sym-bolique)는 바로 그 회로에 의거하고 있다. 이런 식으로 희생제의는 그 체제의 **도래**, 생태학적 연속체로부터의 그것의 **출현, 그 생태계의 사회화**를 구체적으로 전개한다. 그와 반대로 토템 숭배는 이미 이 연속체의 해석 체계이고, 그 코드화이자 사회적인 제장치에 따른 그 분류이다. 다시 말하면 신화와 그 이후의 과학과 마찬가지로, 토템 숭배는 기능을 하고 있는 상징 체계이다. 그렇지만 토템 숭배가 진(眞)이고, 희생제의는 위(僞)라고 말할 수는 없을 것이다. 희생제의는, 그 기능이 분류하기라면, 위일 것이다. 그러나 희생제의의 기능은 분류하기가 아니다. 희생제의는 상징 체계의 또 하나의 다른 측면을 점령하고 있다. 다시 말하면 희생제의는 그것이 지닌,

이미 거기에 있는 체계적 기능을 나타내는 것이 아니라 그 기능의 산출을 재현하고 있는 것이다. 환유적 논리, 그것이 지닌 단절된 연속성, 지배하는 심급과의 상징적 관계, 이 모든 것은 희생제의를 언어에 연결시키지 않고, 언어의 체계화에서 언급되지 않은 조건인 무의식과 연결시키고 있는 것이다. 이것은 어째서 희생제의를 근친상간이나 수간(獸姦)과 마찬가지로 사회적 코드의 극단에서 찾아볼 수 있는지 그 이유를 설명해 준다. 즉 희생제의는 사회적 코드의 기반과 그것에게 억압당한 것을 재현한다. 그러므로 희생제의와 토템 숭배를 관련짓는 것은, 그 두 가지가 모두 사회와 자연 연속체 사이의 제관계를 분절하기 때문이지, 우연한 일이 아니다. 그러나 그 둘 사이의 관계는 명확하게 구별된다. 희생제의는 쌩볼릭이 폭력적이고 동기가 없는 비약에 의해 물질의 연속체로부터 출현한다는 것을 상기시키고, 한편 토템 숭배는 이미 설정되어진 쌩볼릭에서부터 그 연속체를 파악하는 것이다.

그러므로 모든 인간 사회에서 찾아볼 수 있는 성스러운 것 —— 희생제의 ——은, 구조적으로 언어의 조정에 필요 불가결한 정립의 신학적 파악이라고 말할 수 있을 것이다. 그리고 이 신학적 파악은 사회의 제생산력의 발달에 따라서 다양한 형태를 취하고, 어떤 경우에는 의미화 과정이 갖는 자연스런 힘이나 주변의 생태 체계에 대한 의존관계를 나타내고, 또 다른 경우에는 친족관계 속에서 채택된 주체들간의 관계로서 사회관계에의 그 종속을 표현한다. 그리하여 프로이트가 사회 계약의 기원에서 환기시키고 있는 부친 살해(《토템과 터부》 참조)는, 이 정립적 계기가 감싸고 있는 여러 형태들 중의 하나로 생각될 수 있다. 또 확실히 부친 살해는 상징 체계의 형성에는 향락을 금지하는 경향이 있음을(또 그와 동시에 향락을 허용하고 있음을) 가장 잘 드러내 보이는 형태이다. 더구나 이 금지는 불가능하다고 확인된 금지이다. 왜냐하면 형제들이 여자들을 독점하지만, 모든 여자들을 다 가질 수 없고, 특히 어머니와 여형제는 금지되어 있기 때문이다. 따라서 향락은 금지된 것이 아니라 제한되어 있고, 친족 구조라고 하는 이 언어의 규칙을 통하여 교묘하게 스며든다.

왜냐하면 희생제의가 나타내던 것은 오직 정립적 계기의 입법적인 측면이었기 때문이다. 말하자면 성스러운 살해는 오직 사회 질서의 기반을 세우기 위하여 희생제의로서 **국지화된** 폭력만을 나타냈다. 희생제의는 오로지 '희생양'인 사람 속에 폭력을 **위치시키면서**, 상징 질서의 기초를 확립하는 **배제**로서만 정립을 표상하였다. 희생제의는 살해와 최초의 단절 속에 사취되고, 위탁되고, 국한된 폭력을 표시하였다. 이 위탁——'무한을 가로막는 경계 표지'(말라르메)——에서부터 사회적-언어 상징적 집합체가 구조화된다. 그리고 폭력이 할 수 있는 것은, 오직 언어적 상징 질서 속으로 스며들어 침투함으로써 그 질서를 변형시키거나 깨뜨리는 것이다. 성스러운 요소가 찬양하던 것은 순수한 폭력이 아니라 폭력의 조정, 즉 '무한을 가로막는 경계 표지'의 제의였다. 폭력을 범하고 폭력을 불러들이는 이 제의는 폭력의 공격에 무너지기 쉬운 것으로서, 폭력을 범하고 폭력을 불러들여, 그리하여 폭력의 실행에 있어서 불안정하지만 필요 불가결한 보장이 되기도 하였다.[147]

그런데——그리고 우리가 강조하고 싶은 것은 이 두번째 사실이다——희생제의를 보살피고, 그 제의의 조정을 통하여, 그 조정과 더불어, 그리고 그 조정에도 불구하고 격렬한 세미오틱의 탕진(dé-pense)[148]을 개진하고, 쌩볼릭의 가장자리를 뒤흔들어 논리의 질서, 다시 말하자면 인간적 요소와 사회적 요소를 성립시키는 한계를 해체하고자 하는 하나의 실천이 있다. 이 실천은 일반적으로 희생제의에 선행하는 표상 행위이고, 연극·시·노래·춤 등 예술의 실험실이다. 이 표상이 살해에 선행하는 투쟁을 모방한다는 것은 **모방한다고** 하는 그 사실에 비하면 이차적인 것이다——그리고 모방이라는 이 어휘에게는 개별적 대상의 재현이 아닌 상징 체제운동의 재현이 지닌 모든 의미를 다시 부여해야 한다. 주체가 쌩볼릭의 가장자리를 가로지르고, 사회라는 경계의 저쪽에 있는 코라 세미오틱에 접근하는 것은——음성·몸짓·말——이러한 **시니피앙을 재생산하면서**이다. 쌩볼릭에서 시작되는 의미화 행정의 반복은 쌩볼릭 그 자체를 해설하고, 쌩볼릭을——곧 희생제의가 제시할, 아니면 이미 무대 위에 제시한 가두리(bord)를 관통하여——모든 의미를 소멸시키는 이 운동성을 향하여 열어 놓는다. 우리는 살해 아니면 봉헌에 선행하고, 또 그 뒤를 잇는 희생제의보다 더 자극적이라고 간주되는 제의적 '표상 행위들'을 언급한 바 있는데, 그 중 딩카족의 표상 행위도 여기에 포함된다.[149] 그리스에서는 디오니소스 축제가 언어적 상징 질서를 관통하여, 춤·노래·시로 고조된 동물성 속에서 상징 질서의 해체를 겨냥하는 시니피앙의 홍수를 가장 두드러지게 나타내는 예이다. 예술——쌩볼릭의 세미오틱화——은 이처럼 언어 속으로의 향락의 유입을 재현한다. 희생제의가 상징적이고 사회적인 질서 속에서 향락의 생산 **한계**를 지정하는 반면에, 예술은 향락이 그 질서에 스며들기 위하여 간직하는 방법——유일한 방법——을 명시한다. 그러므로 향락이 사회적-언어적 상징 질서를 가로질러 파고드는 것은, 그 질서에 균열을 만들고, 그것을 절단하고, 어휘·통사·단어까지 변형시켜, 그들 밑바닥으로부터 음성적 혹은 신체적 차이가 지니고 있는 것과 같은 욕망을 끌어내면서이다. 언어가 사회적-언어 상징적 질서 속으로 향락을 도입할 준비가 되었다는 것, 정립이 반드시 신학적인 희생제의를 전제로 하지 않는다는 것——

바로 이것이 희생제의와 마주한 시가 말하고자 하는 것이다. 이리하여 우리는 희생제의와 예술이 서로 마주하면서 정립적 기능의 두가지 양상, 즉 언어에 의한 향락의 금지와, 언어의 도움으로 언어 속에 향락을 도입하기를 표상하고 있음을 알게 된다. 종교가 언어 상징적 질서를 확립하는 데 필요한 이 첫번째 양상을 독점할 경우, 다시 말해서 맨 먼저 신화가, 그 다음으로 과학이, 그 두 가지가 산출되고, 다양해지고, 변형된다는 사실 그 자체로 이 금지를 반박하면서 관계와 매개의 복합체계를 형성하여 그 첫번째 양상을 해명하기를 겨냥할 경우, 시 ── 음악 ── 무용 ── 연극 ── '예술'은 즉각 종교적 금지와 반대되는 한 극(pôle)을 지시한다. 이런 의미에서 예술은 종교 이상으로 이 금지에 대해 정통해 있다고 하겠다. 왜냐하면, 종교에게 시대를 통하여 제의를 집행하는 특권을 ── 마치 하나의 금지처럼 ── 부여받게 해준 정립을 부인하지 않으면서, 예술은 자연과의 융합이라는 정신착란에서 분리된 한 정립의 단절을 받아들이기 때문이다. 그러나 이 단절을 통하여 예술은 의식(儀式)의 공간으로부터 신학이 엄폐하는 것 ── 언어적 상징을 초월한 향락, 사회적 요소와 주체 그 자체와의 일체성을 위협하는 운동성의 침입 ── 을 탈취한다.

　이리하여 시는(시에 대해서만 언급한다고 해도, 항상 시는 어느 정도 춤과 음악에 연결되어 있다) 시대를 통하여, 사회집단의 생존적 필요성에 따라서 제물로 바쳐진 다양한 '체물질(soma)' ── 식물, 토템적 동물, 혈족, 결국에는 신인(神人) ── 과 대결한다. 이 대결은 ── 신인의 희생제의 다음에 ── 정립의 지주인 체물질은 아니지만 정립이 시작되는 진정한 '요소', 즉 **언어**와 **사회 구조**에 도달하기 전에 일어난다. 실제로 부르주아 계급의 등장과 함께 시는 가장 근원적인 차원에서 질서, 즉 언어의 논리와 국가의 원리와 맞서게 된다. 시는 그것이 지닌 제의적 뿌리에서 무엇을 간직하는가? 정립의 탕진, 격렬한 세미오틱을 향한 통로, 향락을 통과시키는 능력일 것이다. 그러나 언어와 사회를 마주한 시가 만나는 것은 정립을 환기시키는 희생제의가 아니라, 정립 그 자체(논리-언어-사회)이기 때문에 시는 더 이상 일반적인 '시'로 남아 있을 수가 없다. 시는 이제 정립의 조정을 통하여 정립과 향락이 대결하는 명백한 장이 된다. 다시 말하면, 언어의 질서 그 자체 속에서 욕동의 소통을 명시하기 위한 항구적인 투쟁이 된다. 왜냐하면 사회 질서가 인식의 질서를 유리하게 작용시키면서, 레비 스트로스가 언급한 시니피에들은 떠도는 시니피앙을 만나기 쉽기 때문이고, 또 부르주아적인 기술주의 시대는 이 만남을 완수하고 있는 중이라고 상상하기 때문이다. 이 경우에도 여하튼, 어떤 희생제의도 자기 시니피앙을 만나지는 못했지만 질서의 기능을 보장하는 경계표로서 남아 있는 하나의 시니피앙(혹은 지시 대상——식물·동물·인간-신)을 제시하기 위해 존속하지는 않는다. 그래서, 이미 닫혀지지 않았다면 이처럼 포화상태가 되어 버린 사회-언어 상징적 질서 속에서, 시는——더 정확히 말해서 시적 언어는——항상 자기의 기능이었던 것을 상기시킨다. 그 기능은 쌩볼릭을 통하여 그 쌩볼릭을 작업하게 하고, 가로지르고, 위협하기를 도입하는 것이다. 무의식 이론이 탐구하는 것, 시적 언어는 그것을 사회 질서의 내부에서 그리고 그것에 대항하여 실천한다. 그것은 사회 질서의 변혁, 혹은 전복의 최후 수단이자 사회 질서의 존속과 혁명의 조건이다.

세미오틱을 쌩볼릭에 내재하지만 그것을 뛰어넘어, 그 조정을 위협한다고 보는 견해가 일반적으로 받아들여진 세미오틱의 기능 작용에 대한 견해에 수정을 가져오는가?

그러한 견해는 첫째로 세미오틱의 기능 작용을 언어 상징적 심급

을 내포하고 있는 의미화 **실천**의 일부로 간주할 것을 요구한다. 그
것은 세미오틱적 기술이 그 기능의 아날로그형 혹은 디지털형의 모
형을 재구성하는 것에 만족하지 않고, 그 모형을 **주체와 관련시켜**
지시 의미와 진리, 그리고 궁극적으로는 이데올로기를 언술하는 행
위와 **연관되게** 위치시키지 않으면 안 된다는 것을 의미한다.[150)]

따라서, 그리고 더 정확히는 엄격한 의미에서의 세미오틱적 기술
을 우리가 아무런 의미가 없는 소통과 정지의 분절처럼 정의할 수
있다 해도, 그 메커니즘은 정립을 형성하는 의미화 연쇄 속에서 즉
각적으로 생각되어져야 한다. 이와 같은 새로운 **변증법**[151)]이 없다면,
우리가 기술했을 것이 아마도 거울 단계나 또는 오이디푸스 콤플렉
스에 선행하는 **코라** 세미오틱과 관련될 수는 있어도, 반-정립, 반-
억견에 지나지 않는 반-오이디푸스적 의미 실천과는 관련될 수 없을
것이다.

결국, 이러한 변증법은 의미 실천을 비대칭적인 방식으로 이중화
된 것으로 생각하게 한다. 즉 신학적인 금지로 자처하기 쉬운 정립
의 절대화도 갖지 않고, 분쇄적인 비합리주의를 몽상하는 정립의 부
인도 갖지 않은 것으로 말이다. 그것은 위반할 수 없고 죄책감을 갖
게 하는 신의 입법 행위도 아니고, '낭만주의적인' 반이성, 순수한 광
기, 초현실주의 자동 기술, 이교도적 다원론도 아니다. 양립할 수 없
는 두 가지 요소——그것들이 비대칭적인 기능들을 담당하고 있는
과정으로부터 분리되었으나 격리할 수 없는——사이의 이질적인
모순, 바로 이것이 우리가 보기에 의미 생성 속에서의 주체의 조건
인 것 같다.

항상 그랬듯이, 문학이 의미 생성 속에서의 주체의 조건을 가장
명백하게 실현하고 있다. 더구나 바로 문학 속에서 주체의 변증법
적 조건이 19세기 후반 이래로, 프랑스에서는 네르발의 작품에서부

터 시작하여 특히 로트레아몽과 말라르메와 함께 표면화될 수 있었다. 19세기말 시적 언어의 변혁은 시적 언어가 언어 속에서 주체의 이 변증법적 조건의 실천이 되는 데 있다는 것, 우리는 바로 그 점을 입증하려고 노력할 것이다. 이런 관점에서 시적 언어의 변혁은 우리가 문학이라고 부를 수 있었던 것의 새로운 시대를 열어 준다. 착란으로서의 시(poésie-délire)의 종말이다. 착란으로서의 시는 그것과 떨어질 수 없는 그 이면으로서의 논리적 질서에 복종하기를 시도한 문학과 동시대적이다. 그것은 광기도 리얼리즘도 아니고, 예를 들면 조이스나 바타유의 실험이 차지하는 비약을 통한 '착란'과 '논리'의 유지하기이다. 우리는 이 두 사람의 이름을 20세기 문학에서 가장 근원적인 양상의 상징으로 간주한다. 그리고 20세기 문학은 로트레아몽과 말라르메의 작업에서부터 우리에게 예고하였던 것 같다. 문학으로 의미 생성의 과정 속에서 주체가 행하는 변증법을 시험한다는 것은, 특히 19세기말의 그 두 작가에게는, 광기어린 도피로서의 시에 대한 거부와 페티시즘으로서의 시(언어 유희, 작품의 실체화, 회피할 수 없는 수사학의 인수)에 대항하는 투쟁을 함의한다. 동시에 그것은 논리와 그 조정, 그리고 그 공유를 피할 수 없는 억압이 받아들여지고, 그래서 거기에 과잉이, '논리를 능가하는(plus-que-logique)' 과잉이 도입되었음을 함축한다. 로트레아몽의 작품 《시》와 말라르메의 《책》은 모든 다른 저작보다도 바타유가 "시의 의미는 그 반대되는 의미로, 시에 대한 증오의 감정으로 완성된다"[152]라고 말하면서 지칭하고자 한 것을 확실하게 증언하고 있다.

　사회-언어 상징적 질서를 확립하는 정립의 탕진으로서의 희생제의, 언어의 조정을 통하여 욕동의 격렬함을 구체화하기로서의 희생제의 주변에서 태어난 시는, 따라서 르네상스 시대와 프랑스 대혁명의 희생제의를 집행하던 짧은 기간의 낭만주의의 도약 이래로, 수사학, 언어의 형식성, 페티시즘화, 정립의 대체물이 되었다. 정착된 부르주아 체제는 1852년의 왕정복고 이래로 이러한 유형의 시를 소비하면서, 시를 그 시대와 동시대적인 어떤 주체도 문제삼지 않는 가치 없는 장식물로 전락시켰다. 그렇다면 기계, 식민지 확장, 은행, 과학, 의회, 즉 자신의 폭력을 감추고 오직 중립적인 적법성으로서만 모습을 드러내는 그 많은 지배기구들과 대항할 수 있는 탕진의 실천을 어떻게 찾아낼 것인가? 주체의 격렬함을 재발견한다는 것은, 사회 질서의 조정과 동시대적인 주체의 조정에서 가장 심오한 단계에까지 하강하기를 요구한다. 그것은 언어 속에 든 정립의 구조적 조정에까지 하강하는 것이다. 그렇게 함으로써 이 격렬함은 언어의 음성적, 통사적 그리고 논리적 질서를 통하여 부상하면서, 언어 상징적 질서와 그 기술주의적 이데올로기들——이러한 폭력을 무시하거나, 억압하기 위하여 그 위에 확립된 이데올로기들——에 타격을 가한다. 시대를 파고들기 위해서는 그 시대가 질서를 지배하게 하는 논리에 타격을 가해야 했다. 그것은 논리의 조정, 논리의 종합 형태, 그리고 논리가 조정하는 이데올로기들까지 인수하여 개진하면서 논리 자체를 관통하는 것이었다. 옛날에는 위반적이었지만, 이제는 언어 상징적 질서 속에서 페티쉬로 코드화되어 버린 모든 시적 가능성과 투쟁하여야 했다. 말라르메의 실천은 고답파 시와 상징주의 시와의 타협에서 태어났다. 그는 그 두 파가 지닌 정지를 받아들이면서 그것을 왜곡시키고, 거부하고, 넘어섰다. 동시에 옛날의 시-의미와 주체의 페티시즘적인 수호신을 일단 거부하고 나면, 거짓말을 토해내는 표현할 수 없는 정신착란도 피하지 않을 수 없었다. 말하자면 언어 상징적 질서와 함께 또 그 안에서 이질적 모순이라는 힘겨운 정상을 유지하는 것과, 도덕·과학·일상·저널리즘·현대·가족·경제 등의 끝없는 코드 속에 또한 그것을 통하여 욕동의 격렬함을 의미로 나타내는 것이었다. 로트레아몽의 작품 《말도로르의 노래》와 《시》의 파열된 통일성은 바로 그것을 증언해 준다. 담론을 구성하는 법 속에서 담론의 세계와 맞서게 된 시는 더 이상 시이기를 끝내고, 온갖 질서 속에 의미 생성의 과정 속에 든 주체의 변증법적 체험이 시작할 수 있는 틈을 파고 있었다. 프로이트 이전인 이 실천은, 프로이트가 그의 환자들의 담론에서 듣고 싶어했던 것을 폭력적으로 그리고 위험을 무릅쓰고 예시하고 있다. 그러나 이 실천은 정신분석의 발견이 자기 시대에 파악할 수 없었던[153] 대륙을 구성하고 있다. 비록 오늘날에도 정신분석만이 그 영역에의 접근을 준비하는 유일한 이론이기는 하지만. 왜냐하면 언어의 조정을 통하여 주체의 과정을 탐구하던 프로이트의 입장은——멀지만 정확히 논리가 요청하는 바로 그 장에서——로트레아몽과 말라르메가 페티시즘과 광기에 대항하여 벌였던 투쟁과 합류하기 때문이다. 이 투쟁은 페티시즘과 광기를 계속 은폐하던 무거운 사회적 압박에 반기를 들었다. 그래서 조르주 바타유는 그 압박에 대해 이렇게 예고했다. "나는 거부하고, 반항한다. 한데 난 무엇 때문에 방황할까? 내가 착란을 일으킨다면, 그건 어디까지나 **자연스러울** 뿐인 것을.

시적 착란의 자리는 자연 속이다. 착란은 자연에 근거를 부여하고, 자연을 아름답게 꾸미는 것에 동의한다. 거부는 무엇이 일어나는 것을 측정하는 명철한 의식에 속한다. (……)

산만함은 그 도박에서 물러난다——그리고 과도한 주의력도 마찬가지이다. 도박꾼에게는 유쾌한 격노, 고요한 명철성 속으로의 상궤를 벗어난 비약이 요구된다. 행운이 그를 풀어 주는 날까지——아니면 인생이.

나는 시에 접근한다. 결국 거기에 결여되려고."[154]

프로이트의 발견은, 19세기가 성에 대해 간직하고 있던 신비스러운 베일을 벗김으로써, 성을 언어와 사회, 욕동과 사회-언어 상징적 질서 사이를 잇는 연결고리로 지적하였다는 데 있다. 로트레아몽과 말라르메의 실천이 급진화되고, 뿐만 아니라 그 실천이 겨냥한 객관적이고 사회적인 충격에 도달할 수 있었던 것도 바로 프로이트의 발견 덕택이다. 이 발견의 문턱에서, 그리고 그 발견이 없던 상태에서, 세기말의 시적 실험은 하나의 돌파구가 되었다가는 재빨리 뒤덮여 버렸고, 다시 페티시즘화되고(아폴리네르), 아카데미풍의 형식에 맞추어지게 되었다(발레리). 그러한 시적 실험이 결실을 맺게 된 (조이스·바타유) 것은 오직 프로이트 이후부터였고, 그 실험의 영향력을 검토하려고 노력할 수 있었던 것도 프로이트 이후부터였다.

12. 제노-텍스트와 페노-텍스트

이제 우리는 **코라** 세미오틱과 쌩볼릭의 구별이 밝혀 주는 관점에 비추어 텍스트의 기능 작용을 고찰해 볼 수 있다. 우리가 **제노-텍스트**(géno-texte)라 부를 수 있었던 것은 앞으로 모든 세미오틱적인 과정들(욕동들, 그것들의 배치, 욕동들이 신체에 드러내는 분할, 그리고 개체를 둘러싸고 있는 생태 체계와 사회 체계, 즉 주변 대상들, 부모와의 전오이디푸스 단계의 관계)을 포함할 뿐만 아니라, 쌩볼릭의 분출(대상과 주체의 출현, 범주성과 관련된 의미핵의 형성, 즉 의미론적이고 범주적인 영역)을 포함할 것이다. 따라서 한 텍스트 속에서 그것의 제노-텍스트를 들추어 내는 것은, 탐지될 수 있는 욕동 에너지의 이동 형태를 명확히 밝혀내는 것을 요구한다. 그 이동 형태는 음소 장치(음소의 축적과 반복·각운 등)와 선율 장치(억양·리듬 등) 속에서, 그리고 그 에너지의 이동 형태가 통사론적이고 논리적인 특성 속에서, 혹은 **미메시스** 체제(환몽, 외연의 유예, 설화 등) 내에서 나타나는 것과 마찬가지로 의미와 범주 영역의 배치 속에서 모습을 드러낸다. 그러므로 제노-텍스트는 하나의 공간을 구성하는 욕동 에너지의 유일한 이동 형태일 것이고, 그 공간 속에서 주체는 **아직 쌩볼릭**을 탄생시키기 위해 약화될 균열된 통일체는 아니다. 하지만 그 공간 속에서 주체는 생물학적이고 사회적인 구조의 억압 아래서 소통과 표지의 과정을 따라서 그런 것으로 **생성될 것이다.** 말하자면 제노-텍스트는, 비록 그것이 언어를 통해서 탐지될 수 있는 것이라 해도, 언어학적(구조언어학 혹은 생성언어학의 의미에서)이 아니다. 제노-텍스트는 하나의 **과정**이고, 이 과정은 일시적인(불안정한, 욕동의 충전 때문에 위협을 받고, '표지'라기보다는 오히려 '양자(quanta)'인) 구조들과 의미가 없는 구조들(이중분절 없는 장치들) 속에서 다음과 같은 계열들을 분절한다고 말할 수 있을 것이다. a) 욕동의 이원성, b) 신체적이고 생태학적인 연속체, c) 생산양식의 구속을 표현하는 사회 조직과 가족 구조, d) (문학사에 따른) 담론의 '장르,' (정신의학과 정신분석에 따른) '정신 구조,' 또는 (야콥슨이 말하는 담화의 언어학에 따른)[155] 언술 행위의 주동자들의 다양한 분배를 탄생시키는 언술 행위의 모형들. 언술 행위의 모형들은 욕동적 충전(a)이 생물, 생태, 그리고 사회-가족적 구속하에서 이루어지는 반복(b와 c)의 결과이자, 그 충전의 소통이 정지상태로 안정됨으로써 그 주변의 구조가 상징화를 유리하게 하고 감동시키는 것이라고 상정될 수 있다.

이와 같이 제노-텍스트는 우리가 앞으로 **페노-텍스트**(phéno-texte)라는 용어로 지칭하게 될 언어의 심층에 자리잡고 있는 기반인 것 같다. 페노-텍스트란 의사소통을 주관하고, 언어학이 '언어능력'과 '언어수행'으로 설명하는 언어활동이라고 이해해야 할 것이다. 페노-텍스트는 제노-텍스트에 영향을 미치는 세미오틱 과정에 대해서 항상 분리되고, 세분화되어, 환원할 수 없는 것으로 남는다. 페노-텍스트는 하나의 구조(생성문법적인 의미로 생성될 수 있는 구조)로서 의사소통의 법칙을 따르고, 언술 행위 주체와 수신자를 상정한다. 제노-텍스트는 하나의 과정(procès)으로서, 상관적이고 잠정적인 제한구역을 관통하며, 그리하여 두 개의 실주체(sujets pleins)만의 일의적 정보의 두 극에 의해 차단되지 않은 하나의 경로로 이루어진다. 제노-텍스트와 페노-텍스트의 차이를 메타 언어로 나타내본다면 제노-텍스트는 위상학(topologie)과 관련이 있고, 페노-텍스트는 오히려 대수학(algèbre)과 연관된다고 말할 수 있을 것이다. 또 하나의 분류학이 우리의 구분과 완전히 일치하는 이미지를 제공해준다. 그것은 중국어 문자와 말(parole)인데, 특히 고전 중국어에서 더 잘 드러난다. 문자는 특수한 망 혹은 공간 내에서의 의미 생성의 과정을 재현하고-분절하고,[156] 말(바로 그 문자와 일치할 수 있는)은 두 주체간의 의미 교환에 필요한 구분적 요소들(시간성, 양상, 담화 주역들의 자세한 설명, 형태-의미론적 확인 등)을 복원시킨다.

그리하여 의미 생성의 과정은 페노-텍스트와 마찬가지로 제노-텍스트을 포함하게 될 것이고, 또 다른 방법이 없을 것이다. 왜냐하면 의미의 모든 기능 작용이 실현되는 것은 (비록 이러한 실현이 언어라는 자료를 사용하지 않을 때조차도) 바로 언어 속이기 때문이고, 또 하나의 이론적 접근이 그 기능 작용 속으로 파고들려는 시도를 할 수 있는 것도 역시 언어에서부터 시작하기 때문이다.

모든 의미 실천은 방금 우리가 설명한 개념에 따라 생성되는 것 같다.[157] 그러나 모든 의미 실천이 우리가 지적한 과정의 무한한 총체성을 포용하는 것은 아니다. 수없이 많은, 그리고 최종 심의중인 사회적-정치적 질서의 억압들이 의미 생성의 과정이 통과하는 이런 저런 명제에서 그 과정을 중단시키고 경직시켜, 하나의 일정한 표면 혹은 구조로 고정시키고, 그 실천을 조각들로 응고된 쌩볼릭의 모형들, 즉 그 과정의 무한성을 말살하는 몇몇 사회적 구속의 모사(calques)로 실격시켜 버린다. 그리고 페노-텍스트는 그러한 말살을 묘사해 낸다. 자본주의 생산양식에 속하는 수많은 의미 실천 중에서 오직 몇몇 전위적 문학 텍스트만이 그 과정의 무한성을 탐험하기에 이른다. 다시 말하면 언어 구조들을 수정하는 **코라** 세미오틱을 포착하는 데 성공(말라르메·조이스)한다. 그렇지만 우리는 의미 생성과정의 총괄적 횡단이 사회 조직과 그 구조들에, 그리고 그 구조들의 정치적 변환에 고유한 정립들을 일반적으로 미정상태로 남겨둔다는 사실을 강조하게 될 것이다. 텍스트는 정치적이고 사회적인 시니피에를 갖지 않는 경향이 있기 때문이다.

최근 몇 년 내지는 혁명기를 기다려서야 의미 실천은 페노-텍스트 속에서 욕동의 유출, 물질의 비연속성, 정치투쟁 및 언어의 분쇄 등을 포괄하는 복수적이고 이질적인, 그리고 모순적인 의미 작용의 과정을 기술하기에 이르렀다.

라캉은 사회에서 행해지는 담론을 네 가지 유형으로 정의하였다. 그것은 히스테리 환자의 담론, 대학인의 담론, 주인의 담론, 분석가의 담론이다.[158] 방금 우리가 제시한 관점에 따라서 우리는 또 하나의 차별화를 상정할 수 있을 것이다. 그것은 어떤 측면으로는 라캉이 말한 네 가지 유형을 다시 나누고, 또 다른 측면에서는 거기에 첨가되는 것이기도 하다. 그리하여 우리는 다음과 같은 의미 실천들을 구별해 낼 수 있다. 서술적 담론, 메타 언어적 담론, 관조적 담론, 텍스트-실천적 담론이 그것이다.

우선적으로 다음과 같은 사실을 말해 두기로 하자. 우리가 한 이 구별은 어디까지나 일시적이고 도식적인 것에 불과하고, 또 그 구분이 비록 실제적인 실천에 호응한다 해도, 근본적으로 우리의 관심을 끄는 것은 의미 배치의 앙테들을 특징짓게 해주는 교육도구로서의 구분인 것이다. 의미 배치에 우리의 관심이 쏠리는 것은, 그것이 다양한 사회 실천을 낳고, 결국에는 다양한 생산양식 속에 그와 같이 다소 약호화되어 있기 때문이다. 그러나 확실한 것은 우리가 서술적 담론과 관조적 담론 속에서 (히스테리적이고 강박관념적인) 전이신경증과 관련된 의미 배치를 볼 수 있고, 또 한편 메타 언어적 담론과 텍스트-실천적 담론은 정신병 체제(편집증과 정신분열증)와 연관되어 있다는 사실이다.

13. 네 가지 의미 실천

A. 서술적 담론(narration) 속에서 **욕동의 이원론**(플러스/마이너스, 긍정/부정, 삶의 욕동/죽음의 욕동)은 하나의 비-이접성(-ṽ-)처럼 분절된다. 거기에서 우리가 알 수 있는 것은 두 개의 '항'이 서로 별개로 구별되고, 차별화되고, 대립적이라는 사실이다. 그러나 그것들의 대립은 곧 다시 부인되어, 결국 두 항의 동일화가 이루어진다. 우리는 이 과정 속에서 심리학, 성차(性差)의 오인, 그리고 시간성의 기반을 재확인할 수 있었다.[159]

그와 같이 분절된 욕동의 핵이 가로지르는 **신체·생태적인** 연속체는 이항 대립의 구조이다. 물질적 비연속성은 지리·시간·음모 등을 묘사하는 대립적 상관성(높은-낮은, 좋은-나쁜, 외부-내부)으로 환원된다. 욕동의 유출은 물론 객관적 물질 세계의 무수한 지대를 관통한다. 그러면 다양한 대상들의 여러 가지 감각들이 이 의미 실천 속에 표시를 남긴다. 그러나 이 다양성은 비-이접적 구조의 견고한 틀 속에 흘러 들어가 주조된다.

서술적 담론 속의 사회 조직은 가족 구조에 의해 지배되고 조절되며, 결국은 가족 구조로 환원되거나 아니면 그것을 통하여 관찰된다. 가족 혹은 가족집단(원시 사회에서 봉건 제도까지), 여자 교환, 부부관계 내지는 혼인관계와 친족관계 등은 프리즘 같고, 그것을 통하여 욕동의 흐름은 사회 구조를 투여한다.

더구나 임상의학 실천은 이야기 형식을 통해서 주체의 과거사에 대한 최초의 형성-재구성이 실현된다는 사실을 확립할 수 있는 것 같다. "최초의 이야기, 한 개인의 최초의 진실된 과거는 오이디푸스 콤플렉스 시기에 형성된다. 이것은 그 이전의 모든 단계가 다시 포착되어, 그때부터 한결같이 매개화된 욕망과 거세 문제의 테두리 안에서 다시 시작되는 반복의 시기이다."[160] 분석적인 측면에서 이 서술적 담론의 구조는 "상위 체계들 속에서 에너지의 자유로운 순환을 순간적으로 되찾게 되나, 곧이어서 무의식의 표상들과 관계를 맺게 되는" 반복에 의해 특색을 드러낸다. 그리고 이 무의식의 표상들은 가족 삼각형 배치에 따라 다원적으로 결정되어 있다.[161]

언술 행위의 모형은 명백하게 혹은 함축적으로 '나' 혹은 '저자'로 명명되는 하나의 중추점에, 즉 가족 내에서의 아버지 역할의 투사에 집중되고자 한다. 그 점은 중추이지만 이동이 가능해 유동적이다. 그것은 가족 내의, 그리고 가족간의 상호 인간관계 속에서 가능한 역할을 다 맡는다. 가면의 메커니즘이 이러한 이동 가능성을 가장 잘 표상한다. 동시에, 이 중추점은 자기 앞에 복수로 나타나는 저 자인 '나' 속에서 자신을 알아보게 되어 있는 한 수신자를 상정한다. 언술 행위의 모태는 주체의 공간을 구조화한다고 말할 수 있을 것이다. 그 공간 속에는 엄밀한 의미에서의 유일하고 고정된 주체는 없지만, 그 속에서 의미 생성의 과정이 형성되어 의미를 지니게 된다. 그때부터 이 과정은 의사소통 연쇄의 두 끝과 마주하게 되고,

또 틈틈이 친족-사회 구조에 대항하는 의미 생성과정의 제동 장치에 해당하는 '가면들'과 '구성원'의 결정화(cristallisation)와 마주하게 된다. 따라서 주체의 구조는 일련의 추상적 실체처럼 나타난다. 그 구조는 거기에 물질적인 비연속성이 투사되는 한에서 무한하고, 친족-사회의 망이 거기에 적용되는 한에서는 봉쇄된 상태에 있다. 이러한 틀 속에서 '일자(Un; 一者)'는 모두이고, 그리고 모두(수많은 수신자, 군중, 공동체)는 추상적 실체의 구조화이다.

이른바 언어 구조(페노-텍스트)는 서술적 담론 속에 규범적인 것으로 남는다. 그 구조는 욕동의 충전이 언어를 강요하는 정립의 한계를 거의[162] 뛰어넘지 못한다는 것을 상정하는 문법 규칙에 따르고 있다. 욕동의 충전은 앞선 층위들을 구조화하는 테두리들에 의해 포착되고 흡수되었다. 욕동의 충전은 거기에서 하나의 의미를 얻어내어, 기호가 되고, 이번에는 거꾸로 그 기호가 욕동의 충전을 대신하게 된다. 그렇게 되면 언어는 자신을 해체시키고 복수화하여, 무의미투성이로 만든 욕동의 핵을 자신 속에 재도입하지 않고서도 기능할 수 있게 된다. 제한된 욕동의 방출은 이 잔해의 틈바구니 속을 파고 들어가서 **미메시스**를 만들어 내고, 이 미메시스는 Bedeutung, 즉 언술 작용을 문제삼는 것이 아니라 지시 작용의 Bedeutung을 문제삼는다. 그리고 이야기성의 중요한 역선(力線)을 따르는 욕동-세미오틱의 유출은 의미 산출의 과정을 소극적으로 암시할 뿐이다.

신화 이야기, 서사시, 그것을 대체한 연극작품들과 소설(여기에는 욕동의 유출이 만들어 낼 수 있는 무대화와 영화까지 포함된다), 현장 취재기사, 연대기와 다른 장르의 신문기사들은 우리가 방금 기술한 의미 체계와 관련이 있다. 이러한 '장르들'의 차이는 사회 조직의 다양성과 그 조직이 지닌 여러 가지 구속을 동반하고, 동시에 언술 행위 모형의 몇 가지 변환까지 동반한다. 그러나 이러한 다양성은 언술 행위의 배치를 근본적으로 흐트러뜨리지는 않는다. 그것은 단지 의미가 동일한 체계의 여러 다른 층위에서 형성되어 고착되었음을 지적할 뿐이다. 레비 스트로스가 보여 준 것은, 신화가 물질적 연속성의 요소들을 의미의 덮개로 사용하면서 친족과 사회관계들을 의미화한다는 사실이다. 그 반대로 소설은 이러한 연속성을 친족관계(원초적 장면)와 사회관계의 진실을 사유화하고 싶어하는 주인공, 즉 한번도 만족을 느껴 본 적이 없는 심정을 지닌 '문제가 많은 주인공'이 행한 탐구(루카치에 의하면)에 종속시키고 있다.

안드레 욜레스[163)]는 '단순 형식'[164)]에 관한 연구에서 전적으로 서술적인 형식들, 즉 전설·무훈시·신화·수수께끼·관용구·문제 사건·회고록·동화·재치문답 등을 조사하였고, 오로지 무훈시 속에서만 가족을 생각하는 배치를 찾아낼 수 있었다. 무훈시는 민족적인 혹은 민속적인 기원이 어떤 것이든간에, 민족의 거대한 이주를 한 가족사처럼 환기시키고 있다.[165)] 《일리아드》, 아이슬란드의 《무용담》·《니벨룽겐의 노래》·《구약성서》는 가장 두드러진 예들이다. 그러나 저자 욜레스는 기독교를 이러한 가족 중심의 '심적 배치'의 파괴자로 제시하면서도 기독교가 그 유산을 계승하였고, 자연주의 소설처럼 '지적 형식'까지도 그 영향을 받았다는 사실을 인정하고 있다. 우리가 여기서 다양한 의미 체계 사이에 설정하고자 하는 구별은, 욜레스가 말하는 '심적 배치'에 의거하지 않는다는 것을 기억해 두자. 언술 행위의 장치들이 형성되기 이전 내지는 바로 그 순간에 의미화 기능을 관찰하면서, 우리는 가족 중심주의가 오직 '내용의 형식'(옐름슬레우의 용어를 빌리자면) 또는 실질 속에 들어 있는 내용에 관련해서만 '무훈시'의 특권이 된다는 것을 알 수 있다. 반대로 무훈시 이외의 다른 '단순 형식'들은 모두 주체가 가족 삼각형 속에 자리잡고, 거기에 동화되어 버린 방식의 다양한 양상들을 재현해 내는 것 같아 보인다. 그들의 남근적 인내력을 시험하는 전설 속의 성자나, **취재기사** 속의 운동선수에 대한 객관적, 역사적 혹은 개인적 탐색; 신화적인 지식——그 속에서 (자기 또는 집단의) 통일성은 대립상태에 있을 뿐 아니라 지워지거나 혼란해져서, 결국에는 성차(性差)의 문제 속에 결정적으로 해체되거나 매몰되어 버리는 제한 없는 변용을 통하여 유일한 현상만을 포착하고자 갈망한다[166]——; 수수께끼에서 주체가 당하는 시련. **관용구의**(주민·씨족·'우리'로 불리는 가족에 의해) '묶인된' 특성; **문제 사건의** (항상 막판에는 성과 관련되고, 아니면 합법성을 위협하는) 서스펜스; 누구나 납득할 수 있는 동화 속의 남편 또는 어린이 이야기; 이중의미와 낱말놀이로서 초자아와의 '인연을 끊고, 매듭을 푸는' **재치문답**까지도 거기에 포함된다.

바로 서술적 담론 속에서 정신분석은 결국 신경증의 노출을 확인할 수 있었고, 그 노출을 통하여 가족 구성원들 속에 존재하고 있으면서 서술 체계의 여러 층위들 중의 **하나**를 분절하고 있는 그 증세의 무의식적 근원을 찾아내었다. (하지만 그 하나의 층이 체계 전체를 지배하고 있고, 그 속에 그것이 지닌 복합적인 기능 작용을 집중시키고 있다.) 더구나 이러한 결과는 예상했어야 했다. 왜냐하면 서술적 담론은 서술의 토포스(Topos)만을 분해할 수 있었기 때문이다. 이제 남은 일은 서술적 담론이 의미 생성 속에서 주체의 과정을 모방할 수 있는 유일한 의미 실천인지, 아니면 우리가 믿고 있는 것처럼 수많은 다른 실천들 중의 하나인지를 알아보는 것이다. 그런데 후자일 경우, 그 담론의 진실은 오직 서술 그 자체와 서술이 속해 있는 역사적인 시점을 위해서만 유효할 것이고, 아니면 의미 생성과정의 본질적이지만 총괄적은 아닌 하나의 배치처럼 남게 될 것이다.

B. 메타 언어적 담론(métalangque)에 대해 말할 수 있는 것은, 그것이 부정적 충전을 제거하면서 부정성을 긍정에 종속시키고, 욕동의 이원론을 긍정성으로 환원시키면서 의미 생성의 과정을 봉합한다(suturer)는 사실이다. 있는 그대로의 실제 대상의 구성과, 따라서 상징화의 구성에 참여하였으므로, 이 부정적 충전은 프로이트가 말하는 Bejahung(긍정)[167]에 의해 포섭되어, 상징화 그 자체 속으로 후퇴해 버리는 것 같다. 이때 대상이 실제적 요소로 조정되는 것은, 오직 그 대상을 정면으로 관찰하고 내려다보는 **메타**라고 하는 긍정성과 영원히 분리되어 있다는 조건하에서이다. 이 긍정성은 메타-물리학(형이상학)·메타-신체·메타-논리학·메타-언어에서와 마찬가지로 대상을 위로 드러낸다. 대상은 그와 같이 영원히 거부되어 접근할 수 없고, 고유한 자기 존재도 갖지 못하지만, 정면에서 그리고 더 높은 위치에서 구성·연역·인지될 수 있는 것이 된다. 이때 **물질적 비연속성**은 삼단논법의 술어로서 설정되어, 삼단논법의 내부에서 언표들 속에서 형성될 수밖에 없는 보어처럼 취급된다. 그것은 메타-물리학이 메타-로고스와 분리될 수 없기 때문이다. 이러한 장치 속에서 사회 조직은 가족의 영역뿐만 아니라 개개의 인간까지도 씨족의 매개 없이 **직접적으로** 포섭하는 계급관계이다. 고대 그리스의 도시국가, '왕정' 혹은 '공화국'은 서로 다른 식으로, 다소는 직접적으로, 다소는 매개적인 방식으로 개개의 인간을 종속시키는 계급관계 내지는 지배관계이다. 그러한 매개가 가족을 통과할 때에도(봉건 제도에서처럼), 가족은 가족을 능가하고 억압하는 집합체 내부에서 사회적 기능의 역할을 맡는다. 가족의 생산 단위로서의 자율성도 최종적 결정권, 실제로 유일한 결정권을 가진 국가 내에서는 상대적인 가치로 인정되기 때문이다.

이러한 **토포스** 속에 삽입되는 **언술 행위**의 모형은 데카르트가 주체라고 부르는 실체(entité)에 집중되어 있다. 주체는 의미 생성의 과정 속에서의 자기의 조정과 자립을 부정의 축소에서 끌어내고, 물질적 비연속성을 긍정과 상징 체계 속에 흡수해 버린다. 말하자면 국가적인 억압에 대항하는 주체의 제동 장치에서 끌어내는 것이다. 사방에서 역습을 받은 의미 생성의 과정은 오직 이러한 장애물들이 마련해 주는 울타리 속에서만 실현된다. 그 속에서 과정은 하나의 인식 행위가 된다. 기호와 체계의 모형에 의존하고 있는 주어-술어문·삼단논법·연역 논리는 이 과정의 가능한 표명들이며, 그 표명들 속에서 메타 언어적 담론은 스토아학파[168]에서부터 데카르트에 이르기까지, 또 그 이후에도 자신을 알아본다.

중추점이 되기 위해 이와 같이 분절된 주체는 체계 속에 포함되지도, 용해되지도, 의문시되지도 않는다. 주체는 체계를 위에서 내려다보고, 굴복시켜, 부재하는 것으로 만들어 버리기 때문이다. 오직 체계적 사고만이 주체의 어김없음(ponctualité)을 추론할 수 있게 하고, 또 그 반대로 주체의 어김없음은 상징화와 그 논리 법칙의 유일한 보증이 된다. 따라서 주체는 논리적인 증명으로 항목들을 연결시킬 때 '우리' 혹은 '무명씨'로 불리게 된다. 주체는 창의의 시간——물질적 비연속성으로부터 대상을 출현시키는 시간——에 대해 말할 수 없다. 왜냐하면 이 출현은 주체의 로고스가 억압하는 부정성에 의해 만들어지기 때문이다. 주체는 이 출현의 체계화에 대해 말을 하고——"우리는 출현의 체계화를 말한다"라고 말해야 할 것이다.

메타 언어적 담론의 수신인은 자신의 '우리'——무심한 주체——를 닮았다. 수신인은 모든 사람일 수 있다. 그는 상징의 체계성이 부정을 배출하면서 이질성을 배제하였고, 그 자신이 투명하고, 영원히 의사소통이 가능하고, 무한한 가치를 지닌 존재가 되기를 바라면서 전개되기 때문이다. 따라서 수신자는 차별화되지 않은, 과정이 없는 하나의 총체이고, 체계 없는 주체란 존재하지 않기 때문에 체계에 동화되어, '우리'의 경우처럼 체계의 한 **항목** 한 요소가 되어버린 '그들(eux)'이다.

실증철학, 온갖 설명, 제과학은 바로 이 토포스에서 출발하여 **토포스**를 극도로 세분화하였고, 각 세분화의 특수한 체계성은 과학인식론과 연관된다는 것을 밝혀 준다고 생각된다.

C. 관조적 담론(contemplation), 피타고라스가 *θεωρία*(테오리아)'라고 불렀던 관조적 담론은, 종교, 철학 그리고 정신분석의 도움을 받은 철학의 해체만큼 외관상으로 차이나는 '장르들'을 포괄하는 의미 체계일 것이다. 이것은 변형의 공간, 법의 공간, 불가능한 것으로 (즉시, 궁극적으로) 지정된 법 위반의 공간이다. **욕동의 이원론**은 비종합적 결합[169]으로 그것과 얽혀져 있다. 플러스(+)와 마이너스(−)는 자력 체인의 양끝처럼 상호 침투하면서 하나의 폐쇄된 고리를 형성한다. 이 고리에는 바깥은 없지만 무한히 해체될 수도 있고, 깊이 패어 심화될 수도 있는 고리이다. 이 고리는 언제나 토대도 기원도 없이 영원히 제자리로 회귀하며, 고리쇠 속에서 영구히 순환적이다. 이 고리에게 있어서 물질성은 구멍, 결여이다. 물질성의 존재를 짐작하고 그것을 탐내지만 결코 거기에 다다르지는 못한다. 마치 거부(rejet)[170]가, 일단 실재를 조정하고 나면 더 이상 실재에 관여하지 않기 위해서가 아니라, 그 실재(자체)에서 파생하는 명제——긍정적 표현, '조정하는 것'——에게 공격을 가하기 위해 자신의 세계에 틀어박히던 것과도 같다. 욕동적 코라의 지양은 자신을 고리로 묶어 원형으로 기능케 하고, +와 −를 교체할 뿐만 아니라 그것들을 분산시킬 수 있게 해주는 결여(manque)를 그리워한다. 그렇기 때문에 욕동적 코라의 지양은 항상 이미 불가분하게, 그리고 불가피

하게 쌩볼릭의 세계에 속한다. 왜냐하면 그 폐쇄된 울타리는 **코라**에게 억지로 의미를 갖게 하고, 환멸을 느껴 제자리로 회귀하도록 코라를 분해할 수 있기 때문이다.

욕동적 리듬의 그러한 포위작전을 지지하고 부양하는 **사회** 조직은 '씨족'의, 계급을 가진 공동체의 조직으로서 그 자체가 원시적 혹은 국가적 사회 계급에 종속되어 있지만, 그러나 사회적 물질성속에 포함되어 있지는 않기 때문에 외형적인 자율성을 향유한다. 이것들은 '이데올로기 장치들'이다. 계급을 가진 집합체의 쌩볼릭적인 바퀴 장치이자 계급 속의 계급인 사회적 세포는, 그와 같은 욕동의 포위작전을 비호하거나 자극하는 것으로서, 하나의 특권 계급 · 엘리트층 · 성직자층 · 통과의례를 치른 세포이다. 쌩볼릭적인, 냉혈적인, (성적인) 재생산과 (사회적인) 생산의 단위가 아니라는 의미에서 비현실적 가족인 이 쌩볼릭의 세포는 생산적이고 재생산적인 가족 구조를 재생산한다. 하지만 부정성을 탐식하여 그것을 단지 쌩볼릭적인 것으로만 보기 때문에, 이 세포는 그 구조를 분해하기에 이른다. 가족 삼각형은 이 세포가 공격을 받아 용해될 수 있도록 지원해준다. 끝없는 부친 살해 · 모친 살해 · 형제 살해, 이런 것이 특권 계층의 인간이고, 그는 특정 사회 내에서 '조롱거리 친척(parent à plaisanterie)'의 역할을 맡는다. 다시 말하면 서로 다른 성을 가진 한 쌍둥이와 동일한 역할이다. 따라서 그것은 공식적으로 인정하는 우리의 성과는 대립되는 성을 갖는 역할이고, 자신을 사회적 존재로 형성하고, 결혼하여 씨족 사회의 노동과 교환에 참여하기 위하여 억압할 수밖에 없는 성의 역할이다.[171] 성적인 동시에 사회적인 부정항(négatif), 방치하는 것이 사회를 구성하게 하고 사회의 조화를 이루게 하는 부정항, 바로 그것이 특권 계층의 인간이다. 그는 길들여지고, 선물 분배에 의해 종속상태로 있음을 드러내고 유지하며, 기부금을 받거나 아니면 도둑질도 하는 굴욕적이고 숭고한 부정항이다. 그리오[172]는 언어의 마술사이자 시인-가수로서, 그 중 가장 두드러진 패러다임에 속하는 인물들이다. 그들은 사회가 자기들에게 재산을 대여하고, 그렇게 함으로써 그들의 가난과 부정성을 인정해 줄 것을 강력히 요구한다. 그러나 그러한 기부금은 쓸데없는 잉여, 가치 없는 찌꺼기들이다. 특권 계층의 인간은 교환을 허가하고 유지하는 부정항이지만, 그들이 그 교환에 참여하지는 않는다. 그들의 체계는 교환의 바깥이다. 그것은 사회의 바깥이고, 쌩볼릭의 잉여이다. 그들을 통하여 그 부정항은 승화된다. 찌꺼기와 항문성(analité)은 인정되어 따로 취급된다. 사회는 부정성으로부터 자신을 보호하면서 승화되어, 따로 취급된 그 부정성을 표상하는 사회집단들을 분비한다. 그들이 바로 '부정항의 전문가들' · '관조적 사색가들' · '이론가들' · '지식인들'이다. 그들을 통해서 사회는 부정성으로부터 깨끗이 정화되고, 분해되지 않기 위해 한없이 그 자신을 문제로 삼게 된다.

사회 구조가 표상된, 인수된, 정돈된 부정성의 경계를 그와 같이 확정지으면서 몇몇 생산양식으로 자신을 보호할 경우, 이 문제는 계속 남는다. 분류된 이 장은 특권 계급 체계의 바깥에서는 일반적으로, 논리적으로, 어떤 식으로 기능하는가? 모호한 사회 태도에서 생겨난 문제의 '이론' 주체는 모든 조정의 와해를 모방하려는 것보다 더 강한 힘을 가지고 확립된다. 그 주체가 나타내는 공동(空洞)은, 그것이 표상되었다는 바로 그 사실을 통하여, 끌어당기는 유인력의 극으로 행사하고, 또 그런 식으로 존속해 나간다. 이러한 언술 행위의 주체는 아무 말도 하지 않거나, 아니면 다른 모든 의미 체계를 집중시키는 극이 되기 위해 오로지 자신의 말(parole)을 분해할 뿐이다. 말하자면 주체가 그의 담론을 히스테리적 담론[173]이 되게 하는 것은, 오직 자신을 난공불락의 전이의 장에 확고히 자리잡게 하기 위해서이다. 이 전이의 장은 지배력을 행사하고, 압도적인 것이 되면서, 능력-무능에 집착해 있는 그의 저장고 속에 모든 것을 착복하고 독점한다. 결코 거기에 있지 않는 (아니면 거기에 있지 않기 때문에) 그 전이의 장에 회부되지 않는 것은 아무것도 없다. 이 말은 이처럼 차단된 의미 생성의 과정이 실현되기 위해서는 수신자라는 존재가 없어서는 안 된다는 것을 뜻한다. 이 수신자는 운명적으로 이 극의 욕망(과 언어)을 자기 것이라고 인정하고, 거기에 복종하도록 되어 있다. 즉 맨 먼저 자신을 분할하고, 그 다음 부정항을 결여로 도입하도록 되어 있고, 또한 자기 검증——자기 활성화, 자기 살해——의 무한한 순환 속에서 자신을 포용하도록 약속되어 있다. 아마도 헤겔의 총체성은 이 장치를, 즉 자아 의식의 도정에서 '이데아'의 무한한 굴착 행위를 내포하는 반대항들의 동일성과 차이를 설명하기에 가장 적합한 것 같다. 제도화된 정신분석학은 다른 방식으로 '이데아'와 '의미'의 현존까지 파괴함으로써, 시니피앙을 통하여 서술적 담론 속에 결여를 적극적으로 재도입한다. 이것은 구성원들과 가면들이 그 속에서 해체되고, 또 전이의 관계 속에 도피할 출구도 없이 묶여 있는 시니피앙의 영원한 고리만을 남기기 위해서이다. 그와 병행하여 항상 쌩볼릭 울타리의 과정 속에서 그 고리를 절단하여 그것으로 계속 고리의 고리들을 만들어 내는 일에 열중하다 보면, 우리는 이 시니피앙 자체에 대해서 미묘한 폭력을 행사하게 된다. 그것은 그 시니피앙을 거부하고, 그 거부에서 원-거부(archi-rejet), 조정되는 투사, 원자, 흔적, 흔적의 유동성 속에 든 공허를 발견하기 위해서이다. 이 단계에서는 더 이상 해체할 것이라고는 아무것도 없다. 고리는 공허한 점이고, 그 행로는 시작도 끝도 없기 때문에 후손을 갖지 못한 자기 배아(germe)로 되돌려진다. 자기 동일성도, 외부도, 사회성도 갖지 못한 것이다. 여기서 우리는 의미화 과정의 '기반'까지도 공격을 받아 그 정체를 드러내고, 온갖 차단에서 벗어나 있다고 생각할 수 있을 것이다. 그러나 여기에서 문제가 되는 것은 하나의 속임수이다. 이질적 모순을 제거하고, 물질적 비연속성과 사회적 예속에서 벗어난 욕동의 흐름은 흉내내기——모방, 모방의 전개, 줄행랑——에 지나지 않는다. 이 욕동적 공동화(évidement)의 언술은 쎙볼릭의 한계 속에서의 시니피앙의 표류이다. 이 표류는 앞에서 우리가 메타 언어적 담론의 주체로 형성되는 것을 보았던 그 주체를 자극하여 자신이 점적 존재임을 한탄하게 만들고, 구속에서 해방시켜 자신을 구성하고 있는 결여를, 다시 말하면 자신의 물질적 요소와 사회적 요소의 이중화 내지는 상실을 발견하게 한다. 주체를 우회하는 이 표류는 주체를 출발점과 도착점으로 간주하고, 이 주체가 기호·시니피앙·의미와 일체가 되어 있는 한 뛰어넘을 수 없는 한계라고 생각한다. 따라서 표류는 주체의(시니피앙의) 취소이고, 주체의 편심(偏心)이 아니라 모순의 결여로 모든 것이 빠져 나가는 이념적 중립성을 향한 주체의 전이이다.

이때 **언어에 고유한 물질성**에는 여러 가지 수정이 가해진다. 그것은 의미화 연쇄의 의사소통 기능을 위반하지 않고, 항상 흉내내면서 의미하는 모방놀이를 통해서 그 물질성을 변경시켜 나간다. 관조적 담론에는 문체적인 변화가 첨가된다. 유사한 음의 효과, 고풍스러운 문체로 돌려 표현하기, 생략 어법, 비유법이 그것이다. 고풍스럽고 선멋을 부린 이러한 표류의 수법은 과거 시대의 텍스트 실천에서 차용한 것이다. 이것은, 의미 생성의 옛 붕괴의 소통이 아니라 그 흔적을 추적하면서, 시대에 따라 바로크적 요소와 신비주의적 요소 사이에서 오락가락한다.

D. 우리가 **텍스트**라고 부르는 것은 관조적 담론의 모방성과는 근본적으로 다르다. **욕동의 이항성**(binôme)은 끝이 없는 리듬 속에서 번갈아 부상하는 대립적인 두 가지 항으로 이루어진다. 부정·공격성·항문성·죽음이 우세하다. 하지만 그것들은 자기들에게 의미를 줄 수 있는 힘을 가진 것 같은 온갖 정립을 관류하고 무시해 버리면서, 그들의 행로 속에 긍정성을 실어나른다. 부분적 욕동[174]의 모든 단계는 텍스트에 내재한 **코라** 속에서 첫시동이 걸리고, 안과 밖에서, 끊임없이 삼키고-내뱉고, 착복하고-거부한다. 실재 대상은 절대로 상실된 것, 결여된 것으로 조정되지 않는다. 주체에 대한 도전인 욕동의 리듬은 주체를 배치하는 동시에 그것을 관류한다. 물질적 비연속성은 연속적이고 비연속적이지만, 그러나 '원자적(atomique)'이기보다는 오히려 '양자적(quantique)'이다. 왜냐하면 욕동은 신체 그 자체뿐만 아니라 그것을 둘러싸고 있는 환경 및 사회 배치까지도 관류하기 때문이다. 거부가 그것들을 요소들로서 조정하면, 재도전을 시도하는 거부는 그 요소들 자체를 관통하여 역동적인 상호 의존상태로 결속시킨다. 부정성은 정면에서 결여, 혹은 있을 수 없는 실재로 사물화되지 않는다. 부정성은 이미 조정된 각각의 실재 속에 재도입되어 그 실재를 다른 실재 쪽으로 드러나게 하고, 역동적인 움직임을 부여하여 끊임없는 운동 속에 부각시킨다. 요소들의 조정(휴식의 시간), 소용돌이의 재개(관류의 시간)이다.

교체되는 이 욕동의 리듬이 역동적으로 활동하면서 행하는 그 당당한 이행을 용이하게 하려면 **계층간 유동적인**[175] 사회 제도가 필요하다. 그것은 하나의 약호나 아니면 그것을 지탱시켜 주는 심급이 지배하는 한 사회집단이지만, 그것은 동시에 이 심급에 대해서 인간 개개인의 일정한 자율성을 상정하는 것이기도 하다. 그렇기 때문에 이 심급과 그들의 자유 사이에 상대적으로 소규모의 자율집단들, 즉 사회적 노동의 소공동체들이 형성된다. 따라서 이것은 우두머리와 그에 의해 조절되지만 우두머리와 동등한 법적 신분을 지닌 구성원들을 가진 사회이다.[176] 그리고 중앙으로 집중된 이러한 분산을 조절하기 위해서 가족들을 포괄하지만, 그들을 씨족적인 재생산 법칙에 종속시키는 것이 아니라 집단의 생산 법칙에 종속시키는 생산 단위들을 갖춘 사회이다. 고대 중국 사회처럼, 총괄적으로 아시아적 생산양식과 관련된 몇몇 사회가 여기서 말하는 사회 조직의 한 유형을 확립하였다. 그러한 사회 속에서의 재생산관계——친족 간의 교환, 친족 구성——는, 생산의 제관계와는 구별되지 않지만, 그 관계들과 혼합되거나 아니면 거기에 종속되어 있다. (중국어로 '태어남'을 의미하는 글자 生은, 음성학적으로 그리고 서체면에서 '생산'을 뜻하는 글자와 동일하다. 이 글자는 '점점 성장해 가는 식물'을 나타내는 옛글자 Ψ 에서 파생된 것이다.) 초가족적인(transfamilial) 집단들은 가족 구성원들을 생산과정 속에 포함시키고, 그 운동성이 전체를 지배하는 약호나 심급을 이동시키지만 그 가족들을 위협하지는 않으면서 이처럼 사회 과정의 조화로운 역동성을 보장해 준다. 이러한 조직화는 그것이 지닌 특이한 유연성을 욕동의 과정에게 제공하면서, 그것을 극복할 수 없는 억압에 대치시키지 않고 '위상학적으로 배치'한다. 그러나 사회의 특정 카테고리들(생산의 외부에 있는 자들, 즉 지식인들 혹은 전사들)만이 사회 제도의 이러한 구조적 가능성을 즐기고, 그것에서 텍스트를 산출해 낼 수 있다.

이 세미오틱의 분배는 어떻게 표현되는가? 욕동의 리듬이 일시적이나마 명확한 정립들을 관류하면, 하나의 의미가 그 통과의 순간에 형성된다. 그것은 의미의 관점에서 보면, 바깥에서처럼 나타나는 것, 즉 물질, 실재 대상들의 비연속을 향하여 즉시 한계를 벗어나게 된 의미이다. 과정의 언술 행위 모형은 사실상 **조응관계적(anapho-**

rique)이고, 그것은 다른 곳, 즉 의미하는 것을 생성하는 **코라**를 지칭한다고 말해야 할 것이다. 이때 그 과정에 도달한다는 것은 주체에게는 하나의 **기호**인 것을 꿰뚫는다는 것이고, 그 기호가 형성되는 이질적 공간을 재구성한다는 것이리라. 경계 바깥으로의 한결같은 이행인 이 실천은 의미 생성을 체계로서 종결하는 것이 아니라, 그 과정의 무한성을 담당한다. 동시에 이 실천은 그 과정의 법을 인수함으로써만 실현될 수 있다. 그것은 생물-생리학적인 법과, 그리고 맨 먼저 선행하는 법을 발견하고 그 다음에 그것들의 자유로운 실현을 가능케 하는 사회적인 법이다. 이 실천이 법을 인수한다는 것은 한계를 수호한다는 것을 함의하고, 그리고 정립을 탐색한다는 것과 그러한 탐구의 과정 속에서 만나게 되는 법, 한계, 구속을 변형시킨다는 것을 전제로 한다. 그리하여 이 실천은 법과 그것을 사고할 수 있는 주체에게 떨어진 의미를 떠맡는다. 그러나 그 의미에서 멈추지 않고, 그 의미를 실체화하지도 않는 이 실천은, 그 의미의 한계를 넘어서고, 그것을 문제삼으며 변형시킨다. 주체와 의미는 단지 이 실천의 계기들에 불과하다. 실천은 서술적 담론, 메타 언어, 이론을 거부하지 않는다. 그것들을 과정의 뼈대(arêtes)처럼 채택하고 떼어 놓음으로써, 실천은 그것들이 지닌 생산적 추진력을 사회 실천이라는 이질적 영역 속에 노출시킨다.

　이러한 역동관계 속에 사로잡힌 인간의 육체 역시 하나의 과정이다. 인간의 육체는 단일체가 아니고 복수적인 총체로서 구분된 사지를 가지고 있다. 그 구분된 사지는 자기 동일성을 갖지 못하지만, 다양한 욕동이 행하는 적용의 장이다. 사지가 분해된 이 육체가 생물·생리학적으로 조정되어 활동을 개시하고 기능하는 것은, 오직 의미 생성의 과정을 포괄하는 하나의 실천 속에 포함되어 있을 때이다.

　그와 같은 실천 없이는 과정중의 육체는 분해되고, 욕동은 육체를 차단되고 부동적인 구획들로 분할한다. 과정중의 육체는 묵직한 용량이 된다. 과정 밖에서 육체는 오직 무기체적이고 마비된, 죽은 자기 동일성만을 되찾는다. 과정 속에서, 육체와 대결하고, 그의 한계와 법을 이동시키는 과정중의 주체는 그의 한계와 법을 실천에 옮기면서 그것들을 발견하고 표현한다.

이러한 과정의 실천을 증언하는 **언어 구조**는 근본적으로 수정되었다. 리듬·어휘뿐만 아니라 통사적인 면에서의 변형은 의미 표현 연쇄의 투명성을 교란시켜, 그것을 산출하는 물질의 도가니 쪽으로 길을 연다. 우리가 말라르메와 조이스를 읽는다는 것은, 오직 시니피앙에서 출발하여 그들의 텍스트가 감추고 있는 욕동-물질-사회적 과정을 향하여 이동함으로써만 가능하다.

이러한 과정의 실천에게는 수신자가 없다. 분할된 주체조차도 그 실천을 이해할 수 없기 때문이다. 이 실천은 누구에게 말을 하는 것이 아니다. 그것은 동일한 실천 공간에 속하는 모든 것, 즉 인간 '개개인'을 과정 속으로 실어나른다. 만인인 일자(一者)가 만들어 낸 이 실천은 '一者'일 수도 있는 만인을 요구하지 않으며, 대중의 '주체로의 변신(devenir-sujet)'을 선동하지도 않는다. 이 실천은 대중을 변화, 전복의 압력 속에 삽입시켜 버린다.

욕동의 충전이 지닌 폭력은 정지·단절·억압되지 않았기 때문에, 단지 그러한 충전이 관류하는 신체적·자연적 혹은 사회적 대상들의 자리를 차지하는 표상이나 상기(想起), 혹은 기호만은 아니다. 욕동적 **코라**는 바로 그 이동의 과정 속에서 표상·상기·기호의 소통을 막는다. 히스테리 환자와는 반대로, 과정중인 주체가 괴로워하는 것은 과거의 기억 때문이 아니라 '소통'·'감정의 충전'·'흥분'을 무의식적인 과거의 기억으로 변형시키는 장해 때문이다.[177] 히스테리 증세에서 주체가 자기의 경험을 시각화하여 '과거의 기억을 살아 있는 이미지들'[178]로 재현하는 것과는 반대로, 여기서 문제가 되는 과정은 시각화된 대상 전체를 파괴하고, 그것을 단편들(색·선·형태)로 충당한다. 이 단편들 자체는 과정이 새로운 결합 형태 속에서 재조정하는 소리·어휘·의미·의미 작용과 연결되어 있다. 파괴적인 이 과정을 수반하여, 그것을 하나의 **실천**으로 변화시키는 이 결합의 계기는 정지, 한계, 쌩볼릭의 방호벽에 조회하여 이루어진다. 극복할 수 없는 저항 앞에서처럼 이와 같은 일시적인 저항이 없다면, 과정은 실천이 될 수 없을 것이고, 불투명하고 무의식적인 유기체 상태로 매몰되어 버릴 것이다.

과정중인 주체의 공간을 지배하고, 분열증 환자가 고통스럽게 증언하는 매우 중요한 작용은, 욕동이 투여한——신체적·자연적·사회적——**영역들의 첨가**이다. 이것은 **결합**, 즉 그 어떤 '총체' 속에 든 '부분들'의 끼워맞추기·이탈·삽입·보충과 관련이 있다. 그 부분들은 형태·색·소리기관·단어 등일 수 있다. 이 경우 욕동은 그 부분들에 투여되고, 부분들은 처음에 오직 욕동만을 '표상한다.'[179] 그와 동시에 (그러나 정신분열증에서는 시간적으로 2단계에 이르러) 투여된 대상을 통한 욕동의 소통이 이루어 내는 구조화는 의미를 지닌 것이 되어——이미지 아니면 단어로——실체·경험·주체·이념들을 표상하거나 의미한다. 그러나 이 **이차적** 표상은 그 자체가 **파열되어** 있다. 왜냐하면 한편으로 욕동의 충전이 거기에 내재하여 기반이 되기 때문이고, 또한 표상과 단어들의 단순한 반복이 이 충전과 동등한 가치를 지니지 않기 때문이다. (이것은 히스테리 환자와는 다르다. 히스테리 환자의 경우는 "환자가 언어 속에서 행위의 등가물을 발견하는데, 이 등가물 덕분에 정동(affect)이 거의 그와 같은 식으로 해제 반응(abréagi)을 받을 수 있다."[180]) 다른 한편, 욕동의 충전이 표상과 언어를 처음부터 수정하였기 때문에 의미(signification)는 분쇄되어 있다──조토[181]의 그림이나 로스코[182]의 그림은, 그 무엇을 표상할 때, 어떤 객관성보다는 오히려 실천을 표상한다. 따라서 표상이나 언어가 이 실천의 등가라면, 그것은 '예술'의 표상과 언어일 것이다. 그리고 바로 그 표상과 언어의 실행을 통해서 욕동의 충전이 지닌 역동성이 주체와 사회에게 부과된 한계를 확장시키고, 구멍을 뚫고, 왜곡시키고, 변형시킨다. 따라서 이 실천에 접근하기 위해 요구되는 것은 기호의 돌파이다. 말하자면 기호의 해체와 분석, 즉 의미 생성의 물질적 과정을 찾아내기 위해 표상의 베일을 벗겨 버리는 기호 분석이다.

이 욕동의 과정이 주입되고 완성되는 것은 서술적 담론 속에서도 아니고, 메타 언어적 담론이나 이론적 표류〔관조적 담론〕속에서는 더더욱 아니다. 그 과정에는 텍스트가 있어야 한다. 즉 기호와 표상의 파괴, 그리고 결국 이야기, 메타 언어, 표류하는 신중함의 파괴가 필요하다. 하지만 그렇게 하기 위해서는 텍스트가 그러한 것들을 답사하고, 잘 알아야 하고, 그 속으로 파고들어 거부와 강요를 교대하면서, 텍스트가 지닌 격한 운율 속에 그것들을 폭발시켜야 한다.

이 실천은 실행되지 않고는 이해될 수 없다. 그것을 실행에 옮기는 것은 주체가 '메타-'라는 자신의 입장, 일련의 가면 혹은 의미론적 피막을 벗어나는 것과, 의미 생성이라는 복합적인 도정을 완수하는 것을 요구한다.

이 실천은 우리의 문화가 19세기말부터 받아들이고 있는 다양한 텍스트 속에서 실현되고 있다. 로트레아몽·말라르메·조이스·아르토의 텍스트인 경우, 독서하다라는 것은 해독이라는 어휘-통사-의미의 작용을 포기하고, 그것들이 행한 텍스트 생산의 도정을 다시 추적해 보는 것을 의미한다. 이런 일을 할 수 있는 독자가 얼마나 될까? 우리는 시니피앙을 읽고, 흔적들을 짜맞추고, 이야기·체계·

일탈을 재생한다. 그러나 이 텍스트들이 증인에 불과한 그 위험하고도 격렬한 도가니를 절대로 재생해 내지는 못한다.

그 도가니를 재생한다는 것은 주체를 가능성 없는 위험에 처하게 한다. 그것은 리듬 속에 자기 정체를 방치하고, 동적인 비연속성 속에서 현실의 완충 장치를 해체해 버리고, 가족·국가 혹은 종교가 제공하는 피난처를 떠나는 것이다. 과정의 실천이 끌어들이는 대혼란은 아무것도 아끼지 않는다. 실천은 모든 항구성을 파괴하며, 파괴하기 전에 또 하나의 항구성을 만들어 놓는다.

현대의 텍스트들이 충족되지 못한 이 과정의 가장 충격적인 예이지만, 우리는 그 등가물들을 반드시 현대 예술은 아닐지라도 비언어적인 예술에서도 쉽사리 찾아보게 된다. 즉 음악과 춤도, 의미의 방호벽을 불신하고, 의미 생성의 과정 속에서 분야들을 답사하는 한에서, 그러하다. 이러한 예술은, 단편적(시니피에를 갖지 않고, 언어도 갖지 않았으므로)이기는 해도, 텍스트가 분명히 제시하는 것처럼 의미 생성의 산출 장치가 끌어들이는 역선(力線)을 다소는 따르고 있다.

노동의 과정도 어떤 것이든간에, 어느 구체적인 사회의 교환 구조를 따른 사물화의 시점에서가 아니라 그 실행의 시점에서 이 의미 생성의 과정과 같은 성질을 띤다.

사회 구조의 근본적인 변혁을 목표로 하는 **정치활동**, 즉 **혁명적 실천**은 물론 이 과정이 나타내는 가장 분명한 표방 중의 하나이다. 언어에 고유한 물질성을 회피하고, 따라서 언어 교환의 제형태를 혼란에 빠뜨리지 않으면서 혁명적 실천은 무엇보다 우선 의미 생성의 과정을 사회적 영역 속에 배치한다. 그러나 거기에서 생기는 붕괴현상은 모든 의미 구조를 뒤흔들어 놓는다. 따라서 사회적 영역과 언어 고유의 영역 속으로 실천-과정이 끌어들인 폭발(déflagrations)은, 논리적으로 동시대적인(시간적으로는 그렇지 않아도) 일이고, 또 정지할 수 없는 돌파(percée)라고 하는 동일한 원칙에 호응하고 있다고 하겠다. 오직 그 두 가지의 적용전선만이 다를 뿐이다.

끝없는 실천으로서의 과정이 꾸며내는 가지각색의('예술적' 혹은 '정치적') 양태들은 역사를 따라서 알려졌다. 오직 과정의 실천이 행하는 **텍스트적이고** 문학적인 실현만이, 최근에 와서 확증('미치광의 담론'·'성스러운 담론' 등) 없이, 그리고 다른 유형들과 혼동되지 않은 채 그 '순수한 모습'으로 인정을 받고 있다. 우리가 보기에 이 텍스트의 지위가 갖는 참신성은, 의견이 구구하지만 동시대적인 두 가지 이유에 기인하는 것 같다. 자본주의 사회의 세분화는 의미 생성의 과정에게 물질적이고 사회적인 질곡, 객관적인 규제들, 억압적인 실체와 제도들을 직접 공격할 수 있는 가능성을 거의 남겨 주지 않는다. 그 결과, 의미 생성의 과정은 언술 행위의 모형 속에서 나타나고, 그것을 통하여 생산 공간의 다른 구성 요소들을 향하여 퍼져나간다. 그와 동시에, 제국주의 제생산력의 발전은 생산과 재생산의 관계를 상대적으로 유연하게 만들고, 과정의 돌파력을 의미 생성의 가장 안정된 기구에까지, 언어 구조라는 손댈 수 없는 중심축에까지 도달할 수 있도록 도와 준다. 그리하여 다른 시대에는 사회 문화적인 질곡이 정신분열증이라고 취급하던 인간의 생존이 보장받게 될 뿐만 아니라, 낡은 생산관계가 강요하는 편협한 한계를 넘어서는 인간 경험의 **확대**와, 그리고 결국 위협을 받던 바로 그 생산관계와의 **접속**도 보장받게 된다. 마르크스는 자본주의가 자기 무덤을 파는 자, 즉 프롤레타리아를 만들어 냈다고 믿고 있었다. 제국주의는 진실로 자기 무덤을 파는 자를 비-복종적인 인간 속에 만들어 냈다. 그는 모든 법을——아마도 특히——의미 구조의 법까지도 교란시키고 이동시키는 과정으로서의 인간(homme-procès)이다. 따라서 텍스트를 만들어 내는 과정은 안정된 사회에 속한 것이 아니라, 욕동과 언어의 변혁과 불가분의 관계를 맺고 있는 사회 변혁에 속한 것이다.

　마르크스가 지적한 것처럼, 텍스트——이 '진정 자유로운 노동'——가 실천하는 것과 같은 의미 생성의 과정은, 이른바 물질적인 생산 영역 밖에 있기 때문에, 사회관계와 사회투쟁의 불투명하고 완고한 주체를 변혁시켜 과정중인 주체로 바꾸어 놓는다. 그렇지만 이 비사회적인 외관 속에 자리잡고 있는 것은 텍스트의 사회적 기능이다. 이는 하나의 색다른 주체, 새로운 사회관계를 끌어낼 수 있는 기능이고, 그리하여 자본주의의 전복과정 속에 포함되는 주체를 만들어 내는 기능이다. "……자유의 군림이 시작되는 것은, 단지 외적인 필요와 목적에 의해 강요된 노동이 중단되는 순간부터이다. 그러므로 자유의 군림은 그 성질상, 이른바 물질적인 생산 영역 너머에 자리잡는다."[183] "진정 자유로운 노동, 예를 들면 작곡은……"[184] "자유로운 시간은——여가인 동시에 우수한 활동으로——그것을 소유한 자를 하나의 색다른 주체로 바꾸어 놓을 것이다. 그리하여 그는 새로운 주체의 자격으로, 직접적인 생산과정 속으로 뛰어들 것이다."[185]

II

부정성: 거부

"'부정적 요소'는 '투쟁'으로부터 광기와 균형 사이의 결정을
임박하게 할 수 있는 힘을 최대한으로 끌어낸다."

F. 카프카, 《일기》, 그라쎄, 1954, 546면

1. 변증법의 네번째 '항'

과정(procès)의 원인인 동시에 조직 원리라고 생각되어질 수 있을 '부정성(Negativät)'은 헤겔에게서 나온 개념이다. 무(Nichts)와 마찬가지로 부정(Négation)과 구별되는 부정성은 '말로 표현할 수 없는' 유동성과, 그것이 지닌 '기이한 특성'과의 불가분의 관계를 나타내는 개념이다. 부정성은 존재와 무라는 '순수한 추상들'의 매개이자 초월이고, 존재와 무를 오직 계기들로서만 포함시키는 구체적인 것에 있어서는 그 두 가지의 제거이다. **부정성**은, 비록 그것이 하나의 개념이라 해도, 다시 말해서 관조적(이론적) 체계에 속한다 해도, 순수한 추상의 정적인 **항**들을 과정으로 공식화한다. 따라서 동적인 법칙으로 그것들을 해체하고 결합한다. 이리하여 부정성은 계속 이원론(dualisme)을 유지하면서 존재와 무의 정립들뿐만 아니라 관조적 체계 내에서 사용되는 모든 범주들, 즉 보편과 개별, 미확정과 확정, 질과 양, 부정과 긍정 등을 재주조한다. 부정성은 논리적인 충동으로, 부정과 부정의 부정이라는 정립으로 표시될 수 있지만, 그러한 정립들과 동일시되지는 않는다. 왜냐하면 부정성은 정립을 만들어 내는 운동의 논리적 기능 작용인 그러한 정립과는 다른 그 무엇이기 때문이다.

레닌은 변증법의 '3항 체계'가 변증법이 지닌 외적·표면적 양상이라고 말한 헤겔의 지적을 부각시켰다.[1] 그 반대로, 부정성은 액화

제·용해제로서, 파괴하는 것이 아니라 새로운 조직화를 재개한다. 이러한 의미에서 긍정적인 것이다. 이행의 논리적 시점인 부정성은 그 용어가 지닌 안무적 의미로는 **일련의 연속 동작**(enchaîné), 즉 '차이나는 것들의 필연적인 결합과 내재적 생성'이다. 여기에서 레닌은 이렇게 지적한다. "매우 중요하군! 내 생각에 그것이 의미하는 것은 다음과 같다.

1) **필연적인** 결합, 현상들의 특정 영역 내에서의 모든 양상들, 즉 힘·경향들의 객관적 관계.

2) '차이나는 것들의 내재적 생성,' 차이나는 것들의, 극성(極性)의 발전과 투쟁의 내적·객관적 논리."[2]

레닌은 이러한 '내적 부정성'의 설정을 강조하고 받아들인다. 단순히 "확고하고 진실한 요소를 뒤흔들어 해체하는 주관적 열정"[3]으로서가 아니라, 객관적 원리, 즉 모든 자연스러운 삶과 정신적인 삶의 원리로서 강조하고 받아들인다.

사실상 변증법적 유물론이 헤겔의 변증법에서 받아들이게 된 것은 단지 이 기본적인 생각이다. 하지만 변증법은 유물론의 이원론을 회복시켜, 차별화된 이질적인 두 가지 질서 속에서, 그리고 그 질서들을 통하여 부정성을 활동하게 만든다. 이 타율성을 논하기 전에, 부정성에 대한 헤겔의 개념 자체가 이미 유물론적 **과정**을 생각할 가능성을 준비하고 있었다는 사실을 강조해야 할 것이다. 헤겔의 부정성은, 사변 내적(inta-spéculatif) 개념으로 계속 남아 있으면서, 그 개념의 통일성 내부에서 터져 나오듯이 폭발한다. 왜냐하면 그 부정성은 '현실'과 '개념,' 객관과 주관을 연결시키기──파열시키기── 때문이고, 그래서 우리가 그것의 구체적인 표현을 찾으려 하면, 윤리적 차원에서 그 절정에 도달하기 때문이다. 부정성은, **객관성** 그 자체이기 위하여, 동시에 또 그렇기 때문에 '자유로운 주체'이다. 부정성의 실현도상에서 형성되는 **윤리**는 법의 준수로 이해되는 '윤리'와는 다르다. 그것은 헤겔이 미학이라고 부르게 될 것을 통한 '윤리'의 왜곡이자 흡수이다. 이 경우 주체──특히 자유로운 주체──는 윤리 주체의 쇠약을 명시하고 지양하여, 그것을 공동체의 제관계와 언어의 계층상태를 변혁시키는 과정 속에 재도입한다.[4] 자유 그 **자체**인 이 부정성의 논리적 정의에 귀를 기울여 보자.

"무(néant)가 그 자신이라고 생각하는 가장 높은 '형식'은 자유이다. 그러나 그 형식은, 그 자체 속으로 최고로 깊이 파고들고, 그리하여 그 스스로가 또한 긍정이 되는 한 부정성이다."[5]

객관적인 과정의 논리적 표현인 부정성은 오직 하나의 과정중인 주체만을 산출할 수 있다. 달리 말하면 이 부정성의 법을 따라서, 즉 객관적 현실의 법을 따라서 형성되는 주체는 단지 이 부정성이 가로지르는 주체일 수밖에 없다. 유동적이고 비복종적이며 자유로운 객관성을 향하여, 그리고 객관성에 의해 열려 있는 주체이다. 부정성 속에 잠긴 주체는 객관적 부정성의 '외부,' 초월적인 통일체, 특수한 규제를 지닌 단자(monade)이기를 끝내고, '삶과 정신의 **가장 내적인, 가장 객관적인**' 계기처럼 제자리를 정한다. 변증법적 유물론의 효소와도 같은 헤겔의 원리는 인간활동을 혁명적 활동으로 보는 관점과, 이 활동이 객관적인 법처럼 밝혀내는 **사회법 자연법**의 관점 속에서 그 유물론적 실현을 이루게 될 것이다. 헤겔은 다음과 같이 썼다. "그런데 검토된 부정성은 개념이 행하는 운동의 **회귀점**을 이룬다. 부정성은 자아와의 부정적 관계의 단일점이고, 삶과 정신의 모든 활동과 자가운동의 가장 내면적인 원천이며, 모든 진실을 자기 속에 지니고, 그것을 통하여서만 그 진실이 하나의 진실이 되는 변증법의 영혼이다. 왜냐하면 개념과 현실의 대립을 지양하기와, 진실이라는 통일성은 오직 이 주체성에 의지하기 때문이다──우리가 도달하게 된 제2의 부정적 요소, 즉 부정적 요소의 부정적 요소는 바로 이 모순의 지양하기이다. 그러나 이 지양하기도 모순과 마찬가지로 **외적 성찰의 한 형태**가 아니라, 그 반대로 삶과 정신의 **가장 내적인, 가장 객관적인** 계기이며, 그것을 통하여 주체·인격·자유가 존재하는 것이다"——헤겔의 이 구절 여백에, 레닌은 이렇게 적고 있다. '변증법의 소금,' '진실의 기준(개념과 현실의 통일).'[6]

그러나 유물론적 변증법은 이 주체의 부정성화에서 단 한 가지 요소만을 간직하게 된다. 그것은, 통일체로서, 주체의 사회-자연적 과정에 대한 종속이다. 유물론적 변증법 논리의 결함을 계승하는 교조주의-수정주의는 주체의 문제 그 자체를 배제하여, 오직 스피노자주의적인 실체의 과정 또는 생산양식의 과정만을 간직할 것(교조주의)이고, 아니면 과정도 없고, 외재적인 것 이외의 다른 부정성을 갖지 못한 심리적인 '주체'를 실체화할 것(수정주의)이다.

그러나 헤겔 부정성의 그후 변천과 포화상태를 더 자세히 관찰해 보자.

"진실한 것은 존재도 무도 아니고 **이행과, 그리고 이미 행해진 이행이다**"(인용자의 강조)라고 한다면, 그래서 "그것들의 진리는 한쪽이 다른 한쪽 속으로의 직접적인 소멸 **운동**, 즉 **생성**——그것들의 차이를 두드러지게 드러내는 동시에, 그 차이를 축소시키고 제거하는 운동——속에서 형성된다"[7]라고 한다면, 우리는 그 제거가 헤겔 변증법에 있어서 이질성의 삭제와 대등하다는 것을 이해하게 된다. 무는 그와 같이 조정되거나 아니면 부정성의 관계로 작용하면서, 하나의 **생성**이거나 아니면 **추상적 부정**, 즉 동양적인 체계 속에 든 '절대적 공허'에 불과할 것이다. 논리 작용의 단계 속에서 생각된 부정성은 하나의 공허, 즉 절대 제로——제로이자 논리적 요소의 지주——로 사물화되거나, 아니면 논리 생성 속에서의 관계맺기로 구체화된다. 그런데 변증법이 스스로 부정성, 말하자면 무처럼 표상하는 것은, 논리적 요소가 한 주체의 시니피앙으로서 그 요소의 바깥에 남아 있는 것이다. 그것은, 법에 필요한 객관성을 겸비하고, 물질의 논리처럼 간주될 수 있는 분리 또는 거부의 운동을 통하여 논리적 요소를 산출해 내지만, 논리적 요소와는 이질적인 것이다——바로 이것이 헤겔을 출발점으로 하면서도, 헤겔의 의사를 무시하고 생각될 수 있는 것이다. 그 이유는 바로 헤겔이, 스피노자에 대항하여, 단지 '관념'의 세계에서일지라도 '존재'와 '무'의 불가분성, 상호 침투 작용, 그리고 모순을 유지하고 있기 때문이다. "무는 무로 남는다는 명제를 받아들이면서 그 명제를 다소 강조하여 주장하는 사람들은, 그렇게 함으로써 그들이 엘레아학파의 추상적인 **범신론**과 나아가서는 스피노자의 범신론에 동참한다는 사실을 인식하지 못한다. '존재는 존재에 지나지 않고, 무는 무에 불과하다'라는 것을 전제로 하는 철학적 견해는 자기 동일성의 징후라고 불릴 만하다. 그리고 바로 이 추상적 자기 동일성이 범신론의 본질을 형성한다."[8] 그리고 헤겔은 존재와 무의 불가분성에 대해 놀라워하는 사람들을 반박한다. 그와 같은 놀라움은 "이 학문(철학)이 일반적인 의식과 우리가 인간의 공통된 오성이라고 부르는 것의 한정(déterminations)과는 완전히 다른 한정을 내포한다는 것을 망각하고 있는 것이다. 그것은 전혀 건전한 오성이 아니고, 추상 행위나 추상 행위에 대한 신념, 맹신적인 신념이라고까지 말할 수 있는 믿음을 위하여 훈련된 오성이다."[9]

헤겔적 **존재**와 불가분의 관계를 맺고 있는 **부정성**은 이처럼 추상적이고 맹신적인 오성 속에서 그 존재의 폐쇄를 분해하고 파헤치는 것이고, 또 헤겔에게는 부정성이 신념에 내재하는 것으로만 생각될 수밖에 없었던 한 바깥을 지시하는 그 무엇이다. 한편으로 현상학의 후예들은 이 부정성을 부정신학으로 조정하기에 이른다. 그렇지만 우리는 헤겔의 부정성이 정립의 고정을 방해하고, 억견을 교란시켜, 억견 속에 부정성을 준비하고 또한 그것을 넘어서는 이 모든 세미오틱의 운동성을 도입하게 해준 사실을 밝힐 것이다. 더구나 헤겔은 이 부정성을 참된 변증법의 **네번째 항**으로 정의하고 있고, 그것에 대하여 3항 체제는 오성에 관련된 한 외관에 불과하다.[10]

그러나 이와 같이 전개된 논리가 유물론적 실현을 이루게 된 것은, 우리가 프로이트의 발견에 힘입어, 감히 **이 부정성을 이질적인 물질의 운동 그 자체**처럼, 쌩볼릭 기능을 지닌 그 물질의 차별화와 불가분의 관계를 맺고 있는 운동처럼 생각하기 때문이다. 분열·거부(이 점에 대해서 차후 언급하겠다)라는 이 물질적 운동이 칸트적 오성에게는 '부정적 요소'로 남지만, 이 **운동이 존재와 불가분하기 때문에** 변증법은 그것을 기본적인 긍정성처럼 간주한다. "통일성보다는 **비분할성·불가분성**이라고 하는 편이 더 나을 것이다. 그러나 이 두 어휘 중 그 어느것도 그 관계 전체의 긍정적 측면을 표현하지는 못하는 것 같다."[11]

이처럼 칸트적인 대치를 유지하면서도 헤겔의 변증법은 대치의 근본적 재검토를 향하여 나아간다. 이 재검토는, '존재'와 '무' 자리에, 긍정적 부정성, 생산적 해체를 확립하게 될 것이다. 그렇지만 재검토에 내재하는 신학은, 이 장(場)에서, 신학이 함축하고 있는 목적론, 즉 단절의 계기를 종속시키는 동시에 삭제하는 **생성**의 목적론 속에서 표출될 것이다.

2. 헤겔의 독립적이고 종속적인 '힘'

이미 《정신현상학》에서 부정성은 '一者'와 오성의 지배하에서 나타났고, 뿐만 아니라 부정성이 가장 물질적이고 가장 독립적인 것으로——우리가 **코라** 세미오틱이라고 불렀던 것(에너지의 충전과 그 기능 작용)에 가장 가까운 것으로——모습을 드러내던 계기, 즉 부정성이 '힘(Kraft)'으로 드러나던 때에도 그러했다. 힘은 자신의 운동 속에 항상 이미 이중적인 것을 지닌 오성으로 자처한다. "……힘의 여러 계기들 중의 하나, 즉 독립적인 질료들이 그들 존재 속에 **팽창하기로서의 힘**(인용자의 강조)은 그 힘의 외재화이다. 그러나 또하나의 계기, 즉 그 질료들의 소멸된 존재로서의 힘은, 내재화에 의해서 **그 자체 속에 억압되어 있는**(인용자의 강조) 힘이거나, 아니면 **엄밀한 의미에서의 힘이다.**"[12] 힘이 그 개념 속에 억압되어 있으면, 그 현실은 별개의 것이고, 사유에 대해서 자유로운 형태로 존재한다. 따라서 힘은 **별개의** 공간 속에서 작용한다. 그리하여 (헤겔의) 사변(spéculation)은 그 공간을 구체적인 의미 실천——의미 생성과정의 물질성——속에 위치시킬 수 없어서, 오성과 이성의 단위로 그 공간을 폐지할 수밖에 없게 되지만, 그 힘이 지닌 이질성을 지적하지 않는 것은 아니다. '힘'의 '존속하는 또 다른 본질'을 인식하지만 그것이 지닌 물질적 부정성, 자유로운 에너지를 억압하는 이 운동의 미로를 상기해 보자. "그러므로 힘이 그의 참된 모습으로 존재하기 위해서는 사유에서 완전히 자유로워져 있어야 하고, 그러한 차이들의 **실체**(인용자의 강조)처럼 조정되어져 있어야 한다. 다시 말하면 일단 우리가 본질적으로 **즉자**(en soi)와 **대자**(pour soi)로 남아 있는 힘 전부를 가지게 되면, 그 **다음**에는 그 힘이 지닌 차이들을, 실체적으로 존속하거나 아니면 자체로서 존속하는 계기들을 갖게 된다. 따라서 그와 같은 힘, 또는 자기 자신 속에 억압된 힘은 그 자체로서 하나의 **배타적인 '一者'**와 같고, 그에 대한 질료들의 이동은 **또 하나의 존속하는 본질**이다. 이리하여 구별되고 독립적인 두 가지 측면이 조정된다."[13] 이 두 계기 사이의 운동은 **비객관적인 내재성**을, 오성에 내재하는 개념으로서의 다양한 힘의 회귀를 산출하게 될 힘의 운동이다. 힘의 유희인 '내부'는 '의식의 저편'처럼, 하나의 '공허'처럼 한정될 것이다. "······**성스러운 것**이라고 부르는 이 **전적인 공허** 속에 적어도 그 무엇이 존재하려면, 공허를 몽상들로, 의식이 저절로 생기는 현상들로 채우기만 하면 될 것이다. 공허는, 더 나은 취급을 받을 자격이 없으므로, 그리고 **몽상**이 공허가 지닌 텅 빔보다 훨씬 더 가치가 있기 때문에, 그런 푸대접을 받는 것으로 만족해야 할 것이다."[14]

  '힘'을 '개념'으로 억압하기는 힘을 내재성 쪽으로 이끌고 간다. 그 내재성 속에서 힘은, 그것이 지닌 이중성 때문에, 말하자면 '외재화'되어, 가능한 지식을 모아서 '다양한 힘'으로 형성된 그 내면을 비우는 데 열중하기 때문에, 평가절하되어 있다. 힘이 지닌 '물질적' 내재성은, 완전히 조정되어 있고, 개념적 통일성과 관련하여 생각되기 때문에, **불투명한** 외재성을 남긴다. 그리고 이념적인 총체성 속에서도 그런 모양으로 있을 수밖에 없다. 관념론적 변증법은, 근본적인 부정성을 **외재성**처럼 생각하므로, 부정성의 강력한 계기, 즉 정립적 오성의 출현을 넘어서고 선행하는 분열의 강력한 계기를 갖지 못한다. 이 변증법은, 오성권(zone de l'entendement)의 '외부'는 아니지만, **이질적인 물질의 변형**에 관한 객관적인 법의 우위에 대해서 거부 반응을 일으키고, 마찬가지로 물질적 욕동이 오성의 명석함에 흔적을 남기고, 역점을 이동시키거나 특징을 부여하는 의미 실천에 대해서도 접근을 불허한다. 이러한 의미 실천에 대해서 아르토는 다음과 같이 말한다. "거기에서 우리는 수문의 마멸을, 일광이 **분열되어** 떠있는 일종의 타오르는 화산 같은 끔찍한 충격을 느낀다. 그리고 이 충돌에서, 이 두 가지 원리의 분열에서부터 모든 강력한 이미지들이 갑작스런 큰 파도보다 더 강한 압력 속에서 태어난다."[15]

그 반대로, 관념론적 변증법에서 힘의 실재성은, 결국, 힘이 지닌 **사고**(pensée)의 실재성일 것이고, 그 속에서 힘은 힘으로서 제거된다. 역으로, 힘으로 실현된다는 것은 실재성을 상실하는 것이다——"……**현실적인 힘으로서의** 힘은 단지 **외재화** 속에 있으며, 그것은 또한 자기 자신의 제거에 지나지 않는다. 이 **현실적인** 힘은, 자기 외재화로부터 자유로운 것으로 표상되었고, 대자(pour soi)이기 때문에, 그 자체가 자기 자신 속에 억압된 힘이다. 그러나 사실상 이러한 한정 가능성은 앞에서 살펴본 것처럼 단지 외재화의 한 계기에 불과하다. 따라서 힘의 진리는 바로 그 힘의 **사고**에 지나지 않는다. 그리하여 조금도 쉬지 않고 그 힘이 지닌 실재 실효성의 계기들과 힘의 실질 그리고 운동은 붕괴되어, 차이 없는 통일성 속으로 **빠져든다.** 이 통일성은 자아 속에 억압된 힘이 아니라(왜냐하면 이 힘 자체가 단지 그 계기들 중의 하나이기 때문이다), **개념으로서의 힘의 개념**이다. 힘의 실현은 동시에 실재성의 상실이다……"[16]

우리는 지금 다양한 폭발물——분열·압박·충돌·거부——에서부터 출발하여 의미를 지닌 통일성을 구성하는 완벽한 논리와 마주하고 있다. 그렇지만 이것들은, 오성과 이성의 주체적 통일이라는 이름으로, 또 그것을 위하여, 억압되어 있다. 이 통일은 현실성의 긍정을 확보하기 때문에 꼭 필요한 것이다.

지금까지 우리는 후세의 철학, 현상학, 논리학(후설과 프레게)이, 의미의 형성과 기능 작용에 관심을 쏟으면서, 이미 헤겔에게 있어서는 억압된 것으로 묘사되었던 이 부정성을 어떤 식으로 매몰해 버리는 경향이 있는지를 알아보았다. 이제 우리는 부정성의 유물론적 전복이 프로이트 이론의 욕동이라는 핵에서부터 출발하여 실현될 수 있을 것이라고 생각한다.

3. 정립적 판단을 가로지르는 부정성

여기서 문제가 되는 **부정성**은 판단에 내재하는 **부정**이나 칸트가 '극성' 혹은 '대립'의 형식으로 철학에 도입하였고, 또 현대 철학이 차이와 반복이라는 개념으로 치환하면서[17] 자리바꿈하는 데 사용했던 '부정량(grandeur négative)'과 혼동해서는 안 된다는 사실을 강조해야 할 것이다. 헤겔이 말하는 '오성(Verstrand)' 속에서가 아니라 '이성(Vernunft)' 속에서 작용하고, 칸트가 말하는 이성이 아니라 칸트적인 이론과 실천 질서의 통합 속에서 완성되는[18] '이성' 속에서 활동하는 헤겔의 부정성은 **오성**을 가로지르는 장을 목표로 삼고, 오성의 조정(stand)을 붕괴하여 오성을 산출하는 실천 공간 쪽을 겨냥한다. 헤겔의 부정성은 칸트적 '이데아(Idée)'의 구성 요소가 아니다. 다시 말하면 오성에 내재하는 대립 요소, 결국 칸트에서 언어학과 인류학의 구조주의(트루베츠코이-야콥슨-레비 스트로스)에 이르기까지의 논리 작용이나 대립 이항들을 구성하는 한계가 아니다. 더구나 헤겔의 유물론적 관점에 대한 독서는 이 부정성을 **물질의 분리**라는 주체·이념·상징을 넘어선 운동처럼 생각하게 하는데, 이 운동은 상징성(symbolicité)의 제조건을 구성하는 것으로서 비약을 통하여 상징 그 자체를 산출하지만, 절대로 상징과도, 그에 대치된 논리상의 대응물과도 혼동되지 않는다. 부정성이라는 용어는 쌩볼릭을 가로지르고, 그것을 생산하여 내부로부터 계속 그것을 작업하게 하는 세미오틱의 운동을 지칭하기에는 부적절하다. 부정성이라는 용어는, 칸트가 《순수이성비판》이 나오기 20년 전에 《부정량의 개념을 철학에 도입하기 위한 시도》(1763)에서 소개한 것같이, 아직도 실재적 대립 혹은 논리적 대립이라는 의미에서의 부정에 매우 가깝다. (칸트는 그의 추리를 한정짓는 데카르트적 주체의 통일성과 밀접하게 연관되어 있다. 그는 데카르트와 볼프의 합리주의에 반대하면서도 판단 주체라는 그 점적인 장을 비판하지는 않기 때문이다. 부정량들은 단지 실재를 조정하고, 그것이 지닌 체계적인 혹은 과학적인 분절을 가능케 하는 데 사용된다. 그러나 세미오틱의 산출 공간과는 관련이 없다.)

그렇지만, 이처럼 내면적으로 판단 주체의 현존이라는 표현할 수 없는 흔적이 찍힌 **부정성**의 개념은, 이질적 반대 요소들의 투쟁이 흔적과 현존을 산출해 내는 또 다른 곳으로 그것들을 인도한다. 그 개념은 하나의 **갈등상태**를 표시하고, 이 **갈등상태**는 세미오틱 기능의 이질성과 변증법적 유물론이 프로이트를 통해서 헤겔을 읽으면서 욕동적(사회적-물질적)이라고 상정하게 된 그 기능의 한정을 강조하고 있다. 의미의 기능 작용을 논하고 싶을 때, 따라서 의미를 만들어 내는——세미오틱의, 그리고 쌩볼릭의——기능을 분석하는 입장을 채택할 경우, 우리는 현존하는 주체라는 통일화의 심급(instance unifiante)을 잃어버릴 수 없을 것이고, 그 심급에게는 기호-내적 기능으로서 부정의 기능이 나타나 있다. 그러나 우리는, 이 부정의 기능을 근원적 차이의 신기루로, 잘못된 문제의 환영으로 취급하여 거절해 버리지 않고, 우선은 프레게와 함께 논리-내적 부정이 지닌 논리적 취약을 살펴보고, 그런 다음 프로이트와 함께 부정을 만들어 내는 운동을 관찰할 것이다. 그리고 논리적 부정은 이 운동이 의식의 현존 속에서 표출하는 간접적인 표지이다.

부정성의 개념은, 그 어원과 그 내력 속에, 이미 상징 기능과 함께 주체의 기능으로 형성되는 한 지붕의 형적을 간직하고 있다. 여기서는 그 형성, 즉 과정으로서의 주체의 지붕——불가능한 통일성——을 명시하는 것이 문제이다. 이 지붕에서 벗어난다는 것은 의미를 만들어 내는 기능 작용의 구상에게 온갖 유물론적 야심을 포기하게 만든다. 그 과정의 이질적 변증법 자리에, 우리는 다원적인 그물들을 통해서 구조화되지만 결코 자기 바깥으로는 개방되지 않는 '이데아'의 현존을, 아니면 그 안에서 '이데아' 자체가 자기 정체성을 갖지 못하여 폭발하는 중립적인 흔적들의 표류를 설치한다. 이 두 가지 표시를 통하여 복수화한다고 믿으면서 우리는 존재를 플라톤적 사변, 즉 관조적 주체와 그에 고유한 의미 체계의 조준점(point de mise)으로 통합한다. 의미를 자연과 아니면 그 반대로 자연을 의미와 동일시하면서, 형이상학은 **언어 상징적 기능의 생산**을 그 물질 자체 내에서의 물질적 제모순이 행하는 특수한 형성과정으로 생각하기를 경계한다.

그러므로 우리의 생각에는 **탕진** 아니면 **거부**라는 용어가 세미오틱 기능을 산출하는 물질적 모순 운동을 특징짓는 데 더 적합한 것 같다. 물론 이 용어가 함축하고 있는 욕동과 일반적인 정신분석 이론과 관련된 내포 의미들은 그 용어를 부정성의 그것보다 더 바람직한 것으로 만들고 있다. 그러나 우리는 이 용어가 유물론적 변형을 수용하면서 변증법에 대해 지고 있는 빚을 강조하지 않을 수 없다. 변증법과 마찬가지로 거부의 개념 역시 주체의 실천을 겨냥한다. 이 경우 주체의 의미 실천은 주체의(주관적 그리고/혹은 의미하는) 통일성을 과정 속에 삽입시킨다. 우리가 사용하는 부정성이라는 **용어는 따라서 의미하는 주체를 넘어서는 이 과정을 지적하여, 그**

것을 자연과 사회의 객관적 투쟁 법칙에 결합시키는 기능밖에 갖지 못하고 있다. 부정성이라는 용어가 이러한 결합과 과정이 단일 주체(sujet unaire)의 논리적 의식 속에 그 기원을 두고 있다는 사실을 생각하게 한다면, 우리는 그것보다 거부라는 용어를 선호할 것이다. 이 거부라는 용어는 우리에게 주체 형성의 길을 가르쳐 주면서 주체 없이, 그리고 주체를 통하여, 자연과 사회의 모순들이 지닌 객관성 속에서 작용하기 때문이다.

거부가 함축하고 있는 부정성의 유형을 다시 한 번 강조하자. 물론 논리적 부정의 지위를 가장 정교하게 구상한 사람은 바로 우리가 알고 있듯이 프레게이다. 그는 '사고(pensée)'의 영역에서 이 부정의 작용이 무용하다는 결론을 내린다. 사고에서 부정이 하나의 '환상적인 것'이라면, 그것은 의미 기능의 정립적 계기, 즉 'stehen〔이다, 있다〕'·'meinen〔의미하다〕'·'fassen〔파악하다〕'의 계기 속에 자리잡고 있는 사고 영역의 위치에 기인한다. 사고의 생성은 사고에서 배제되어 있다. "사고한다는 것은 사고를 만들어 내는 것이 아니라 사고를 파악하는 것(fassen)이다."[19] "사고하는 인간은 사고를 만들어 내지 않으며, 그는 있는 그대로의 사고를 받아들여야 한다."[20] 사고가 생산을 갖지 않은 것이라면, 사고 속에서는 그 어떤 부정도 단일 주체 즉 '나'의 확고한 현존을 항상 이미 **조정하는** 긍정에 미리 속하지 않을 수 없다. 부정은 존재의 일부이다. "……나는 없는 것을 부정할 수 없다."[21] '파악하는 것' 혹은 '판단하는 것' ——이 두 가지는 서로 다르지만 긴밀하게 연결되어 있는 계기들이다—— 어느것이든 사고는 부정을 어떻게 달리 해볼 수 없다. 사고는 사고의 보유자, 즉 그 자체와 동일한 주체의 정립적 위치로 부정을 흡수한다. "그래서 그 무엇이 내가 그의 보유자이기를 필요로 하면, 나는 부정을 통하여 그것을 내가 그 보유자는 아니지만 수많은 개인들이 동일한 방법으로 파악하였던 그 무엇으로 변질시킬 수 없을 것이다."[22] 부정적 사고는 존재하지 않는다. 사고는 항상 이미 긍정과 부정이 불분명함이다. 부정도 긍정의 가능한 구성 요소가 될 수 있기 때문이다. (프레게에 의하면) 주체를 갖지 않은 사고보다도 판단 행위 그 자체 —— '물리적인 절차'로서, 소유할 판단 주체를 필요로 한다는 점에서 사고와는 다른 —— 가 그 어떤 부정도 허용하지 않는다. 그것은 판단을 지닌 주체를 판단을 통하여 부정할 수 없기 때문이다. 이와 같이 판단 속에서 '……은 아니다'라는 형태로 나타나는 부정은 '환상적인 것'이다. 이 환상(chimère)의 출처는 어디일까? —— 그것은 '판단' 이전에 존재한다고 전제된 '사고'의 가설로, 그 안에는 보유자가 필요 없고, 의식의 영역 바깥에 위치하기 때문에 판단 속의 부정과는 다른 '또 하나의 부정'이 기능하고 있을 것이라는 가설일까? 이 매혹적인 가설을 프레게는 잠시 채택하였다가 즉시 거부한 바 있다. 그 이유는 두 종류의 부정과 두 종류의 판단, 또는 두 종류의 사고를 어떻게 생각할 수 있느냐 하는 것이었다. 실제로 그에게 있어서는 모든 의미의 기능 작용이 판단으로 귀착되고, **또 하나의** 부정을 가정한다는 것은 **또 하나의** 판단을 가정한다는 것을 내포하기 때문이다. 그리고 이 '또 하나의 판단' 속에 '또 하나의 부정'을 도입한다는 것은 논리적 장치를 아둔하게 만드는 것에 불과하기 때문이다. 판단의 내부에서 거부는 긍정의 보완물이고, 전제조건으로서 긍정을 필요로 한다. 따라서 부정은 판단에 대립된 극으로 설정될 수는 없다.

프레게의 이러한 고찰에서 나온 결과는 이러하다. 판단에 대한 부정의 특수성을 생각하고자 할 경우, **무인지대**(no man's land)에서, "그 어떤 보유자도 필요로 하지 않고, 의식의 내용물로 파악해서는 안 되는"[23] '사고'의 내부에서 부정을 생각해야 한다는 것이다. 그러나 거기, 초개인적이고 초의식적인 사고 속에도 파괴로서의 부정은 불가능할 것이다. 왜냐하면 프레게에게는 사고 자체가 파괴될 수 없는 것이기 때문이다. "어떻게 더구나 사고가 파괴될 수 있을까? 어떻게 그 부분들의 집합체가 파기될 수 있을까? 사고의 세계는 그 이미지를 명제·표현·단어 그리고 기호 속에 갖는다. 사고의 구조에 대응하는 것은 명제의 통사이다. 거기에서는 일반적으로 어순이 관여되지 않는다. 사고를 그 요소들로 파괴·해체하는 경우에는 종이 위에 씌어진 명제를 잘게 가위질하듯이 단어들을 서로 뜯어 놓아야 할 것이다. 그리하여 잘게 잘려진 각각의 종잇조각은 사고의 한 부분의 표현을 지니게 될 것이다. 우리는 이 절단된 종잇조각들을 뒤섞어 놓을 수 있고, 그 조각들은 바람에 실려 갈 수도 있다. 그렇게 되면 그 집합체는 상실되고, 본래의 순서는 더 이상 알아볼 수 없게 된다. 이것이 사고를 부정하는 것일까? 아니다. 사고가 이 형벌에서 **새겨진 상**(in effigie)으로 살아남는다는 것은 확실하다."[24] 그렇다. 부정이 존재하는 곳은 오직 주체의 의식 바깥이다. 그러나 사고와 의식이 파괴될 수 없기 때문에 이 바깥은 존재하지 않는다. 여기서 우리가 이해하게 되는 것은, 오직 무의식의 이론만이 판단에 내재하는 부정이 아니라 의미를 지닌 조정을 산출하고, 경제적인 '부정'이 기제될 수 있는 논리 장치를 제시할 수 있다는 사실이다. 프로이트는 이 또 하나의 부정, 즉 이 부정성과 그것이 지닌 논리를 가로지르고, 논리를 만들어 내는 운동을 〈부정〉이라는 논문에서 제기하였다.[25]

그렇지만, 프레게가 '또 하나의 부정'·**'부정성'**·'거부'라는 운동의 가능성을 '의식'과 '무의식'의 경계선에서 형식화하지 않은 채, 판단에 내재하는 부정의 신분을 면밀하게 조정한 것이, 결국 그를 부정성에 대한 정신분석적 개념이 앞으로 기반으로 삼게 될 지점에 접근하게 만들었던 것이다. 프레게에게 있어서 비인칭적 사고에 내재하는 '또 하나의 부정'은 언어 행위의 술어 속에 자리잡고 있다. 그것은 언어 속에 술어 쪽의 '……은 아니다'를 산출하고, 또 술어의, 따라서 판단 자체의 파괴를 겨냥한다는 착각을 갖게 한다. 그런데 '……은 아니다'는 술어의 일부이면서 판단의 —— 말하자면 정립의 —— 일부에 속한다. 또 그것은 긍정적 술어의 한 변이체에 지나지 않는다. 이 긍정적 술어는 특별한 어휘 기호를 가지고 있지 않으며, 그것의 가치를 오직 '긍정적 명제의 형식에서,' 말하자면 그것의 통사에서만 끌어낸다.

　이것은 중요한 핵심 부분이다. 판단에 내재하는 부정은 술어의 부정이고, 술어의 기능과 연결되어 있으며, 통사관계의 바깥에서는 존재하지 않는다. 동시에 이 통사관계는 그 부정을 동화시킨다. 그리하여 부정은 술어, 그리고/혹은 통사적-정립적 기능의 보완적이고 명시적인 표시가 된다. 중국어 같은 언어들은 동사를 '부정될 수 있는 요소'('계산될 수 있는 요소'라는 명사와는 반대되는)로서 인정한다.[26] 게다가 우리가 입증할 수 있었던 것은 모든 부정적 변형이, 어휘적 변형의 경우까지 포함하여 이미 하나의 통사적 변형이거나, 아니면 통사적 변형에 연루될 수 있다는 사실이다.[27] 언어 습득과정에서는, 의미를 표시하는 부정(말하자면 단순한 신체적 부정이 아니라 '아니오'라는 낱말)은 생후 15개월경에 나타난다고 확인된다.[28] 이것은 '거울 단계'[29]의 절정기와 일치하고, 이미 몇 가지 통사적 결합을 포함하는 일어일문적 언어의 습득과도 일치한다. 그렇지만 이 통사적 결합은 일반적으로 통사 형식을 갖춘 언표들 속에서의 통사적 능력의 발휘에 선행한다. 이 말은 언어 상징적 기능이 통사 기능이고, 또 통사 기능의 핵심이 주어(그리고 주어군)와 술어(그리고 술어군)를 연결시키는 데 있다면, **부정의** 상징을 형성하는 것은 **이 기능에 선**

행하거나 아니면 그 생성과 일치한다는 것을 뜻한다. '아니다'라고 말할 줄 안다는 것은, 이미 통사적으로(다소 문법적인) 방향이 정해진 문장을 형식화할 줄 안다는 것이다. 달리 말하자면, 판단에 내재하는 부정은 상징적 그리고/혹은 통사적 기능의 표시이고, 그것은 승화의 표시, 즉 정립의 첫번째 표시이다. 이런 유형의 관찰과 언어학적 분석은, 부정이 판단에 내재하는 술어 기능의 한 변이체라는 프레게의 입장을 확인해 준다.

그러므로 부정을 술어 속에 흡수하는 상징 기능의 형성에 선행하는 생성과 논리의 시간 속에서 작용하는 그 무엇을 포착하기 위해서는 언어의 울타리에서 벗어나야 한다. 자연과 사회의 그물 속에 포로가 된 육체의 욕동들을 활성화시키는 거부의 과정을 포착하기 위해서는, **언어의 기능**(la fonction verbale)에서 **탈출하여**, 그 기능을 만들어 내는 요소들 쪽으로 나아가지 않으면 안 된다. **언어 이전의 몸짓**은 언어와 그 통사의 상징-단어인 정적인 용어(termes statique)들의 조정에 선행하는 '구체적 조작들'을 표명한다. 심리언어학자들은 이 '구체적 조작'이라는 표현을 사용하는데, 이것은 주체와 대상의 실천적 관계, 즉 대상의 파괴·계통화·조직화 등을 나타낸다. 또한 그것은 '인식의 형식'으로서, "인식해야 할 대상에 수정을 가하여, 그것을 변형시켜 그 결과를 얻어내는" 특징을 갖는다. 그러므로 이 '구체적 조작'에는 "(모방을 제외한) 감각-운동의 활동, 그것을 연장시키는 내면화된 활동, 그리고 엄밀한 의미에서의 그 작용"이 포함된다.[30]

언어 습득에 선행하는 이 '구체적 작용'이라는 층위에서, 프로이트는 유아의 '포르트-다' 놀이에서 거부의 욕동을 찾아낸다. 이것은 **배제**(Ausstossung) 또는 **배척**(Verwerfung)으로서 생물의 기본 작용——분열·분리·분할의 작용——을 지시하고, 동시에 그것은, 거부의 관계처럼, 가족 구조와 자연적 연속체와는 항상 이미 분열된 육체를 관련시킨다.

이 특수한 공간, 신체적·생물학적인 공간이지만 이미 (타인들과 연결되어 있는) 사회적인 이 공간 속에는 하나의 부정성이 활동하고 있다. 이 부정성은 언어적 상징화도 되지 않았고, 판단의 용어들로 정지되지도 않았으며, 판단 내의 부정으로 술어적으로 표현되지도 않았다. 이 부정성——이 탕진——은 대상을 자신의 신체에서 분리된 것으로 조정하고, 그리하여 그 분리의 순간에 그것을 **부재**로서, 다시 말하면 **기호**로서 고정시킨다. 따라서 거부는 대상을 현실적인 동시에 의미를 나타낼 수 있는 대상으로 구성한다. 이것은 이미 의미화 체계의 내부에 있는 대상처럼 파악되어, 기호를 통하여 그것을 조정하는 주체에 종속되어 있다는 것을 뜻한다. 이와 같이 거부에 의해 화자 주체/외부라는 수직적 방향으로 확립된 기호관계는, 의미화 체계 내부에서는 통사적 주어/술어라는 언어학적인 수평적 방향 속에 투사되어 있다. 의미할 수 있는 대상이 된 외부와 술어의 기능은 이 경우 부정성의——거부의——정지처럼 나타나는데, 이 두 가지는 긴밀하게 연결되어 분리될 수가 없다. 따라서 부정성——거부——은 그것을 흡수하고 위장하는 **제조정**을 통하여 구별해 낼 수 있는 하나의 **기능** 작용에 지나지 않는다. 현실·기호·술어는 거부의 과정을 경계짓는 시차적 계기들로서 제시된다. 거부는 오직 이 과정이 지닌 초-언어적 상징의 물질성 속에서 물질의 분할이라는 생물학적 작용과, 또 그것이 지닌 사회관계에 예속된 신체의 물질적 욕동 속에서만 존재한다. 이미 만들어진 모든 언어화 작업은 이 거부를 단지 일련의 차이들로서 기록하고, 따라서 그것을 자리에 고정시켜 상실해 버린다. 부정성이란 한편으로는 생물학적 질서와 사회적 질서의, 다른 한편으로는 후자의 정립적-의미화적 국면의 연결점에서 의미 생성의 과정에 고유한 변증법적 개념에 불과할 수밖에 없다.

부정과 부정이 속해 있는 술어는 이처럼 그 두 가지를 형성하는 거부의 이행을 증언하는 증인이다. 그것은 거부가 현실과 그것을 표시하는 기호를 형성하는 한 그러하다. 판단에 내재하는 부정은 술어와 마찬가지로 거부에 특유한 유동성의 착복과 정지이자 거부의 절점들(noeuds)이다. 거부가 거울 상의 자기 동일화와 거기에 수반되는 언어 상징적 기능에 의해 중단되지 않을 경우, 거부는 바로 그러한 착복과 정지를 공격할 것이다. 정신분열증에서는, 그리고 현대적인 텍스트의 시적 언어 속에서는, 부정과 통사 구조는 그것들의 변형된 규정과 혼란스럽게 왜곡된 규범성을 받아들인다. 이러한 텍스트 현상은 특수한 욕동 체제, '욕동적 벡터'의 탕진 또는 분쇄를 증언하고, 따라서 주체와 외부 사이의 관계의 수정을 증언한다. 판단의 부정 속에 정지되어-흡수된 부정성은, 따라서 광인의 담론이나 시에 **고유한 부정적 기능의 수정을 통하여, 아니면 통사와 어휘의 수정 속에서만,** 그 모습을 드러낸다. 프레게가 생각한 견고한 사고를 망가뜨리는 것은 가위질이 아니다. 그것은 페노-텍스트에 가해진 수정들을 통하여 밝혀낼 수 있는 거부의 회귀이다. 프레게가 '사고'에서 시를 제외시킨 것을 보면 그는 그렇게 생각한 것이 분명하다. 말하자면 그가 말하는 '사고'는 "시에 속하지 않는다."[31]

그러므로 우리는 다음과 같이 말할 수 있을 것이다. 판단 내의 부정은 순전히 언어적인(형태적이거나 어휘적인) 부정과 마찬가지로, 주체를 하나의 구조화된 총체처럼 언표를 **지배하는** 위치에 올려 놓을 뿐 아니라, 언어 생성이 회귀성을 통하여 무한을 선택하고 파악하는 능력으로써 내포하는 것을 가지고 언어를 생성하는 지위에 올려 놓는다. 부정은 통사능력의 징후로서(말라르메의 문장 "하나의 보증이 필요한데, 그것은 '통사'이다"는 "하나의 보증이 필요한데, 그것은 부정이다"라고 읽혀질 수 있다), 통사와 함께 주체의 통일성을 보호해 주는 최고로 강력한 방파제이다. 그리고 부정은 정신병의 진전과정 속에서 언어 기능의 분쇄에 대해 가장 집요한 저항을 제공한다. 우리는 정신분열증 환자의 언표 속에 든 부정의 빈도에 대해 자주 강조한 바 있다.[32) 그것은 언어의 '규범성'과 '정상성'의 전제를 근거로 행해진 '앙케트'에 기반을 두고 있는 사실이다. 그러나 이러한 연구는 정신분열증 과정에서 부정성의 체제에 관한 중요한 두 가지 결론을 함의하는 페노-텍스트의 요소들을 강조하고 있다. 한편 여기에서 문제가 되는 부정은 언표의 그리고/혹은 언어의 테두리에서 벗어나, 주체와 대상화할 수 없는 외부와의 관계에 관여한다는 것이다. 말하자면 이것은 부정이라기보다도 부정적, 언어적 그리고 논리적 부정을 통하여 다시 찾아낸 거부이다. 다른 한편 이 부정성은, 어휘 대립이라는 규범적인 규칙들을 '교란'시키면서, 그 규칙들을 기호의 자격으로 어휘 단위들을 형성하는 도상에서 작용하는 '일차과정'(이동과 압축)의 행정으로 치환한다. 예를 들면 정상적인 반대말 대신에 '환자'는 가장 대립적이고 '문체적 특징이 있는' '부정 표현사'(grand-minus; 위대한 사람-멍청이), 아니면 반(半)동음적 표현(naître-ne pas être; 태어나다-존재하지 않다)을 사용할 것이다. 거부는 의미 생성이 **의미 단위들로 고정**되는 것에 제동을 건다. 이 고정은 또한 그 단위들을 대립적인 쌍으로 조합시키는 조건이기도 하다. 정신분열증 환자의 용어와 '정상적인' 대립항 사이의 어휘적 차이(décalage)는 기본 시니피에의 통일성에 심한 분열현상을 일으키게 하고, 시니피에에게 보충적인 의미소들을 분배함으로써('위대한'에 대해 '멍청이'를 썼을 때 '위대한'은 '보다 더'·'큰'·'중요한' 등의 의미소를 얻어낸다) 의미론적으로 시니피에를 상대화시킨다. 또 한편으로 거부는 이 기본 시니피에를 기본적인 부재로, 달리 말하면 음소와 그 음소를 구성하고, 다른 시니피에와 연결시켜 주는 유일한 끈——'구체적 조작'——인 욕동적 기반으로 환원한다. (분열증 환자가 'naître〔태어나다〕'에 대해서 'ne pas être〔존재하지 않다〕'를 사용한다면, 'naître'는 그것의 동음인 'n'être'로 분해되어, 더 이상 현실적으로 확실한 사건의 기호가 아니라 그 반대로 기호를 넘어서고, 세미오틱적인 의미 생성의 과정 속에서 의미를 낳는 미분소(différentielles)들의 놀이에로 되돌려진다.) 따라서 거부——부정성——는 궁극적으로 부정의 페이딩(fading)[33]에 도달한다. 즉 부정성의 잉여분은 대립항의 조합을 파괴하고, 대립 대신에 **페노-텍스트의 극소 분화**를 자리잡게 한다. 이 부정성은 **집요하다**——우리는 부정의 형태론적 표현(……이 아니다; ne……pas)의 **빈도**를 주시한 바 있는데, 이 표현은 부정에게 '능동적'·'표시된'·'가파른'이라는 내포 의미를 부여하는 경향이 있다——그리고 이러한 의미에서 부정성은 주체의 조정을 확언하고, 언어의 기능을 통제하는 주체로서 조정을 행하는 주체의 정립적 국면을 단언한다. 정신병에서는 부정의 이러한 집요함이 정립과 거부 사이에서 언어적 상징성을 형성하는 투쟁을 예고한다. 이 투쟁은 모든 상징능력의 소실을 좌초할 수 있다. 이때 부정 경향(négativisme)에는 통사적 연결의 분쇄가 뒤따르고, 동시에 고정하는 기호와 그에 대응하는 현실의 상실도 뒤따른다. 그 반대로 '한계의 경험'으로서의 텍스트는 언어적 상징성과 언어 기능을 형성하는 투쟁을 표현으로 옮겨 놓고, **새로운 현실적 장치**——우리가 '작가'의 '세계'라고 부르는 것——를 구성한다. 《말도로르의 노래》에서 볼 수 있는 부정 언표의 풍부함과 《한 번의 주사위 던지기》에 나타난 통사적 뒤틀림이 보여 주는 거부는[34]——전기적이고 사적인 이유들로——자연 대상, 사회 장치, 그리고 신체 자체와의 또 다른 관계의 표현을 제시함으로써, 역사적으로 이미 받아들여진 **의미 장치**를 개조하기에 이르는 한 과정중인 주체의 행위이다. 이와 같은 주체는 언어의 그 물을 관통하고, 그 망을 이용하여 이미 조정되어 욕동적 과정에서 영원히 분리된 현실을 표상하는 것이 아니라, 그보다는 욕동을 통하여 객관적인 과정 속에 스스로 침잠하기도 하고, 또 거기에서 떠오르기도 하면서, 그 과정 자체를 실험하거나 실천한다는 사실을——두음반복으로 또는 상형문자로——지적한다. 따라서 이 탕진의 주체는 점적인 장도 아니고 '언술 행위의 주체'도 아니지만, 그것은 과정의 **코라**가 표상되기 위해 도입되는 텍스트의 구성(구조·한정)을 **가로질러** 활동한다. 음악과 건축은 이 횡단의 운율성을, 그 운율성이 재분배하는 문법적인 범주들보다 더 적절히 표현해 내는 은유들이다.

ч· '근육운동' · '불안' · '욕망'

헤겔 이후, **부정성**이 무엇을 의미하는지를 정의한 다음, 우리는 몇 가지 본질적인 철학 경향들을 환기시켜 보고자 한다. 이 경향들은 헤겔의 철학에 빚을 지고 있으면서도 그의 철학의 영향을 부인하고 있고, 그 추상성을 비판하거나 아니면 그 기능 작용을 특수화하여, 결국 그것을 변형시킬 수 있을 새로운 영역을 탐색하고 있는 것 같다.

현상학의 학설은 주체에 고유한 운동 기능(motricité)을 보호하는 경향이 있지만, 자연과 사회적인 과정에서 그 운동 기능을 고립시키기도 한다. 현상학이 탐구하는 '변증법'은 단지 윤리적인 것임을 시인한다. 키에르케고르에게는 경험적인 주체에 고유한 운동성(mouvance)이 문제였다. 그래서 이 윤리적 경험론의 입장에서, 그는 헤겔에 대항하여 부정성의 경험적 형태인 **근육운동**(kinesis)을 생각하였고, 이것을 이용하여 추상적 사고와 존재(l'être)를 결합하고, 헤겔의 논리적·범주적 '남용'을 차단하려 하였다.[35]

헤겔적 관념론에 대한 이와 같은 비판이 그의 원환성(circularité)을 파괴하고, '실존'의 구체적인 물질성뿐만 아니라 논리적인 추상(이론적 관조)의 실천과는 다른 주체의 실천에 도달하는 것을 필연적으로 탐구하고 있지만, 이러한 생각이 추상화라는 범주적 장치 없이 이론의 내부에서 이루어질 수 있다는 것은 도저히 있을 수 없다──그 증거로는 키에르케고르가 자신의 **근육운동** 이론을 세우는 데 실패한 사실이다──이러한 돌파구를 **생각하고자 하는** 것은 이론적 구축을 필요로 한다. 그것 없이 우리는 헤겔 이전의 철학(주체성 아니면 실체론)과 실천(텍스트의 아니면 정치적) 중에서 선택된다. 그러나 후자의 가능성은 이미 키에르케고르가 불러들였지만 실제로는 니체가 횔덜린의 발자취를 따라 실현하게 된 과정중인 주체를 필요로 한다.

이른바 관조적 의미 체계의 경우에는, **불안**(cura), '실존적 고뇌,' '고뇌로서의 현존재(être-là)'라는 하이데거의 개념이, 변증법이 부정성──단절, 변혁 그리고 자유──이라고 생각하는 것의 단순히 윤리적이고, 결국 체제 순응적인 정지(stase)를 가장 잘 표현한다. 하이데거는 "존재론적 차원에서는 실존적 구조가 '공허'로서, 순전히 '일반적인 것'으로서 나타날 수 있다"는 사실을 인정하면서, 다시 말해서 존재론적 차원과 일반적인 그 철학의 논리적 기준을(키에르케고르의 수필식 표현과는 다르게) 요구하면서, 그는 운동(mouvement)을 심리적 차원에서 고찰한다. 이때 하이데거는 그러한 구조들이 "존재론적 차원에서도 구체적인 가치와 그에 **고유한** 내실을 가지고 있다"는 것을 주시한다. "그렇기 때문에 현존재를 구성하는 총체는, 그 통일성을 이루는 단순한 것이 아니라, 그 반대로 불안이라는 실존적 개념으로 표현되는 하나의 구조적인 분절을 표방하고 있다."³⁶⁾ 불안은 이처럼 '현존재의 존재론적-이념적(weltansch-aulich) 온갖 설명'³⁷⁾이 전개되는 기반이다. '존재론적-실존적 차원에서 이미 밝혀진 것'³⁸⁾을 개념의 층위로 끌어올리는 불안은, 존재론적 선험성(a priori on-tologique)을 겨냥하고 있고, 그리하여 모든 존재론적 구성의 기반임이 밝혀진다. 그러므로 불안은 현상학적 체계의, 그 구조적 분절의 가장 중요한 이음끈이다. 불안은 그 학문의 추진력 내지 효소이고, 역동적이고 구조적인 근거이다. 뿐만 아니라 불안은 '인간' 속에 통합된 '육체'와 '정신'이라는 실존적 형이상학에게 가장 귀중한 분할까지도 안배한다. 현상학에서 구조적 분절의 원동력인 이 핵심 개념의 의미론적 가치는 매우 중요하다. 하이데거는 이 개념을 인간을 창조하는 주피터, '대지' 그리고 '태양'을 재현하고 있는 로마의 우화와 세네카의 마지막 편지³⁹⁾의 한 구절에서 빌려 왔다. 여기서 우리가 알게 되는 것은, 현상학의 구조적 분절이라는 위업이 의미론적 가치와 유인원적 신화 사상으로 몸을 가리고 있다는 사실과, 그보다도 그 신화가 의미 체계의 쇠퇴기, 즉 기독교 이전의 로마 시대에 태어난 신화라고 하는 사실이다. 그런데 앞에서 우리는 헤겔의 부정성의 객관적 운동이 의미를 부여받기 위하여 **자유로운** 주체를 발견하였음을 알 수 있었다. 헤겔은 이 주체가 그리스의 민주주의 체제에 고유한 희극에서부터 계시 종교의 도래에 이르기까지 계속되어 온 운동 속에서 자리잡고 있음을 목격하였다. 더욱이 프랑스 대혁명은 헤겔에게 이 **자유로운** 주체의 객관적인, 역사적인 실현을 가져다 주었다. 그 반대로 현상학적 불안은, 헤겔 변증법이 그 논리적 총체의 윤곽을 그리는 과정의 논리적으로, 시대적으로 역행하는 신화적 위장이다. 하이데거의 불안은 역사와 인식의 역사를 뛰어넘고, 그 두 가지를 기독교 이전의 신화, 플라톤, 세계대전 이전의 자본주의적 불안(하이데거의 텍스트는 1935년에 발표되었다)이라는 세 가지 극(極) 사이에서 분쇄한다. 그렇게 함으로써 하이데거적 **불안**은, 모든 현상학의 형상을 본떠서, 오직 가식적으로만 논리적인 것이 되고, 논리적 형식화 그 자체를 신화적인——실존적인——이야기의 정지에 머무르게 한다. 거기에는 단일 주체가 종교적으로 몸을 숨기고 있는데, 그는 오직 '헌신'·'배려'·'근원적 불안'을 가지고 침잠되어 있기로 정해진 외부에서 그를 감시하고 있는 것에 집착해 있다. 부정성은 도달할 수 없는 사회성 아니면 초월성 때문에 불안해진 채 (오직) 거기에 조정된 주체 속에서 길들여진다. 하이데거적 주체는 타자를 지향하여 타자를 동일한 것으로 환원시킨다. 그는 항상 결여된 공동체를 창조하고, 한번도 완성된 적이 없는 하나의 울타리를 겨냥한다. 하이데거의 **불안**은, 유모·어머니·간호사의 은유로서, 그것이 선포하는 영원한 욕구불만을 극복한다고 안심시키는 동시에 약속해 준다. 이러한 하이데거의 **불안**은, 부정성의 논리적 비약을 억누르고, 그것을 편협한 국소성으로 치환한다. 이 국소성은, 우선은 단순히 윤리적인 것이기를 바라다가 결국은 잘못된 부분을 수정하는, 구조대 같은 의료적인 윤리로 낙착되고 만다. 헤겔 현상학이 장인(artisan)에서 배우로 **생성되어**, 군중——그 속에서 유물론자들은 혁명 원리를 끌어냈다——을 위한 자기 희생에까지 이르는 것을 목격한 자유로운 주체는 여기서 불안과 사회사업으로 축소된다.

  카렐 코직이 논증하고 있는 것처럼,[40] **불안**은 자본주의적 생산양식 내부에서의 개인적 파열을 통합하고 주관화하는 수단이다. 자본주의는, '기계와 설치가 형성하는 체계'로서 단편화되고, 더 이상 생산자를, '창조적' 노동자를 필요로 하지 않고 오직 작동기술자를 요구하면서, 자본주의 과정 속에 통합되고, 헤겔이 철학가로서는 마지막으로 불러들인 자유로운 주체를 제거해 버린다. 동시에 자본주의 는, 그 특유의 국가적이고 사법적인 통합을 바탕으로 하여, 작동기 술자이자 종속적인 주체를 실체화되었지만, 의미를 만드는 과정과 사회·역사적 과정으로부터 차단되어 있기 때문에 불안해하는 주체 성 속으로 거두어들인다. 그렇게 되면 이 주체성은 자기 속에 사회 적 실천의 모순들을 집중시키고 고정하는 것으로, 또 그러한 이유로 영원히 사회적 실천에서 분리된 것으로 나타나는 하나의 불투명한 통일성이라고 자처한다. '불안'은 객관적 실천으로서의 사회적 실천 의 억압이다. 그리고 그 사회적 실천을 의미——사회적 혹은 초월적 의미——를 단념한 기다림으로 대체하기이다. 이 의미는 항상 예 기하고 있지만 한번도 도달하지 못한 것이고, 그러나 언제나 실존 적(정립적) 주체——자기 지배의 노예——를 전제로 한다. 그리고 불안은, 이 주체에서부터 출발하여, 일종의 의미 작용 체계처럼 간 주된 세계에게 그 의미를 분배한다. '불안'은 '경제적 요인'과 '호 모 에코노미쿠스'처럼 사물화된 실천(praxis)의 요소를 나타낸다.[41] 욕망이라는 개념은, 현상학 이후 정신분석의 토양에서 형성된 것으 로, 불안의 인접 영역이다. 다음에 더 명확히 언급하겠지만 우선 밝 혀둘 것은, 욕망이라는 용어가 무엇보다도 논리적으로 부정성처럼 과정으로 표현될 수 있는 것의 특별한 의미론적 집약처럼 필요하게 되었다는 사실이다. 라캉에 의해 '존재해야 하는 것의 결핍(manque à être)의 환유'라고 정의된[42] 욕망은 그 논리적 구조를 무, 또는 논 리상의 제로라고 부를 수 있는 것 위에 배치한다. 욕망의 대항해는, 그것이 이론과 실천의 종합과 연결되어 있는 합리성을 조정하고 있 는 한, 헤겔 부정성의 논리적 미궁을 연상시킨다. 이 변증법적 경로 때문에 기계론자들은 '욕망'의 개념을 자의적이라고 비난한다. 그 증거로는 다음과 같은 라캉의 주장이 있다. "욕망 속에 비합리적으로 제시되는 것은, 현실로서의 합리가, 다시 말하면 언어가 이미 제 참호를 파놓은 합리로서의 현실 속에서 행하는 이행의 결과이다."[43]

다른 한편, 그리고 동시에, **욕망**은 욕구나 욕동을 통하여, 그리고 그것들을 넘어서 시니피앙 속에 주체가 출현하는 과정을 지시한다. '언어의 존재'와 '대상들의 비존재'[44] 사이의 연결점인 욕망은, 프로이트의 제1국소론 개념 즉 의식·전의식·무의식[45]을 통하여 헤겔의 부정성의 논리를 채택하지만, 그것들의 생물학적·물질적 근거를 '사회적 요소'가 '의미하는 것'을 뜻하는 사회적 실천의 영속에서 끌어낸다. "욕망은 단지 정신분석이 주체화하는 것을 예속시킬 뿐이다."[46] 이와 같이 욕망은 쾌락의 원칙의 한계를 뛰어넘어, 이미 의미를 지닌 현실(réalité)——욕망은 대타자의 욕망이다——을 투여하며, 그 현실 속에는 분할되어 항상 움직이는 주체로서의 주체가 포함된다. 그 이유는 주체란 욕망하는 것이고, 한 실천의 주체이기 때문이다. 그리고 그 실천 자체는 그의 영역——현실——이 '빈정거리며 지칭되는 쾌락의 원칙'[47] 너머에 있기 때문에 이룰 수 없는 것으로 완결된다. 부정성의 원칙인 **그 욕망**은 근원적으로 **죽음의 욕망**(désir de mort)이다. 그리고 오직 그런 것이기 때문에 그 욕망은 상대적으로 욕망의 실현처럼 간주될 수 있는 그 실천의 조건이다. 욕망과 실천(praxis)은 둘 다 언어 행위로서만 성립된다. 욕망은 '언어에 사로잡힌 한 동물의 행위'[48]이기 때문이다. **쾌락의 원칙 너머에서 욕망-죽음-언어**의 상호 의존은, 한 주체에 대해 확고한 동시에 활동적인 점적 지위를 분절하기 위하여, 그 주체가 영원히 단절되어 있게 될 '현실'이라는 '객관성'을 희생시켜서 그렇게 행한다.

그렇지만, 욕망의 분석 이론을 통하여 제 모습을 드러낸 헤겔 변증법에 고유한 부정성은, 정신분석의 대상인 주체가 칸트적 오성의 주체, 혹은 과학의 주체임이 밝혀질 때, 칸트의 불가지론 앞에 굴복한다. 더 정확히, 더 구체적으로 말하자면, 이 주체의 욕망은 욕동('정신-육체의 연결점')에 기반을 두고 있고, 이 욕동은, 욕망이 인도하는 환몽적 자기 확인이 어떤 것들이든간에, 만족하지 못한 상태로 남아 있다. 욕동이 '주체와 욕망을 분리하므로'[49] 욕망은 욕동과는 다르다.

욕동에 기반을 둔 욕망의 토양은 이와 같이 배제되고 망각되어, 결국 주의력은 거세의 반복을 통하여 재활성화된 **욕망 그 자체**에 쏠리게 된다.

그 두 가지 질서를 분절하고, 그 둘 사이에서 한번도 충족되지 못한 과정중인 주체, 연결점으로서의 욕동의 지위를 조정하는 부정성은 무(無)——주체라는 단일 존재를 만들어 내는 '결여(manque)'로 대체될 것이다. 욕망은 결여에 대한 주체의 항상 이미 실현된 예속화일 것이다. 말하자면 욕망은 단지 의미의 생성을 입증할 뿐, 결코 주체와 욕망을 문제삼는 이질적인 과정을 입증하지는 않는다.

그 과정에서 한 특정한 **주체가,** 말하자면 욕망의 주체가 떠오른다. 그는 한번도 도달해 본 적이 없는 결여된 대상을 찾아서 자신의 욕동에 의지하며 살아간다. 이 주체의 실천은 결여·죽음·언어 탐구에 그 기원을 두고 있고, 또 그런 점에서 현상학적 '불안'의 실천과 유사하다.

두 가지 한계가 자신의 특권적인 모습을 신경증 환자와 그의 환몽 속에서 발견하는 이 욕망-주체의 두 측면에서 드러나는 것 같다. 첫번째 한계는 언어 밑에 깔린 욕동의 억압 속에서가 아니라 욕동과 언어의 혼합 속에서 발견된다. 그러나 우리가 '시적 언어'의 체제를 알게 될 이 사건 속에서, 단일 주체는 더 이상 제자리를 찾지 못한다. "……언어가 개입될 때 욕동은 오히려 증식하지 않을 수 없다. 그리고 문제는(문제를 제기하는 누군가가 있다면) 오히려 주체가 어떻게 거기에서 어떤 자리를 찾아내는지를 아는 것이리라."[50]

두번째 한계는, 주체가 자신이 가던 길에 그대로 남아 있기를 시도하는 한, 욕망의 멈춤으로 이루어진다. 언어가 욕동과 혼합되지 않는 경우, 그 반대로 욕동적 다원성의 극단적인 억압이 요구되고/아니면 단일 주체의 생성 속에 욕동적 다원성의 선조화(linéarisation)가 요구될 경우, 우리는 '시니피앙의 법'에 예속되기라는 이 정점에 도달할 수 있다. 거기에서는 살아 있는 것 자체가 기호가 되고, 의미하는 행동은 중단된다. 이것은 아주 특별한 의미로 매저키스트적인 계기, 자기 거세, 최고로 완성된 표상 중의 하나인 신학적 기반과 합류하는 궁극적인 신체 손상이다. 육체는 "어두운 재난으로부터 이 지상에 추락한 평온한 덩어리"(말라르메), "삶이 그것으로 시니피앙 중의 시니피앙으로 만들기 위해 그 값을 치르는 한 파운드의 살점(chair)"(라캉), 하나의 궁극적인 시니피앙이 된다. "이것은 방부 처리된 오시리스 여신의 잃어버린 남근이다."[51] 또한 이것은 임상중인 정신분열증 환자의 경직된 육체이다.

5. 인도주의적 욕망

헤겔에게 있어서 욕망(Begierde)은 **자아 의식**의 개념을 형성하는 계기들 중의 하나이다. 따라서 그것은 부정성의 개별화와 구체화이고, 부정성이 지닌 가장 특징적인 동시에 가장 '제거된' 운동의 표상이자 **완성된** 변증법이다. 헤겔이 말하는 이 욕망의 출현을 추적해 보자. 자아 의식은 대상——타자——을 상실할 때 분절되기 시작한다. 자아 의식은 대상과 관련하여 조정되며, 그 대상은 '단일적이고 독립적인 실체'이고, 감각적 확신의 기반이다. 자아 의식은 자기에게로 되돌아가기 위해 대상을 부정하고, 그 자체와의 통일성을 스스로 실현하기 위하여 대상을 오직 단일적 실체로서 상실한다. 이 논리적 운동의 유물론적 토양은 프로이트가 말하는 **부인**(Verneinung)의 체제 속에 제시되어 있다. 따라서 욕망은 '독립된 삶'으로서 자신의 이타성 속에 있는 대상을 부정하는 것이다. 말하자면 욕망은 이와 같이 절단된 대상을 인식 주체 속으로 끌어들이는 것이다. 그것은 확신과 의식 내부에서의 이타성의 수락, 그 이질성의 제거이고, '차이의 해소'·'일반적인 해소'·'차이의 유동성'이다. 이 운동이 삶을 형성할 경우, 자아 의식은 '분명한 구상체들의 운동' 또는 '진전과정'으로서의 삶에 대해 동일한 행정을 따르고, 그리고 오직 삶의 유동성과 관련하여서만 의미를 갖는다. "단일적 '자아'는 그런 종류의 것, 혹은 단순한 보편적인 것이고, 그에게 있어서 **차이는 무이다.**(인용자의 강조) 그러나 그렇게 되는 것은 단지 그 자아가 형성되어진 독립적인 계기를 부정하는 본질일 경우이다. 이와 같이 자아 의식은 자기 자신을 확신한다. 그것은 오직 자아 의식에게 독립된 삶으로 모습을 드러내는 대타자를 제거해 버림으로써만 가능하다. 자아 의식은 욕망이다. **이 타자가 무인 것을 확신하고 있는**(인용자의 강조) 자아 의식은, **자기를 위해** 이 무를 고유한 진리로서 조정하고, **독립된 대상을 무화시켜서**(인용자의 강조) 자기 자신에 대한 확신을 **진정한 확신**으로 갖는다. 이때 확신은 자아 의식에게 **객관적인 형태로 존재함**을 명시하게 된다."[52]

욕망의 이러한 행로 속에 '편집증적인' 징표를 기록해 두자. 자아 의식은 이질적인 대타자를 제거함으로써 형성된다. 그리고 욕망은 바로 이 제거이다. 이미 오래 전부터 욕망의 질주에 실려 있는 '자아 의식'은, 그렇다고 그런 식으로 자신을 저버리는 일 없이, 그 자신의 대타자가 된다. 분열운동은 지속되고, 그것은 욕망에 대응하는 자아 의식의 본질 그 자체이다. 그러나 또 한 번 이 분열은 정신의 현존 속에서 자아의 통일성에 종속된다. 욕망은 이 통일성의 요인이고, 대상의 부정화 작용을 통한 통일화의 요인이라고도 할 수 있다. 욕망은 '一者' 생성을 향한 부정성의 일탈이다. 그것은 하나의 통일성——비록 분할 가능하고 유동적이라 해도——속에 '정신분열증 경향의' 입자를 통합하는 데 필요 불가결한 계기이다. 오늘날 우리는 헤겔의 텍스트 행간에서 주체의 진실이 진술되는 것을 읽을 수 있다. 주체는 단지 정신분열증적 단절을 승화시키고 통합하는 욕망의 욕동에 의해 형성된 편집증적인 주체에 불과하다. 편집증은 이와 같이 모든 주체의 조건일 뿐만 아니라——우리는 오직 일시적이나마 이질적인 타자를 제거하는 편집증적 통일성을 받아들임으로써만 주체가 된다——정신분열증이라고 부를 수 있는 세분화와 직접적으로 인접해 있고, 거기에서 에너지를 끌어내면서도 그 비밀을 은폐한다. '차이의 유동성'이 자아 의식의 통일성을 형성할 경우, 그 유동성은 통일성을 위협하기도 한다. 왜냐하면 이 유동성 자체 속에는 더 이상 어떤 통일성, 어떤 욕망, 삶에 대한 어떤 예속 (Unterwerfung)을 위한 자리가 없기 때문이다. 그 반대로 이러한 분할을 규정짓는 것은 죽음, 무기질, 단절, 그리고 통합적인 유동성이 없는 구별이다.

전체적인 그의 행로에서와 마찬가지로 이 측면에서도 헤겔의 변증법은 직접적인 통일성, 감각적인 확신을 해소하기에서부터 시작한다. 그러나 분할, 이중성, 타자에 대한 매개 작용이라는 계기들을 지적하고 난 다음, 헤겔의 변증법은 다시 똑같은 것이 되어, 타자로서 그것을 채우고 보강한다. 신학은 철학과 측면으로 충돌하여, 결국 사실을 잘 알고 나서 새로이 재건된다. '자아'는 분할되고 이중화되어, '자아 의식'의 통일성 속에서 재통합된다. 바로 여기에 관념론적 변증법의 다의성이 있다. 다의성은 분할·운동·과정을 조정하지만, 동일한 방식으로 그것들을 형이상학적이고 억압적인 상위의 진리라는 이름으로 분리시킨다. 여기서 말하는 진리는 오직 자신의 통일성이라는 울타리 속에서만 차별화되어 있고, 그 울타리는 '자아 의식'과 법적 차원에서 그 상관항인 국가이다. 더구나 헤겔이 그 진 리를 프랑스 대혁명과 그 구조 속에서 찬양하게까지 된 것은, 그것 이 통일적인 의미에서 국가적이고, 통합적인 형태를 가졌고, 중앙 집 중적이며 절제되었기 때문이다. 그 진리를 비유적으로 나타내는 태 양의 은유는 부르주아 국가에서는 추론하는 주체, '一者'의 실현을 표현한다. "태양이 창공에 떠 있고, 유성들이 그 주위를 회전하면서 부터 우리는 인간이 머리를 아래로 떨구는 것, 다시 말해서 사색에 기반을 두고 사색에 따라서 현실을 구축하는 것을 보지 못했다. 아 낙사고라스는 'νοῦς(이성)'이 세계를 통치한다는 것을 알린 최초의 사람이다. 그러나 단지 오늘날에 와서야 인간은 사고가 정신적인 현 실을 지배해야 한다는 것을 인정하게 되었다. 그것은 찬란한 정신적 일출(lever de soleil)이었다. 모든 생각하는 존재는 이 시대를 축하 하였다. 이 시대에는 숭고한 감동이 퍼져 있었고, 정신의 열광은 오 직 이 시대에 와서야 처음으로 신성과 세계 사이의 진정한 종합에 도달한 것처럼 세계를 전율케 하였다."[53]

　그것은 마치 관념론적 변증법이, '자아'의 분할과, 그것이 물질 적·사회적 연속성의 제요소들과 맺고 있는 부정적 관계를 예감함 으로써, 주관적이고 형이상학적인 통일성의 상실과 그 상실이 끌어 들이는 향락에 관한 가장 명철한 비전 중의 하나를 가로챈 것과도 같다. 그러나 이 (주관적이고 정치적인) 통일성의 회복을 염려하고, 통일성에 밀착되어, 그것을 위하여 또 그것을 바탕으로 하여 진행되 는 관념론적 변증법은 부정성의 운동을 이 통일성 자체 속에 봉쇄 해 버린다. 욕망은 통일성 속에서의 부정성의 융합(télescopage)을 가장 충실하게 표상하는 개념이다. 주목해야 할 점은, 유물론적이라고 자처하는 헤겔의 신학적 혹은 형이상학적 부활이, 자아 의식에 내재해 있던 통일성을 해체하는 **부정성의 과정을 벗어나면서, 이러한 욕망의 개념과 통일체**로서의 인간이라는 개념을 동시에 수행한다는 사실이다.

실제로 바로 그것이 포이어바흐가 행한 헤겔 변증법의 전도(顚倒) 행위이고, 이를 마르크스가 계승한다. 자아 의식의 신비성을 비판하고, 자연과 사회를 인간의 생산 기반으로 자리잡게 하면서, 포이어바흐는 헤겔이 남몰래 의식의 통일성에 던지던 해체적 시선을 비켜 나간다. 헤겔의 유물론적 전도는 헤겔 변증법이 지닌 주체에 관한 **해체적** 잠재능력(이것은 우리가 앞에서 언급하였듯이 전체화라는 주요 개념의 지배를 받는다)에 대해 눈을 감는다는 대가를 치르고서 행해졌다. 우리가 보기에, **인간**이라는 단일 개념하에 있는 의미 생성과정의 이러한 통합 속에는, 헤겔의 포이어바흐적 전도의 '경건한 무신론'이 드러나는 것 같다. 이 전도 속에서 문제가 되어 소멸되어 버리는 것은 다름 아닌 헤겔의 부정성이다. 포이어바흐는 존재와 무의 통일성을 '동양적 상상력'과 연관시키면서 '단일자(le singulier)에 대한 종(種), 혹은 종 의식의 무관심'[54]으로 환원시켰다. 따라서 존재와 무의 통일성은 더 이상 단일성 **속에서** 기능하지 않는다. 단일성은 결국 모순과 탕진을 상실하게 되고, 한편 '주체'는 부정성을 잃은 채 욕망할 수 있는 '자아'로 환원된다. 그는 오직 '종'(아니면, 최선의 경우에는 사회)만이 검토할 수 있는 '인간'이지만, 말하고 의미하는 '존재'로서의 그의 지위는 결코 부정될 수 없다. 이와 같은 욕망하는 '인간'이 바로 종교의 지주를 형성하고, 종교는 그의 욕망에게 '신'을 원형으로 삼고 있는 '대상들'을 제시한다. "기독교의 근본적 교리는 인류가 지닌 욕망의 만족이다."[55] 욕망은 인간을 통합하고 타자들과 연결시킨다. 신인동형론의 인간적 기반인 욕망은 인간 공동체·사회의 기반이고, 궁극적으로는 국가의 기반이기도 하다. 포이어바흐가 사변철학을 한계·유한 그리고 현실의 이름으로 거부한 것은 잘한 일이지만, 반대로 그가 "인간의 본질은 공동체 안에, 인간과 인간과의 동질성 속에 포함되어 있다"[56]라고 선언하였을 때, 그는 변증법의 추진력을 약화시켰다.

기계론적 유물론의 전도는 이처럼 헤겔 변증법에 고유한 **총체화 측면**과 **통합적 측면**의 현실적 기반을 분명하게 말해 주고 있다. 유물론적 전도는 이 단일 주체와 그 욕망에 바탕을 둔 사회관계의 그 어떤 유형——가족·시민 사회 그리고 국가——이 **긍정적 측면**에서의 헤겔적 사변의 진리임을 밝혀 준다. 사실 바로 이 점이 마르크스가 포이어바흐의 전도에서 받아들인 것이다. "가족과 시민 사회는 국가의 전제들이다. 이것들은 현실적 요인들이지만 사변이 그것들의 역할을 전도한다. 모든 것의 기반인 사실들(faits)은 사실 그대로 고려되지 않고, 마치 하나의 신비로운 결과처럼 간주된다."[57] 이 전도와 함께, 가족·시민관계 그리고 국가의 현실적 요인이 될 것은 (결여되어 괴로워하는) 바로 **욕망**의 주체이다. 헤겔을 추종하는 좌파 청년들에게 있어서는 사변적 철학의 비판이 일종의 주관화(sub-jectivation)로 통한다. 포이어바흐는 "헤겔이 주관적인 것을 대상으로 삼는다면, 나는 대상적인 것을 주제로 삼는다"[58]라고 썼다. 사실 헤겔적 부정성의 유인원화(anthropomorphisation)인 이 주관화는 그 부정성이 지닌 첨예한 능동성을 신학에서 사회적인 영역으로 전위시켰고, 그리하여 19세기 후반의 '공산주의' 철학가들에게 기반을 제공하게 된다.

욕망하는 주체는 그리하여 권위주의적이고 조절하는 조직, 즉 국가의 기반이 된다. 이 조직은 주관적 이상 변칙을 예견할 뿐만 아니라 규제하기도 한다. 총체적 인간은 이처럼 '국가원수'에게서 그 모습을 가장 잘 드러낸다. "인간은 국가의 기반이다. 국가는 인간의 본질이 완벽하고 명확하게 실현된 총체이다. 국가 내에서 인간의 목표와 본질적인 제활동은 서로 다른 계급 내에서 실현되었다. 그러나 그 목표와 활동은 그 정체성을 국가원수라는 인물 속에서 되찾는다. 국가원수는 모든 계급을 구별 없이 표상하지 않으면 안 된다. 국가원수 앞에서 만인은 동등하게 필요하고, 동일한 권리를 향유한다. 국가원수는 보편적 인간을 대표한다."[59]

　　마르크스는 '욕망'의 개념을 1842년의 저서들과 《독일 이데올로기》[60]에서 되풀이하고 있다. 이 개념이 사회관계에 대한 그의 분석에서는 본질적인 것이 아니라 해도, 생산관계와 교환가치의 지주인 개인들——오직 이러한 인간인 '지주들'을 그들의 특이성을 부정화하는 모순 속에 투입시키고자 하는 개인들——로 이루어진 한 사회의 '마르크스적'-기계론적(아니면 마르크스주의) 견해 속에서는 뚜렷이 제 모습을 드러낸다. 그러나 마르크스는 이러한 이동의 한계를 측정하면서, **욕망하는 주체**(인간)로의 폐색이 어떤 식으로 이 부정성의 충격을 제한하고, 그 부정성을 사회와 관련된 헤겔적 개념의 체계 순응적 울타리 속에 한정시키는지를 관찰한다.

　　마르크스의 변증법적 유물론은, **변증법적** 요인인 **투쟁·모순·실천**의 개념을 회복시키면서, 포이어바흐의 자연주의적 형이상학에서 결정적으로 멀어지고, 인간과 사회의 변혁과정을 목표로 삼게 된다. 1896년에 데이비드 맥레런이 술회하였듯이,[61] 마르크스는 뒤링에 관하여 엥겔스에게 다음과 같은 편지를 썼다. "이 독일 양반들은 헤겔의 변증법을 하나의 잊혀진 이야기라고 믿고 있소. 그런 점에서, 포이어바흐는 양심의 가책을 받지요." 마르크스의 학설은, 그 변증법적 발전에도 불구하고, 포이어바흐의 시도에서 근본적인 두 가지 계기를 계승하였다.

1) 인간의 단일성, 즉 욕망의 인간과 결핍의 인간 모습을 띤 헤겔 부정성의 유인원화 내지는 주관화. 마르크스에게 이것은 자제되고 갈등 없는 완전한 인간의 실현도상에 있는 프롤레타리아일 것이다. 인간은 무엇보다도 '자제력(maîtrise)'이고, '갈등의 해소'이다. "한편, 사회 속에서의 객관적 현실이 인간에게는 인간으로서의 그의 자제력의 현실이 된다. 인간적 현실인 이 자제력은 결국 인간에게는 고유한 존재의 현실이다. 그 현실 덕분에 인간에게는 모든 대상들이 그 자신에 대한 객관화가 되고, 그의 개별성을 확증하고 실현하는 대상들은 그의 대상들이 되며, 결국 인간 자체가 대상이 된다."[62] 마르크스주의에서 철학자와 프롤레타리아 사이의 공모관계는 단일 주체의 개념을 형성한다. 이 주체는 메타 언어와 욕망으로 만들어진 야누스이다. "철학은 이러한 인간 해방의 두뇌이고, 프롤레타리아는 그 심장이다. 철학의 실현은 프롤레타리아의 폐지로 이루어지고, 프롤레타리아의 폐지는 오직 철학의 실현으로 이루어진다."[63]

2) 인간이 국가 내에, 아니면 보다 더 일반적으로는 사회기구와 사회관계 속에 직접적으로 그리고 독점적으로 정착되기와 욕구와 고통에 의해 조절되는 인간 상호 관계인 사회적 관계. 생산과 계급이라는 사회적 모순과 갈등의 기구 속에서 인간은 타자와는 갈등상태에 있지만 결코 '그 자신'과는 갈등상태에 있지 않은, 나무랄데 없는 하나의 통일체로 남아 있고, 또 어떤 의미에서는 계속 중립적이다. 다시 말해서 인간은 억압하는 주체 또는 억압된 주체이고, 우두머리 또는 착취당한 자이거나 착취당한 자들의 우두머리이지만, 결코 자연과 사회 속에서의 과정——변증법적 유물론을 명백하게 드러낸 과정 자체——에 대응하는 **과정중인 주체**는 아니다.[64]

이것이 마르크스가 말하는 부르주아 체계 속에서의 인간의 지위라면, 그리고 이 확인된 사실을 정신분석학적 개념들에 비추어 읽어도 좋다면, 우리는, 국가와 종교 속에서, 자본주의가 주체의 편집증적 계기를 요구하고 강화한다고 말할 수 있을 것이다. 이 주체는 타자를 배척하고 그 자리를 빼앗는 단일성이다. 그러나 프롤레타리아가 이 모순(주체-사물/양도할 수 없는 주체)을 극한으로까지 끌고 나가 그것을 해소할 경우, 그리하여 프롤레타리아가 철학의 실현을 이룰 경우, 주체로서의 프롤레타리아 지위는 다음의 두 가지 가능성 중의 하나를 전제로 한다. 하나는 그것이 단일 주체로 남아서 이와 같은 사변적, 국가적 그리고 종교적 주체의 편집증을 재도입하는 것이고, 또 하나는 우리가 '철학의 실현'을 통하여 단절·분열·통일성의 재검증이라는 그 계기들의 실현을 이해하는 것이다. 후자의 경우 프롤레타리아는, 주체와 국가의 통일성을 분산하는 요인을 나타내고, 의식의 심급으로 환원될 수 없는 이질성을 향한 그것들의 파열을 표상한다. 이 두 가지 가능성은, 단순한 가정(hypothèses)이 아니라, 실제로 사회에, 나아가서는 사회주의 사회에 관한 두 가지 적대적인 구상법이 된다.

19세기말부터 정치-사회운동이 목표로 하는 것은 국가 구조나 '인간' 사이의 제관계의 구조를 변화시키는 것이다. 인간은 항상 사회적 인간이기 때문이다. 그러나 우리는 사변적 철학이 이미 착수하였던 또 하나의 측면, 즉 단일성의 부정화, 단일성을 위협하는 갈등, 주체를 형성하고 해체하는 과정 속에서의 단일 주체의 분열, 사회를 해체하고 주체의 통일성을 움직이게 하는 계기에 대해서는 언급하지 않을 것이다. 이 또 하나의 측면은 미학의 사유지로 남게 될 것이고, 신학이 그 영지를 은밀히 혹은 공공연하게 제 것으로 만들어 갈 것이다. 로트레아몽은 그 측면의 시도에서 정신병적이고 치명적인 위험을 맛보게 되고, 말라르메는 철학적·사회적 정당성을 탐구해 가면서 그 측면을 실천에 옮길 것이다.

6 · 비모순 : 중립적 평화

그라마톨로지[65]의 전개방식은 로고스 중심의 실질·의미·현상의 뒤엉킴을 풀고, 거기에서 엄청난 운동성을 추출할 수 있는 비실질적·비의미적·비현상적 장치의 특징들을 잘 따르고 있다. 우리가 보기에 그라마톨로지는, 헤겔 이후, 변증법의 부정성을 더 깊이, 그리고 다른 방향으로 발전시키려고 시도했던 모든 방식들 중 가장 철저한 방식인 것 같다. 차이·흔적·문자·글쓰기는 완전하지는 않지만 확실하고 매우 정확한 의미 속에 이 변증법을 포함하고, 고정시켜 은닉한다. 데리다는 아르토를 재거론하면서 '일종의 변증법'이라고 썼다. 그 글은 다음과 같다. "현재가 그러한 현재로서 주어지고, 나타나고, 제시되며, 시간이라는 무대, 혹은 무대라는 시간을 열어 보이는 것은 오직 그에 고유한 내적 차이를 받아들이면서이고, 또 그것이 지닌 천성적인 반복의 내적 주름살 속이고, 표상 속이다. 변증법 속이다. (……) 왜냐하면 우리가 변증법의 **지평**을 적절하게 ──상투적인 헤겔 철학을 벗어나── 생각해 보면, 아마도 유한성의, 삶과 죽음의 통일의, 차이의, 타고난 반복의 무한한 운동, 즉 단일적 기원의 부재로서의 비극의 기원이 어떤 것인지를 이해하게 될 것이다. 이런 의미에서 변증법은 비극이고, 순수한 기원이라는 철학적·기독교적 이념에 대항하고, '시작의 정신'[66]에 대항할 수 있는 유일한 긍정이다." 그라마톨로지가 목적론과 헤겔적 기호론을 공격하면서 자기 길을 개척해 나가고 있음은 두말할 것도 없다. 뿐만 아니라 그라마톨로지 자체도 그것을 분명히 밝히고 있다. 여기서 우리의 관심을 끄는 것은 그라마톨로지가 헤겔에게 지고 있는 빚이다. 헤겔은 '원-글쓰기(archi-écriture)'로서, "도표적이든 아니든간에, '단지 도식만'은 아닌 표현에 내용을 연결시켜 주는 **기호-기능의 운동**(인용자의 강조)"[67]을 만들었다.

부정성은 거기에 구성적 부재, '타자의 부재,' "흔적의 현존 속으로 환원할 수 없는 부재"[68]로서 각인된다. "……따라서 차이는 형식의 구성이다."[69] 결과적으로 우리는 부정성 속에서 데리다가 '폭력과 형이상학'에서 말하는 체제, '유태인과 그리스인 사이의 기이한 대화, 평화 그 자체'의 체제를 인정하게 되고, 데리다는 그 체제의 형태를 "헤겔의 절대적 사변논리학, 즉 《정신현상학》의 '서문'에 실린 예언적 담론을 **생각한** 다음에, 형식적 동어반복과 선험적 이어(異語) 사용을 **화해시키는** 생동하는 논리학의 형태"[70] 속에서 찾아낸다.

물론 그라마톨로지라는 직물의 복잡한 형성과정이 지닌 시간적으로 확장되고 공간적으로 불균등한 전략을 한 가지 동일한 체계로 환원할 수는 없을 것이다. 그러나 후설이나 자베스에 관한 텍스트에서부터는 헤겔의 부정성이 현상학의 자료체에 수합되고 재투여되어, 적나라하게 드러나고, 또 문제를 제기하고 있다. 이러한 작용이 진행되는 동안 부정성은 실증화되고, 단절들을 생산하는 그 잠재력은 고갈되어 버린다. 그렇게 되면 부정성은 보유분(retenue)을 취하고 지연(retardement)으로 자처한다. 부정성은 차이를 갖게 되고, 그리하여 오직 실증적이고 긍정적인 것이 되어 과거 억류(rétention)에 의해 기재되고 확립된다. "상호 참조의 구조 속에서 차이의 과거 억류를 생각지 않고 확립된 흔적은 있을 수 없다. 그 구조 속에서 차이는 **그와 같은 차이**로 나타나고, 실어들(termes plein) 사이의 일정한 변화의 자유를 인정한다."[71] "시간적 경험의 최소 단위 속에서의 과거 억류 없이는, 타자를 타자로서 동일한 타자 속에 억류하고 있는 흔적 없이는, 그 어떤 차이도 그의 결실일 수 없고, 그 어떤 의미도 나타나지 않을 것이다."[72]

이러한 수합(recueillement)을 통하여, 흔적은 그 자체 속에 흡수된다. 또 이러한 의미에서 흔적은 헤겔의 부정성이 연결하고, 재개하고, 생성하는 '사항'·'이분법'·'대치'를 현상학과는 다른 방식으로 환원한다. (그렇기 때문에 우리는 **수합**이라고 하지 **환원**이라고 하지 않는다.) 자신의 소멸을 지니고 있는 흔적, 즉 오직 보호를 받고 지연을 통해서만 기술하는 글쓰기[73]는 정립 앞에서는 물러나지만 정립의 보호하에서, 오직 **코라** 세미오틱의 정지 속에서만 펼쳐지는 어떤 운동의 은유처럼 생각될 수도 있을 것이다. 흔적은 이처럼 로고스 중심적인 이성의 제조건을 그리고/아니면 억압된 요소(페티시즘적인 것, 모성적인 것)를 진술한다. 또 이런 점에서 그라마톨로지는 논리와 그 주체를 불안하게 만든다. 달리 말하자면 그라마톨로지는 언어 상징의 기능 체제를 고발하고, 그 상징의 기능이 포섭하지 않는 공간을 열어 준다. 그러나 정립을 가로막고, 그 자리에(논리적으로, 또는 시간적으로) 정립에 선행하는 에너지의 전이를 갖다 놓기 바라면서, 그라마톨로지적인 의미의 팽창은 주체를 포기하고, 사회적 실천으로서의 주체의 기능과 주체가 지닌 향락 또는 살해의 가능성까지도 무시해 버리게 된다. 온갖 종류의 조정·정립·구조에서 중립을 지키는 그라마톨로지는, 그것들이 파괴하고 폭발하여 서로 분열될 때에도 당당하게 자신을 지킨다. 그라마톨로지는, (언어 상징 그리고/아니면 사회적) 구조에 대해서는 관심을 갖지 않기 때문에, 구조의 파괴나 그 쇄신 앞에서는 계속 침묵을 지킨다.

사실상 차연(différence)은 생산적 부정성의 중립화이므로, 사유에게는 마치 **이전(avant)**인 **지연**·조건·가능성처럼 나타나고, 이는 생성중인 것과 생성된 것, 기호·로고스·주체·존재에 선행하면서 차이를 가진 모든 본질체에 내재하는 운동이 된다. 차연은 그것들의 생성의 길이고, 또한, 그와 같이, 차연 그 자체가 하나의 **생성**이고, 그 존재는 삭제되고 말 것이다. "따라서 근원적인 것은 지연이다."[74] "존재적-존재론적 차이의 **시작 이전**(pré-ouverture)으로서의 차연 (……) 그리고 프로이트의 개념 구성에 고랑을 남기는 모든 차이들, 그것들은 한 가지 예에 불과하지만, '쾌락'과 '현실'의 차이를 중심으로 조직되거나 아니면 거기에서 파생될 수 있는 것들이다."[75] "존재를 현존으로 한정하기 **이전**에 삶을 흔적으로 생각해야 한다."[76] "'본성'을 참조하지 않는다면 흔적의 무연성은 항상 **생성되어진 것**이다. 사실 무연적인 흔적은 존재하지 않는다. 흔적은 무한정 그 자체에 고유한 무연-생성(devenir-immotivé)이다."[77] "흔적은 기호의 무연-생성을 가능하게 해주는 그 무엇이고, 또 그것과 함께 피지스 〔자연〕와 그 타자 사이에서 파생될 모든 대치들의 기반이 된다."[78] 뿐만 아니라 '타자와의 관계가 기재되고,' 항상 이미 기호·존재자를 향해 방향이 정해진 가능성으로서의 흔적에 관해서는 다음과 같은 글을 읽을 수 있다. "이 공식은 형이상학 그 **자체의** 논쟁일 뿐만 아니라, 기호의 자의성을 전제로 하는 구조를 기술하고 있다. 이때 우리는 기호의 자의성이 지닌 가능성을 자연과 관습, 상징과 기호 등의 사이에서 파생된 대립 속에서 사유하게 된다. 이러한 대립들은 오직 **흔적의 가능성에서부터** 의미를 갖게 된다."[79] **존재자**와 그 존재자의 온갖 변이 속에 숨어 있고, 타자를 자기 속에 감추고 있으며, 또 그 자신 속에 숨어 있는 흔적은 모든 본질체에게, 따라서 모든 조정에게 **선행성**(antériorité)을 명시한다. 흔적은 그 엄폐가 형이상학을 만들어 내는 운동이거나, 아니면 형이상학은 자신을 알지 못하는 흔적이다. 그라마톨로지는 초월에게 말을 걸어 그것을 교란시킨다. 초월이 그의 체제를 그라마톨로지에게 진술하기 때문이다. "……
절대적 기원의 원초적 차이…… 그것은 아마도 '초월적'이라는 개념
으로 항상 말해졌던 것, 바로 그것이리라…… 차이는 초월적일 것
이다."[80]

　이런 식으로 흔적이 모든 정립——물질적·자연적·실체적·논리
적 정립——을 해체하여 로고스에 대한 의존관계에서 완전히 해방
된다면, 그것은 흔적이 거울 단계에 선행하는 단계에서 상징 기능의
형성을 담당하고 있기 때문이고, 항상 거울 단계 쪽을 겨냥하면서 그
것 이전에 정착될 수 있을 것이라고 믿고 있기 때문이다. 물론 그라
마톨로지는 존재자의 범주들과 본질체들에 의거하여 정신분석이 채
택한 이 단계성의 적절성을 인정하지는 않을 것이다. 그러나 정신분
석학의 발견이 어떤 점에서 그라마톨로지 그 자체를 가능케 해주는
한, 그리고 그라마톨로지가 뛰어넘을 수 없다고 인정한 장벽을 지
적하는 한, 글쓰기의 힘은 남근 단계뿐만 아니라 자기 확립적이고/
아니면 의미 확립적인 거울 단계에 선행하는 시공(espace-temps)을
거슬러 올라가, 대상의 부재와 직면해 있는 욕동의 차연으로서의 언
어 상징적 기능의 생성을 파악한다는 사실을 상정할 수 있을 것이다.
그러나 우리는 그라마톨로지가, 처음에 차연이 그 안에서 작용하는
이질성을 설정한 다음, 정립을 무시하면서부터 이 이질적 요소를 망
각하는 것이 아닌지 자문해 볼 수도 있을 것이다. 그리고 그라마톨
로지가 그 이질적 요소를 무한정 지연시켜서, 그것 자체가 지닌 체
계적이고 철학적인 메타 언어 또는 이론의 운동을 따르는 것이 아
닌지도 자문해 볼 수 있을 것이다. 실제로 그라마톨로지는 기호를
향한 자연 속에는 포함되지 않는 욕동의 '잔해들'과는 거리를 두고
있는 것 같다. 이질적 요소들인 이 욕동의 '잔해들'은 되돌아와 그
것들이 지닌 관조적 과거 억류를 중단시키고, 언어를 과정중인 주체

의 실천이 되게 한다. 비차연적이고, 비지연적인 동시에 아직은 기호-생성으로는 받아들여지지 않은 이 욕동적 이질성은 **차연과 모순관계를 이루고**, 자기의 간격 확립과정(espacement) 속에 비약·사이·돌연변이·단절을 유발시키는 그 무엇이다. 모순은 단지 차연을 단절하는 이질적 요소의 침입에 지나지 않을 수도 있다. 사실 이러한 이질적 요소 없이는 존재와 주체의 현존을 겨냥하는 헤겔의 관념적 모순은 개개의 차이들로 분산된다. 그러나 유물론과 프로이트적 실천이(여기에 모순이 개입되는 한에서, 그리고 그런 경우에만) 입증하는 것, 그것은 바로 이질적 요소를 남김 없이 차연 속에 수합하기가 불가능하다는 사실이다. 이질적 요소가 차연의(언어 상징적 과거 억류의, 지연된 기호-주체-존재의 생성) 운동 속으로 회귀하기는 지각과 무의식(여기에서도 프로이트적인 범주를 사용하면)을 통하여 차연의 변혁을 가져온다. 말하자면 탕진, 의미와 구문의 비정상, 성적 과잉, 사회적 논쟁, 향락을 끌어들인다. 이러한 이질성은 글쓰기가 내포하는 억압과 검열의 장벽을 돌파한다. 흔적과 흔적을 지우기로서의 글쓰기는 "최초의 **억압**과 '이른바' 억압 내지는 이차적 억압의 원초적 종합"[81]이기 때문이다. 이질적 요소는 억압을 위협하여 폭발하게 만든다. 이것은 이질적 요소가 '원초적' 또는 '이른바' 억압을 돌파한다는 것을 의미하는가? 아니면 **차연**은 오직 **이질적 요소**가 더 이상 지연될 수 없고 탕진되지도 않는 '일차 지각의 잔해들' 아니면 비차연적인 에너지 충전의 '예외들'의 형태로 뛰어넘을 수 있는 억압으로서만 형성된다는 말인가?[82] 차연의 이러한 교란은 '쾌락 원칙'과 '현실 원칙'의 구별을 문제삼고, 그 원칙들과 함께 언어적 상징의 확립 체제까지도 재검토한다. 이 구별이 "삶에서 죽음을 우회하기, 차연(Aufschub), 그리고 죽음의 체제(économie)의 원초적 가능성"[83]이라면, 우리는 그 구별을 가로막는 것, 그것을 반대하는 것은,

죽음을 체제화하기는커녕, 갑작스런 죽음을 끌어들인다고 말할 것이다. 그것은 파괴, 자기 파괴(언제나 언어적 상징의-로고스 중심의), '현실'에서 '물질'로의 회귀로서의 유일한 향락 '원칙'이기 때문이다. 비차연적인 것, 성급한 충전이 차연 속으로 침입하는 것을 통하여 논리 속에 도입되는 것은 '자연'·'문화'·'물리'·'화학'·'생물' 그리고 '종교'에 관련된 모든 이질성들이고, 차연은 그 이질성들을 지워 버리지만, 데리다는 그것들을 '무조건 결정적인 요소들'로서, 현상학적인 환원에 의해 구별되어, "청취된 존재의 모든 분석에 꼭 필요한 요소"[84]라고 인정한다. 그렇지만 거부는 이질성들을 더 이상 현상학적인 요소로서가 아니라 경제적인 요소로서 도입한다. 말하자면 언어적 상징으로 표현되지 않은 물질적인 안-밖으로서, 차연의 새로운 생성 속에 포함하기 이전에 현실 그 자체를 침몰시키는 치명적 향락으로서 도입한다. 이리하여 세미오틱의 장치 속에는 현상적인 정지의 모습을 가장하고, 지속된 에너지의 힘, 실질, 세계와 역사가 들어간다. 그것들은 부정적 요소의 수합이 차연을 지닌 소멸상태 속에 지속적으로 보유해 왔던 것들이다. 언어적 상징으로 표현되지 않고, 표현할 수 없는 이질적 요소의 폭발은 더 이상 기호-주체-존재자의 생성 도상에서도, 그것들의 중립화 도상에서도 작용하지 않는다. 그러나 그 폭발은 주체와 의미 생성의 과정의 탕진 속에 차연적 장면(scène différante)을 —— 화학 반응에서처럼 —— 침전시키는 작용을 한다. 분열과 분할의 원리와 동일한 원리를 가진 이질적 에너지의 방출은 흔적과 모순관계에 놓여 있지만, 거기에 산출해 내는 것은 오직 섬광·단절, 갑작스런 이동뿐이다. 이런 것들은 새로운 언어 상징의 생성을 위한 조건들이고, 그 안에서 차연의 체제도 제자리를 찾아낸다. 그러나 거부가 차연의 장면을 유지할 수 있음을 보장하는 것은 아무것도 없다. 거부의 탕진이 차연을 꿰뚫고 나아가,

그것을 삭제할 수 있을 것이고, 그렇게 되면 모든 언어 상징의 생성은 중단되어 '광기'로 통하는 길을 열어 줄 수도 있을 것이다. 이와 같은 선상에서, 거부가 없으면, 차연은 재생성도 없고 생산력도 없는 잉여(redondance)로 제한될 것이고, 한낱 언어 상징의 울타리 안에 들어 있는 소중한 변이체, 즉 표류하는 관조일 것이다.

이와 같은 작업에 뒤이어, 그리고 욕동 이론을 다시 읽으면서 우리는——그 개념이 너무도 핵심적이고, 금욕적이고 데카르트적인 사회적 주체가 그 중심이기 때문에 고려할 수밖에 없을 것 같은 정신분석에서까지도——욕망이 의미 생성과정의 메커니즘들을 철저하게 해명하지 못한다는 생각을 하게 된다.[85] 과학 기술과 정치에서 뿐만 아니라 예술에서도, 우리는 욕망하는 구조화의 정지들을 극복하고, 환몽적인 자기 동일화가 응결시키는 상호 주관적인 장치들의 틀을 이동시키는 '운동' 때문에 욕망이 혹사당하는 영역들을 발견할 수 있을 것 같다. 이와 같은 발견은 우리를 한 개념에 더 가까이 다가서게 한다. 그것은 사회적 혁신과 문화적 혁신을 산출하는 한계로서의 기능 작용(fonctionnements-limites)에게는 본질적인 것으로 판명된 개념이고, 더 나아가서는 의미 생성의 기능 작용 기반에서 나타나는 개념이기도 하다. 그 개념을 이해하려면 우리는 헤겔적 부정성의 행로에 논리적으로 선행하고 내재하는 한 사건을 지적하지 않을 수 없다. 그것은 '욕망'과 '욕구'의 정신분석학적인 구별 중간에, 또 그 밑에 깔려 있다. 그것은 생물학적이고 의미화적인 발전에 내재하고 그것을 가로지르지만, 또 그 두 가지를 서로 연결시키기도 한다. 우리는 그것을 **분열 · 분리 · 거부**라고 부를 수 있을 것이다. "……나는 죽은 것이 아니라, 분리되어 있다."[86]

ㄱ. 프로이트의 배척 · 거부

이 **거부**, 이 탕진은 통일성 파열의 가장 중요한 계기이다. 그러나 거부는 통일성 밖에서는 생각할 수 없다. 거부는 정립적 통일성을 항상 추월하고, 넘어서야 할 조건 내지는 지평으로 상정한다. 거부가 결합체(un liant)가 되는 것은, 오직 그것이 또 하나의 장면에서 일어나는 결합의 조건인 한에서 그러하다. 거부를 모든 정립에 내재하는 기본적인 것으로 조정하는 것은 우리가 거부를 기원으로 조정한다는 것을 의미하지는 않는다. 거부는 기원 그 자체를 거부한다. 왜냐하면 거부는 항상 이미 그 자체가 거부인 어떤 충동(impulsion)의 반복이기 때문이다. 거부의 법은 생성과는 다른, 되돌아오기의 법이다. 그 법은 회귀로서, 전진운동이 불가능한 것으로 드러나는 또 한 번의 즉각적 분리를 위한 것이다. 방금 우리가 상기시킨 일련의 용어들 중에서, **거부**라는 용어가 고고학적으로 의미 생성이 지닌 역동성의 욕동적 · 반복적 · 초-의미적 측면을 지칭하는 데 보다 적절하다. 그것은 로고스가 '관계' · '결합'을 뜻한다는 의미에서 언어 이전의, 논리 이전의 무논리의 '기능'을 함축한다. '분열'과 '분리'라는 용어는 이미 형성된 주체와 의미의 지평에서부터, 말하자면 언어와 주체의 통일성을 고찰하는 관점——규범화된 의미를 만들어 내는 사회성——에서 이 단절을 지칭하는 데 보다 더 적절할 것이다. 왜냐하면 첫번째 용어(거부)는 우리가 그 논증을 목표로 하고 있는 의미 생성의 이질성을 더 적절하게 암시하기 때문에, 그리고 텍스트가 문제되면서 거부라는 용어는 그 속에 무의미의, 언어 이전의 용광로(creuset)를 설치하기 때문에, 우리는 이 용어를 강조할 수밖에 없을 것이다. 그러나 두번째 용어들(분열 · 분리)은 스스로 떨어져 나와 거부의 되돌아옴 속에서 재형성되는 기저에 깔린 통일성을 강조한다. 따라서 과정 속에서의 거부의 재개를 보장하고, 그것이 의미 산출의 모든 가능성이 상실되는 분절 불가능한 욕동성 속에 빠져드는 것을 막는, 뛰어넘을 수 없는 **이성**의 논리적 경계선을 명시하기 때문에, 우리는 그 용어들도 역시 사용할 것이다. 우리의 개념 체계는 이 두 가지 극[욕동과 의식] 사이에서 흔들릴 것이다. 그리고 이 양의성은 분할되고 일원적인 과정 그 자체의 양의성을 나타낼 것이다. 그러나 이 두 가지 줄기가 서로 교차되고 뒤얽히는 한, 후자[의식]가 초벌을 그리는 **이성의 통일성**은 언제나 전자[욕동]가 암시하는 **리듬**에 의해 파열될 것이다. 그렇게 되면 반복적인 거부가 무엇보다도 '운율법'[87]을 통하여 슬그머니 그 속을 파고들어, '유일한' 의미, '유일한' 신화, '유일한' 논리의 정지를 가로막는다.

프로이트가 쓴 부정(Verneinung)에 대한 논문에 따르면, 배척(Ausstossung)은 실제 대상을 그러한 것으로 구성하고, 또한 그 대상을 상실된 것으로 구성하면서 언어 상징적 기능을 구성한다.

쾌락의 자아, 구순기의 포합적인 자아, 통합하기(Einsbeziehung)의 자아는 외부 세계에 관심이 없다. 배척은 결코 완전히 분리되지 않은, 항상 조정 도중에 있는 외부를 구축한다. 그러나 배척은 이미 통합하는 쾌락 원칙에 반대하고, 가장 과격한 외재성을 정착시킨다. 이 외재성과의 투쟁은 새로운 요소를 받아들일 수 있는 그릇 같은 **토포스**[배치형], 즉 과정중인 주체의 유동적인 **코라**의 모습을 그려낼 것이다. 통합하고 동일화하는 쾌락 원칙을 프로이트는 억압의 보조자처럼 생각하였던 것 같다. 배척과 부정 기호로 된 배척의 언어 상징적 표상은, 쾌락 원칙에 대항하여 작용하기 때문에, 억압의 결과에 대항하여 작용하기도 한다. "그러나 판단 기능의 제현실이 가능하게 되는 것은 오직 부정 상징의 창조가 억압의 결과로부터, 또한 동시에 쾌락 원칙의 구속으로부터, 제1단계의 자유로운 사고를 부여받고 난 이후이다."[88]

그런데, 부정 상징을 통하여 상징 기능을 확립하기를 생각하면서, 프로이트가 상징 기능이 배척(Ausstossung : '늑대인간'에서는 배제(Verwerfung)라고 적고 있다)으로 확립된다는 것을 주시하였으나, 이 '행위'의 '욕동적 기반'에 관해서와, 이 '근육운동소'에 작용하는 욕동에 대해서는 아무런 말도 하지 않았다는 사실을, 즉 거부에 대해서 아무 말이 없었다는 사실을 지적해 두는 것은 중요하다. 이 누락의 결과는, 배척을 경유하여, 상징 기능이 구순기와 쾌락을 참조하는 배제(Einsbeziehung) ──통합·합체── 에 대치하게 되는 것이다. 따라서 상징 기능은 모든 쾌락에서 격리되고, 쾌락에 대치되며, 아버지의 장, 초자아의 장처럼 형성될 것이다. 쾌락 원칙의 구속하에 강요된 억압의 결과에 반격을 가하는 유일한 방법은, 상징화의 방법을 통하여, 배척되어 영원히 상실된 대상의 부재를 통한 기호 형성으로서 쾌락을 단념하는 것이다.

이와 같은 해설에서 배제되는 것처럼 보이는 것은 배척의 상징 기능 밑에 깔려 있는 쾌락이다. 이 쾌락은 상징 기능이 억압하고 있지만 그 기능으로 되돌아올 수 있고, 구순 쾌락과 연결되어 있으면서 상징 기능을 교란시키고, 나아가서는 그것을 분해할 수도 있는 것이다. 여하간 이 쾌락은 관념 형성 작용을 '예술적인 놀이'로 변형시킬 수 있고, 욕동의 회귀를 통하여 쌩볼릭을 변질시켜 그것으로 세미오틱의 장치, 유동적인 **코라**를 만들 수 있다. 여기서 문제가 되는 욕동은 항문 욕동, 즉 항문 거부 혹은 항문성인데, 프로이트는 그 속에서 성본능이 지닌 사디즘적인 구성 요소를 찾아내었고, 그것을 죽음의 욕동과 동일시하였다. 우리는 이 항문 거부 혹은 항문성의 중요성을 강조하고자 한다. 쌩볼릭의 확립에 선행하는 이 거부는 그 확립의 조건이자 억압된 요소이기도 하다. 주체의 과정은, 그의 언어와 혹은 상징 기능 그 자체의 과정과 관련되기 때문에——그 지주인 신체의 체제 속에서——이 항문성의 재활성화를 가정한다. 로트레아몽 · 자리 · 아르토——다른 작가들 중에서도 특히——의 텍스트들은 주체의 신체를 요동시켜, 언어 상징적 기능의 전복을 가져오는 항문 욕동을 명시적으로 나타내고 있다. 프로이트가 시뇨렐리[89]의 벽화 앞에서와 마찬가지로, 항문성에 관해서 지키는 침묵은, 이미 사회 조직의 기반에 자리잡고 있음을 지적한 동성애에 대해 그가 취하는 일종의 맹목적인 태도의 징후만은 아니다. 그 침묵은 문학 기능이 상징 기능의 전복이자 주체의 과정인 한에서, 문학 기능에 대한 정신분석의 침묵과도 밀접한 관계가 있다. 물론 정신분석은 문학 속의 환몽(fantasme)을 논할 것이지만, 환몽과 밀접한 관계를 맺고 있으면서 쌩볼릭과 언어를 해체하는 주체의 체제에 대해서는 결코 거론하지 않을 것이다. 그런데 현대 텍스트 속에서, 쌩볼릭을 변질시키기 위한 거부의 회귀와 그와 함께 승화가 죽음의 욕동, 생체와 주체의 파괴를 동시에 증언한다면, 이러한 '공격성,' 이러한 '사디즘적 구성 인자' 가 은닉하고 있는 향락을 어떻게 무시할 수 있겠는가? 텍스트가 언어를 통하여 표방하는 파괴의(아니면 '죽음의 욕동' 의) 향락은 억압-승화된 항문성의 발굴을 경유한다. 이것이 의미하는 것은, 새로운 세미오틱의 망으로 배치되기 이전, 즉 '작품' 이라는 새로운 구조를 형성하기 이전에, 아직 언어적 상징화가 되지 않은 욕동과 '일차 상징화의 잔해들' 은, 발굴된 항문성을 통하여, 그리고 동성애의 사정을 잘 알고 있는 입장에서, 의미 생성과정의 모든 정지들(기호 · 언어, 자기를 확립하는 가족 구조)을 공격한다는 것이다.

여기서 우리는 거부와 향락이 상징 기능과 그것의 재검증(mise en

procès) 속에서 맡고 있는 역할을 좀더 자세히 상기해 볼 수 있을 것이다. 성본능의 사디즘적 구성 요소는 구순기와 마찬가지로 생식기 (phase génital)에도 암암리에 나타난다. 하지만 그것은 항문기를 지배하고, 리비도 체제 속에서 필수 불가결한 것이 된다. 그런 점에서 프로이트는 "대상의 전적인 분리 이전에 자아 쪽으로 방향이 정해진 일차 사디즘의, 따라서 일차 매저키즘의 가능성"[90]을 인정한다. 우리가 **거부**라는 낱말로 지칭하는 것은 이러한 항구적 공격성의 세미오틱적 양상과 그 **조정**의 가능성, 따라서 그 **쇄신**의 가능성에 지나지 않는다. 거부가 파괴자, '죽음의 욕동'이라면, 그것은 재활성화의, 긴장의, 삶의 메커니즘 그 자체이다. 거부는 긴장의 균등화 상태, 무기력 상태, 죽음의 상태와 가까워지면서 긴장과 삶을 **영속시킨다.**

정신분석이 항문기라고 지칭하는 것은 오이디푸스 콤플렉스의 갈등 이전에 위치하고, 프로이트 학설에 의하면 '자아'와 '이드'의 분리 이전에 위치한다는 사실을 상기해 두자. 그것은 유아적 리비도에게는 보다 광범위하고 기본적인 한 시기를 전부 포괄하는 단계로, 오이디푸스 콤플렉스가 시작되기 이전에 우세한 **사디즘**(구순 · 근육 · 요관과 항문의 사디즘)의 시기이다. 항문이 최후에 억압되는 것이고, 또 그런 의미에서 가장 중요한 이 모든 형태 속에서 표면화되는 것은, 에너지의 압박과, 충전이 만들어 낸 구강 · 요도 · 항문 괄약근과 근육운동 체계의 에로스화이다. 이 욕동들은 괄약근을 관통하고, 그러면서 신체에 속해 있던 물질들이 몸에서 분리되어 외부로 내던져지는 바로 그 순간에 쾌락을 불러들인다. 상실, 신체의 분리, 그리고 신체 바깥으로 대상을 격리시키기와 일치하는 강렬한 쾌락을. 앞으로 실제 대상이 될 것은, 신체 그 자체로부터 분리된 이타성의 조정에 앞선, 분리의 기본 체험이다. 이 분리는 결여가 아니라 방출이고, 박탈적이기는 해도, 쾌락을 불러들인다. 정신분석가는 이 환희적 상실이 배척된 대상에 대한, 외적인 모든 대상(부모를 포함한)에 대한, 그리고 그 자신의 신체 자체에 대한 공격처럼 느껴지는 것이라고 가정한다. 이때의 문제는 어떻게 이 '공격성'에 제동을 거느냐 하는 것이다. 이 말은, 어떻게 거부가 불러들이는 이 쾌락에 제동을 거느냐 하는 것을 의미한다. 그리고 이 쾌락이 지닌 양면성(신체의 향락 플러스 신체 부위들의 상실)은 욕동을 특징짓는 쾌락과 협박의 매듭이다. 오이디푸스 콤플렉스의 '정상적인' 길은 오이디푸스기에 자신의 육체를 부모 중의 한 사람과 동일시하는 데 있다. 그와 동시에 거부된 대상은 결정적으로 분리된다. 그것은 단지 거부된 대상이 아니라 물질적 대상으로 제거된 대상이다. 그 대상은 '마주하고 있는 타자'이고, 그 타자와는 오직 한 가지 관계, 즉 기호, '부재상태인' 언어 상징의 관계만이 가능하다. 이와 같이 거부는 기호-생성의 도상에, 즉 대상의 도상에 있고, 이때 그 대상은 신체에서 분리되어 실제 대상으로서 격리될 것이다. 달리 말해서, 그리고 동시에, 거부는 **초자아**를 설정하는 과정에 있게 된다.

그렇지만, 유아 정신분열증의 증례들이 보여 주듯이, 거부의 폭력과 거부가 만들어 내는 항문 쾌락의 폭력은 너무나 격렬하여, 오이디푸스기의 자기 동일화가 의미할 수 있는 실제 대상의 확립으로서 그것들을 흡수하고 상징화할 수가 없다. 거부가 되돌아오면, 그것이 불러일으키는 쾌락은 신체를 거부 속에 고정시켜서, 신체가 거부에 대해 제거나 억압으로 자신을 '방어'할 수 없게 만든다. 거부와 그것의 심적 측면인 사디즘은 되돌아와서, 오이디푸스 콤플렉스화가 형성한 상징적 연쇄들을 교란시킨다. 그뒤에 나타나는 행동의 '혼란'을 멜라니 클라인은 공격성의 위험을 피하려는 생체의 '방어'라고 해석하고 있다. 그러나 이 정신분석가는 "이 방어는 **폭력적인** (인용자의 강조) 성질을 지녔고, 언어적 상징화가 형성하는 억압의 매저키즘과는 다르다"[91]는 것을 인정한다. 그런데 이러한 '방어들'은 '폭력적' 욕동의 과정에 대한 저항이자, **정립적 대체물**들이다. 이것들은, 예방이라는 심리적 가치를 갖기는커녕, '사디즘적' 욕동의 충전을 **배치시키고,** (오이디푸스 콤플렉스의 경우에서처럼) **초자아**의 구성이 포섭하지 못하는 거부를 **분절시킨다.** 단어의 변형, 단어와 구문의 반복, 과도한 근육 사용 혹은 동일한 동작을 반복하는 상동증(stéréotype)은 **세미오틱의 망——코라——**의 형성이다. 그것은 동시에 언어적 상징화와 아버지의 법에 의해 형상화되어, 언어 학습에 의해 고정되어 버린 초자아의 형성에 도전한다.

언어 습득과, 특히 언어의 규범성을 형성하는 통사 구조의 습득은 사실상 거울 단계와 병행한다.[92] 언어 습득은 항문성의 제거를 전제로 한다. 다시 말하면 언어 습득은, 거부된 대상의 결정적인 분리를 통하여, 기호 밑에 깔린 그것의 억압을 통하여, 상징화의 능력을 습득하는 것이다. 거부와 그것이 괄약근 속에 만들어 내는 성적 쾌락의 회귀는 모두 이 상징능력과 그것을 완성시키는 언어 습득을 교란시킨다. 거부는 언어 체계 속을 파고들어 자리를 잡으면서 언어 습득을 지연시키거나, 분열증 어린이의 경우에는 그 습득을 방해한다. 성인의 경우, 승화되지 못하고 상징화되지 않은 항문성의 이러한 회귀는 의미화 연쇄의 선조성(linéarité)을 파괴하고, 그것을 철자 오류나 어법에 어긋난 말(glossolalie)로 가득 채운다. 이런 의미에서, 간투사들, 현대적 페노-텍스트를 가로지르고,[93] 아르토의 경우에는 운율을 지닌 가래침뱉기가 되는 이 세미오틱 장치들은, 초자아에 대항하는 승화되지 못한 항문성의 투쟁을 표현한다. 이념적으로는, 이러한 의미화 연쇄의 변형이 억압된 사디즘, 즉 사회기구들 밑에 깔려 있는 항문성을 공격하고 선동하여, 그 베일을 벗긴다.

거부의 존속을 가능케 해준다고 생각되는 양태로는 두 가지가 있다. 거부가 가져온 파열을 조화시키고, 긍정하고, 편집증적인 아버지의 통일성 밑으로 제거해 버리지 않고 그것을 긍정화시키는 한, 그 두 양태는 거부의 존속을 가능케 하는 것 같다. 이 긍정화의 양태 중 하나는 구순화, 즉 어머니 몸과의 다시 만남이다. 다시 찾게 된 어머니의 육체는 더 이상 생식기적인, 움푹 들어가고 질을 가진, 배척하고 거부하는 육체가 아니라, 목구멍·목소리·젖가슴——음악·리듬·운율법·철자 오류(paragramme), 예언적인 비유의 모형——이다. 말하자면 거리를 둔, '의미를 만들어 내는,' 현실이 아니라면 실제적인 근친상간의 오이디푸스 콤플렉스이다. 이 긍정화의 또 한 가지 양태는 첫번째 양태와 분리될 수 없는 것으로서, 형제들의 육체와의 다시 만남에서 나타나고, **동성애적인 씨족을 형성하는** 것에서도 나타난다. 그것은 **한 가지 논리, 한 가지 장치, 한 가지 도덕, 한 가지 시니피에**이지만 비판적인, 투쟁적인, 혁명적인 **또 하나의** 시니피앙을 강요하기 위하여 '一者,' '아버지'의 살해를 영원히, 쉬지 않고 끝없이 추구하게 될 것이다. 바로 이것이 프로이트가 말하는 원시집단[94]의 부족들, 혹은 피렌체에 있는 미켈란젤로의 '켄타우로스들[95]의 투쟁' 같은 것이다. 이 두 양태는 거부의 행로에서, 의미 생성의 과정을 공동체 내에서 사용되는 제품으로 만들면서 실현시키는 텍스트들의 두 가지 측면, 즉 '시적' 측면과 '제어적' 측면을 지적한다. 텍스트의 시적 측면에 포함되는 것은 《말도로르의 노래》 속의 문장의 각운 세분화(부드럽게 말하듯이), 말라르메의 독특한 운율법, 그의 작품 《에로디아드》의 결빙, 그리고 고답파 시인들의 부러움을 사던 메리 로랑[96]의 풍만한 세련미, 세련된 재치와 속물 근성(금지되고, 이상화된 구순기의 어머니의 지표)에서부터 말라르메에게서 볼 수 있는 성문(聲門)의 경련[97]까지이다. 다른 한편, 로트레아몽에게 있어서는, 교살된 자의 기만적인 애인이지만, 망망대해 같고 복종적인 어머니도 이 시적 측면에 속한다. 말라르메의 《한 번의 주사위 던지기》와 《이지튀르》에서 드러나는 헤겔의 철학,[98] 작품 《책》에서 볼 수 있는 수도사, 성사(聖事), 종교 의식의 부름, 로트레아몽의 《시》가 드러내는 파기되어 다시 복원된 논리——이런 것들은 첫번째 양태의 안쪽(doublure)과도 같은 두번째 양태, 즉 '제어적' 양태를 지적하고 있다.

구순화는 거부의 근본적 사디즘과 그 의미가 지닌 승화의 매개일 수도 있다. 이것은 우리가 '상징주의 시'의 조류에서, 예를 들면 말라르메의 작품 속에서 발견하게 되는 멜로디, 조화, 리듬, '부드럽고' '듣기 좋은' 음들, 시적인 음악성을 해석할 수 있는 구순화와 같은 것이다. 거부의 공격성은 어머니의 육체와의 융합, 탐욕스러운 융합의 시도에 의해 유지된다. 말라르메의 전기는 이러한 융합의 시도에 대한 사실적 증거를 제공해 준다.

구순적이고 성문적인 쾌락의 회귀는 초자아와 그 선상 언어(language linéaire)를 공격하는데, 그 언어를 특징짓는 것은 그 구문의 주어/술어의 연쇄이다. 말하자면 빨기 혹은 내뱉기, 어머니의 젖가슴과의 융합 혹은 거부는, 발성기구의 이러한 에로스화의 기반에, 그리고 발성 기구를 통하여 언어 질서 속에 과도한 쾌락을 도입하기의 기반에 존재하는 것 같다. 그리고 이 과도한 쾌락을 표시하는 것은 음성적 질서의, 형태론적 구조의, 나아가서는 통사의 재편성(조이스의 혼성어, 말라르메의 구문)이라고 생각된다.

구강화는 제일 먼저 발달된 지각기관으로서, 유아에게 있어서는 외부뿐만 아니라 **타자**와의 첫번째 접촉을 확보해 준다. 어머니의 몸과의 생물학적으로 피할 수 없는 접촉 내지 융합을 확립시키는 데 목적을 둔 구강의 '파들어가기' 운동은 6개월에서부터는 **부정적인** 가치를 갖게 된다. 이 나이에 머리를 흔드는 것은 15개월에 '의미를

지닌,' 추상적 '아니오'를 나타내기 이전의 거부를 제시한다.[99]

융합적인 구순성과 거부하고 부정하는 탐욕적인 구순성은 이처럼 긴밀하게 뒤얽혀 있고, 그 다음에 오는 항문기 동안에도 그러하다. 항문기는 신체에게 그 외부와 타자와의 이탈관계――항상 이미 부정적인 관계――를 확보해 주면서 공격성이 강조될 수 있게 한다. 따라서, 거부보다 더 시원적인 것으로 인정된다 해도 융합적 구순과 그것이 **강화하는** 리비도 욕동은 거부에 의해 **지탱되고**, 주체의 언어 상징적 기능의 발생 속에서는 거부에 의해 **한정된다**.[100]

뒤얽힘의 해소를 통하여, 아니면 또 다른 이유로, 여러 가지 욕동을 지닌 **거부**가, 더 정확히는 욕동의 부정적 충전이 강조될 경우, 이 부정적 충전은 그 통로로서 에너지를 짧은 시간의 압력으로 재빨리 방출하는 근육 장치[101]를 채택한다. 그림을 그리거나 춤을 추는 몸짓은 바로 이러한 메커니즘과 연관된다고 할 수 있다. 그러나 거부는 발성기관도 통과할 수 있다. 오직 구강과 성문만은 연결된 에너지를 유지할 수 있는 고유한 능력을 갖지 못한 체내기관들이다. 구강과 성문은 각 언어에 고유한 음소들의 유한적인 체계를 통하여 그 음소들의 빈도수를 증가함으로써, 형태소의 선택을 규정하는 음소들을 집중시키거나 반복함[102]으로써, 특히 '차용된' 여러 형태소를 한 개의 어휘소로 압축함[103]으로써 에너지 방출을 자유롭게 한다. 이런 점에서 구강을 투여하고 있는 거부는 구강 내에, 그리고 구강을 통하여, '리비도적인'·'통일적인'·'긍정적인' 욕동을 눈뜨게 한다. 이 욕동은, 더 이른 단계들의 경우, '파들어가기'라는 최초의 운동 속에서 그와 동일한 공동성(cavité)을 특징짓는 것이다. 거부는, 그것이 만들어 내는 새로운 음성적·운율적 망을 통하여, '미적' 쾌락의 원천이 된다. 이리하여 거부는, 의미의 선을 이탈하지 않은 채, 그 선 속에 항문에서 입까지의 몸 전체를 관류하는 욕동의 흐름을 각인하

면서, 그 선을 오려내고 재편성한다.[104]

그러므로 거부는 이러한 배척 ──Ausstossung, 혹은 Verwerfung ──이 구성된 주체의 영역 속으로 회귀하기라고 말할 수 있을 것이다. 거부는 실제 대상들을 재구성하고, 새로운 실제 대상들을 '창조하며,' 현실에 새로운 의미를 부여하여 그것을 재상징화한다. 그렇게 하면서 거부가 정신분열증 유형의 역행적 진전과정을 상기시킬 경우, 거부는 그 과정을 긍정화한다. 그 이유는 거부가 의미의 영역 속에 그 과정을 도입하면서 긍정하기 때문이다. 이때 의미의 영역은 분리되고, 분할되어, 재검증을 받는다. 거부의 상징화는 유지할 수 없는 모순의 장으로, 오직 제한된 수의 주체들만이 거기에 이를 수 있다. 거부가 '체외 축출'의 계기,[105] 즉 아르토에게 있어서는 '가래침뱉기,' 바타유에게 있어서는 '배변'의 계기를 포함할 경우, 이 동적인 에너지의 방출, 이 신체의 경련은, 이미 분리된 기호 그 자체 속에, 언어 속에 투여되어, 그 속에 사물과 낱말의 분리를 만들어 내는 메커니즘 자체를 재도입하고 그것을 확대시킨다. 다시 말하면 **음성적 특색**(말라르메의 텍스트들이나 로트레아몽의 《말도로르의 노래》에서처럼)과 **논리적 특색**(뒤카스[106]의 《시》에서처럼)을 확대하고 분해시켜 재조정한다. **거부**는 분할된 언어 속에 재도입되어 반복된다. 상징 체계의 형식주의적 이론에 고유한 단순화는 의미 생성의 과정 속에서 오직 하나의 **텍스트** ──약호화되거나 아니면 표지들의 변칙적인 분배라는 의미에서 ──만을 보기 때문에, 한편으로는 신체와 자연, 다른 한편으로는 쌩볼릭과 사회적 요소 사이에 양다리를 걸치고서, 특수하게 그것들 각각 속에서 텍스트를 생산해 내는 욕동적 **거부**를 알아보지 못한다. 반대로 이러한 '질서들'의 변증법적인 상호 이질성을 인정한다는 것, 그것은 무엇보다도 거부 ──항문적·사디즘적·공격적 거부 ──가 '대상'과 '기호'를 조정한다는 것을 지적하고, 또 거부가 환몽 체계 또는 객관적 현실을 포함하고 있는 **실재**를 구성한다는 것을 알려 준다. 이런 점에서 주체에게는 두 가지 가능성이 주어지는 것 같다.

한편으로 주어는 다른 곳, 말하자면 거부를 넘어서 현실 속을 통과하면서 분리·분열의 행로를 영원히 제거한다. 그것은 거부를 오직 **메타**-의 모든 논리 ── 메타-주체·메타-언어·메타-물리학 ── 가 사물화되는 실재 속에서 '참여하기'에서 생긴 파생물 또는 부수적인 양상처럼 체험하기 위해서이다. 이때 주체는 아버지의 법 아래 자리잡고, 스스로 이 편집증과 그것을 함의하는 동성애를 동시에 받아들이는데, 동성애의 승화 형태는 그 토대가 매우 허약할 뿐이다. 그것이 바로 도시국가의 법이라는 이름으로 자기 어머니를 살해하는 오레스테스[107]이다.

다른 한편 주체는 계속 거부에게로 되돌아오고, 그리하여 의미 산출에 의해 명백해진 편집증적 동성애 아래에서 분열이라는 정신분열증적 계기에 감염이 된다. 이 경우, 아르토의 파열되고 미이라화된 육체보다 앞서서 말라르메의 고통스러운 육체가 이 통일성의 상실을 증언해 준다.

이 과정의 장이 되는 '등장 인물'을 생각한다면, 우리는 정상적인 의식으로는 용인할 수 없는 한 다형현상(polymorphisme)의 표상을 얻어낼 수 있다. 그 현상은 온갖 종류의 도착증을 체험하지만 그 어느것에도 집착하지 않으며, 모든 악덕을 가로지르지만, 그 중 어느 것도 받아들이지 않는다. 그것은 자기 동일성을 갖지 않고, 정직하지도 않고, 인공의 예지이고, 내면성이 없는, 항구적 거부이다. 사회 집단과 그 집단이 알지 못하는 것이 아니라 오히려 이용하고 있는 편집증적인 현실에게는 참아낼 수 없는 괴기함인 바로 그런 거부를 항상 전통이 드러내 보여 주었다. 헤라클레이토스의 '인간 혐오'에서부터 《라모의 조카》의 악의와 《배우의 역설》[108]에 이르기까지.

　그리스의 전통에서는, 현재 우리에게 남아 있는 헤라클레이토스의 단편들이 억제된 이성의 내부에서의 '자아의 비대'[109]와 그 분리 과정을 동시에, 가장 가까이서 포착한 것들이라고 생각된다. 따라서 이성을 떠나지 않은 채, 헤라클레이토스는 플라톤과 스토아학파들이 우리에게 이해시켰던 것과 같은 의미에서 이성으로 논리적 통일성을 만든 것이 아니라, 분리상태에 있는 것 ——단어들과 사물들, 사물들 사이의 사물들과 단어들 사이의 단어들, 한 단어가 말하는 사물의 거부, 말해지거나 말해지지 않은 하나의 다른 단어의 거부로서의 단어 ——을 다 함께 말하는(승인하는) 분할된 진술, 반-론(contre-dire)을 만든다. 오직 '능숙한 자,' 진술의 기술에 정통한 자만이 이러한 '시적' 예지에, *τò σοφόν*에, '예술'에 도달한다. 이것은 '예술'이 거부 속에 단어들을 보존하고 있으므로 담론 위의 담론이라는 의미인가? 담론은 과정의 표상들 중의 하나로, 현상적이고 언어를 사용한 한 표상에 불과하다. 메타 언어가 언어에서 출발하여 문체·논리·어원의 문제들을 파헤치면서 그 과정을 파악할 수밖에 없을 경우, 담론이 재연하는(re-joue) 분리는 로고스와 그 승인을 소멸시키는 언어적 상징 이전과 언어적 상징 내에 있는 거부를 가리킨다. 그것은 상징화되지 않고 상징화할 수 없는 분열을 가리키고, 하나도 다수도 아닌 무가 아니라 사변적 철학이 말하는 '무한한 허무'를 가리킨다. 우리는 이 허무를 항상 이미 분열상태에 있는 물질처럼 조정할 것이고, 그것을 출발점으로 하여 반복된 거부들은 정립적 로고스와 그 파열을 생성하게 될 것이다. 헤라클레이토스의 예술은, 로고스를 통하여, 프로이트의 몇 가지 형식화[110]가 무의식에 연루시키는 시작도 끝도 없는 이 분리를 계승하는 실천이다. 헤라클레이토스의 단편들 중 하나는 다음과 같이 진술하고 있다. '내가 귀를 기울였던 모든 담론 중 어느 한 가지도, 모든 것에서 분리되어, 예술이 되게 하는 요소를 식별할 정도에까지 이르지 못한다."[111] 모든 것에서 분리되어, 예술이 되게 하는 요소——욕동적 물질——를 그 어떤 담론도 식별하지 못한다. 그 요소는 '一者'와 담론에 반론을 제기하지만, 그 속에 기재되었다가 다시 그것들을 거부하기(그것들로부터 거부당하기) 때문이다. 이암블리코스[112] 역시, 이성 속에서 거부를 완수하는 특이하고도 희귀한 인간은 물질을 바탕으로 하여 그렇게 한다는 사실을 넌지시 강조하면서, 헤라클레이토스에 동조한다. 그 특이한 인간이 물질을 능가한다 해도, 물질은 그 인간의 조건이다. 물질은 스스로를 배척함으로써, 또 그 인간을 배척함으로써 그러한 인간을 만들어 낸다. "그러므로 나는 두 종류의 희생제의를 설정한다. 한편으로는 헤라클레이토스가 말한 것처럼 특이한 인간도 좀처럼 완수할 수 없는 완전히 정화된 사람들, 아니면 우리가 손꼽아 셀 수 있는 몇몇 사람들의 희생제의를, 다른 한편으로는 물질 속에 그대로 남아 있는 희생제의를."[113]

지금까지 우리는 프로이트가 말하는 배척의 개념을 추적해 보았다. 이제 그 개념을 이 장의 시작에서 **부정성**의 윤곽을 그려 볼 수 있게 해준 헤겔 속에서 다시 한 번 부각시켜 보자. 헤겔의 논리학에서 **배척(혐오감)**은, 부정성에 내재하면서, 우리가 거부라는 용어로 지칭하였으나 그것과도 꼭 일치하지 않는 그 무엇에 가까운 어떤 운동을 지칭한다. 헤겔에 있어서 **배척(혐오감)**은 '一者'와 그 자신과의 부정적인 관계이고, 또 그런 점에서 '존재'에서 '무'로의 변환'[114]인 **생성**과도 다르다. 따라서 헤겔적인 배척은 '一者'의 근본적인 한정, '一者'의 단편화이지만, 그 배척이 그 '一者'의 유지를 확보하고, 혐오감을 전제로 한 흡인력을 통해서 '一者들'의 증식을 산출한다.

결국 우리가 알게 된 것은 헤겔적 혐오감은 언제나 '단일성(Unici-té)'에 종속되어 있다는 사실과, 또 그 단일성 내부에서 활동하기 시작하는 혐오감은 외부적인 다양한 의미를 첨가하면서, 그 단일성을 오직 **외적**으로만 문제삼는다는 사실이다. 반박할 필요도 없고, 또 헤겔 자신도 강조하고 있는 사실은, '배척=혐오감'이 칸트의 분석론과는 반대로 부정성을 근원적으로 내면화한다는 것이다. 칸트의 분석론에서는 "배척이 물질에게 부여하는 두 가지 근원적인 힘은 지속적으로 외재적이고, 서로가 상대에 대해 독립적이며,"[115] 그리고 "배척력은 **표면적인** 힘이어서, 그 덕분에 물질들은 그것들이 공유하는 접촉 면적의 층위에서만 서로서로에게 작용할 수 있다."[116] 그러나 헤겔은 배척=혐오감을 '一者' 그 자신 속으로 내면화시키고, 배척으로 '一者'의 정확성, 그의 한정, 궁극적으로는 그의 자기 동일성의 메커니즘을 형성한다. 그렇게 함으로써, 헤겔은 배척=혐오감을 우리가 '언어 상징적 기능'이라고 불렀던 것에 종속시키고 있다. 그와는 반대로 프로이트는, **배척**을 언어 상징적 기능의 형성에 있어서의 본질적 계기로 생각하면서, 변증법적 논리와 결부시킨다. 다만 프로이트의 경우, 배척을 작용하게 만드는 것은 바로 욕동에 기반을 둔 '또 하나의 장면(autre scène)'이다. 헤겔로서는 이와 같은 타율성을 염두에 두지 않았기 때문에,[117] 프로이트가 윤곽을 그려낸 배척의 외재성을 제거할 수밖에 없었던 것이다. 어떻게 해서 그런지 알아보자——헤겔에 있어서 분리는 즉자로서의 '一者'가 무엇인가에 대한 설명이 되고, 또한 이처럼 항상 이미 구성되어 버티고 있는 이 '一者'의 바깥으로 내보내진다. 분리는 외재화되고, 그것이 지닌 변증법적 결과로서 외재성에 도달한다. '一者'의 자기 배척=혐오감은 '一者'가 그 자체로서 무엇이라는 것에 대한 설명이다. 그러나 분리상태처럼 조정된 무한성은 **그것 자체와는 무관하게 되어 버린** 무한성이고, 그것은 '무한' 과 '一者'의 직접성(immédiateté)을 통하여 이루어진다. 배척=혐오감은 '一者'와 '一者'와의 단순한 관계일 뿐만 아니라, (그보다는) '一者'와의 절대적인 관계의 부재이다. 전자의 경우 문제가 되는 것은 '一者'와 '一者'와의 긍정적인 관계이고, 후자의 경우는 보다 단순하지만 부정적인 관계이다. 달리 말해 보면 '一者'의 복수성은 스스로 조정되는 일자의 행위이다. '一者'라는 것은 '一者'와 그 자신과의 부정적 관계에 지나지 않으며, 또 '一者' 그 자체 속에서의 이 관계는 다수의 '一者'이다. 그러나 또 한편 '一者'의 다수성은 완전히 외적인 상태이다. 왜냐하면 '一者'는 정확히 타자 존재(l'être autre)의 제거에서 유래하고, '一者'의 배척=혐오감은 '一者' 그 자신과의 관계와 자신과의 단순한 일치에서 유래하기 때문이다. '一者'의 다수성은 하나의 모순처럼 고지식하게 표명되는 무한성을 나타낸다.[118]

헤겔이 고려하지 못한 것은 배척=혐오감이 그 자체로의 회귀를 통하여, 다시 말해서 '一者'를 조정하고 증식하는 그 자체에 고유한 잠재력에 역행하여, '一者'가 파열하는 순간이다. 따라서 쌩볼릭 형성의 기반으로서, 그 형성을 과정 속에 유지시키면서 끊임없이 그것을 침식하는 쌩볼릭의 이질적 세분화도 고려하지 못한 것 같다. 이 세분화는 또한 헤겔은 '一者'라는 한계와, 그 한계를 뛰어넘는 무-분별적·무-관계적·무-매개적 돌파의 동시성도 생각지 못하였다. 그리고 범주적 한계('내부'·'하나'·'다수' 등)를 가로지르고, 거부가 바로 텍스트의 '정신분열증적' 과정 속에 끌어들이는 '하나의' 의미의-무의미의-형성해체의 가능성도 염두에 두지 않았다.

헤겔 변증법의 이념적 폐쇄성은, 부정성을 이념적 통일성의 그 자체로의 반복으로밖에는 설정할 수 없는 것에서 기인하는 것 같다. 부정성이 이처럼 실제로 폐쇄되어 있는 외재성은, 수많은 우회에도 불구하고, 부정성의 행로가 귀착하게 되는 이념적인 감금과 밀접한 관계를 맺고 있다. 반복된 거부는, 일련의 다수적 '一者들'을 순수하고 단순하게 재건하기는커녕, '통일성' 속에, 그리고 그것을 통하여——우리는 '의미화 단위'와 '주관적 단위'를 넘어서라고 말하고 싶다——**반복적 분열이라는 물질적 과정**을 펼치게 된다. 이 반복적 분열은, 의미를 갖지 않고 욕동을 따라 움직이지만, 그러나 객관적인 법칙의 규칙성을 따라서 작용하고, 언어 상징적 통합을 통하여, 그 과정이 그 안에서 만들어 내는 새로운 열상(déchirures)과 배열로써, 그 과정의 맥박을 상기시킨다. 바로 이것이 반복 강박에 대한 프로이트의 입장이 가능케 해주는 유물론적 해석을 바탕으로 해서 우리가 시사하고자 하는 것이다.

실제로 프로이트에게 있어서 배척(Ausstossung) 또는 혐오감(Verwerfung)이 기호를 설정했을 경우, 그것들은 기호 이전에, 말하자면 '객관적으로,' 자연과 사회의 구속에 복종하며 살아가는 한 물질의 운동 속에서 이미 기능하고 있다. "그 발전과정(분리된 것으로서의 현실의 구성)을 이해하려면, 모든 표상은 지각 속에 그 기원을 두고 있고, 재생산을 위한 것이라는 사실을 상기하지 않으면 안 된다."[119]

혐오감은 기호·주체·판단을 확립하고, **그와 동시에** 상징으로 표현되지 않은 생명체의 반복된 분열을 가리키며, 또한 생체를 넘어서 무기질을 겨냥한다. 이런 식으로 모습을 드러내는 욕동은 의미를 만드는 신체를 맨 먼저 생물학적 무-의미 생성(a-signifiance)에 반송하고, 종국에는 죽음에 반송하는 초-언어적 상징 속에서 작용한다. 더구나 '죽음'으로 표상되는 것은 아마도——많은 '문학' 텍스트들이 증언하듯이——이 거부의 언어화, 신체의 통일성을 포함한 온갖 통일성으로 다양해진 이 단절의 언어화에 지나지 않을 것이다. "이제는 현실의 탈형체화에 대해서, 일종의 단절에 대해서 말해야 할 때인 것 같다. 이 단절은 사물들과 그 사물들이 우리의 정신 속에, 즉 그것들이 점령할 수밖에 없는 그 장소에서 만들어 내는 감정 사이에서 증가되도록 적용된 것이라고 말해야 할 것이다."[120]

프로이트는 거부의 집요하고도 구속적인 회귀, 그 '반복 강박'을 심적 기능의 '궁극적인' 메커니즘 중의 하나이고, '쾌락 원칙'보다 더 본질적인 것으로 제시하고 있다. 그는 이 회귀 내지 반복 강박을 오직 '악마성'으로, 혹은 무기체적 형태들과 그 상징적 표현능력의 재빠른 진화를 중단시켜 무력증과 항구성 상태로 되돌아가는 것을 목표로 삼는 유기체 생명에 내재하는 한 경향처럼 특징짓지는 않았다. 이와 같은 형식화를 통하여, 프로이트 자신이 그런 것이라고 인정한 죽음에 관한 사변을 넘어서,[121] 그리고 '정신분열증'에 대한 관찰에서부터 시작하지만, 현대 텍스트부터는 더욱더 우리의 관심을 끄는 것으로 나타나는 것이 하나의 객관적인 법의 확증이다——거부는 물질에 특유한 운동으로서, 분화된 그 형태들과 그 형태들이 지닌 상징적 표출을 생산한다. 그와 동시에 거부는, 반복을 통하여, **항구성의 문턱**, 즉 한계·유보(retenu)를 확보하고, 그것들을 둘러싸고 차이——상징화의 길——가 형성된다. 그러나 이 **욕동적** 탕진은, 쌩볼릭과 그 차별화를 설정하면서——특히 텍스트 속으로——회귀하여, 차이를 파열시키고, 차이의 놀이를 통해서 조용히 그것을 작용하게 하는 요소, 즉 물질의 분열을 도입한다. 프로이트가 **이드** 속에, 혹은 **무의식** 속에 위치시킨 바 있는 이 분열이 언어 상징적 놀이의 차별화 속에 침투한다는 사실은 무한한 총체성 속에서 실천된 의미 생성의 과정에는 무의식이 없다는 사실을, 다시 말하면 텍스트에는 무의식이 없다는 사실을 단언할 수 있게 해준다. 반복되어 되돌아온 거부는 억압과 대치하고, 그리하여 프로이트의 용어에 따르자면, '자유로운 에너지들'을 '구속된 에너지들' 속에 재도입한다.

지금 우리는 **의미화 과정**(procès signifiant)이라는 개념의 한 교차점에 와 있다. 이 과정의 강력한 메커니즘인 거부는, 프로이트적인 견해로는 **욕동적인 것**이기 때문에 이질적인 질서에 속한다. 이것은 거부가 '심적인 것'과 '신체적인 것' 사이의 가교 역할을 한다는 것을 의미한다. 그 증거로는, 이 두 가지 '질서'의 대치관계가 유지되기 위해서 변증법적으로 발전한다는 사실이다. 그리고 '시니피앙'은 오직 물질적 거부의 무한한 반복의 **정립**――조정――으로만 나타난다. 이때 항상 이미 분열·이중화·거부상태에 있는 '자유로운 에너지'는, '단위들'을 그 속에 결정(結晶)시키려면, 자연적이고 사회적인 **구조의**, 프로이트의 용어로는 '교란시키는 외적인 힘'의 벽에 부딪힌다. "반복 강박의 다양한 표명은 (……) 매우 높은 단계에서 욕동적 특징을 나타낸다. 그 표명이 쾌락 원칙과는 반대로 작용하는 경우, 그것은 일종의 악마적인 힘이 활약하는 것 같은 인상을 준다"[122]라고 프로이트는 지적한다. 이에 앞서 그는 다음과 같이 밝히고 있다. "반복 강박의 욕동적 특징이 보여 주는 긍정적인 면을 어떻게 이해할 것인가? 이러한 관점에서 우리는 지금 욕동의 일반적 속성과, 아마도 총체적인 유기체 생명의 속성의 흔적과 마주하고 있음을 가정하지 않을 수 없을 것이다――이 속성은 여태까지 분명히 인정되지 않았거나, 적어도 명백하게 형식화되지도 않았다. 이처럼 하나의 욕동은 이전의 상태를 복원하려는 유기체 생명에 내재하는 성향이고, 그 상태를 살아 있는 유기체는 교란시키는 외적 세력의 압력을 받아 거부하기에 이르렀던 것 같다. 다시 말하면 그것은 일종의 유기체적 탄력성이거나, 아니면, 달리 말해서 유기체적 생명에 내재하는 무력증(inertie)의 표현이다."[123]

프로이트 이후 체제 순응적 정신분석은 '**이드의 저항들을 끝장내기**'의 방향으로 들어섰다. 이러한 정신분석은 그 저항들을 해석하고, 이른바 '행위'의 영역에서 욕동적 거부를 제거하며, 그것을 '의미 있게 만들고,' 아니면 '미묘한 뉘앙스를 갖게 한다.' 원칙으로 확립되었을 때, 이 거부의 '표준화'는 의미 생성과정의 '돌격전선'을 파괴하는 데 기여한다. 반대로 거부가 그 과정의 본질적 운동성에 되돌려진 경우, 그리하여 거부가 필연적으로, 무의식적으로 또는 자발적으로 의미화 과정의 보존되고 보강된 행위자가 되는 경우에, 거부는 새롭고 쇄신적인 문화·사회적 형성물을 산출하고, 그리고 우리가 다음에 논하게 될 특수한 조건 속에서는 전복적인 문화·사회적 형성물을 생산한다.

이 거부의 회귀·배척(Verwerfung)에 의해 이미 형성된 쌩볼릭을 과정 속에 집어넣는 이 **거부의 과잉**은 어떤 식으로 담론 속에서 나타나는가? 판단에 내재하는 언어 상징적 부정과는 다르고, 그리고 협박당한 주체에 의해 지원을 받는 텍스트의 부정성은 어떤 것인가? 부정성에 대응하는 리비도의 조직은 어떤 것이고, 담화 체제는 어떤 것인가?

'부인(La dénégation)'에 관한 논문에서 프로이트는 언어적 상징화는 쾌락의 억압, 성적 욕동의 억압을 내포한다고 말하고 있다. 그러나 이 억압은 절대적인 것은 아니다. 프로이트는 완전한 억압은 (그것이 가능하다면) 상징 기능을 방해하는 결과를 낳게 될지도 모른다는 의미를 넌지시 암시하고 있다. 라캉의 설명에 따르면 억압은 "시니피에와 시니피앙 사이의 **일종의 불일치**이고, 그것을 한정하는 것은 사회에 기원을 둔 모든 검열이다."[124] 상징 기능의 확립은 이러한 억압을 강력히 요구하고, 삭제된 실재의 진리가 오직 '행간에'만, 다시 말해서 언어 구조 속에서만, 예를 들면 그 중에서도 '부인'의 형태로 도입될 수 있기를 강요한다.

그런데 판단 기능의 실현이 "가능하게 되는 것은 오직 부정 상징의 창조가 억압의 결과에 대해 첫단계의 자유로운 생각을 갖게 하고 난 다음이다"라고 프로이트는 말한다. 이제 위에서 언급한 부인에 관한 텍스트로 되돌아가 보자. 프로이트에게 "부인은 억압의 지양(Aufhebung der Verdrängung)이다. 이것이 의미하는 것은 억압된 자의 '지적 승인'이지, 그의 방출, 그의 '소모'는 아니다. 결국 '지적 기능'과 '정동적 발전과정' 사이에는 분리가 생기고, 그 결과 '억압된 질료의 일종의 지적 승인'이 일어나고, 또 한편으로는 동시에 억압의 본질적인 요소는 끈질기게 남아 있게 된다."

시니피앙 속에 부정의 상징이 나타남은 따라서 억압을 부분적으로 해방시키고, 그리하여 시니피앙 내에 상징 질서의 바깥에 남아 있던 것의 일부분, 즉 억압되었고, 프로이트가 '정동(affectif)'이라고 부르는 것을 통과시킨다. 여기에서는 구체적(생물학적·가족적·사회적)인 주체의 구체적인 내력과 관련된 욕동적, 육체적 기반이 문제가 된다. 이 '정동'이 그의 담론적 구조화를 통하여서만 포착될 수 있다는 것이 사실이라면, 그 구조화의 바깥에서는 어떤 방식으로도 정동이 존재하지 않는다고 믿는 것은 의미론적 경험론에 속할 것이다. 판단에 내재하는(상징화에 내재하는) **상징 기능**으로서의 부정은 오직 부분적인 거부(Verwerfung)의 지적 승화(Aufhebung)임은 확실하다.

'강박관념'의 케이스로 관찰된 부정은 "억압된 질료의 이념적 내용이 (저절로) 의식에까지 도달하는" 것을 허락한다. 분석적 상황에서는 전이(transfert) 덕분에 "우리는 부인 그 자체를 극복하고, 억압된 질료의 완전한 **지적 승인**을 얻어낼 수 있지만──그렇다고 억압의 진전과정 그 자체가 그만큼 제외되는 것은 아니다."

전이적 상황들이 아닌 미적 창조의 경우, 부정은 '극복되지' 않는다. 거부는 그 안에서 작용하여, '억압된 질료의 지적 승인'을 만들어 내는 것이 아니라(이것은 거부가 시니피에 속에, 즉 언어적 상징 기능 속에 자신의 이행을 만들어 내지 않는다는 의미이다), **의미화의 자료 속에 자신의 표지를 찍어 놓는다.** 이러한 확인은 한편으로 (판단을 기반으로 한) 상징 기능의 형성이 전이의 상황을 강력히 요구한다는 것을 함의한다. 또 한편 그러한 확인은 상징 기능이 이미 '대상'과 '주체' 사이뿐만 아니라, '시니피앙'과 '시니피에' 사이의 구별을 행하고 있다는 사실을 함축하고 있다. 역으로 시적 언어 속에 부정의 상징을 재도입하는(분석의 상황 속에 '부인'으로서의 부정을 재도입하는 것과는 구별하자) **억압된 요소의 또 다른 배치를 만들어 낸다.** 이 배치는 '억압된 요소가 지닌 내용의 지적 승인,' 지양(Aufhebung)이 아니라, 최초의 언어적 상징화 동안에 온전히 남아 있었던 질료의 상징 이후의 (그리고 이런 의미에서 상징에 반대하는) 표시 작업이다. 이 '질료'는 기호와 판단에 의해 최초의 언어적 상징화 밖으로 배척되어, 이제 무의식에서 언어 속으로 물러나 있지만, 거기에서도 '메타 언어'나 그 어떤 지적 작용의 형태로 받아들여지지 않는다. 반복된 욕동(죽음의 욕동, 즉 부정성·파괴)은 무의식에서 물러나, **이미 긍정적이고 성욕을 지닌 것으로 언어 속에 자리를 잡게 된다.** 이 언어는 욕동의 배치 변형을 통하여 운율법으로, 또는 리듬을 갖춘 음향으로 조직되어진다.[125] 프로이트가 같은 논문에서 말한 것처럼, 만일 "정신분석에서 무의식에서 유래하는 '아니오'를 찾아내지 못한다면, 또 (만일) 자아에 의한 무의식의 인지가 부정 표현의 도움을 받아 표현된다면," 우리는 시적 언어가 상징 체계로서의 언어의 위치를 통하여 구성한 세미오틱의 장치는 제3단계의 부정성이라고 말할 수 있을 것이다. 그것은 (무의식에서처럼) '아니오'의 결여도 아니고, 부정 표현(확립된 상징 기능의 지표)도, 부인(억압된 요소를 이상화하는 신경증적인 '자아'의 징후)도 아니다. 그것은 그 어떤 '자아' 속에서도 위치를 정할 수 없는 **언어적이고 논리적인 선조성과 이념성의 수정**이다. 시적 리듬은 무의식의 인지가 아니다. 그것은 무의식의 탐진이자 그 작용이다.

정신분석에서 '진정한 주체는 무의식의 주체이고,' 무의식의 주체는 오직 전이의 현상 속에서만 모습을 드러낸다.

우리가 알고 있듯이, 시적 주체는 그런 주체가 아니다. 정신분석과 전이가 주체의 (복수적) 구성 형식(topiques)을 과학으로 드러나게 할 경우, 시적 언어의 구성 형식은 ('음조 체제'·'예술' 등으로 호칭될 수 있었던) 의미화 장치 속에, 최초의 언어적 상징화의 바깥에 남아 있던 것의 '이념적 내용'이 아니라, 그 구성 체제, 즉 거부의 운동을 끌어내는 그 무엇으로 나타난다. 이 거부는 (로트레아몽의 텍스트처럼) 긍정적 판단(Bejahung) 속에 함축되거나, 아니면 (말라르메의 텍스트처럼) 언어의 형태와 통사 속에 함축되어 있다. 다시 말하면 이 거부는 부정의 상징을 통해서, 혹은 형태-통사론적 파괴를 통해서 표면화된다. 시적 부정성은 제3단계의 거부이다. 이 거부는, 상징적이고 신경증적인 부정의 거부로서, 의미 생성을 산출하는 변증법적 계기를 공간적으로, 음악적으로 상기시킨다.

그렇게 함으로써, 텍스트는 부정의 상징에 의해 확립되고, 사회에 기원을 둔 모든 검열을 한정하는 시니피앙과 시니피에 사이의 불일치를 일시적으로 해소하여, 그것을 재-조정할 뿐 아니라, 다른 식으로 재분배한다. 텍스트는 언어 체계(시니피앙/시니피에라는 이중으로 분절된)를 하나의 상징 체계로 확립하는 상징적·사회적 검열의 장 그 자체에서 거부를 활동하게 만든다.

III

이질적 요소

　"프로이트의 경우에는 이질적 요소가 결여한다는 것만을 지적할 것. 그러나 이질 논리와 정신분석과의 제관계를 1) 탕진의 개념에 관한 장에, 2) 오이디푸스 콤플렉스의 주제와 대치되는 이질 논리를 만들어 내는 근본적인 생성 요소를 논하는 장에 회부할 것. (……)

　역사적 이질 논리는 전쟁사에의 회귀라는 것과, 사적 유물론은 그것이 지닌 변증법적이지 않은 부분에서는 부르주아적인 경향을 매우 정확하게 나타내고 있다는 것을 지적할 것."

조르주 바타유, 《Zusatz》, 전집, 제II권,

갈리마르 출판사, 1972년, 171면.

1. 욕동의 이분법과 타율성

프로이트의 욕동 이론은 심적인 것에서 신체적인 것으로 이행하는 통로이고, 의미 기능의 생물학적 기반과 그 기능의 가족-사회적 규정을 이어 주는 하나의 진정한 가교라고 생각될 수 있다. 이러한 **타율성**(hétéronomie)과 병행하여, 대립되어 투쟁하는 모순적인 힘으로서의 욕동들의 근본적 **이분법**(삶/죽음, 자아 욕동/성적 욕동)을 유지하면서, 프로이트는 욕동으로 갈등과 거부가 파열되어 이중으로 분할된 장을 만들었다. 여기서 우리의 관심을 끄는 것은 프로이트가 거기에 확립한 유물론적 변증법이다. 그것은 욕동의 타율성이지 욕동의 이분법은 아니다. 욕동은 물질에 속해 있지만, 그렇다고 생물학적인 실질에 전적으로 귀속되어 있지는 않다. 왜냐하면 욕동은 생물학적 요소와 언어 상징적 요소를 차별하면서 실천에 투여된 의미를 지닌 신체의 변증법 속에서 그 두 가지를 다시 연결하기 때문이다. 안도 바깥도 아니고, 오성적 주체의 이념적 내부도, 헤겔적인 힘의 외재성도 아닌 욕동은 의미 생성을 산출하는 메커니즘인 물질의 반복된 분열이자, 그 현장에는 항상 부재중인 주체를 만들어 내는 장이다.

프로이트 이후의 욕동 이론들은 신경-생물학적 측면을 훨씬 더 강조하고 있고, 우리가 보기에는 특히 욕동의 운동에 내재하는 구분에 역점을 두고 있지만, 욕동의 이질성을 생각한 프로이트의 근본적인 태도에 대해서는 훨씬 덜 강조하는 것 같다. 프로이트에 있어서 이질성은 갈등상태 속에서 의미를 만들고, 의미로 나타낼 수 있는 물질성이다. 그리고 그 물질성의 계속적인 충돌은 **비약**과 **단절**, **분리**와 **부재**의 계기에 의한 의미화 기능을 산출한다. 모나코프[1)]와 무르그[2)]는 디아스키지스(diaschisis; $\delta\iota\alpha\sigma\chi\acute{\iota}\mathfrak{z}\omega$; 나는 분리되어 떨어져 나온다)라는 용어를 제안하고 있다. "디아스키시스가 나타내는 것은 매우 자주, 그러나 반드시 그렇지는 않지만, 갑작스럽게 들이닥친 충격의 특수한 형태이다. 충격의 원인을 형성하는 것은 국소적 손상이고, 그 충격의 연장은 일정한 양을 따라서, 말하자면 손상 근원지의 층위에서와 바로 그 근처에서 생기는 신경섬유들을 따라서 이루어진다."[3)] 그 두 사람은 신경 조직의 분열 경향에 **오르메**(hormé; 그리스어의 $\acute{o}\rho\mu\acute{\eta}$ (추진력 내지는 활동력)에서 유래한)라는 이름을 붙이고 있다. "오르메는 본능의 모태이고, (……) 원래는 생체 원형질의 특성이다."[4)] "신경계를 갖춘 생물의 경우에는, 본능을 오르메에서 생긴 잠재적 추진력처럼 정의할 수 있다. 그 힘은 원형질의 내적 흥분(내수성; introceptivité)과 외부에서 작용하는 흥분(외수성; extroceptivité)의 종합을, 적응된 행위의 도움을 받아 개체의 생존적 이해관계와 종의 생존적 이해관계를 동시에 보장하는 하나의 과정을 위하여 작용한다."[5)] 이 두 저자에 의하면, 정신분열증의 증례에서는 본능이 하나의 극에 집중되어 있다고 한다. 즉 결합에의 성향(klisis)은 약해지고 외부로 향한 방어의 성향(ekklisis)이 강해져서, 바로 그 점이 신경 에너지의 세분화와 신경계를 '단편들로' 해체하기를 선동한다는 것이다. 이러한 신경계의 해체는 언어적 요소 그 자체의 변형으로 반영되고, 언어적 요소는 마치 신경 에너지의 세분화(diaspasis)를 흡수하고 생체 조직을 방어하기 위한 것처럼 교란상태에 **빠져** 있다고 한다. 이러한 생물학적 해석은 드리슈의 생기론(生氣論)[6)]과 근본적으로 구별되지 않는 하나의 목적론을 포함하고 있으면서, 생물학적 영역과 사회 실천의 영역 사이의 경계를 재빨리 지워 버리고, 그 두 가지를 생물 에너지라는 개념 속에 총괄한다. 이 개념의 초월적 성향은 '시네이데지스(syneidesis)' —— '자연의 중재력', '조절하고 보상하는 원칙'을 지칭하는 개념—— 라는 지고의 형태를 지닌 종교에의 회귀에서 드러난다.

L. 존디[7]도 역시 욕동의 갈등 양상을 강조하고,[8] 그 모형이 네 가지(이형 접합체(hétérozygote)를 구성하는 두 가지 유전자의 이중분할의 결과)로 나누어졌음이 판명되었다고 설명한다. "……유전자는 욕동의 원천을 형성한다……"[9] "……오직 욕동의 발생론적 기원만이 프로이트가 주장은 했으나 설명하지는 않은, 욕동에 선행하는 요소를 재현하고자 하는 욕동의 성향을 설명한다."[10] 욕동의 돌진(Triebdrang)은 전체를 조건짓는 유전자들간의 대조에서 발생하는 힘의 범위에 달려 있다. 현대의 발생 이론은 이러한 분할과 그 반복을 확인하고, 새로운 구조의 형성에 분신들(doubles)의 역전된 선별을 설정함으로써 그것을 더 명확히 밝혀낸다.[11] 그렇지만 이 실체론은 프로이트의 이론이 고려하는 것 같은 사회적 실천의 영역에서 떨어져 나와, 욕동 이론을 기계적이고 초월적인 공간 속에 한정시킨다. 이것은 정신병리의 유형들에 관한 존디의 조잡스럽고도 순진한 정의에서, 아니면 끊임없이 내세우기는 하지만 정신병에서 '사회적 요인'이 미치는 영향을 명백히 밝혀내지 못하는 현대 학자들의 무능함에서 찾아볼 수 있다.

뿐만 아니라 A. 그린이 지적하듯이 "유전자 코드가 성본능과 기억현상 사이의 계사 역할을 맡고"[12] 있다는 것도 가능하다. 또한 유전자 코드에 고유한 발전과정과, 특히 이중나선의 모형을 따른 핵산의 복제[13]가, 주체적이고 의미하는 '통일체'가 겪게 될 것의 항상 이미 분할되고, 파열되고, 역전된 기능을 —— 마치 영화의 음화에서처럼——지시하는 것도 가능하다. 물질의 분할, 즉 증식은 이처럼 의미 기능의 **기반들 중의 하나**처럼 생각될 수 있다. 이 기반은 의미를 가진 사회적 현실의 여러 가지 구속에 의해 억제되거나 재형성되겠지만, 구조를 가진 표면에 **투사됨**으로써 그 표면을 교란시키고, ('시'의 형태로) 재조직하거나 아니면 그 표면을 돌파하여, ('광기' 속에서) 그것을 무화시켜 버리게 될 것이다.

이 이중성(욕동의 이질성, **그리고 이중분할**)의 유지는 타율적인 갈등의 과정을 고려하게 한다. 이 과정 밖에서는 정신병의 체험뿐만 아니라 그 어떤 실천의 경험도, 그것이 쇄신되는 한, 설정될 수 없다. 이 이중성의 유지는 프로이트가 늘 강조하였던 유물론적 방법론의 필요성을 따르고 있다. "**우리의 관점은 처음부터 이원적이었고, 오늘날에는 그전보다 더욱더 그러한데**, 그것은 우리가 '자아'의 본능과 성적 본능의 대립을 삶의 본능과 죽음의 본능의 대립으로 대체하면서부터이다. 융의 이론은 그 반대로 일원론적 이론이다. 그가 인정하는 유일한 본능적인 힘에 리비도라는 이름을 붙여 줌으로써 약간의 혼란을 불러일으킬 수 있었지만, 그의 이론이 우리를 당황하게 만드는 성질의 것은 아니다."[14] 그러나 프로이트의 이론은 이원론 이상으로 **모순·투쟁**의 이론이다. "그의 이론은 이 두 가지 본능의 투쟁, 즉 생명의 시초에서부터 시작하여 계속 지속되고 있는 투쟁을 통하여 생의 수수께끼를 해명하려고 노력한다."[15]

발생론적으로 생물에 고유한 거부는 생체를 운동성으로 가로지르고, 그 생체에게 욕구와 사회적 구속이 조직하고자 하는 '몸짓에 의한 표현(gestualité)'을 전달한다. 프로이트의 '포르트-다 놀이'를 통하여, 욕동의 거부가 이미 운동으로, 몸짓으로 회귀함은, 생물학적인 물질의 거부를 의미화 공간 그리고/아니면 실천적 공간을 형성하는 거부 속에 투사한다. 즉 대상을 분리시키고 실재를 구성한다. 그것은 **부재**이고, 그리고 이 부재를 통한, 반복된 거부에 의한 음성·몸짓·의미의 첫번째 정지의 불안정한 엔그램[16]이다. 엔그램들의 불안정성과 운동성은 언어를 습득할 때, 일어문적인 어휘 체계를 생성하는 과정에서 잘 드러나는데, 이 체계는 유동적이어서 문법적으로는 파악되지도 통제되지도 않는 상태에 있다. 이 운동성의 지속적 회귀는 이미 구성된 주체 속에 언어라는 직조물의 파라그람화[17]를 만들어 내어 그 직조물이 '단편으로 분해됨'을 알려 주고, 그 분해 속에서 거부의 쇄신은 엔그램을 통하여 움트기 시작한다.

> "감정은 아무것도 아니라오,
> 사상도 마찬가지,
> 모두가 운동성 속에 있고
> 인류도 그 나머지처럼 오직 운동성의 귀신만을 붙잡았노라."[18]

2. 소통, 정지, 그리고 정립적 계기

반복된 욕동과 에너지 방출의 충격은 일종의 흥분을 만들어 낸다. 이 흥분은, 만족하지 못한 상태로 남아 있으면서, 어떤 질적인 비약을 통하여 그 흥분을 지연시키고 일시적으로 흡수하여 정착시키는 대항책을 산출해 낼 때까지 지속된다. 반복된 **거부**는 이와 같이 자신의 **조정**을 만들어 낸다. 거부가 분리·분할·분열·파열이라면, 그것은 동시에 또 그 다음에는 축적·중단·표지·정지가 된다. 거부의 긍정화는 거부의 궤도에 내재해 있다. 거부는 과거 체험의 흔적을 각인하고, '一者'에게 표지를 남겨서 또다시 그것을 거부하고, 또다시 두 개로 분리시킨다. 의미 생성으로 가는 길로서의 엔그램은 거부의 자기 방어이고, 욕동의 재가동, 즉 재-투사(re-jet)를 가능케 하는 거부의 상관적 고정이다. 프로이트가 《쾌락 원칙을 넘어서》에서, 그리고 **부인**(Verneinung)에 관한 논문에서 찾아낸 이 정지가 없다면(이 정지를 바탕으로 언어 상징적 정립이 확립된다), 거부는 **새로이** 그 무엇을 산출하고 한계들을 이동하는 기능을 할 수 없을 것이지만, 분화되지 않은 '동일성'의 기계적인 반복일 수는 있을 것이다. 거부가 안정을 찾는 것은, 거부가 정확히 한정된 생물학적이고 사회적인 제조건('인류') 속에서, 단절들을 많이 축적한 덕택에, 생성해내는 정립적 **이질성**을 통해서이다. 그리고 이 정립적 이질성은 그 자체로 고립된 모든 대상의 부재 속에서 생산된 의미 이전의 엔그램으로 사용된다. 죽음에 대한 거부의 경향은 언어적 상징의 이질적 요소에 의해 연기된다. 왜냐하면 신체가, 자기가 파괴되는 것을 막기 위한 것처럼 거부를 **재-표시하고**, 그리고 비약을 통하여 거부를 **부재로서**(in absentia), 즉 기호로서 **재현하기** 때문이다.

표지(marque)는 거부의 구성 요소이다. 표지는 거부에 저항하여 그것이 쇄신되어 재출발하게 하고, 거부를 연기시켜서 되돌아오게 하며, 표지를 분할하여 두 개로 양분한다. 우리는 표지를 거-부(re-jet)의 '재-(re)' 속에 거부의 쇄신을 위한 조건으로 기재한다. 그렇지만 거부의 양적인 축적은 표지의 안정성을 뒤흔들어 놓는다. 표지라는 것은 항상 불안정한 엔그램이고, 그것은 결국 **질적으로** 새로운 공간, 즉 **표상체**(representamen)의 공간, 기호의 공간 속에서도 거부되고 만다. 거부는 표지의 정지에게 길을 열어 주고, 그 자체의 긍정성, 그 유보를 파괴하여, 이 살해 앞에 질적으로 다른 하나의 정립상, 즉 기호를 정착시킨다. 따라서 표지는 기호의 항상성과 통일성을 미리 나타내기 때문에 기호-생성의 도상에 있다. 표지를 통합하는 거부는 표지의 파괴적 운동이고, 또 이러한 의미에서 거부는 기호의 생산-파괴의 과정 속에 자리잡는다. 프로이트가 **부인**에서 주장한 것처럼 거부가 언어 상징적 기능의 기반에 존재한다면, 동등한 자격으로 그 기능의 파괴의 기반에도 존재한다. 거부는 상징 기능의 쇄-신(re-nouvellement)과 그 죽음의 메커니즘이기 때문이다.

따라서 의미 생성의 과정 내부에서는 거부가 이질적인 요소로 분절된다. 그것은 물질적 분열이고 **그리고** 표지에 의한 분열의 지연이며, 그 표지 속에는 **표상체**가 정착하게 된다. 정지(물질적 분열이 산출하고, 동시에 세분하고, 혼란에 빠뜨리고, 방해하는 정지)에게는 분열을 통합하고, '一者'를 표시하여, 욕망하는 주체의 생성(devenir-sujet-désirant)과정 속에 그것을 흡수해 버리는 경향이 있다. 시니피앙과 그에 인접해 있는 욕망은, 거부가 '끝까지' 그 분열의 논리를 완수하면서 끌어들이는 죽음에 대한 자기 방어의 한 결과처럼 생성된다. 그러나 거부는 단순한 파괴가 아니다. 그것은 재-투사이고, 여기에서 접두사 '재'가 지칭하는 것은 항구적인 통일성의 반복이 아니라, 통합하는 새로운 중지를 통한 분할의 쇄신이다. 그 중지 속에서는 결국 하나 이상의 표지, 즉 **표상체**와 '자아'가 구체화될 것이고, 또다시 거부될 것이다. 필수 불가결하지만 일시적인 통일체, 한결같은 거부 그 자체에 내재하기 때문에 또다시 파열된 통일체의 이러한 구체화는 **쇄신의 논리**——반복의 논리가 아닌——를 의미 생성의 과정, 즉 거부 1-정지 1-거부 2-정지 2-(등등)-'정립'-거부 n-정지 n의 내부에서 이루어진다.

자유로운 에너지, 다시 말해서 구속되지 않은 일차적 에너지는 정확히 거부의, 물질적(발생론적·생물학적)인 분리의 함수(fonction)이다. 이 에너지가 거부와 역전이라는 동일한 운동을 통하여, 인간이라는 동물의 특수한 조건 속에서 방위적인 대항충전(contre-charge)을 불러일으킨다는 것을 우리는 《쾌락 원칙을 넘어서》부터 이미 알고 있다. 그런데 이 대항충전은, 거부를 중지시키지 않은 채 그 어떤 식으로 방해하면서, 또 그렇게 거부의 회귀와 비-소멸을 영속시키면서 거부와 대칭관계를 이룬다. 이러한 대항충전은, 그 특정한 조절(régulation)을 따르는데, 그것을 우리는 이미 **세미오틱**이라고 불렀다. 우리는 지금 모순의 핵심에 와 있다. 형식적 모순과는 거리가 먼 이 모순은, 질적으로 다르고, 이질적인 두 가지 질서 사이의 모순이다. 후자(기호)는 전자(에너지)의 계속적인 거부(소통-정지-소통)의 반복된 축적으로 인해 만들어진다. 뿐만 아니라 이 이중적 (엔그램과 쌩볼릭의) 대항충전은, 비록 그것이 물질적 분열에 달려 있다 해도, 필연적으로 사회 장치에 의해, 그리고 주체가 거기에서 기능하게 되는 사회적 실천에 의해 **최종의 심급으로**(en dernière instance) 생성되어진다. 이처럼 정신분석의 장치는, 전이적 관계와 욕망과 쌩볼릭을 만들어 내는 **결여**의 명시에 의해서, 결국 이질적인 물질의 거부를 이른바 일차과정(환유·은유)을 통하여 이차과정 속으로 연결시키게 된다. 그리하여 이 장치는 이 두 과정의 투쟁을 이동시켜 표상체의——시니피앙의, 기호의, 최종적으로는 오성의——체계 속에 예속시킨다.

정신분석 치료는 규범적이기 때문에 이질적인 모순으로 의미 내적, 주체 내적 그리고 상호 주체적 차이를 만듦으로써 그 모순을 단일화하여 해소한다. 분석 치료는 모순으로 언어와 욕망을 만든다. 또 다른 상황에서는, 예를 들어 이질적인 과정의 통로를 차단하는 사회적·가족적 구속과 마주하는 경우에는, 거부가 결정적으로 방해를 받아, 중단되고, 반복도 불가능하게 된다. 의기소침해진 거부는 이질적인 모순을 재생산할 수 없게 되고, 결국 중지상태에 처하게 되는데, 이런 경우는 분열증 환자의 기호해독불능증에서 잘 드러난다.

다시 한 번 강조해야 할 것은, 생물학이 생명체 그 자체의 기능 작용 속에서 두 가지 대립된 경향을 발견했다는 사실이다. 그것은 분열과 분열의 중지, 번식 원리와 항구성 원리이고, 후자는 생명세포의 유지를 보장해 준다. 여기에서 우리는 욕동적 거부가 생명체의 이러한 객관적인 법들을 이용하고 있고, 또 이 법들이 거부의 필수 불가결한 조건이 되고 있음을 생각할 수 있다.

그러나 의미 생성의 기능으로서의 거부의 메커니즘은 질적으로 다른 차원에서 자리잡고 있다. 그 메커니즘은 분리와 쇄신된 정지를 산출할 뿐 아니라, 한편으로는 물질적 **분열-항구성**과, 다른 한편으로는 그것을 비약을 통하여 **표상체** 속에 **연결하기** 사이의 이질적인 관계를 유도한다. 그래서 우리가 거부의 특징적인 투쟁을 조직하는 분열과 중지에 대해 언급할 경우, 이 논리는 **표상체**가 산출되는 사회 환경과 연관시켜 생각지 않을 수 없게 한다. 타자와의 동일화, 또는 타자의 제거가 차단되는 것은 바로 가족 구조 속이다. 가족 구조 속에서는 거부의 관계가 주체간의 관계, 아니면 욕망의 관계가 되기 때문이다.

3. '표상체' 의 상동적 체제

거부는 원칙적으로 개인이 생물학적·사회적 구속하에서 자신과 동일시하는 경향이 있는 자연 환경과 사회 환경의 요소들에 대한 거부를 대상으로 한다. 가족 구조 속에서는 일반적으로——항상 그런 것은 아니지만——동성(同性)의 부모가 거부의 표적이 된다.[19]

이 투쟁 속에서 개인은 이성(異性)의 부모와의 공모관계를 추구하고, 그것은 자유로운 상징적 기능 작용(예를 들면 예술) 속에서 근친상간 금지의 위반이 행하는 근본적인 역할에 대해 조속한 결론을 내리게 한다. 그런데 더 깊이 들어가 보면 문제는 이성의 부모와의 일시적인 동맹과, 동성의 부모에 대한 거부 자체를 용이하게 하는 데 목적을 둔 방패막이이다. 실제로 거부가 동성의 부모에게 도달하지 못한 채 이성의 부모에의 고착이 이루어질 경우, 거부과정의 그 어떤 쇄신도 일어날 수 없다. 그리고 이러한 차단은 모든 의미 산출을 방해할 뿐 아니라, 상징 기능 그 자체를 뿌리째 교란시킨다. 가족이 모델인 상호 주체적 구조 속에서는 거부가 근본적인 나르시시즘의 관계에 의해, 다시 말하면 동성애적인 관계에 의해 나타나고, 그리하여 쌩볼릭에 대항하는 투쟁에 의해 그 관계를 파괴하거나 아니면 오히려 관계를 쇄신한다. 거부가 상징 기능을 어지럽힐 경우, 그것은 동성애적 경향과의 투쟁에서 그렇게 하는 것이고, 또 그런 의미에서 거부는 동성애적 경향을 상정하고, 그것을 지지하고 인정하며, 확인하고 추방한다. 거부가 개인간의 성관계에 관여되는 한——그러나 성은 의미 생성과정의 한 층(strate)에 불과하다——과정중인 주체는 성관계 밑에 깔려 있으면서 상호 주체적 그리고/아니면 전이의 모든 관계의 기반이 되는 동-성애(homo-sexualité)를 인정한다. 과정에 대항하여 이루어지는 자기 동일화와 주체적 통일화는 **동성** 부모와의 관계를 자기 확립적 통일성의 이미지로 암시한다. 논리적으로 정립적인 이 통일성은 부권(父權)이 지배하는 사회에서는 '아버지의 이름(Nom-du-père)'[20]이지만, 구체적으로는 권력을 보유하고 있는 모든 구성원 내지는 구조(아버지·어머니·가족·국가)로 수용될 수 있다. 이것이 로트레아몽이 말하는 "신은 동성애자를 들어가게 하셨다"이다. 거부를 동성애의 영역 밖으로 이동시키는 것, 그것은 거부를 성의 영역 바깥으로 이동시키는 것인데, 이것이 의미하는 것은 결국 가족관계를 모방한 상호 주체적 관계 바깥으로 이동시킨다는 말이다. 이것은 욕동의 충전을 반드시 승화된 것으로서 활동하게 하는 것이 아니라, 자연과 사회의 변화과정 속에 투여된 것으로 활동하게 하는 것이다.

그러나 사회의 방어 구조들——가족에서부터 자본주의 제도들에 이르기까지——은 이 거부를 승화되거나 그렇지 못한 자기 확립적-상호 주관적-성적 정지 속에 끌어들이기 위해 존재한다. 이 방어 구조들은 거부의 보편성을 매우 정확한 특수 영역, 즉 동성애적 관계의 영역에 고정시키는데, 그것은 정립상의, 따라서 재검정(la mise en procès)에 대해 주체의 통일성을 옹호하는 편집증적 계기의 상호 주관적 밑그림이기도 하다. 비록 프로이트는 불투명하게 남아 있는(시뇨렐리의 벽화), 아니면 차후에 인지하게 된(도라 증례[21]) 자신의 명증성 앞에서 여러 번 실패를 맛보았지만, 프로이트 이론은 사회관계의 이러한 동성애적 메커니즘을 제시하고 있다. 그러나 동성애적 메커니즘을 이처럼 사회의 규범성과 정상성의 토대라고 지적하면서, 정신분석은 과정중인 주체가 이 고정상태를 **잘 알고 있는 상태**에서 가로지르고, 또 거부의 충전을 승화시키지 않은 채 운동 속으로 운반한다는 사실을 뒤늦게야 지적한다. 여기에서 말하는 운동이란 과정중인 주체를 금지된 요소들과 사회 제도들을 가로지르게 하는 운동이다. 즉 혁명적(정치적, 과학적, 혹은 예술적) **실천**의 운동이다.

이런 의미에서, 쾌락 원칙을 넘어서기는, 다만 그것이 이성애 '관계'의 진리 자체인 동성애를 넘어서기인 경우에만, 성본능을 극복하는 것이다.

가족이 더 이상 생산의 기초 구조가 아닌 사회에서, 그리고 해체하는 동안에도 사회관계 전체가 가족을 가로지르면서 기진맥진하게 만들고, 제거해 버리기까지 하는 사회 속에서와 마찬가지로 거부는 자신을 대신해 주는 정지를 사회관계의 다른 분절들 속에서——사회적 실천들(과학, 정치 등)과 그 바탕이 되는 사회집단들 속에서 뿐만 아니라 사회적 구조화를 벗어나서, 자연스러운 세계의 대상들과 구조 속에서——발견한다. 이러한 사회 속에서 자신을 확립하는 주체에게 몹시 즐거운 국면과 쾌락을 공급하기 위해 작용하고, 그리하여 이처럼 주체가 지닌 '욕망'의 '대상'이 되는 타자와의 동일화, 혹은 타자의 제거는, 가족 구조가 지니고 있던 항구성과 집착력을 결여하고 있어서, 자기 확립을 할 수 있다는 착각과 욕망할 수 있다는 환상의 가능성을 충분히 효과적으로 유지하지 못한다. 자연과 사회를 관통하는 운동성 속에서, 구조를 해체하고 쇄신하는 사회적 실천의 시련을 견뎌내는 욕망은 거부의 폭력과 그것의 분리적 부정성이 지쳐 버리게 만드는 허약한 요소가 된다.

자본주의가 정확히 실현하고 있는 그와 같은 사회 구성 속에서,거부는, 주체의 환몽적이고 욕망하는 통일성을 모두 파괴하면서, 자신의 힘을 뚜렷하게 발휘한다. 거부는 부정성을 통해서 활동하게 되고, 부정성을 제어하는 것은 욕망이 아니라 오직 실천과정에 내재해 있는 의미화의 정지와 정립, 말하자면 실천의 실현과 생산에 길을 열어 주는 조정적이고 적극적인 계기이다. 무엇을 생산하는가?——여기서는 예술에서 과학에까지, 그리고 정치에까지 이르는 모든 단계의 사회적 실천이라고 생각해야 할 것이다. 따라서 거부의 긍정적 계기를 부여하고 그 쇄신을 확보하는 것은, 사실상, 욕망의 환유적 대상인 **생산된 대상**이 아니다. 그것은 그 **대상을 생산하는 과정**이거나, 아니면 그 생산성이라고 해두어야 할 것이다. 그 과정 속에서 대상은 도달해야 할 한계로서 나타나는 것이 아니라, 단지 거부를 사회적 실천으로 분절할 수 있게 하는 하위적 한계로서만 나타난다.

4. 언어의 원리를 가로질러서

  욕망과 그것을 지배하는 시니피앙의 환유적 미끄러짐은 생산력 발전의 현상태가 주체에게 허용하는 경상관계(spécularisation), 즉 가족간의 경상관계 내부에서 일어나는 주체의 '一者-생성'의 논리적이고, 이미 부차적인 운동에 지나지 않는다. 이때 거부의 논리는 욕망하는-환유적 미끄러짐에 선행하는 것으로 자리잡을 뿐 아니라, 의미를 지닌 혹은 직접적으로 사회적인 현실의 향락과 변혁으로 형성되는 실천의 동인(動因)처럼 자리잡는다. 주체가 갖게 되는 쾌락·욕망·회피와 핑계는, 거부의 연결 계기들로서, 이 실천의 과정에 속한다. 말하자면 그것들은 실천에게 일시적인 통일성을 부여한다. 그것들은 또한 실천에게 활기를 되돌려 주는 파괴적 폭력을 보상하는 표상이고, 그 폭력이 지닌 정립상을 대표하는 필연적 귀결이다. 이와 같은 실천의 주체는 그의 실천 자체의 생산보다도 **생산성**에 욕망과 환몽을 투여한다. 그러나 그 생산은 현실의 변혁에 속하기 때문에 주체는 욕망을 변혁 그 자체에 투여한다. 의미를 지닌 주체적·**사회적 자기 동일성의 과정**과 자신을 동일시하는 것은 바로 그 과정을 실천하는 것이고, 주체와 그의 정립들을 그 과정 속에 집어넣어, 그 결과 의미 생성의 제법칙이 객관적·자연적·사회적 법칙에 대응하도록 하는 것이다.

  고대 철학은 세계를 설명하는 데 그 목표를 두고 있었다. 그와는 반대로 세계를 변혁시키기를 원하는 변증법적 유물론은 새로운 주체에게 말을 하고, 오직 그 주체만이 그 말을 이해할 수 있다. 다시 말해서 그 새로운 주체는 단순히 설명하고, 사유하고, 인식하는 주체가 아니라, 현실을 **변혁하기** 때문에 포착할 수 없는 주체이다. 이 주체는, 앞에서 설명한 운동을 포함하고 있으면서, 자신 속에 자기 확립보다 **과정**을, 욕망보다 **거부**를, 시니피앙보다 **이질적 요소**를, 구조보다 **투쟁**을 더 강화한다.

여기에서 우리의 관심을 끄는 실천들——현대 텍스트의 실천들——은, 이질적 모순의 두 가지 측면 사이의 미묘하고, 불안정하며, 유동적인 균형을 실현하고 있다. '자유로운 에너지'의 이행은 불안정한 표지와 그것에서 생성된 **표상체** 앞에서 확보된다. 그러나 이 후자들, 즉 표지와 표상체는 이질적 거부의 폭력적인 공격을 받으면서 지배적 사회장치(가족·국가), 혹은 국소적으로 형성된 장치(분석가/피분석자의 관계)를 따라서 이루어진 언어 구조의, 또는 이데올로기의 틀에 박힌 상징 속에 갇혀 있을 수 없다. 그뿐만이 아니다. 거부는 **표상체**와 가장 가까이에 남아 있고, 또 표상체의 표지 부여를 상실하지 않으면서 그 표상체를 분산시킨다. 그리하여 거부는, 자신의 **실천** 또는 **경험**[22]에 고유한 이질성으로부터, 새로운 언어적 상징화를 산출해 낸다. 여기서 우리가 직면하게 되는 것은 현실이 지닌 틀의 혁신과 이동의 메커니즘이다. 이 메커니즘은, 마르크스가 논증한 것처럼, 모든 영역에서의 사회적 실천의 특징을 나타내며, 특히 정치 영역에서는 가장 직접적인 폭력성을 가지고 그 특징을 드러낸다. 그런데, 물질의 이질적 거부——자유로운, 혹은 일차적인 에너지——가 표상체의 구조 그 자체 속으로 침입할 때, 따라서 모순이 그가 지닌 가장 날카로운 변화과정(phase)으로 들어가 거기에서 반복된 욕동적 거부가 억류하여 순화시키기 위해 산출해 낸 것(의미화의 소재, 즉 언어)을 공격할 때, 이러한 모순의 조건이자 결과인 실천은, **표상체**의 상실과 결국은 모순의 상실을 따라서 움직일 뿐 아니라, 모순의 가장 근원적 실현을 가까이에서 따라간다. 그 실현은 한편으로는 리듬·파라그람·의성어 속에서 읽혀지고, 다른 한편으로는 지적인 작업——두 가지 이질적 요소 사이의 투쟁의 논리적 설명——속에서 읽혀진다. 이러한 실천과 함께 우리는 가장 근원적이고, 시니피앙에 대항하는 투쟁으로서 유지되어 온 이질성의 장에 이르게 된다. 그와 동시에 우리는 가장 미묘한 의미를 지닌 차별화(différen-ciation)의 장에도 도달하게 된다. 전자, 즉 이질성이 거부를 유지하면서 우리를 향락과 죽음의 한가운데로 인도한다면, 후자, 즉 의미를 지닌 차별화는 미묘한 차이——리듬·색채·음성의 차이, 그리고 웃음과 낱말놀이에 의해 다의적이 된 차이——로서 미묘하고도 미세한 긴장을 띤 쾌락의 표면에 우리를 붙잡아둔다. 죽음을 겨냥한 극도로 격렬한 투쟁, 프로이트가《쾌락 원칙을 넘어서》에서 강조하였듯이 생의 조건이기도 한 언어 상징의 직물 속에서 죽음의 충전과 구분된 연결 작용과 가깝고도 분리 불가능한 투쟁, 바로 그런 투쟁이 **텍스트** 실천의 체제라고 생각된다. 텍스트 실천을 다른 의미 실천과 구별하게 하는 중요한 특징은 삶과 상징의 연결 작용과 차별화를 통하여 이질적 단절·거부, 즉 향락과 죽음을 도입한다는 것이다. 바로 그 점이 의미 실천으로서의 '예술'의 기능이라는 생각도 든다. 즉 사회 속에, 그리고 공동체에게 가장 적절히 받아들여질 수 있는 차별화라는 외압 아래에, 근원적인 거부를, 분열되는 물질을 재도입하는 것 말이다.

메타 언어와 이론의 주체에는, 이질적 요소가 최초의 언어 상징화에 흡수되지 않고 남아 있는 욕동의 양에 해당한다. 이 이질적 요소는 신체적, 생리적, 그리고 의미할 수 있는 흥분이고, 그 흥분을 언어 상징으로 나타내는 사회 구조(가족, 혹은 다른 구조)는 그 앞에 있으면서도 포착하지 못한다. 동시에, 또 한편으로 이질적 요소는, 대상적인 물질의 외부 세계에 속해 있어서, 주체가 이미 마음대로 이용하는 다양한 상징화 구조에 의해 포착될 수 없었던 부분이다. 상징화되지 않은 육체적 흥분과, 상징화되지 않은 물질적 외부 세계의 새로운 대상은 항상 이미 상호 작용 속에 있다. 왜냐하면 대상의 새로움은 아직 결속되지 않은 욕동들을 자극하여 욕동의 투여를 초래하고, 마찬가지로 결속되지 않은 욕동들도 역시 과거의 대상을 거부하고 새로운 대상 속에 자신을 투여하기 때문이다. 이 두 가지 층위 사이에서 한 특수한 교환이 일어난다. 그것은 거부의 정립상에 의해 조절되어, 새로운 대상의 상징화가 나타나도록 자극하게 될 교환이다. 따라서 이 교환은 과거의 의미 모형의 재편성을 유도하고, 욕동과 그 주변의 '객관적' 진전과정을 일시적으로 표지와 체계로 흡수할 것이다. 이 표지와 체계는 새로운 대상의 표상이나 '모형'이 되고, 동시에 욕동의 새로운 충전의 연결관계가 될 것이다. 과학의 주체에게는 이 새로운 모형이 과거의 상징 체계의 수정처럼 보일 것이다. 그러므로 우리는 그 새로운 모형의 구조를 기술하거나, 아니면 두 가지 구조(옛것과 새것) 사이에 벌어진 간격을 기술할 수 있을 것이다.

이러한 형성과정 속에서 작업하는 **이질적 체계**(économie hétéro-gène)는 오직 다음 두 가지로만 환원될 수 있을 것이다. 그 한 가지는 세미오틱 장치의 기술이고, 또 한 가지는 정신분석의 실천이 산출해 낼 수 있는 의미 기능의 생성과 그 실행에 투여되는 욕동에 관한 관찰이다. 시적 테스트는, 그 구조가 두 개의 단일 주체 사이에 통용되는 의사소통의 언어 구조에 비교될 경우, 마치 수정·변형되거나 아니면 미완성의 언어 구조처럼 소멸되어 버릴 것이다. 이 새로운 구조의 어휘, 통사, 운율상의 제특수성을 통하여, 의미 생성에 관한 변증법적 유물론 이론은 그 구조를 산출한 거부 특유의 체계를 형성할 것이고, 언어 상징의 그리고/혹은 의미의 통일성이 파열하는 특수한 경로들을 구축할 것이다. 이 경로를 통해서 형성되는 것은 새로운 언어 상징의 장치, 즉 새로운 이질적 대상에 대응하는 새로운 현실이다. 이 장치는 욕동의 층위에 혹은 역사와 사회의 발전과정의 층위에 위치하고, 그리고 가장 빈번하게는 서로를 무시하고, 서로를 거부하는 상호 대립적인 그 두 층위에 자리잡는다.

바로 이러한 의미 장치를 19세기말 이래로 전위적 텍스트들이 공개적으로 실천하면서, 특히 그 실천의 이론, '온전함,' 법을 탐구하고 있다.

5. 헤겔과 텍스트 속의 회의주의와 허무주의

유동적이고 이질적이지만 세미오틱화할 수 있는 **코라**는 정지를 거부하는 의미 생성의 과정이 펼쳐지는 장이다. 이 **코라**의 역선(力線)을 뚫고 지나가야 하는 주체의 과정은, 고유한 의미화의 실체를 갖지 않고, 내부도 외부도 지니지 않은——주체도 대상도 아니면서 오직 거부의 운동에 지나지 않는——**코라**가 행하는 기능 작용의 메커니즘 그 자체와 그 반복의 '양식'이 될 처지에 놓이게 된다. 유동적이고 이질적인 이 코라의 논리와 일치하려고 노력한다는 것은 결국 정립상을 배제한다는 것이다. 하지만 이 경우 상실되는 것은 바로 이질성 그 자체이고, 그 자리에 여성의(어머니의) 육체와의 동일화라는 환몽이 펼쳐지거나, 아니면 마비된 분열증 환자의 무언상태가 자리잡는다.

정립적·주체적·표상적 국면의 배제는 전위적인 경험의 한계이다. 배제는 장식적이 아닐 때는 신비스러운 '내적 경험'이라는 의미에서 광기와, 아니면 전적으로 실험적인 기능 작용과 통한다.

어떤 일이 일어나는가? 거부는 자신의 분열을 극단적으로 쇄신하면서 현존의 길을 열고, 휴지(pause)를 무효로 한다. 즉 대-상(ob-jet)도 주-체(su-jet)도 없고, '마주함'도 '종속'도 없이, 오직 **코라**의 유동성만 있다. 한 대상이 나타나 표상된다 해도 그것은 거부 자체의 운동에 지나지 않는다. 이와 같은 텍스트의 '지시 대상'은 단지 거부의 운동에 불과하다. 이 지시 대상은 직접적인 표상에게 순수한 '허무'로서 주어진다. 따라서 이 표상은 지시 대상을 자신의 진정한 체제 속에 들어 있는 것, 말하자면 표상 그 자체를 생기게 해준 것으로 간주하지는 않는다. 헤겔은 이러한 직접적인 의식이 그 자체의 운동에 집착한 나머지 허무의 불안을 극복하지 못하고, 또 새로운 대상의 출현을 설정할 능력도 갖지 못한다는 사실을 고발한 바 있다. "……예비 사항으로서 우리는 일반적으로 다음과 같이 지적할 수 있을 것이다. 진실이 아닌 (non-vrai) 의식을 그것의 비-진실 (non-vérité)로 제시하는 것은 단지 **부정적** 운동만은 아니다. 그러한 제시는 자연스러운 의식의 일방적인 관점을 따르고 있기 때문이다. 이러한 일방적인 관점을 자신의 본질로 삼고 있는 지식(savoir)은, 과정 속으로 되돌아와 모습을 드러내는 불완전한 의식의 형상들 중의 하나이다. 바로 이 회의주의가 결과 속에서 항상 순수한 무(無)만을 보게 되고, 그 무가 일정한 방식으로 **자기를 생기게 하는 무** 라는 사실을 고려하지 않는다. 그러나 오직 자기를 생기게 한 것의 무처럼 간주된 무는 실제로 진실한 결과이다. 그것 자체가 하나의 한정된 무이고, 하나의 내용을 갖는다. 무의 추상화 또는 공허와 관계가 없는 회의주의는 더 이상 앞으로 나아갈 수가 없다. 새로운 그 무엇이 나타나 동일한 공허 속으로 던져 줄 때까지 기다려야 한다. 반대로 결과가 진실 속에 있는 것처럼, 다시 말해서 **한정된** 부정처럼 이해될 경우, 그때는 즉시 새로운 형태가 태어나고, 그렇게 되면 부정 속에 변화가 일어나 그 변화에 의해 일련의 완벽한 의식의 형상들을 통하여 실현되는 즉흥적인 발전과정이 실현된다."[23]

이러한 고찰은 그런 식으로 말라르메의 실천과, 그의 뒤를 이어 현대적 텍스트들이 투여하는 이념 체계와 관련될 수 있다. 표상 체계를 산출하는 이질적 모순의 메커니즘에서 그 체계의 중지와 이 모순을 '한정된 무'로 설정할 능력을 갖지 못함은, 모순이 가로지르고/아니면 모순을 떠오르게 하는 새로운 정립과 새로운('자연적' 혹은 '이념적') 대상에 따라서 매번 새로운 내용을 가지기 때문에, 결국 헤겔적인 용어들로 기술될 수밖에 없게 된다. 그렇지만 우리가 너무 빨리 잊어버릴 수 없는 것은 텍스트의 실천이 그 과정 속에 일어나는 부정성의 운동 그 자체, 즉 거부를 부각시키는 일을 특성으로 지니고 있다는 사실이다. 헤겔의 고찰은 우선적으로 이 운동과 그 부정성을 명시하고, 부단히 강조하면서, 그 운동을 **의식의 현존** 속으로 끌어들이고 있는데, 이 **의식의 현존**은 하이데거적인 해석이 변증법적 방법의 본질을 거기에 환원시키고자 하면서 너무도 강조해 왔던 것이다. 현상학적 환원에 동참하지 않고서도 우리는 헤겔에게서 부정성을 변증법적 의식 체계와 조화시킬 뿐만 아니라, 종국에는 그 안에 감금시켜 버리는 수법을 여러 번 확인한 바 있다. 그 반면, 텍스트는 거부의 장에 자리잡게 되어 부정성의 모순을 개진하고, 또 그 형성을 재현한다. 따라서 텍스트는, 헤겔의 경우와 마찬가지로, 거부를 의식의 생성과 그 다양한 과학적인 표현의 생성 속에 끌어들이지 않는다.

이제 헤겔적인 입장과 텍스트의 실천 사이의 이러한 대립을 명확히 밝혀 보기로 하자.

헤겔적인 **경험**의 제한은 거기에 목표가 설정되었을 때 분명히 나타나고, 그 목표는 개념과 대상의 합당성으로 이루어진다. 이 합당성의 탐구는, 발전하는 것이 되기 위해서, 생체의 한계가 지정해 주는 종말을 갖는다. 그 한정된 것이 '다른 것에 의해 그 존재 너머로' 떠밀려졌을 때는 예외이지만, 그 경우에도 '자신의 조정에서 뿌리뽑힌 이 존재는 그의 죽음을 의미한다.' 그렇지만 헤겔은 의식이 한계를 초월하고, 자기 위치를 위반하며, 그 자체를 벗어날 가능성을 지니고 있음을 상정한다. 이 헤겔의 지적은 의식의 내부에서는 죽음이라는 그 조정의 초월이 하나의 재활성화이고, 그 죽음은 의식의 충격이자 필수 불가결한 폭력, 즉 의식의 '내적 원인'이라는 것을 암시하는 것 같다. 그러나 우리가 거부의 순간이라고 부르는 것은 식별되자마자 곧 저지당한다. 의식은 죽음의 동인인 이 회귀에 불안으로서 대응하는데, 이 불안은 바로 죽음의 출현과 그 월권을 나타낸다. 의식은 오직 뿌리뽑힘이 없는 한계에, 초월이 없는 조정에, 죽음을 면하는 타성에만 고착되어 있을 목적으로 사유의 전진에서 벗어나는 경향이 있다. "······상실의 위협에서 그것 자체를 간직하고자 갈망하고 지향하기." 이때 헤겔은 조정의 뿌리뽑힘에 고착하기와, 죽음을 타성과 중지 속에 고립시키기를 무익한 것으로 간주한다. 왜냐하면 사유는 그의 조정과 초월을 동시에 다시 취하고, 그것이 사유의 불안을 만들어 내기 때문이다. "의식이 사유 없는 타성 속에 정착하기를 원하지만 헛된 일이다. 이때 사유는 사유의 부재를 혼란시키고, 사유의 불안은 이 타성을 교란시킨다." 다음 구절을 읽어보자. "지식에는 그 목표가 전진의 계열과 마찬가지로 필연적으로 정해져 있다. 그 목표는 지식이 더 이상 자기 자신을 초월할 필요가 없는 지점이고, 지식이 자기 자신을 발견하고 개념이 대상에, 그리고 대상이 개념에 호응하는 지점이다. 또한 그 목표를 향한 전진은 휴식을 가질 수 없고, 그 이전의 어떤 단계에도 만족하지 않는다. 자연적인 삶에 한정되어 있는 것은, 그 자체로서는 직접적인 자기의 존재를 넘어설 수 있는 힘을 가지고 있지 않다. 하지만 그것은 다른 한정된 것에 의해서 자기의 존재 밖으로 떠밀려지고(hinausgetrieben), 자신의 조정에서 뿌리째 뽑힌 이 존재(Hinausgerissenwerden)는 그의 죽음을 의미한다. 〔Was auf ein natürlich Leben beschränkt ist, vermag durch sich selbst nich über sein unmittelbares Dasein hinauszugehen; aber es wird durch ein anderes derüber hinausgetrieben (poussé en dehors), und dies Hinausgerissenwerden (la sortie en dehors) ist sein Tod.〕 그러나 의식은 자기 자신에게는 그의 고유한 **개념**이다. 따라서 의식은 직접적으로는 자기 자신을 스스로 넘어서는 행위이다. 개별적인 실존과 함께 피안(l'au-delà)은 의식 속에 동시에 설정되어 있다. 비록 그것이 공간적인 직관처럼 아직은 단지 한정된 요소와 **나란히** 있는 것에 불과하지만. 그러므로 의식은 그 자체에서 유래하는 폭력을 감내하고, 그 폭력에 의해 의식은 제한된 만족을 모두 손상하게 된다. 이 폭력을 느낄 때, 불안은 의식을 진리로부터 물러서게 하고, 상실될 위험이 있는 그것 자체를 보존하기를 갈망하고 지향한다. 그러나 이 불안은 가라앉을 수가 없다. 불안은 자신이 사유 없는 타성에 정착되기를 원하지만 헛된 일이기 때문이다. 이때 사유는 사유의 부재상태에 파문을 일게 하고, 사유의 불안은 그 타성을 괴롭힌다. 불안은 자기의 종(種) 안에서는 모든 것이 우수하다는 사실을 보장해 주는 특정 형태의 감상에 매달려 보지만 아무 소용이 없다. 그런데 이 보장은, 하나의 종으로 있는 한, 아무런 우수한 것도 찾아내지 못하는 이성으로부터 오는 심한 폭력을 참고 견딘다."[24]

19세기말 이래로, 저주받은 시인에서 정신분열증에 이르기까지의 모든 전위적 체험은, 그 반대로 통일화를 목적으로 하는 개념적 사고의 과정과는 다른 의미 생성과정의 가능성을 증명한다. 쌩볼릭을 거부의 충격으로 둘러싸면서, 헤겔적인 언어로 말하자면 조정의 '외부로의 출구' 주변에, 죽음 가까이에 쌩볼릭을 배치하면서, 텍스트의 체험은 죽음을 의미의 장치 속에 도입한다. 그렇다고 해서 이러한 체험이 사유의 타성 속에 고정되는 것은 아니고, 오히려 개념적 통일성을 리듬, 논리의 뒤틀림(로트레아몽), 파라그람, 창의적인 통사의 개발(말라르메)로서 파열되게 하는데, 이것들은 시니피앙을 통하여 그 체험의 한계를 벗어남을 기록해 둔다. 더구나 여기에서 문제가 되는 것은 더 이상 불안이 아니고 주체적 통일성의 분열이다. 이 분열은, 아르토의 텍스트가 증명해 주듯이, 의미 단위 그 자체가 어법에 어긋난 말(glossolalie)로 상실될 정도로 위험에 처해 있다. 그러므로 19세기말 이후의 전위적 텍스트는 무엇보다도 단일 주체에게는 죽음처럼 나타나고, 분석가-피분석자에게는 거세처럼 나타나는 거부의 폭력을, 언어활동의 과정을 통하여, 비-사유 속으로 통과시키는 데 그 목적을 두고 있다고 말할 수 있을 것이다. 의미 생성의 과정을 통하여 사고(pensée)를 탕진하면서, 텍스트는 (자본주의) 사회와 그 공식적 이데올로기가 억압하고 있는 부정성을 기재한다. 하지만 텍스트가 이처럼 주도권을 가진 경제・이데올로기 체계와 모순관계에 놓이게 되면, 그 체계와 승부를 거는 것은 텍스트이다. 이 체계는 텍스트를 통하여 자신에게 결여된 것, 즉 거부를 얻게 되지만, 그러나 그것을 따로 떨어진 영역 속에 간직하면서 선택된 자의 '자아' 속에, '내적 경험' 속에, 그리고 비교주의(esotérisme) 속에 한정시킨다. 텍스트는 하나의 새로운 종교의 대행자가 되고, 이 종교는 앞으로 더 이상 보편적인 종교가 아니라 엘리트주의적이고 비교주의적인 종교가 될 것이다. 거부 논리의 매우 특수한 메커니즘은 거부의 재흡수를 위해 사용된다. 여기서는 주체의 통일성의 피난처이자, 죽음의 욕동의 폭력에 필수 불가결한 보상인 주체의 나르시시즘이 뒷받침하는 정립상이 문제가 된다. 이 나르시시즘적 계기에는 거부의 진정과정을 '자아'의 통일성과 연결시키고, 그리하여 거부가 지닌 파괴적이고 혁신적인 활력이 주체성의 울타리 밖으로 넘쳐나 사회기구 그 자체를 변형시키는 혁명적 이데올로기 쪽으로 개방되는 것을 막는 경향이 있다. 이 점에 대한 헤겔의 비판은 정당하다. "……마치 진리를 향한 뜨거운 열기 그 자체가 의식에게 단지 허영심의 진리가 아닌 다른 진리를 찾아내기 어렵게 하고, 또 불가능하게 하는 것같이…… 이 허영심은 진리를 모두 헛된 것으로 만들어 자기 자신 속으로 역전시키는 데 능숙하다. 허영심은 자신의 오성에 몰두해 있고, 이 오성은 내용을 찾아내기보다는 모든 사고를 해체시키면서, 오직 **무미건조한 자아의 모습만을 되찾을 줄밖에 모른다.** 그러나 이 허영심은 그 자체에게 떠맡겨질 수밖에 없는 하나의 만족이다. 왜냐하면 허영심은 보편을 피하고, 단지 대자적 존재(l'être-pour-soi)만을 추구하기 때문이다."[25]

오직 사회적인 과정의 시동과 전개라는 측면에서만 '보편적 요소'를 추구하는 현대 텍스트는 19세기의 전위(l'avant-garde)가 지닌 이념적 제한들——궁극적으로는 사회-역사적 '내용'의 결여이기도 한 제한들——을 극복하기 위해서는 19세기의 전위가 관념론(변증법적 관념론도 포함하여)의 단일적 승화 작용에서 탈취해 낸 것을 답습하지 않을 수 없을 것이다. 다시 말하면 현대 텍스트는 거부를 통하여 언어를 탕진함으로써 의미 생성과정의 파열을 답습하지 않을 수 없다. 결국 현대 텍스트는 전위적 경험(페티시즘, 어머니의 남근화 등) 속에 주체의 모든 체제를 다시 회복시키고, 그것을 **역전시키지** 않으면 안 된다.

텍스트는 거부 속에 거부 그 자체의 **역전**을 도입하고, 그 역전은 의미화의 결합을 형성한다. 따라서 텍스트는 **거부** 속에, 그 거부의 '감각적인 확신'을 산출하기 위해, **담론**을 도입한다. 바로 이러한 이유로 텍스트는 주체와 현상을 관통하는 경험이다. 그것은 과정 속에서의 경험의 파열과 재결합을 의미한다. **경험**이라는 용어에는 그것이 지닌 강도 높은 계기들로서 **주체**와 **현존**이 함의되어 있기 때문이다. 앞에서 한 이야기를 다시 해보면, 텍스트는 거부의 한 실천이고, 실천은 강도 높은 계기로서는 **이질적 모순**을 가지고, 또 필요한 조건으로서는 **의미화의 정립**을 갖는다. 후자, 즉 의미화의 정립 때문에, 그리고 단지 그 범위 내에서만, 텍스트는 이미 그 텍스트를 동요시키고 혹사시키는 과정의 과학적인 인식을 향해 이동하고 있다. 그러므로 우리는 여기에서 다음 두 가지를 구별할 수 있을 것 같다. 그 한 가지는 언제나 이미 의미로 나타낼 수 있는 거부의 실천이다. 그것은 텍스트의 실천 속에 투여되었고, **텍스트의 주체**, 즉 이질적 모순과 접해 있으면서, 파열의 위협을 받으며 단절 속에서 갈등을 겪고 있는, 주체가 책임을 맡고 있는 실천이다. 또 한 가지는 이 **실천의 인식**이다. 그것은 오직 텍스트로서만 형성될 수 있고, 그 텍스트의 의미 생성은 그것이 의미를 향해 나아가고 있는 한 이미 인식의 도상에 들어서 있다. 그러나 인식 그 자체와는 혼동되지 않는다. 왜냐하면 인식은, 확립되려면, 의미의 보충적인 역전을 통하여 자신의 이질성을 억제하고, 또 그것을 인식의 주체——**과학** 또는 **이론의 주체**——에서 분할된 통일성에 기반을 둔 개념들 혹은 구조들로 질서 잡게 하면서 실현될 것이기 때문이다.

　지식은 '우리'라고 하는 주체를 속성으로 갖는다. 이 주체는 '조정의 탈취'를 되찾은 지식의 수신자이다. "그러나 이(지식의 진리에 관한) 탐구에서 지식은 **우리의** 대상이고, **우리를 위해** 있다. 그리고 지식의 즉자(l'en-soi)는, 그것에서 나온 당연한 귀결로서, 오히려 지식이 가진 우리를 위한 존재(être-pour-nous)이다."[26] 나중에, 이름은 없지만 엄격한 의미의 철학적-변증법적 주체의 '우리'가 또다시 나타난다. 이때의 '우리'는 '의식'의 소유자로서, 자신을 의식으로 제시할 수 있는 '인식'에로의 역전 또는 방향 전환 속에서 나타난다. "그러나 이러한 관점에서 볼 때, 새로운 대상은 **의식의 방향 전환** 그 자체에 의해 생기게 된 것으로 모습을 드러낸다. 그 사항에 대한 이러한 고찰은 곧 우리의 몫이다. 바로 이러한 고찰에 의해서 의식의 연속적인 체험이 과학적인 방법으로 향상된다. 그러나 이 고찰 자체는 우리가 관찰하는 의식을 위해 있는 것은 아니다."[27]

현대 텍스트는 거부와 거부의 의미를 지닌 역전, 그리고 거부의 '지식'을 결합하고 있다. 그 텍스트는 하나의 과정이고, 끊임없이 그 자신을 분석하는 과정이다.

그 반대로, 의미 생성의 과정을 표시하고 표상하는, 19세기의 텍스트는 단일 주체를 불러들여 자신을 떠맡기지 않는다. 현대 텍스트는 기존의 진리가 아니라, 과정중인 주체의 파열을 통과하는 진리의 탕진이다.

로트레아몽이나 말라르메의 텍스트는 단지 실천의 인식, 즉 프로이트의 발견을 재주조함에서부터 가능해진 그 인식을 행하는 것이 아니라, 텍스트들의 표상적 '내용'(그것들의 의미 작용)을 거부의 **메커니즘 자체**의 유일한 표상에 부여하고 있다. 이처럼 철학적 지식과 형이상학의 억압된 요소와, 그것들이 지닌 존엄함의 비밀을 명시하면서, 이 텍스트들은 어쩔 수 없이 철학적 사변을 보완하는 상대(l'en-face)가 된다. 이는 그 텍스트들이 자신의 실천 영역을 오직 이질적 모순의 체험에 한정시키는 한에서 그러하다. 우리가 앞에서 보았듯이 이질적 모순의 기능은 의미 생성의 과정을 종결하고 열어 주는 것이다. 그러나 여기서 문제가 되는 이질성은 텍스트를 자연과 사회를 가로지르는 행정 속에 집어넣어, 거기에서 소설이나 서사시 같은 광범위한 횡단을 산출해 내지는 않는다. 그러나 이질성은 모순의 가장 응축된 언어 구조——서정시——속에서 집중적으로 나타나고, 그리고/아니면 그 자신의 개화를 죽음의 정체 속에서의 주체의 개화로 환기시키는 실험에서도 나타난다. '사유 없는 타성'[28]에의 경향이 윤곽을 드러낸다. 그것은 결국 유일한 '자아'에 대한 관심만을 가리키고, 그리고 언어를 다듬으면서 거부가 그 자신에게 부여한 기회들, 즉 거부가 벌이는 전투의 폭력을 자연스럽게 폭발하게 하고, 전투의 타격으로 파멸되지 않고, 그 전투를 사회-역사적 모순의 격돌 속으로 옮기는 기회들을 감소시킨다. 정신병——정립상의 배척——을 향한 길은 이처럼 열려 있다. 이러한 상황이 전위의 이념적 제한계와 의미화 과정을 사회적·역사적으로 객관화할 수 없음을 표현한다는 사실에 대해서는 다음에 자세히 개진할 것이다. 그러나 이 상황이 환기시키는 것은 무엇보다도 텍스트 실천이——초언어적·욕동적·거부의——과정에 접근할 경우에 그 실천이 도달하게 되는 기점이고, 또 그 실천이 거기에 안주하여 겪게 되는 위험이다.

물질적 거부를 향하여 항상 열려 있는 의미의 울타리를 간직할 것. 거부를 의미의 조직에까지, 그것이 지닌 색·음악·파라그람의 차이에까지 재도입함으로써 거부와 그 억압의 총체적 승화를 방해할 것. 그리하여 이질적 요소, 즉 생산적인 모순이 그 속에서 말을 할 수 있도록 온갖 종류의 쾌락을 펼칠 것.

예술의 사회적-반사회적 기능이 그런 것이라면, 그 기능이 단지 개인적인 경험만을 표현하는 의미 조직을 통하여 모순을 개방하는 것으로 제한될 수 있을까? 이질적 모순과 역사·이야기·논리를 표현하고-의미하는 지시 작용(Bedeutungen)의 놀이 사이의 미묘한 균형은 오로지 개인적인, 주관적인 표현이라는 영역에서만 국한될 수 있을까? 사회의 역사 그 자체가 파기되어 재편성될 때, 텍스트라는 특혜를 받은 토양을 가진 이질적 모순이 그 역사와 무관할 수 있을까?

이것은 부차적인 문제가 아니다. 중요한 것은 이질적 모순을 유지하는 것이기에, 모순이 출현할 수 있는 결합 조직이나 이념적인 시니피에가 어떤 것이든 상관이 없다. 실제로 바로 그런 것이 형식주의의 입장이고, 뿐만 아니라 19세기말의 텍스트들과 그 이상은 아니라 해도 앞선 세대의 텍스트들의 장점조차도 지니지 못한 오늘날의 그 아류들을 지배하고 있는 신비주의의 입장이기도 하다.

이런 점에서, 마르크스주의가 주체를 생각해 낼 때 포이어바흐에게서 물려받은 통합적, 관계적 그리고 사회적 주체 개념을 상기하고, 재도입하는 것이 필요하다. 따라서 마르크스주의에서 '나'라고 불리는 주체, 계급에 대한 그의 입장에서부터는 사회 공동체 내에서 투쟁하는 주체를 되찾아 내고, 그 투쟁을 해석해야 한다. 그 주체의 **담론**과 함께 그 담론이 중단시켰고, '시인들'이 탐험 대상으로 삼았던 **이질적 모순**을 귀담아들어야 한다. 그것은 어떤 이념적 총체성을 형성하기 위해 마련된 두 가지 측면의 '연접(jonction)'으로 이해될 수는 없을 것이다. 여기에서는 그 두 측면의 상호 조명이 문제가 된다. 그것은 주체에게 그의 내적·외적 운동성, 즉 향락을 회복시키는데, 이 경우는 주체의 사회적 투쟁의 위험을 통해서 그것을 회복시킨다. 또 한편 그 상호 조명은 주체의 자유를 회복시키는데, 이번에는 오직 주체가 벌이는 정치적 투쟁의 집요한 논리의 구속 안에서 회복시킨다. 이것은 이질적 모순의 제2단계의 문제, 즉 모순이 침입하게 될 **해석 내용**(intérpretant) 또는 **의미**(sens)의 문제가 가장 중요한 사항에 속한다는 것을 의미한다. 여기서는 '예술'이 가진 사회적 기능의 존속이 문제이지만, 문화적인 관심사를 넘어서는, 상당한 청중을 가지고 **표상체**와 단일 주체의 울타리를 열어 주는 의미 실천들을 현대 사회 속에 유지하기가 문제가 된다.

자본주의 사회에서는 계급투쟁이 모든 제도를 뒤흔들어 놓고, 모든 주체와 담론은 최종적으로 생산과 정치에서 그것들이 취하는 입장에 따라 한정된다. 이러한 자본주의 사회에서 이질적 모순을 단순히 주체적인 표상 속에 유지시킨다는 것, 그것은 모순의 소리를 들리지 않게 하거나, 아니면 지배적인 부르주아 이데올로기와 공범자가 되는 것과도 같다. 부르주아 이데올로기는 실험적인 주관주의를 수용할 수 있지만, 그 자체의 기반에 대한 비판은 좀처럼, 아니면 전혀, 받아들이지 않는다. 텍스트가 그 메커니즘을 안고 있는 이질적 모순을 기성의 사회 질서(생산관계-재생산관계)의 혁명적 비판과 연결시키는 것, 이것은 지배적 이데올로기와 그것이 지닌 자유주의-억압-금지의 다양한 메커니즘에게는 묵인할 수 없는 것이고, 또한 도저히 할 수 없는 일이다. 달리 말하자면 욕동적 거부의 의미와 이데올로기의 연결이라는 계기는 정신분석적이고 혁명적인 담론 속으로, 또 그것을 가로질러서 이어주는 연결이어야 할 것이다. 이 연결은 주체를 의미적 체험에서 탈출시켜, 사회관계의 혁명적 변환 속에 자리잡게 하고, 다양한 사회관계의 구성원들 가까이에 있게 하기 위한 것이다. 그와 같이 실현되기 위해, 이질적 모순이 언어 상징적 정립을 받아들여야 한다면, 그 정립은 동시대 사회를 뒤흔들어 놓는 실천과 정신분석이고 혁명적인 담론에 뿌리를 내려야 할 것이다. 이질적 모순을 격렬한 투쟁의 계기로 삼는 의미화 과정은 역사적인 논리를 따라서 그 표상적 서술 속에 기재되어야 하고, 서술 자체는 혁명적인 계급투쟁을 통하여 진행중인 역사의 진전과정을 증언해야 할 것이다. 서술이 공동체 구조가 강요하는 제동에 대항하는 욕동적 충전의 연결-승화-억압의 형태들 중의 하나라면, 이 서술은——텍스트가 그것을 이용하고 있는 한——혁명적 계획의 서술을 담당할 수밖에 없다. 왜냐하면 바로 그 혁명적 계획이 방위적 대항충전일 수 있기 때문이다. 방위적 대항-충전은 이질적 거부를 중지시키지 않은 채 뒤집어엎지만, 그 반대로 두 가지 측면(욕동-의미)의 각각의 내부에 투쟁의 지속을 보장한다. 그것은 이 계획이 그 두 측면의 분리 불가능성에서 오는 역사적인 충격을 지닐 것임을 보장하기 때문이다. 이런 식으로 분절된 이질적 모순은 비판적 담론——혁명적인 사회 실천을 표상하는 담론——을 파고들거나 밀착해 있으면서, 그 담론의 원동력, 즉 거부, 이질적 모순, 죽음 속의 향락을 회복시킨다. 그러지 않을 경우, 사회적 실천 자체가 그 원동력을 주체의 단일적이고 기술주의적인 시각으로 억압하는 경향이 생긴다. '논리' 속으로의 '물질성'의 회귀, 기계적인 반복만을 가진 언제나 쇄신된 이 회귀는 부정성에게 주관적이고 폐쇄적인 욕망의 정립에 한번도 결코 말소된 적이 없는 영구성(permanence)을 보장한다. 그리하여 이질성은 승화되지는 않았지만, 그것이 과정 속에 집어넣는 쌩볼릭 안에서 작용하기 시작한다. 이때 이질성은 쌩볼릭 안에서 역사적 발전과정과 마주하게 되고, 그 과정이 사회 속에서 실현되는 그대로의 모습을, 또 사적 유물론이 그 과정의 인식을 형성하는 그대로의 모습을 발견하게 된다.

V. 칸딘스키, 《확인》, 1926.

IV

실 천

"사실 오늘날의 경우, 모든 호기심이 해석 쪽으로 집중되고 있다. 하지만
해석을 개념에 대조하지 않고 언급한다는 것은 불가능하다."

말라르메, 《햄릿》, 전집, 300면.

1. 경험은 실천이 아니다

　전위적 텍스트들은 오로지 신체, 자연 혹은 관념철학에서 차용한 표상 체계 속에서 전개된다. 거부의 정립적 계기는 그 체계를 사회와는 무관한 현재에 투여하여, 그 속에 봉쇄한다. 이리하여 텍스트는 이질적 모순의 경험을 의미하지, 항상 사회적 요소인 실천을 의미하지는 않는다. 그 증거가 바로 말라르메가 정치활동의 가능성을 텍스트의 활동과 동시적으로 생각하는 것에 대한 거부이다. 물론 거기에는 무정부주의적인 혹은 사회주의적인 정치 참여를 비판하기 위한 그의 정당한 이유들이 들어 있다.[1]

　과정중인 주체의 논리가 엄밀히 주관적인 것이 되기 위해 설정하는 요구들 바깥에는 텍스트의 실천이 존재하지 않을 경우, 실천은 제한적이고 편집증적인 응고성의 이데올로기가 내미는 거울 속에 어쩔 수 없이 봉쇄되어 버린다. 이러한 이데올로기는 결국 '소외된 주체'로서의 주체를 '소유'하게 되고, 또 이것은 그 주체가 따르게 되는 과정이 모순의 절정에 도달하는 바로 그 순간에 이루어진다.

　그러므로 '의미화의 경험'과 '의미화의 실천'을 구별하는 것이 필요하다. 우리는 경험이라는 개념을 실천을 위하여 보류하게 될 것이고, 이 실천 속에는 유지되고, 탐구되어 담론으로 바뀐 이질적 모순이 텍스트의 본질적 체제를 형성하고 있다. 그러나 이 모순은 그 정립적 국면에서는 거부를 자아의 현존에 환원시키면서 철저하게 개인적인, 자연주의적인 또는 비교적인(esotérique) 표상 속에 투여한다. 바로 이것을 바타유는 '침울한 시의 자위(onanisme)'라고 부른다. 또 한편, 실천의 개념은 다양한 텍스트에 더 적절히 응용될 수 있는 것 같다. 그러한 텍스트 속에서는 이질적 모순이 **의미 형성을 통하여 실천적 차원에게 필수 불가결한 조건으로 유지되기 때문에**, 모순을 연결시키는 표상 체계 역시 사회적 실천과 그 혁명적 국면에 뿌리를 두고 있다. '경험'과 '실천'의 구별이 이러한 의미로 개입될 수 있는 것은, 우리가 해명하고자 하는 헤겔/마르크스의 관계에 대한 특별한 독서를 그 시발점으로 한다.

헤겔은 경험과 변증법을 동일시하면서 다음과 같이 썼다. "의식이 그 자체 내에서, 그 지식 속에서, 그리고 그 대상 속에서 행사하는 이 **변증법적 운동은, 의식 앞에 새로운 진실된 대상이 의식을 위해 출현하는 한**, 우리가 **경험**(Erfahrung)이라고 부르는 바로 그것이다." 헤겔은 의식을 위한 대상의 직접적인 첫 출현의 계기——순수한 파악에 불과한——와 진정한 경험의 계기를 구별하고 있다. 진정한 경험 속에서는 하나의 새로운 대상이 첫번째 계기로부터 형성이 되고, 이 형성은 의식이 그 자신에게로 회귀함을 통하여, 우리 '자신의 간섭'을 통하여 이루어진다. "그러므로 사물들은 이와 같이 제시된다. 즉 맨 먼저 의식에게 대상으로서 나타나는 것이 의식 속에서 그 대상에 대한 지식 수준으로 낮아질 때, 바로 그때에 의식의 새로운 형상이 떠오르는 방식으로 새로운 대상이 나타난다. 그리고 이 형상은 그 이전의 형상의 본질과는 다른 본질을 갖는다."[2]

최초의 신비로운 운동, '**직접적인 확신**'이라는 이 운동은 두번째 계기를 구성하는 **경험** 속에서 의식의 진정한 실현과 구별된다. 그 계기에서 직접적인 확신은 의식의 회귀를 통하여, 그 자신도 모르게('말하자면 자기 등뒤에서') 의식의 현존 속으로 도입될 것이다. "그러나 이 필연성 자체, 또는 새로운 대상의 **탄생**은, 의식에게 그 대상이 어떻게 하여 생겨났는지를 알리지 않은 채 제시되는 것으로, 말하자면 자기 등뒤에서 일어나는 그 무엇이다(hinter seinem Rücken vorgeht)."[3]

우리는 이 첫번째 운동에 대해서, 그것이 부정적인 본질에 속한다는 것 이외에는 아무것도 모른다. 그러나 그 운동을 그 뒤를 잇는 것과 연결시키지 않고, 그것이 지닌 부정성 속에 고립시키려면, 경험을 무로 환원시키게 된다는 것은 알고 있다.

그렇지만, 우리가 이미 지적하였듯이, '조정으로부터 뿌리뽑힘(Hinausgerissenwerden)'의 순간 또는 '죽음'의 순간은 헤겔적인 경험의 개념 속에서 모습을 드러낸다. 의식은 그 순간을 직접적 형상을 산출하고, 그것을 하나의 **개념**으로 옮겨 놓는 원인으로 파악한다. 우리가 보기에는, 바로 이러한 부정성——의식의 현존과 그 유한성의 순간적 중단——을 통하여 헤겔적 의미의 **경험**이 후설의 현상학적 경험과 근본적으로 차이가 나는 것 같다. 따라서 헤겔적 **경험**이 실천으로 이어진다는 것을 확인하게 되는 것 또한 놀라운 일이 아니다. 왜냐하면 실천은 단지 이론적 종합의 종속된 계기일 뿐 아니라, 이질성과의 대조로서 자기 검증을 강력히 요구하기 때문이다. 달리 말하자면 '조정으로부터 뿌리뽑힘'을 내포하고 있는 경험의 개념은 실천의 개념에 도달하게 되고, 이 실천의 개념을 나중에 변증법적 유물론이 계승하여 사회적 · 역사적 변혁뿐만 아니라, 과학적 · 이론적 또는 '미학적' 변혁의 온갖 활동에 대해 사고할 수 있는 길을 열어 준다.[4]

이리하여, 변증법적 경험의 한 계기는 의식의 무화(annihilation)를, 의식의 현존과 그 형이상학적 통일성의 무화를 상정하는 것으로 인식되는 것 같다. 그러나 관념적 변증법은, 객관적이고 의식과는 관계 없이 구조화된 물질적 심급을 인정하지 않으므로, 객관적인, 물질적인 제관계를 명확히 밝힐 수 없다. 그리고 이 관계들의 알력은 '감성적인 확신'을 生成하며, 이 생성은 그 확신이 인식의 대상이 되기 이전에——이것은 논리적 선행이다——일어난다. 따라서 헤겔적 경험은 일종의 지식의 경험으로 남는다. 그리고 이 지식은, 그 용어의 전문적인 의미에서의 과학의 지식이 아니라 절대지(savoir absolu)라는 신학적인 과학의 지식이기 위하여, 동일한 **사고하는 주체**(sujet pensant), 즉 그 자체로 현존하는 의식의 주체에게 의존한다. 그리고 이 의식의 주체는 의식에 작용하는 이질성으로부터 오직 공허·허무·결여의 인상만을 '자기 등뒤에' 간직한다.

2. 마르크스주의에서 실천의 원자적 주체

개념의 운동이 완수하는 도정의 다른 끝에서, 다시 말하면 《논리학》의 말미에서, 헤겔은 동일한 운동, 즉 **이론적 이념**을 약술하고 있다. '현상성의 이념,' '그와 같은 인식'인 이론적 이념은 '선'의 추진력 덕택에 분명히 밝혀진다. 다시 말하면 그것은 "외부로부터 그 개별성 내지는 **한정된 규정**, 또는 그 내용을 받아들이고,"[5] 그리하여 '**실천적 이념**(Praktishe Idee)'이 된다. 이 실천적 이념은 우리가 《정신현상학》의 서문에서 접근하였던 '경험(Erfahrung)'의 개념을 상기시키고, 그것을 변증법적 나선의 항상 이미 복귀된 '시작'에 통합시킨다. 실천적 이념과 경험이 공통적으로 지니고 있는 것은 둘 다 '외적 존재의 한정'과 관련되어 있다는 사실이다. 경험은 거기에서 분리되면서, 실천적 이념은 거기에 도달하면서 관련된다. 이 두 가지 계기에서, 외부와의 관계는 직접적이다. 그러나 **경험**이 의식 속에서 논리적 통일을 수행하기 위해 외부로부터 떨어져 나오는 한, **실천적 이념**은 자기 인식과 거리를 두면서, 그리고 엄밀히 말하자면 의식에 도달하지 못한 채, 외부로 되돌아간다. 오직 개념의 객관적 활동을 재도입하기만이 그와 같이 파악된 외적 현실에서 '그것이 지닌 단순한 외관상의 특징, 외적인 한정성, 그리고 그 무가치'를 탈취하고, 그 현실을 '즉자적 그리고 대자적 존재(étant en-soi et pour soi)'로 설정한다. 개념의 재도입을 통하여 '이념'은 실천의 '능동적 주체' 속에서 실현될 뿐만 아니라, '직접적 현실'로서, 그리고 '존재의 객관성'으로서 동시에 실현된다. 말하자면 이념은 '절대적 이념'으로 실현된다.[6]

유물론적 변증법은 헤겔이 고찰한 이 논점을 답습하고, 전개하고, 전복하여 인식 속에 실천 우위 이론의 윤곽을 그린다. 마르크스는 '인간의 감성적 활동'을 지식의 토대로 조정한다. 그리하여 '감성적 활동'에 '실천'을 첨가하기는, 벌써 실천의 개념을 그 자체에 현존하는 의식에의 종속에서 축출시키기 시작한다. 이러한 실천을 한정하는 이질성을 수용하는 것이 바로 **인간관계**이고, 특히 **생산관계**이다. 레닌은 《변증법 노트》에서 인식에 대한 실천적 이념의 우위를 지적하고 있다. **실천적 이념**은 '선'의 추진력을 실현함으로써, 헤겔이 말하는 '보편성의 품격뿐만 아니라 조건 없는 실효성의 품격도' 소유하기 때문이다. 레닌은 난외의 여백에 다음과 같이 기록했다. "실천은 (이론적) **인식보다 더 위에 있다**. 왜냐하면 그것은 '보편성'의 품격뿐만 아니라 직접적 현실의 품격을 가지고 있기 때문이다."[7] 그렇지만 마르크스주의 이론은 '선'이 함의하는 실천 행위의 목적론에 대해서 설명하지 않았고, 개념이 **실천적 이념** 속으로 되돌아오면서 '실천적 개념'을 산출할 때, 절대적 이념 속에 자리잡는 '최고로 높은 모순'의 체제에 대해서도 설명하지 않고 있다.

헤겔에 의하면, 이 실천적 개념은 반드시 개별적은 아니지만, 즉 침투할 수 없고, 원자 같은 주체성'속에서, 객체화로서 그 자체에 고유한 이타성의 '보편성과 인식'속에서 '그 정점에 달한다. "……객관적이고, 즉자적으로-그리고-대자적으로-한정하는 실천적 개념은, 인격으로는 침투할 수 없고, 원자 같은 주체성(인용자의 강조)이지만, 동시에 그 개념은 모든 타자를 배제하는 개체성이 되는 것이 아니라, 대자적으로, 보편성과 인식이 되고, 그리고 자신의 타자 속에서, 그 자신의 객체성을 대상으로 갖는 개념이다."[8]

마르크스-레닌주의는 무엇보다도 **외부·대상화·현실을 향한** 실천의 방향 결정을 강조하고 있다. 마르크스는 이렇게 썼다. "과거의 유물론의 결점(포이어바흐의 결점을 포함하여)은 대상·현실 세계·물질성이 오직 대상 또는 직관의 형태로서만 파악되었지, 감성적인 인간활동으로, 실천으로 파악되지 않았다는 사실이다. ……포이어바흐는 감성적 대상들——이념적 대상들과는 실제로 다른 대상들——을 원한다. 그러나 그는 인간활동 그 자체를 객관적 활동으로 파악하지 않는다."[9] 동일한 방향에서 레닌은 헤겔의 '행동의 삼단논법'에 논리적 외면성의, 현실의 우위를 대치시킨다. "……이런 의미에서 논리학의 형식〔삼단논법의 형식〕이 다른 것이기 위하여 인간의 실천(=절대적 관념론)을 갖는 것이 아니라, 그것과는 정반대이다. 인간의 실천은 수만 번 반복되면서 논리학의 형식으로 인간의 의식 속에 정착된다. 정확히 (그리고 오로지) 이 수만 번의 반복에 의해서 그 형식들이 선입관의 영속성을 지니게 되고, 공리의 특징을 갖게 된다."[10]

마오쩌둥은 헤겔에 관한 레닌의 이 주석들을 그의 《실천론》에서 재론하였고, **개인적이고 직접적인 경험**이 실천의 가장 중요한 유물론적 특징이라는 사실을 강조하였다. **생산활동**이 모든 실천적 활동을 결정한다는 것을 단언할 때에, 마오쩌둥은 가능한 실천들의 명부에 계급투쟁·정치활동·과학적 활동 및 미적 활동을 추가시키고 있다. 실천의 계기는 '전복된' 헤겔의 논리학을 따라서 표현되었다. 여기서 문제가 되는 것은 '외면성'을 그것의 '외적인,' 그리고 '어림잡은 관계' 속에서 '파악'하는 것이다. 오직 사회적 실천의 객관적 연속성 속에서 진행되는 현상들의 반복만이 질적 비약을 만들어 내는데, 이 질적 비약은 곧 내적 관련의 기초를 확립하는 개념의 출현이다. 마오쩌둥은 실천의 두 가지 양상을 강조하고 있다. 즉 실천은 개인적인 것이고, 그것은 '직접 경험'을 요청한다는 것이다. "그러한 현상이나 그와 같은 현상들의 총체를 직접 알고 싶다면, 현실의 변혁과 이 현상이나 혹은 총체적 현상들의 변혁을 겨냥하는 실천적 투쟁에 개인적으로 참여하지 않으면 안 된다. 왜냐하면 바로 그것이 외관상으로나마 그것들과 접촉할 수 있게 하는 유일한 수단이기 때문이다. 또 그렇게 하는 것이 그 현상이나 혹은 총체적인 현상들의 본질을 발견하고, 그것들을 이해하는 유일한 방법이다. (……) 모든 정직한 인식은 직접 경험에서 생겨난다."[11] "감각을 부정하는 자, 직접적인 경험을 부정하는 자, 현실의 변혁을 지향하는 실천에 개인적으로 참여하기를 부인하는 자는 유물론자가 아니다."[12]

'직접적인' 그리고 '개인적인 경험'은 마르크스 이론에서 가장 강조된 부분이다. 이러한 강조는 '최고로 높은 모순'의 장이 된 주체성——헤겔이 '절대적 이념'이라고 부르는 주체성——을 분명히 밝히는 데 기여한다. 일반적으로 또는 가장 적절하게, 마르크스주의에 있어서 '실천'의 개념은 대체로, 그리고 최선을 다해서 '실천적 이념'의 개념(개별화·유한성, 자기에게로의 회귀의 결여, 즉 '이론적 요소'의 결여)을 넘어서지 않는 주체성을 함축한다. 마오쩌둥 사상은 그보다 한 걸음 더 나아간다. 그의 '실천'은 자신을 인식하지만

'실천적 개념'의 형태로 인식하는 주체성의 지지를 받고 있다. 왜냐하면 최고로 높은 모순을 구현하면서도 이 주체성은 계속 난공불락의, 비개인적인, 원자적인 것으로 남아 있으면서 보편적 인식을 실현하기 때문이다. 마오쩌둥 사상은 무엇보다도 그가 말하는 사회변혁과 혁명의 실천에 원동력이 되는 그러한 주체성을 불러들이고 산출해 내는 것 같다. 물론 중국에서는 '의미화의 실천'이 변증법적 총체성을 탕진하는 하나의 다른 유형의 주체를 암시하고는 있지만……

3· 실천 속에 단절을 소환하기: 실천적 경험

그래도 우리는 헤겔적인 체계를 완성하고, 변증법적 유물론에 전도되어 전해지는 '실천적 개념'이 그 형성과정의 나선 속에서 **그것에 선행하는 계기들**을 포함하고 있다는 사실을 망각할 수 없을 것이다. 실천이 내포하여 인식에게 전달하는 현실의 **직접 경험**(레닌은 이 직접성을 부차적으로만 강조했다)은 체험(Erfahrung)의 단계, 새로운 이질적 대상의 의미 파악의 단계를 통합한다. 이것은 직접 경험이 그것을 수행하는 주체가 파열할 수 있는 테두리를 통합한다는 것을 함의한다. 이 파열은 '실천적 개념'의 침투할 수 없고, 원자 같은 주체와 혼동될 수는 없지만, 그것은 **주체의 쇄신 조건**을 구성한다.

마오쩌둥은 관념론적 변증법 또는 기계론적 유물론과 마르크스주의의 교도화(dogmatisation)가 위압하는 경향을 보이던 두 가지 계기를 분명하게 구별한다. 그가 설정하는 삼중의 진화과정, 즉 실천-진리-실천은 그 세 가지 국면 사이에 '파악된 대상들'과 그것들을 파악하는 '의식'의 신분 차이가 있다는 것을 함축한다. 실천 속에 실제 대상의 출현은 따라서 **그것의 과학적 인식**과는 구별되어야 한다. 그리고 이 인식은 그것의 과학적 진리를 넘겨 주어, 또 하나의 실천적 검증으로 이끌어 갈 것이다. 이리하여 실천의 계기는 참된 과학적 인식의 계기와 굳게 연결되어 있지만 그것과는 판이한 것이다. 이 실천의 계기란 무엇인가?

마르크스의 이론은 주체 이론이 아니기 때문에 이 질문에 해답을 줄 수가 없다. 마르크스 이론은 실천의 객관적이고 논리적인 한정들을 구별하고, 조건들과 구조를 환기시키는 것으로 만족하지, 주체 간 내지는 주체 내의 역학을 문제삼지는 않는다. 우리는 변증법적 유물론이 주체를 가로지르는 부정성을 포기하고, 그 포기를 역사적으로 변명하고 있음을 이미 지적한 바 있다.

그렇기는 하지만, 실천의 계기는 주체의 능력과 주체의 자기 현존 (présence à soi)을 해체한다. 우선 실천의 계기는, 부정하기 위한 위치에서, 주체를 사회 환경 속의 다양한 대상들과 다른 주체들과 관련을 맺게 하고, 그렇게 되면 주체는 적대적이든 아니든간에 그것들과 모순관계에 놓이게 된다. 사회관계에 내재하는 모순은 주체의 외부에 있지만, 주체 그 자체의 중심을 바깥으로 확장시키고, 주체를 유예시켜 하나의 통과 지점, 하나의 면소(non-lieu)처럼 분절한다. 그곳은 대립된 여러 경향들, 즉 **욕동들**이 투쟁을 벌이는 장이며, 욕동의 정지와 정립적 계기들(표상체들)은 계급의 갈등에서와 마찬가지로 정동적 관계(친자관계·애정관계)에 그 뿌리를 내린다. 거부는 주체의 중심을 확대시키면서 주체의 분쇄를 자연 세계와 사회관계의 제구조와 대비시키고, 그 구조들과 충돌하면서 그것들을 배척하다가, 결국 그것들에 의해 배치된다. 그리하여 낡은 객관성의 말소라는 국면을 상정하는 이 거부의 계기에 하나의 결속적인, 언어 상징적인, 이념적인, 따라서 실증적인 구성 요소가 개입하여——"우리는

개입한다"라고 헤겔이 말한 것처럼——언어 속에 과정중인 '주체'
가 거부하면서, 그 거부의 과정을 통하여 산출해 내는 새로운 대상
을 형성한다. 그러므로 실천은 근본적인 계기로서 이질적 모순을 내
포하며, 이 모순은 아직 상징화되지 않은 자연 혹은 사회 외부에 의
해 과정중에 놓인 주체, 낡은 정립들(다시 말하면 거부의 폭력을 차
연시키고 지연시키는 표상 체계들)과 투쟁중인 주체를 조정한다.

　바로 이 실천이 이질적 모순을 무한한——물질적이고 의미하는
——변증법적 운동의 원동력으로서 포함한다. 그리고 바로 이 실천
속에서 의미 생성의 **과정**이 실현된다. 왜냐하면 실천은 객관적인 모
순에서부터 시작하여, 상징화되지 않은 외부를 통하여 의식의 통일
성을 분쇄하는 계기에 의해 한정되기 때문이다. 이 객관적 모순에서
부터 욕동적 거부는 새로운 대상을 객관적으로 존재하는 제한정과
함께 물질적 외부 속에 출현시킬 것이다. 이 실천적 계기는 의식의
현존 속에 나타나는 '존재'의 법칙의 '출현'만은 아니다. 여기서 우
리는 실천운동의 제2단계인 인식하는 의식의 회귀에 앞서는 논리
적 계기를 강조하고자 한다. 따라서 우리가 강조하고 싶은 것은 실
천의 억압된 영역이다. 이것은 항상 이미 의미할 수 있는 거부이지
만, 상징화의 바깥에 남아 있는 것에 의해 부단히 침식되어 버린 거
부의 이행 속에서, 주체적 정립과의 투쟁, '一者'와의 투쟁, 그리고
선재하는 자연·사회·과학·정치의 모든 체계성과의 투쟁이 일어
나는 영역이다. 새로운 대상과, 새로운 정립의 출현은 이러한 투쟁의
결과이다. 새로운 대상은 과정의 한 계기이고, 그 투쟁은 단절과 쇄
신의 가장 격렬한 순간이다. 의식에는 이질적 요소 속에서의 투쟁
을 억압하는 경향이 있고, 이 투쟁은 주체가 쇄신된 요소로 다시 조
정하기 위해 거부하는 '외부' 속으로 그 주체를 내보낸다. 그러나
의식이 이 '새로운 요소'의 '출현'의 **순간**처럼 생각하게 될 것을 산

출하는 것은 바로 그 투쟁이다. **이 투쟁의 장소에는 '출현'이 존재하지 않으며, 그 '순간'은 '허구'이자 '웃음'이다.** 왜냐하면 거기에는 모든 의미가 거부의 압력을 받아 일시적인 것이고, 주체에게 있어서 거부는, 프로이트의 생각을 다시 한 번 상기해 보면, 죽음의 욕동, 또는 향락에 지나지 않기 때문이다.

그와 같은 실천적 경험의 주체는 과잉(excès)이다. 결코 하나의 과잉이 아니고, 필립 솔레르스가 '이중의 인과성'이라고 불렀고, 주체에게는 '외적인' 동시에 '내적인' 그 무엇에 의해 항상 이미 분할된 과잉이다. 그렇기 때문에 여기서 문제가 된 주체적 '통일성'은 탕진되고 탕진하는 것이며, 인식에 환원될 수 없고, 우리가 웃음, 에로티시즘 또는 '성스러운 것'이라고 부를 수 있었던 것에 의해 '둘러싸여' 있다. "우리가 전혀 알고 싶어하지 않은 주체, 즉 운동중인 물질의 결과와 교차인가? (……) 주체에 외재하는 원인은, 주체로 하여금 그 원인을 통제하지 못하여, 내적으로 한정적인 그 원인의 결과를 참고 견디게 한다. 달리 말하면 그 원인을 소멸시키면서 그 속에서 스스로 탕진되게 만든다. 주체는 자신의 원인을 통하여, 그리고 그 원인 안에서 자신의 원인을 빠져 나오는 하나의 놀이가 되고, (외적) **조건**이 (내적) **기반**을 노골적으로 드러내게 된다. 바타유는 이 압축된 작용에 웃음이라는 이름을 붙인다."[13]

이질적 모순의 이 순간에 주체는 자신을 통일시키는 울타리를 부수고, 비약(웃음, 허구?)을 통하여 주체를 관통하는 사회 변혁의 과정 속으로 이동한다. 이것은 실천의 계기가 의미 생성의 과정을 **대상화한다는 말이다.** 왜냐하면 실천의 계기가 욕동적 거부를 물질적 모순——예를 들면 계급투쟁——과 대결시킬 뿐 아니라, 그와 동시에 이 **물질적 모순을 주체의 과정에 내재적인 것으로 만들기 때문이다.** 이때 이질적 모순은 의미 생성의 과정과 객관적인 사회의 진화

과정 사이에 들어 있다. 이 경우 모순은 서로 상대방에게 과잉이다.

욕동적 거부와 역사적 진화과정과의 대결 속에서 실현되는 것은 주체적-언어 상징적 구조화를 전적으로 개조하기와, 사회의 진화과정 속에서 발견된 새로운 대상과 더불어 인식하는 통일체를 재형성하기이다. 재형성된 주체를 통해서, 욕동적 거부의 힘이 새로운 대상의 발견을 도와 준다는 사실은, 이 새로운 대상이 사회 구조 속에 주어져, 의미 생성과정의 정립적 계기에 필요 불가결한 것이 된다는 것을 우리로 하여금 망각하게 하지는 않는다. 실천의 계기는 거부의 과정과 그것이 대면하고 있는 객관적(자연적·사회적) 진화과정 사이의 대응, 또는 대립의 검증을 함의한다. 진행중인 역사과정의 제법칙——예를 들면 자본주의 사회의 제구조——과 대면하고 있는 욕동적 거부는 그 법칙들 속에 투여되어, 그 속에서 자신을 인지하고, 아니면 그 법칙들로써 상징적 정립들을 만들고, 그 속에서 굳어진다. 그렇지 않을 경우, 욕동적 거부는 그 어떤 정립도 중지시킬 수 없는 폭력으로 모든 중지를 거부하고, 욕동의 운동에 불가피한 억압을 따라서 변혁이라는 객관적 진화과정의 상징화를 만들어 낸다. 따라서 욕동적 거부는 오직 검증(실천-진리-실천)만이 객관적인 유동성과 필연성에 대응시키는 혁명적 '담론'을 산출한다.

전이라는 정신분석의 장치에는 가족간의 의미로 주체간의(inter-subjective) 관계라는 주형 속에 거부의 과정을 재도입하는 경향이 있고, 또한 그와 같이 재형성된 하나의 통일성에서부터 시작하여, 비록 그 통일성이 파괴되어, 현실의 틀을 구성하는 거부의 메커니즘에 대해서 영원히 무력한 상태에 있는 자신을 인정한다 해도, 주체를 경화시키는 경향도 있다. 이러한 전이와는 반대로, 실천의 장치는 거부 자체에게 도움을 청하고, 정립상을 대신하는 것으로써 거부에게 대화하기 위한 신원이 확실한 수신자(말이 없고 숨어 있는 분석가일지라도)를 제안하는 것이 아니라, 발견해야 할 객관적인 진화과정과 법칙들을 제안한다. 사회혁명적 변혁의 법칙들이 문제가 될 때, 거부의 과정은 자신의 고유한 논리가 쇄신된 모순의 논리에 지나지 않는 만큼 더 논리적으로 그 변혁의 법칙들 속에서 자기 자리를 찾아낸다.

어떤 실천이든간에, 명시된 그 내용이 혁명적인 실천은, 죽음을 향한 운행, 즉 함축적인 향락이 주어가 대면하고 있는 모순들의 배후에서 꽤 가깝게 모습을 드러내는 이 순간을 인지한다. 그것은 주체가, 투쟁의 객관적인 법칙이 허락할 경우, 시작을 위한 통일체로, 그리고 끝을 위한 생체로 스스로를 거기에서 제거해 버리기 때문이다. 하지만 그렇게 하기 위하여 사회적 실천의 주체는 **거부의 정립적 계기**, 이 '편집증적' 계기를 실체화한다. 그리하여 그 주체는, 이념적이고 이론적인 확신으로 무장되어, 팽창되고 과장된 집요한 '자아'를 표상 속에 집어넣어, 그 과장된 '자아'가 스스로 그 대행자가 되는 거부에게 저항하는 옛 정립들과 대항하여 투쟁토록 만든다. 역사적 진화과정의 흐름과 합류함으로써, 의미 생성의 과정은 단지 표상 속에서만 '자아'를 자기 대행자로, 즉 혁명가의 대행자로 택한다. 이 '자아'에게는 자기를 분쇄하거나 재통합하는 거부의 메커니즘을 알 필요도 없고, 또 그것을 깊이 탐구할 필요는 더더욱 없다. 왜냐하면 객관적으로 말해서 이 인식하지 못하는──상상적인 또는 이데올로기적인──'자아'는 문제가 된 거부의 메커니즘이 사회적인 무대를 침략할때 이용하는 구성 요소이기 때문이다.

그러나 헤겔이 말하는 '실천적 개념'이나 변증법적 유물론이 말하는 실천은, '직접적'이고 '감성적인 활동'의 계기를 억압하면서 물질적이고 유의적인, 객관적이고 주관적인 현실의 장치를 수정하지 않는 행동의 기계적 반복이 될 수밖에 없다. 그러한 '실천'은, 불투명한 현실을 아무것도 아닌 원자적(nulle-atomique) 주관성에 고착시키면서, '주관적이고 객관적인 과정의 변화'[14]를 겨냥하는 실천의 과정 그 자체를 차단한다. 그 반대로 '인간의 감성적 경험'이라는 계기를 회복시키면서 변증법적 유물론은 '실천적 개념'을 지니고 있는, '침투할 수 없고' '원자적인' 주체의 **실천적 분석**이라고 이름 붙일 수 있는 것 쪽으로 방향을 정하고 있다. 변증법적 유물론은 이 침투할 수 없는 주체가 **행동**의 논리적·역사적 조건이라는 사실과, 주체의 정립상이 윤리적 목적론과 밀접하게 연결되어 있다는 사실을 알고 있으면서 그런 지식을 이용한다. 그리고 사회혁명 운동에 가담했기 때문에, 그 주체를 담론적으로 분석하지는 않는다. 이때 변증법적 유물론은 침투할 수 없고 원자적인 주체를 해체하는 실천적 분석을 **담론 속에** 도입시키는 역할을 언어적 혹은 또 다른 특별한 의미화의 기능 작용에 떠맡긴다. 그러지 않을 경우, 이 실천적 분석은 원자적인 주체들간의 관계의 모순이 지배하는 사회적 실천 속에서는 현실의 구성 요소이지만 항상 말해지지 않은 구성 요소로서 실현될 수 있거나 또는 될 수가 없을 것이다.

4. 전이적 담론과 구별된 실천으로서의 텍스트

텍스트가 탐색하는 것은 텍스트의 이질성 속에서 일어나는 거부의 메커니즘이다. 이것은 텍스트가 통일체를 분쇄하여, 그것으로 제정립을 조정하고-이동하는 과정을 만드는 하나의 실천이기 때문이다. 이 말은 텍스트가, 표상을 위하여, 모든 실천적 과정에 고유한 절정적 계기를 표출한다는 것을 뜻하고, 또 그렇게 하면서 텍스트가, 비록 주체가 되돌아오게 되고 또한 '자기 등뒤에' 그 계기를 남겨두는 위험이 있을지라도, 여러 다른 영역들 속에서 그 실천적 계기를 가로지르는 모든 주체에게 '말을 한다'는 것을 의미한다. 따라서 텍스트의 기능은, 어떤 사회와 어떤 상황에서이든간에, 이 투쟁의 국면을 짓누르고, 특히 주체와 사회의 연결을 위협하거나 해체할 뿐만 아니라 그 연결의 쇄신을 조건짓는 억압을 들추어 내는 것으로 이루어진다.

전이라는 분석 상황에서 **담론**은 언어 속에 주체를 구성한다. 전이는 분석 주체[피분석자]가 분석가 쪽에서 쥐고 있다고 가정된 담론(의 힘)을 빼앗을 수 있게 해주기 때문이다. 그러나 이 힘의 회복은, 의미 생성의 과정을 재구성하기 위하여, 가족 내의 제관계를 실험하는 담론 속에 의미 생성을 봉쇄해 버린다.[15] 텍스트는 인격화된 전이 관계에 의존하지 않는다. 항상 부재중인 텍스트의 '수신자'는 바로 **언어의 장**이고, 아니면 더 정확하게는 우리가 앞에서 밝혔듯이, 텍스트가 세미오틱의 유동성을 거기에 끌어들이면서 자기 것으로 만드는 정립적 계기이다. 바로 그런 것을 통해서 텍스트는 전적으로 개인적인 경험을 되찾게 되어, 그것을 곧 바로 의미 작용(Bedeutung) 속에, 다시 말하면 사회적-언어 상징적 총체와 관련된 언술 작용과 지시 작용 속에 투여한다. 그러므로 사회 전체에 몰두하고, 그 행위들 속으로 파고들거나 아니면 그 행위들을 지휘하는 의미 작용들(이데올로기들)을 작용시키는 것은, 그 의미 작용들이 전혀 알고 싶어하지 않는 주체의 과정이다. 바로 이러한 모순이 우리가 **실천적 경험**이라고 불렀던 것을 특징짓는 것이 아닐까? 따라서 우리가 알게 되는 것은 텍스트의 의미 실천은 분석 상황에서 지시 명령을 받게 되고, 그 명령에 따라서 주체의 과정이 언어 속에서 실현된다는 사실이다. 표상된 전이의 극(極)의 부재는 이 과정이 주체를 가족-사회 구조에 적합하게 맞추는 동일화 작용 속에 빠져들지 못하게 막는다. 분석이 전이를 좌절시키면서 산출해야 하는 것, 즉 분석가의 장은 비어 있고, '그는' **죽었으며,** 또 거부는 오로지 의미 구조만을 침식한다는 확신, 이 모든 것을 텍스트의 실천은 전제로 삼고 또 거기에서 출발한다. 빈번히 텍스트의 지정된 수신자들이 전이의 극을 점령하고, 그 극과 대면하고 있는 텍스트는 하나의 유혹 또는 공격의 시도가 된다는 것은 사실이다. 그러나 이 전이관계는, 그것이 존재한다고 가정할 경우, **다른** 수신자에 의해 통제되기보다는 오히려 텍스트의 **구조**에 의해 통제되며, 그리고 여하튼 글을 쓰는 주체와 그의 상대에게만 관련이 된다. 그렇지만 전이관계는 어떤 경우에도 텍스트의 영향력을 모든 가능한 독자들에 대한 사회적 실천으로 고갈시켜 버릴 수는 없다. 그와 같은 전이관계로부터의 독립은 텍스트를 진실의 직접적 기준에서 박탈한다는 불이익을 내포하고 있다. 그러나 또 한편으로 그것은 텍스트로 하여금 훨씬 더 광범위한 의미 영역 속에서 작용할 수 있게 하고, 또 욕망에 정지되지 않은 채 주체의 향락과 연관되는 훨씬 더 근원적인 전복을 행할 수 있게 해준다. 텍스트 속에 말해질 수 있는 것의 제한은 끝이 없다——우리가 알고 있듯이 로트레아몽과 말라르메는 '사실과 어긋난 말로 표현할 수 없는 것(indicible qui ment)'을 부인하고, 문법과 '수치심'의 경계를 점점 더 멀리 배척하였다. 그런데 우리가 텍스트의 **구성**이라고 부르는 것은 '무한에 경계표'를 설정하고, 바로 거기에서부터 첫번째 기준을 설치한다. 그것은 여기서 문제가 되는 담론이 시니피앙의 '탈주'가 아니고 보호책으로 주어지기 때문이다. **구성**은 이런 의미에서 실천으로서의 텍스트의 지표이고, 텍스트가 지닌 진실의 전제(prémisse)이다. 그 증거는 텍스트 속에 든 시대나 구조의 인지에 의해 확보될 것이다. 말라르메는 "한 시대는 자동적으로 '시인'의 존재를 안다"고 예고하였다. 이제 상황은 명백해진다. 비어 있는 장을 마주하여 자신을 형성하기 위하여("장 이외에는 아무것도 생기지 않으리라(Rien n'aura eu lieu que le lieu)"라고 말라르메는 《한 번의 주사위 던지기》에서 썼다), 텍스트 그 자체는 읽는 독자들이 관련되는 한 과정의 비어 있는 장이 된다. 텍스트는 분석가가 되고, 모든 독자는 분석 주체가 된다. 그러나 **언어의 구조와 기능이 텍스트 속에서 전이의 극을 대신한다**는 사실은 모든 언어, 상징, 사회의 구조들을 과정 속에 넣을 수 있게 해준다. 이리하여 텍스트는 그 본질적인 차원을 획득하게 된다. 다시 말하면 **새로운 의미화 장치들을** 제안함으로써(상징과 사회의) **유한성**을 문제삼는 하나의 실천이 되는 차원을 얻어낸다. 그러나 텍스트는 하나의 실천이라는 말이 텍스트는 하나의 새로운 실천이고, 이 새로운 실천은 자기가 언어의 주체라는 것을 알고 싶어하지 않는, 원자적이고 무효한 주체를 가진 기계적인 실천과는 근본적으로 다르다는 사실을 망각하게 해서는 안된다. 그와 같은 '실천'과는 달리, 의미 실천으로서의 텍스트는 **행동을 통하여 과정중인 자신을 말하는 주체의 가능성 ──즉 향락 ──을** 겨냥하고 있다. 달리 말해서, 그리고 역으로, 텍스트는 '무언의 (muette)' 실천에게 그 실천을 형성하는 향락을 회복시켜 준다. 그러나 이 향락은 오직 언어를 통해서만 향락이 된다.

텍스트는 이처럼 공동체적인 실천의 표상 속에 매몰된 기대에 호응한다. 이것은 사회적 실천 자체와 그 사회의 지배적인 이데올로기가 부여하는 표상 사이의 간격이 확대되고 심화되는 역사적 계기들에서 가장 강하게 느껴지는 기대이다. 그리하여 19세기말, 부르주아 국가가 추구하던 자본의 축적으로 빈곤하게 된 농민층에서 소시민까지를 포함한 노동자 계급의 불평불만은 1848년에서 1871년의 파리 코뮌까지 일련의 혁명으로 폭발되었고, 이러한 불평불만이 표현되기 위해서는 오귀스트 콩트와 르낭의 신비적 실증주의를, 아니면 부차적으로, 마르크스에서 프랑스의 유토피아 사상가들과 무정부주의자들에게까지 이르는 사회학적 혁명 이론들을 찾아낼 수밖에 없었다. 자본주의는 반항을 억제할 권리를 확보하면서, 주체에게 반항할 권리를 넘겨 준다. 그러나 자본주의가 주체에게 제시하는 이념 체계들은 (주체와 국가의) 통일성이라는 영역 속에서 반항을 통제·통합하고, 보강하여 회복시킨다. 따라서 이러한 긴장상태가 혁명 속에서 해소될 수 있도록 객관적인 조건들이 갖추어지지 않았을 경우, 거부는 자신의 언어 상징화를 19세기의 전위적 텍스트들 속에서 찾게 되고, 한 파열된 주체의 억압된 진리가 그 속에 국지화된다.

이처럼 현대 **텍스트**는 의미 자료의 환상적인 형성과 미묘한 차별화의 외관 배후에서, 항상 '예술'의 감추어진 원동력이었던 요소를 자신의 언어적 기능 작용과 그것을 투여하는 표상의 전면에 펼친다. 또 이러한 상상적 형성과 의미의 차별화를 강화하면서, 현대 텍스트는 변형된 그것들을 오직 가장 중요한 이질적 구축물(주체의 조정·과정)의 주변에만 전개시킨다. 그렇게 함으로써 현대 **텍스트**는 이미 '예술'을 통하여 '예술'의 바깥에 위치하게 된다. 예전에는 종교와 그 주변에 속하던 이 공간을 텍스트가 과정중인 주체의 독자적인 실천을 통하여 형성해 나가고, 그 결과 텍스트는 거기에 현재의 제학문이 주체에게 부여할 수 있었던 신체·언어·사회에 관한 지식을 도입하게 된다.

서구의 소시민 계급은 서구적 주체, 즉 단일 주체의 모순에 대한 향수를 수 세기 전부터 의식을 통하여 흡수해 오던 기독교를 객관적으로 배척한 다음, 거의 비밀결사를 이루어 시적 '경험'까지도 수용하면서 되살아난 신비 사상(occultisme)에 몰두하기에 이른다. 그 비밀결사들이 바로 상징주의 시인들, 바그너 찬양자들, 고답파 시인들, 말라르메 추종자들, 그리고 현재까지도 살아 있는 초현실주의자들이다. 그들은 지배적인 이데올로기들이 더 이상 통제하지 못하고, 종교들——말라르메의 말처럼 '종족의 비밀'이 감추어져 있는 종교들——이 봉인해 버렸던 주체에 관한 '진실'을 망설이고 방황하면서 옹호하는 자들이 될 것이다. 따라서 이러한 전위적 텍스트들은 부르주아 사회와, 그 사회가 지닌 테크노크라트적 이념에 하나의 추가물을 제공할 것이다. 그런데 그 추가물 속에는 하나의 객관적 진실이, 다시 말해서 이질적 물질성을 향해 주체를 파열시키는 투쟁의 계기가 숨어 있다. 그리고 이 계기는 바로 그러한 텍스트들의 표상체계에 의해서 주체적 **경험**의 내부에 되돌려진다. 이처럼 그 시대의 사회적 진화과정을 포기하면서, 그리고 과정이 모든 구성된 통일체를 해체하는 계기를 보여 주는 한에서는 억압은 되었지만 구성적인 과정의 계기를 전시하면서, 19세기의 전위적 텍스트들은 지배적 이데올로기에게 봉사하고 있다. 왜냐하면 그 텍스트들은, 표상 속에서 (의미 작용 속에서) 이데올로기의 재생산 체계를 직접적으로 문제 삼지 않으면서, 지배적 이데올로기에게 결여된 요소의 대체물을 제공하기 때문이다.

이 말은 사회혁명이 거부를 책임지고, 그것을 사회적으로 객관화함으로써 그러한 텍스트들을 무용지물로 만든다는 뜻일까? 여하간 사회혁명은 그 텍스트들이 지닌 제한된 특징을 지적하고, 그리하여 그 텍스트들을 하나의 '경험'이, 즉 주체의 '의식'에 내재하는 이질적인 토양의 발견과 항구적인 투쟁의 발견이 되도록 한정시킨다. 이 경험이 자신의 사회적 표상화에 눈이 먼 주체에게 향락을 제공하고, 실존의 속박을 거부하게 만드는 죽음의 욕동을 보여 주기 때문에 정당화된다는 사실을 바타유는 보들레르에 관한 사르트르와의 논쟁에서 제시한 바 있다. 바타유는 시인의 부차적인 태도, 어린아이 같은 나약함을 인정한다. "시는 말로써 기존 질서를 짓밟을 수 있지만, 그것을 대신할 수는 없다. 무력한 자유에의 공포가 시인을 용감하게 정치활동으로 몰고 갈 때 그는 시를 포기한다. 그러나 그때부터 시인은 앞으로 도래할 질서의 책임을 맡게 되고, 활동의 **방향, 성인다운 태도**를 주장한다. 그래서 우리가 그를 보면서 파악할 수밖에 없는 것은, **숭고한 태도**의 가능성을 알아보게 하는 시적 존재는 진실로 **미성년적인 태도**이고, 그것은 어린이다운 태도, 무상의 놀이에 불과하다는 사실이다."16)

그러나 바타유는 결국 확실성('선')을 담당할 능력이 없는 시의 초월을 예견한다. 그리고 "가능한 초월에는 휴식을 정당화시키는 것은 아무것도 없다"는 사실을 강조하면서, 바타유는 '의지의 완전한 침묵' 속에서 상실되어 가는 이 실천의 해체를 예언하는 것 같다.

실주체(sujet plein), 자신의 체제를 열어 본 적도 없고 부정성의 측면에서 생각해 본 적도 없는 주체를 지닌 사르트르의 변증법에 바타유가 이의를 제기한 것이 옳다고 해도, 이 논쟁에서 쌍방이 되돌려받는 것은 그들의 상호적 한정이고, 항(項)들이 배제된 이분법(경험/실천)이다. 오늘날에도 제기되고 있고, 또 19세기 텍스트들이 (작품 《시》를 통하여 이 이분법을 벗어나려고 노력한 것 같은 로트레아몽의 모럴리스트적 취향에도 불구하고) 해결하지 못한 이 물음은, 주체에게는 참고 견딜 수 없는, 이질적이고 모순적인 계기를 하나의 텍스트 속에서 열린 상태로 유지시킬 수 있느냐 없느냐에 달려 있다. 이 텍스트는 그 계기를 통하여 사회적 실천들의 다양성과 다수성을 표상하고, 그 실천들은 각각의 실현에서 이 계기를 고려하지는 않는다. 따라서 문제는 의미 생성의 투쟁을, 그 과정을 단지 '개인의 경험' 속에 도입하는 것이 아니라——투쟁이 개인의 경험을 파괴하기 때문에 여하튼 투쟁은 그 속에 들어 있다——오늘날의 과학, 기술 그리고 사회관계의 객관적 진화과정 속에 도입하는 것이다. 이 문제가 바로 19세기말의 텍스트들이 처음으로 제시한 쟁점이다.

5. 변증법의 제2전복: 정치 경제학 다음, 미학

텍스트를 의미화의 실천으로 간주하는 것은 따라서 과정중인 주체에 대하여, 즉 주체의 항상 결여된 조정에 대하여 실천들이 지닌 의미화의 기능 작용을 검토한다는 것을 함의한다. 텍스트가 하나의 의미화의 실천이라는 것은 다음의 사실을 의미한다. 텍스트에는 주체·의미·논리가 있지만, 텍스트는 그것들을 떠나 있고, 또 바로 이 부재(éclipse)를 통해서 텍스트가 자신을 드러낸다는 것이다. 의미 실천으로서의 텍스트는 광기의 활동이거나, 아니면 활동하는, 즉 사회화된 광기라고 말할 수 있을 것이다. 텍스트는 자본주의 제도가 주체에게 요구하는 불투명하고, 무지하며, 아무것도 아닌 활동을 고발할 뿐만 아니라, 그 제도 자체가 예견하고, 사회적으로 활동적인 관계를 포기하는 자연스러운 정신착란까지도 고발한다. 우리가 앞에서 언급한 네 가지 유형의 의미화 장치(서술적 담론, 메타 언어적 담론, 관조적 담론, 텍스트[17])는 의미 실천들이다. 그리고 단지 그런 의미에서 그 실천들은 의미화 과정에서 가해지는 '자연스러운' 감금(광기) 혹은 나르시시즘적 감금(정신분석)을 파기하고, 그 감금하기의 음모와 진퇴유곡을 사회-역사적 활동을 참작하면서, 물론 서서히 그리고 조심스럽게, 그러나 항상 공개적으로 벗어난다. 19세기말 이후의 '시'가 사회성과 광기 사이의 평형을 고의적으로 유지하고 있다는 사실은, 우리에게는 하나의 새로운 시대를 예고하는 것 같다. 어떤 시대일까? 프랑스 대혁명의 격동을 겪은 다음, 19세기는 역사를 발견하게 된다. 헤겔 변증법은 그 역사가 역사적 이성 내지 더 깊게는 주체의 역사라고 논증하였고, 마르크스주의는 그 역사가 생산관계 속에서의 투쟁과 단절이라고 증명하였다. 이때 개화된 현대적인 인식 체계(épistémé)는 역사가 지배하는 인식 체계이다. 그래서, 오늘날 철학가들은 아직도 그 인식 체계의 광맥을 탐색하고 있다. 그런데 19세기 후반 이래로 부르주아 공화국 건립이 증명한 것은, 역사가 닫혀 있었던 것이 아니고, 역사의 논리가 그 이후로 **사고할 수 있었다**는 사실인데, 이 사고할 수 있었다는 말은 통제할 수 있다는 것을 의미하지는 않는다. 그런데 계속 역사적 **이성**(ratio)의 통제를 벗어나는 '잉여물'이 있다. 그것은 바로 주체이다. 역사란 자기 자신에 항상 현존하는 한 주체의 역사는 아니다. 그것은 생산양식의 역사이다. 바로 이 점이 마르크스주의가 변증법에 가한 수정문이다. 그러면 주체는 어떻게 되는가? 바로 이것이 계속 남아 있는 의문이다. 주체는 한번도 **존재한** 적이 없다. **주체는 의미 생성의 과정**에 지나지 않는다. 주체가 자기 모습을 드러내는 것은 오직 **의미화 실천**으로서이다. 다시 말하면 사회-역사-의미화의 활동이 전개되는 출발점인 **조정** 속에 부재중일 때이다. 주체에 관한 학문은 존재하지 않으며, 주체를 통제하는 사유는 신비스럽다. 존재하는 것은 오직 주체가 자신의 탕진을 통하여, 항상 전미래 속에서 자신을 예견하도록 내버려두는 실천의 터전뿐이다. "장(場) 이외에는 아무것도 생기지 않을 것이다."[18] 바로 이것이 헤겔 변증법의 '제2전복'이다. 이 전복은 지난 세기, 즉 19세기말경에 생겨났으며, 근본적으로는 마르크스주의적 전복에 비할 만하고, 아니면 그보다 더 급진적이다. 역사가 생산양식의 역사라면, 주체는 실천을 활성화하는 **모순**이다. 왜냐하면 실천은 항상 세미오틱적이고 쌩볼릭적인 의미화의 실천이고, 의미가 나타나고 사라지는 정점(crête)이기 때문이다. 마치 경제학이 역사가 계급투쟁에 관한 문제임을 증명하는 역할을 맡고 있듯이, '예술'은 주체가 그 실천의 부재항이자, 그 실천 속에 부재한다는 것을 입증하는 역할을 떠맡는다. "……초미학적 관심의 결여를 메우기 위하여. 모든 것이 '미학'과 '정치 경제학'에서 요약된다."[19] 그리고 그 입증이 우선적으로, 그리고 가장 힘차게 이루어지는 것은 바로 언어의 실천 속에서이다. 언어의 실천은 객관적으로 프로이트의 발견에 길을 준비해 준 것이기도 하다. 프로이트의 발견은 실천관계의 부분집합처럼 간주할 수 있는 전이적 관계 속에서 주체의 진실을 찾는 것이다. 단지 오늘날에 와서야 이 진실이 모든 사회 실천에, 즉 정치적 실천뿐만 아니라 일상적·과학적·기술적 실천 내지는 점점 더 증가해 가는 다양한 실천 등에 적용되어야 하는 것으로 나타나고 있다. 마치 프로이트가 성행위에서 주체와 그 자신과의 일치는 불가능하다는 것을 역설하고 난 다음에, 텍스트의 실천으로의 회귀가 그 불가능성을 발견하는 데는 '시인들'이 선구자들이라는 사실을 상기시킬 뿐만 아니라, 의미 생성과정에 내재하는 모순은, 시인들이 행하는 실천의 조건이므로, 모든 실천의 조건이 된다는 사실도 환기시키는 데 필요했던 것처럼. 결국 시는 '예술'에 속하기를 끝내고, 그리하여 모든 실천에게 그 실천을 활성화하는 이질성을 지시하는 기능을, 마치 의미의 소멸에게 의미화 장치와 그 실천적 효력을 부여하는 기능을 찬탈하듯이, 가로채어 갖는다.

6. 《말도로르의 노래》와 《시》. 웃음——이 실천

로트레아몽이 시의 방향을 '실천적 진리' 쪽으로 돌려야 할 필요성을 명쾌하게 단언한 최초의 시인임은 분명하다. 그에게 있어서 시는 그가 '생의 일차적 원리'와 '이차적 진리'라고 부르는 것의 연결이다——이 두 표현은 우리가 '세미오틱의 과정'과 '쌩볼릭의 과정'(정립적인, 진리임직한 과정)이라고 지칭하였던 것의 의미로 이해될 수 있을 것 같다. 시가 정립적 요소를 인정하기를 요구하면서, 로트레아몽은 시가 사회-정치적 활동과 그 이론에 내재하는 법칙들까지도 찾아내기를 바란다. 다음 구절을 읽어보자. "시는 실천적 진리를 목적으로 삼아야 한다. 시는 생의 일차적 원리와 이차적인 진리 사이에 존재하는 관련을 진술한다. 모든 것은 제자리에 남아 있다. 시의 사명은 감당하기 힘들다. 시는 정치적 사건에, 백성을 다스리는 통치 방법에 연루되지 않으며, 역사적인 시대, 쿠데타, 임금의 시해 사건, 궁정 내의 음모들을 암시하지 않는다. 시는 인간이 예외적으로 말려드는 자기 자신과의 투쟁, 자기 열정과의 투쟁에 대해 언급하지 않는다. 시가 찾아내는 것은 이론적 정치에 생기를 불어넣는 제법칙, 세계의 평화, 마키아벨리의 반론, 프뤼동의 저서들을 구성하는 나팔, 인류의 심리 등이다. 시인은 그가 속해 있는 부족의 그 누구보다 더 유익한 사람이어야 한다. 그의 작품은 곧 외교관들·입법자들·젊은이들을 가르치는 스승들의 법전이다. 우리는 지금 호메로스·비르길리우스·크롭스톡·가모엔스 같은 사람들, 자유분방한 상상력, 오드양식의 시 제작자들, 신성에 대한 풍자시를 팔던 장사꾼들과는 먼 거리에 있다. 공자·부처·소크라테스·예수 그리스도, 허기를 참으며 마을을 배회하던 이 모럴리스트들에게로 되돌아가자! 이제부터는 이성을 염두에 두지 않으면 안 된다. 이성은 오직 순수한 선의 현상들이 속해 있는 분야를 지배하는 능력에서만 작용하니까."[20] 이 금언에 첨가해야 할 것은 《말도로르의 노래》에 들어 있는 '선'의 정의, 즉 "……선은 유성 음절의 한 집합에 지나지 않는다"[21]와 '금지'와 '담론'으로 기술된 **이성**에 대한 수많은 언급들, 즉 "우리에게는 악을 행할 자유가 없다,"[22] "영혼은 하나이므로 담론 속에 감수성·지성·의지·이성·상상력·기억을 도입할 수 있다"[23] 등이다.

이제 우리는 로트레아몽이 겨냥한 '시'가 우리가 앞에서 언급한 이질적 실천, 즉 단일 주체의 조정과, 통일성을 가로지르는 세미오틱의 기능 작용에 대한 탐험임을 이해하게 된다. 로트레아몽의 텍스트 속에 나타나는 문장의 음악적인 분할과 복잡한 논리 작용[24]은 '선'과 '법'의 관계를 표시한다. 작품 《시》는 실천적인 태도, 즉 부정을 넘어선 긍적적인 태도의 필요성을 강조하고 있고, 그리하여 말라르메나 조이스가 채택하였던 엄격히 언어적인 분석을 피하고 있다. 그런데 이와 같은 태도는 낭만주의 조류에 한계를 강요하고, 또한──그것이 지닌 입법적이고, 외관상으로는 투박한 표현 너머로──말라르메적인 상징주의에게 그것이 지닌 소중한 제한과 페티시즘적인 암초를 상기시킨다. 로트레아몽은 '이성,' '의식,' '영혼의 통일성,'시보다 우월한 '시에 대한 판단' 등을 강조하면서, 시 속에서 주체의 조정-주장을 단언하고, 궁극적으로는 시를 오로지 하나의 실천으로 만든다. 그러므로 "이것이 항상 부정은 아닐 것이다."[25] 그렇지만 이 말은 로트레아몽의 《시》가 도덕이나 선에 대한 찬양을 표명한다는 의미도 아니고, 또 긍정에 대한 찬양을 주장한다는 뜻도 아니다. 작품 속에서 로트레아몽이 모럴리스트들의 논리적 전복과 벌이는 놀이는 모두 그 어떤 의혹을 풀기 위한 것이고, 또한 몸짓의 **아이러니**와 텍스트뿐만 아니라 텍스트가 담고 있는 가장 격언적이고 종합적인 표현까지도 만들어 내는 부정성의 과정을 지적하기 위한 것이다.

수많은 명시된 진술들이 그러한 로트레아몽의 취지를 설명하고 있다. "자습시간 감독선생은 이 시대 시인들이 한 말을 반대로 말함으로써 많은 문학적인 지식을 얻어낼 수 있을 것이다. 그는 시인들의 긍정 표현을 부정 표현으로, 반대로 부정 표현을 긍정 표현으로 바꾸어 버릴 테니까. 제1차 원리들을 공격하는 것이 우스꽝스럽다면, 그 공격에 대해 제1차 원리들을 방어하는 것은 더 웃기는 일이다. 나는 그것들을 방어하지 않을 것이다."[26] 진실은 고정된 긍정이 아니다. 그것은 단지 수정의 행로, 변형, 그 두 가지 모두(쌩볼릭과 세미오틱, 의미 작용(Bedeutung)과 그 침해)에 지나지 않는다. "궤변들이 그 궤변에 대응하는 진실로 수정이 가해진다면, 오직 그 수정하기만이 진실일 것이다. 한편으로 그렇게 다시 손질된 작품은 더 이상 거짓이라는 제목이 붙지 않을 권리를 갖게 될 것이다. 그 나머지는, 거짓의 흔적을 지니고, 진실에서 벗어나, 결국 아무것도 아닌 것이 되며, 그래서 마지못해 일어나지 않은 것으로 간주될 것이다."[27]

진실은 초월적 자아(ego)의 절대적 조정은 아니지만, 타자와의 관계 속에서 기록되어지는 그 무엇이다. 따라서 진실은 하나의 변용, 하나의 조정이지만 변용된 조정, 하나의 상상계이다. 그래서 이러한 변용을 과소평가하는 파스칼의 도덕 지상주의에 반대하면서, 로트레아몽은 바로 이 상상적 진실에 애착을 느낀다. 그는 이렇게 썼다. "우리는 우리 속에 지닌 삶에 만족하지 않는다. 우리는 타자들의 생각 속에서 상상적인 삶을 살고 싶어한다. 우리는 있는 그대로의 우리를 나타내려고 노력한다. 우리는 상상적인 존재를 보존하려고 노력하는데, 이 상상적인 존재가 다름 아닌 진정한 것이다."[28]

로트레아몽이 문제삼고 있는 실천은, 비록 그것이 총체성에 도달한다 해도, 항상 하나의 이질적인 총체성이고, 또 그런 이유로 억압을 제거하고, 우리에게 도움을 주게 되는 그 순간에는 유지될 수 없는 총체성이다. "이성과 감정은 서로 상담하고, 서로 보완한다. 이 두 가지 중 하나를 포기함으로써 하나만을 알게 되는 자는, 우리에게 길을 안내하기로 보장되었던 도움 전체를 송두리째 포기한다."[29]

《말도로르의 노래》와 《시》는 서로 보완되고, 서로에게 논쟁을 벌이는 작품들로, 통일성은 분열되어 있지만 분리할 수는 없다——《말도로르의 노래》는 과정중인 주체를 시적 언어의 힘을 지닌 환각적 서술 속에 집어넣고 있고, 《시》는 정립적인 장을 주장하고 있다. 이 장에서부터 모든 텍스트의 배치가 표현되지만, 의식적으로 받아들여지고 다듬어진 이 정립적인 장은 '시'의 실천적 차원을 보증하고 있다——결국, 그리고 무엇보다도, 《말도로르의 노래》와 《시》가 형성하는 이 '통일성'은 정신병을 피하고 사회적인 담론 속에 그와 같이 경험된 주체의 진실을 투여할 것을 겨냥하면서, '시'의 새로운 실천적 경험을 진술한다. 나폴레옹 3세의 제2제정이 끝났다는 사실, 로트레아몽의 짧은 생애가 겪었던 여러 가지 구속과 의미 생성과정의 다양한 개인적인 한계가 그의 텍스트 속에 윤곽이 드러난 두 방향의 결합을 허용하지 않았다는 사실, 더 나아가서는 한 경향이 과정중에 의미의 상실 속에서 웃음을 희생시켜서라도 억제에게 특전을 주고, 메타 언어를 찬양하기를 고집한다는 사실——이 모든 것이, 억압적인 요소에도 불구하고, 로트레아몽의 행위가 '문학'의 위상에 한 새로운 계기를 열어 줄 수밖에 없게 한다. 초현실주의의 유혹을 넘어서, 겨우 오늘날에 와서야 우리는 이러한 텍스트에 의문을 제기하고, 작품을 완성시키고, 추월할 수 있게 되었다.

실천으로서의 로트레아몽의 텍스트에 의문을 제기한다는 것은, 문학사 속에 예외적으로 존재하고 있는 그 텍스트의 이질성에 대해 질문한다는 의미이다. 이 이질성은 두 가지 다른 이름, 즉 필명과 아버지의 성(nom paternel)으로 서명된 텍스트의 두 측면(《말도로르의 노래》/《시》)의 상호 보완적 대립(우리는 '비-종합적 결합'이라는 표현을 사용한 바 있다)으로 나타난다. 그러므로 텍스트와 이름 사이에 있는 이 모순의 **통일성**을 해독함으로써, 우리는 텍스트와 이름이 주체의 실천적 체험 속에 든 **계기들**이라는 사실을 파악할 수 있다. 필명 로트레아몽에서 본명 뒤카스로의 이행, 서술적 언어에서 법으로의 이행, 세미오틱의 지배에서 쌩볼릭의 지배로의 이행은 실제로 주체의 과정 속에서 의미 실천의 조건인 분열을 가리킨다. 이 이중화를 플레네가 밝힌 식으로 읽어낼 수 있을 것이다. "……필명(로트레아몽)은 고유명사에게 아버지의 유산(고유명사의 분명한 지시 대상)과는 다른 지시 대상을 가질 수 있게 한다. 이때부터 본명 뒤카스는 그의 작품들의 아들이 된다."[30] 제2의 분만, 자가 분만, 가족 제거하기와 가족의 모든 역할 찬탈하기. (나중에 아르토는 "나는 내 아들, 내 아버지, 내 어머니/그리고 나이다"라고 말하게 되고, 또 말라르메도 같은 말을 《아나톨의 묘지》[31]에서 하고 있다.)[32] 이러한 이중화에서 우리가 읽어낼 수 있는 것은 정신병 특유의 합산과정이다. 그러나 여기서 문제가 되는 것은 다른 것이다. 우선 아버지의 성을 배척하는 것은 필명이 아니라, 우리가 《말도로르의 노래》에서 볼 수 있는 쌩볼릭의 침입을 필명이 허락한 다음에 나타나는 아버지의 성이다. 이때 《말도로르의 노래》는 자신이 관통하는 법을 한번도 폐지한 적이 없는 위반처럼 읽혀질 수 있다. 다른 한편, 어떤 전기, 어떤 개인적 참고 사항도 그와 같이 해방된 의미 생성의 과정을 실체화하거나 편집증화하지 않는다. 그러므로 《말도로르의 노래》의 필명이 끌어들이는 것은 부정성 내지는 주체죽이기인 반면에, 《시》 속에서 아버지의 성이 조정하는 것은 그 속에서 주체가 오직 부재로서만 존재하는 단절 혹은 한계. 이러한 이중분절이 바로 필립 솔레르스가 '죽음의 욕동에 대한 글쓰기(thanatographique)'라고 부르는 것이다. 이 말은 아버지 성의 한계를 돌파하고, 따라서 쌩볼릭의 한계를 가로질러 글을 쓰고 있는 글쓰기의 주체는 그 한계를 언술 행위와 지시 작용에 접근하는 수단으로서 간직하지만, 그러나 그 주체는, 그 한계를 통하여, 아무데나, 자신이 죽음과 직면한 주체로 들어가 있는 '상상적인' 과정 속에 자리잡기 위하여 그 한계를 침범한다는 것이다. 여기서 우리는 그러한 글쓰기 실천의 주체가 단지, 혹은 전혀 언표의 주체도 아니고 언술 행위의 주체도 아닌 이유를 깨닫게 된다. "실제로 문자에 의한 글쓰기의 실천이 밝혀내는 것은 언표/언술 행위라는 이중성이 아니라, 이 실천 특유의 편차·편심·비대칭을 통하여, **언표의 언술 행위의 언표**, 아니면 언표들의 무한 증식, 아니면 '언술하다' 라는 동사가 파롤의 위상에 지나치게 밀착되어 있기 때문에 생기는 모든 주체의 부재를 증명하는 **일반화된 비언술 행위이다……**"[33]

솔레르스의 저서 《법》[34]은 문학적 실천의 이러한 분절을 발전시켜 옮겨 놓고 있다. 말하자면 솔레르스는 로트레아몽의 분할된 두 공간으로 한 권의 **파열된 책**을 만들어 내고 있는데, 이 책의 음악성과 **미메시스**는 하나의 진정한 죽음의 충동에 대한 글쓰기이고, 주체의 경험에 대한 그 어떤 양상도 빠져 나갈 수 없는 한 과정의 편곡된(orchestrée) 폭력을 통하여 주체적 조정을 죽이기이다. 또한 이 책이 담고 있는 **사회적**[35] 언술 행위-지시 작용은 70년대의 프랑스 사회뿐만 아니라 국제 사회에서 가장 첨예한 모순들과도 연관되어 있다. 오늘날 《말도로르의 노래》와 《시》, 주체성과 객관성, '자아' 의 우주와 사회적 우주, 부정성과 긍정성은 여기서 더 이상 분리되지 않고, 상호 침투하여 서로를 문제삼으면서, 그 중 한쪽의 나르시시즘적-문학적 추락을 막고, 다른 한쪽의 억압적-메타 언어적 수락(assomption)을 방해한다. 우리는 로트레아몽이 오늘날의 '죽음의 욕동에 대한 글쓰기-실천적 진실' 과 무관하지 않다는 사실을 그 자신의 언표들(《시》에서 파스칼 또는 보브나르그의 언표들처럼)이 겪는 전복에서 볼 수 있다. 참도 거짓도 아닌 언표들의 진실은 논리적으로, 역사적으로 그 언표들을 포괄하고 넘어서는 모순의 과정에 참여할 수 있는 데에 있기 때문이다.

언어 상징적 금지의 인지와 변증법화의 운동에서 피할 수 없는 한 계기가 있다. 그것은 웃음이다. 우리가 앞에서 정의한 것처럼 실천이 금지·'자아'·'의미'를 설정하여 변증법적인 것으로 만들 경우, 이때 웃음은 바로 그 실천의 메커니즘을 증언하는 작용이다. 그것은 '자아'를 유지하기인 동시에 심적 활동의 사회화이다. 이런 점에서 꿈과는 다르다. 프로이트의 재담(mot d'esprit)도 그런 식으로 나타난다.[36] 그렇지만 필명과 본명, 허구와 법이라는 이질적인 분절 속에서는, 다시 말하면 세미오틱의 운동성이 표현 형식이 되고, 표현 형식은 그 형식을 산출하는 부정성 속에서 해소되는 이 지점에서는, 재담 이상의 그 무엇이 문제가 된다. 재담은 의미화 과정의 두 측면을 연결하는 보다 일반적인 그 행로의 부대현상에 지나지 않으며, 이 행로는 주체가 그 속에 부재된 것으로 있기 위해 자신을 거기에 설정하는 한에서는 모든 실천에 고유한 것이다. 헤겔은 이 행로를 이념의 변증법이 도달하는 지점처럼 정의하고 있는데, 이 변증법은 오로지 자기의 권위를 확인한 다음에야 자신에게 반론을 제기하기 위해 그 자신에게로 되돌아온 변증법이다. 그렇기 때문에 희극은, 그리스어 $\delta \tilde{\eta} \mu o \zeta$(데모스)처럼 주권자인 백성의 작품일 수밖에 없다.[37] 그러나 이러한 민주주의적인 객관화를 벗어나서, 그리고 객관화가 있은 다음에는, '예술가'에게로 이 이중화의 가능성이 되돌아오고, 그 이중화를 통하여 주체는 주권자로 조정되는데, 바로 이 순간에 주체는 그 조정을 포괄하고 있는 과정 속에서 파열한다. 보들레르[38]는 한없는 '자만'과 '비참함'을 내포하고, 신학적인 권위에 대항하는 웃음의 이 모순된 구조를 지적하고 있다. "육화된 말씀(Le Verbe Incarné)은 한번도 웃은 적이 없다."[39] 그리고 웃음은 "상징적인 사과 속에 든 수많은 씨들 중의 하나"[40]이다. 그러므로, 결국, 웃음은 "일반적으로 광인들의 전유물"[41]이다. 왜냐하면 웃음이 지적하는 것은 정확히 언어적 상징의 금지에 대한 욕동의 침입이기 때문이다. "멜모스는 살아 있는 모순이다. 그는 생의 근본적인 모순에서 생겨났다. 그의 신체기관들은 더 이상 사유를 참아내지 못한다."[42] 웃음이 이처럼 의미의 기능 작용에 내재하는 하나의 법칙을 지적할 경우, 오직 보기 드문 철학자들만이 웃음의 **주체**가 될 수 있다. (또 한편 모든 사람들은 웃음의 **대상**일 수 있다.) 그리고 특히 예술가에게는, 자신의 행위 하나하나 속에, 웃음의 순간이 철학가에게 흔치 않은 특권적 기회로서 은밀히 누설하는 것을 실현시켜야 하는 막중한 책임이 주어진다. 그래서 보들레르는 이렇게 말한다. 웃음은 "인간 속에 든 항구적인 이중성의 존재를 명시하고, 자기와 타자가 동시에 될 수 있는 능력을 명시하는 모든 차원의 예술현상 속에서 나탄난다."[43] 따라서 웃음은 **어떤 진화과정의 증인**에 불과하며, 예술가에게 그 과정은 특별한 체험이 된다. 말하자면 수용된 주권(주체와 의미의 주권뿐만 아니라 역사적 주권)인 동시에 서서히 약화된 주권에 대한 체험이다. 이때 "여러 나라 국민들은 그들의 우월성이 증가함에 따라 그들 속에 희극적인 주제들이 늘어날 것임을 알기"[44] 때문에, '예술가'는 그 국민들을 이 길로 인도해야 한다는 것은 분명하다.

여기서 우리는 로트레아몽이 '악마적'이면서 낭만적인 웃음에 대해, 그리고 멜모스 내지는 엽기소설 전반에 대해 진 빚을 논할 수 있을 것이다. 우리의 관심을 끄는 것은 로트레아몽이 '웃음의 현상'을 **보다 일반적인 논리** ──보들레르가 이미 '모든 차원의 예술현상'의 특징으로 간주하였던 논리── 속으로 이동시킴으로써, 그의 선구자들을 벗어나고 있다는 사실을 부각시키는 일이다. 로트레아몽은 웃음을 **단절의 징후**, 의미화의 실천에 내재하는 이질적 모순의 징후로 만들어 간다. 이때 로트레아몽은 시가 **메타 언어 내부**에 웃음의 **폭발을 가져올** 것을 요구하는 동시에 심리적(나르시시즘적 타협)인 경감 작용(아니면 보상 효과)으로서 **웃음을 거부한다.** 그래서 로트레아몽은 "정리(定理)는 천성적으로 냉소의 형식을 갖는다. 그것은 무례하지 않다"[45]라고 말했고, 그와 동시에 "나는 흥을 깨뜨리고, 사고의 올바름을 빗나가게 하는 아이러니의 혐오스러운 교만과 쾌감을 경멸하고 저주한다"[46]라고 썼다.

이제 우리는 웃음이 《말도로르의 노래》에서는 부정적인 내포 의미를 나타낼 수밖에 없었던 이유를 이해하게 된다. 즉 "수탉처럼 웃다." 혹은 말도로르는 마침내 "웃음을 폭발했다. 그는 웃음을 참을 수가 없었다! (……) 그는 이처럼 암양들이 웃듯이 웃고 있었다."[47] 또한 우리는 다음과 같은 웃음과 시의 대치도 이해하게 된다. "하지만 알아두시오. 오리 같은 얼굴을 한 인간의 어리석은 냉소인 미소가 있지 않은 곳 어디에나 시가 있다는 것을!"[48] 웃음은 항상 '창조자'에 대한 공격을 표시하거나, 아니면 오히려 '창조자'에 대한 거부를 표명한다. "……저주, 웃음을 야기시키는 특기자."[49] "끔찍한 아이러니를 단단하고 냉정한 손길로 다루면서 나는 창조자 너에게 알리노라. 내 마음이 흡족하게 빈정거림으로 가득 차서, 내 목숨이 끝날 때까지 너를 공격할 것이라고. 나는 속 빈 네 송장을 후려치련다(……), 교활한 날강도 같으니(……). 나는 내가 말하는 것처럼 행했다. 그리고 이제는, 그들이 더 이상 너를 두려워하지 않는다."[50]

웃음은 ('창조자'로 상징된) 금지를 뚫고 들어가 억제를 제거하고, 거기에 공격적·폭력적·해방적인 욕동을 끌어들이는 그 무엇이다.[51] 그런데 이 모순이 주체 속에서 힘을 발휘하는 순간부터는 조금도 주체를 웃게 하지 않는다. "나의 추론은 이따금 광기의 소란과 충돌하게 되고, 결국에는 기괴한 것에 불과한 그 무엇의 심각한 겉모습과 충돌하게 될 것이다. (특정 철학자들의 말에 의하면, 인생 자체가 희극 아니면 비극적 희극이기 때문에, 익살광대와 우울증 환자를 구별하는 것이 꽤 어렵다고는 하지만.)[52]

모순이 웃음을 만들어 낼 때는, 적어도 그 사항들 중 하나가 웃는 자의 바깥에 자리잡고 있는 경우이다. 그런데 주체 그 자체가 모순의 무대일 때는(놀라울 정도로 기묘한 농담의 **효과**를 제외하고는) 아무것도 우습지 않다. "이러한 광경을 보면서 나는 다른 사람들처럼 웃고 싶었다. 그런데 그런 이상야릇한 흉내내기가 불가능하였다."[53] "나는 웃음이라는 것이 무엇인지 알지 못한다. 정말이다. 나 스스로 한번도 웃음을 느껴 본 적이 없으니까."[54] "내가 방금 입증한 것은 이 지구에는 웃을 수 있는 것이 아무것도 없다는 사실이다. 우스꽝스럽기는 해도 기묘한 지구."[55] 웃음이 작용하는 데에는 이상야릇한 어려움이 있다. 왜냐하면 쎙볼릭을 찢어 놓는 욕동적 충전의 침입을 받으며 웃고 있는 '자아'는 관찰하고 인지하는 자가 아니기 때문이다. 침입해 들어오는 욕동적 충전을 담론 속에 통과시켜서 수신자가 웃게 되려면, 어떤 특정한 방식으로——항상 '예술가'가 해내듯이——그 욕동적 충전을 새로이 연결하고, 다시 연결하지 않으면 안 된다. 그리고 이 새로운 연결은 이미 탈-조정(dis-position)이자, 무의미 속에서의 표류와 쾌락을 동시에 막아 주는 새로운 금지이다. 프로이트는 그것을 다음과 같이 지적하였다. "……어떤 경우든 억제의 제거에서 얻어진 이득에서 재치를 만들어 내는 데 필요한 탕진을 공제하지 않으면 안 된다……. 더구나 이 지점에서 우리는 더 멀리 앞을 내다볼 수 있는 상태에 있지도 않다."[56] 따라서 웃음을 만들어 내는 자의 웃음은 항상 고달프고, 억지스럽고, 어둡다. 그의 웃음이 드러내야 할 금지와 언표의 탈조정에 필요한 금지의 무게가 그자를 짓누르고 있기 때문이다. 이것은 웃음의 효과가 새로운 장치들(새로운 텍스트, 새로운 예술)의 생산으로 대체되었음을 말해 준다. "하지만 시는 바보 같은 냉소인 미소가 있지 않은 곳에는 어디에나 있다는 것을 알아두시오. (……)" 역으로, 새로운 장치들은 단절을 포함하고, 거기에서 웃음이 폭발한다. 텍스트의 실천은 오직 언어의 폭발만을 지닌 일종의 웃음이다. 억제의 제거에서 얻어낸 쾌락은 즉시 새로운 것의 산출 속에 투여된다. 새로운 것(새로운 장치)을 산출하는 모든 실천은 웃음의 실천이다. 그 실천은 웃음의 논리를 따르고, 주체에게 웃음의 이득을 마련해 주기 때문이다. 실천이 웃음이 아닌 곳, 거기에는 새로운 것이 없다. 다시 말하면, 새로운 것이 없는 곳에서는 실천이 평범함을 벗어나지 못한다. 이 경우 실천은 잘 해봐야 하나의 반복되고 공허한 행위이다. 실천의(텍스트의, 뿐만 아니라 모든 실천의) 새로움은 거기에 투여된 향락을 표명한다. 그리고 이 새로움은 향락이 숨기고 있는 웃음의 등가물이다.

바로 이것이 로트레아몽의 텍스트가 웃을 수 있는 현상을 넘어서, 그리고 금지를 가로질러서, 사회적 실천에 던지는 메시지이다.

7. 논리적 귀결의 탕진 : 《이지튀르》

말라르메의 《이지튀르》는 쌩볼릭의 공백을 작용시키는 이 특수한 실천——모험적 행위——의 독특한 공간을 겨냥하고 있다. 말라르메가 '우연(hasard)'이라고 부르는 이 실천은 실현되기 위해 쌩볼릭을 끌어들이지만, 쌩볼릭을 구체화하면서 저절로 탕진되어 버린다. 이와 같은 실천은 과학도 광기도 아니고, 역사 속에서의 가족-민족-인종의 계보도 시대착오적인 '자아'도 아니며, 시간도 시간의 상실도 아니다. 실제로 이 무대의 주인공은 논리 그 자체, 즉 **이지튀르**[57]

이고, 이 논리는 그와 밀접한 관계에 있는 이면, 즉 광기가 되어서, 쌍방에게 결여되어 있는 것——능동적 우연——을 지적한다. 이 운동, 제3의 단계(능동적 우연)가 논증적으로, 계통적으로 진술될 수 없는 이 운동(이것을 언어화한 것이 바로 《한 번의 주사위 던지기》이다) 속에는 광기가 필요하다. 말라르메는 광기가 유익하다고 말한다. 광기는 그 어떤 논리의 해적질을 물리치는 데 유용한 것이고, 그 논리의 질서는 가족·선조 또는 세대를 통한 재생산이라는 의미에서의 사회 질서와 밀접하게 연관되어 있다. 광기는 자기가 의미 생성의 무한성을 소유하고 있다고 상상하고 있는 한 주체 속에 의미 생성의 무한성을 자리잡게 한다. 결국 주체는 그 무한성을 종교의 '절대자'에게로 내몰았던 가족과 가족 역사에게서 분리된다. 그리하여 자신을 그 무한성의 살아 있는 대리자로 만들기 위해 주체(이지튀르)는 그 무한성을 정착시키고, 자신을 고정시켜, 반론이 제기된 논리의 희생물로 죽어 버린다. 그렇지만 의미를 만드는 무한성의 '인격화'는 이미 하나의 행위이고, 이 행위는, 그와 같이, **우연**——이 '바다에 결여된 허무의 방울,' 의미화의 무한성을 완성·한정·포착·흡수할 수 없음——을 내포하고 구속한다. 바로 이것이 오직 행위(우리가 시적인 행위라고 이해한)가 우연을 통하여 무한의 이 탕진을 실현하고, 그리고 무한이 정신나간 '이지튀르'처럼 자신을 결박하고, 스스로를 인지하며, 논리화되지 못하게 막는 이유이다. 이때 이지튀르는 절대지(savoir absolu)라는 헤겔적 주체의 진리처럼 나타난다. 광기는 삼단논법이 무한을 제어하는 그 운동 속에서 부딪히게 되는 그 무엇이기 때문이다. 이리하여, 금지들(특히 그의 어머니가 강요했던 금지들)을 위반하였던 광인은 말라르메에게는 마치 유식한 가족의 공범자 혹은 그 반대처럼 나타나는데, 그것은 광인과 유식한 가족이 둘 다——방식은 다르지만——의미화 과정에 내재하는 모험적인 탕진을 부인하는 한에서 그러하다. 광인은 (강박신경증과 편집증의 경계에서) 그 탕진과 동일화되고, 유식한 가족은 그것을 배제하기 때문이다. 양자택일일까? 양자택일은 항상 정립적인 의미화 행위, 즉 '한번의 주사위 던지기'를 시도하는 것으로 이루어진다. 그러나 이때 던지기 행위를 제어하는 통일성은 파열하여 수많은 위험스러운 파편들이 되고, 이 파편들은 그 고정을 통하여 우리가 **코라** 세미오틱의 모험적인 운동성이라고 불렀던 것을 지적하던 것처럼 '수(nombres)'와 '성좌(constellation)'로 배치된다. "……(텅 빈 작은 병, 광기, 성(城)에 남아 있는 모든 것?) / '허무'가 떠나고 나니, 순수함의 성만 남는구나" —— "아니면 주사위들 —— **흡수되어 버린 우연**."[58]

"UNE CONSTELLATION

froide d'oubli et de désuétude

pas tant

qu'elle n'énumère

sur quelque surface vacante et supérieure

le heurt successif

sidéralement

d'un compte total en formation

veillant

doutant

roulant

brillant et et méditant

avant de s'arrêter

à quelque point dernier qui le sacre

Toute Pensée émet un Coup de Dés"

"성좌가 하나
망각과 기능 정지로 차가운
수를 헤아릴 수 없을
정도는 아니나
그 어느 텅 비고 높은 표면에서
계속적인 충돌을
별에서 오는 것처럼
총체적 계산으로 모양을 만드는데
밤을 새면서
의심하면서
회전하면서
빛나면서 그리고 명상하면서

그것을 축성하는 그 어느 최후의 지점에
멈추기 전에
'모든 사유'가 '한 번의 주사위 던지기'를 만들어 낸다"[59]

주사위 던지기를 '(그것을) 축성하는 궁극적인 지점'이자, 우리가 앞에서 의미 생성과정의 정립적 계기라고 불렀던 이 지점은 바로 이 놀이로서 하나의 실천을 만든다. 그러나 이 실천(이 '행위'), 이 우연——쌩볼릭적이지 않은 탕진, 전적으로 세미오틱적인 주사위놀이——에 의해 좌우된다는 사실, 바로 이것을 시적 실천이 이 논리정연한 광인 이지튀르에게 표시하고 있는 것이다. "간단히 말해서 우연이 작용하는 행위 속에서는 항상 우연이 긍정되거나 아니면 부정되면서 그 자체의 '이데아'를 완성시켜 나간다. 우연 앞에서 부정과 긍정은 실패로 돌아간다."[60] "우연은 '부조리'를 내포하고——그러나 잠재적인 상태로 함축하여 부조리가 존재하지 못하도록 막는다. 바로 이것이 '무한'으로 하여금 존재할 수 있게 해주는 것이다.

'주사위통'은 일각수의 ——일각의 —— 뿔이다(Le Cornet est la Corne de licorne-d'unicorne)."[61]

일각의 통일성, 뿔의 남근적 단일성은 주사위통이다. 즉 태어난 육체, 주사위놀이이다. 이 통일성이 행위 속에서 완성될 경우, 이 행위에게는 사회와 역사를 완성시키는 장점이 있다. 그러나 주체에게 있어서 이 행위는 주체를 무한과 일치시키는 일(헤겔의 '절대지'가 하는 것처럼) 이외의 다른 기능을 갖지 못한다. "그리하여 그의 자아는 '광기'를 되찾는 것으로 나타난다. 즉 행위를 인정하고, 자발적으로 '이데아'로서 '이데아'를 다시 받아들인다. 그리고 '행위'는, (그것을 인도한 힘이 어떤 것이든간에) 우연을 부인하였기 때문에, '이데아'가 필요했다는 결론에 이른다. (……) 이 모든 것은 그의 종족이 순수하였다는 것을 의미한다. 즉 그의 종족은 '절대'에게서 그 순수성을 빼앗아 순수하게 되었고, 그리하여 오로지 '필연'에 도달하는 '이데아' 그 자체만을 남기게 된다는 것이다. 그리고 '행위'로 말하자면, 그것은 '무한'에게로 되돌려진 (개인적인) 운동만을 제외하고는 전적으로 부조리하다. 그러나 결국 '무한'도 **고정되어** 버린다."[62] 무한성의 인격화는 우연을 거부하고, 단절을 폐지하며, 무한을 고정시켜 그것을 존재하게 만들어 표상한다. 그것은 '하나의 시대착오, 자기 종족의 숭고한 구현인 한 인물'[63]이다. 그런 인물이 바로 미래를 약속하는 '미치광이'이다. 즉 예언자, '예언을 완성하는 주사위 던지기,' '어떤 의미에도 우연은 없다'[64]이다. 그러나 자기 종족의 논리적 귀결이 되기 위하여 이지튀르는 내면적으로 자신의 해적 같은 행위와 투쟁하지 않을 수 없다. "우연으로부터 나온 무한을 당신들은 부정하였다. 당신네들, 숨을 거둔 수학자들 ——절대처럼 투사된

나. 나는 무한과 끝장을 내지 않을 수 없었다. 오로지 말과 몸짓. 내가 여러분에게 말을 하는 것은 나의 삶을 설명하기 위해서라오. 여러분에게 남는 것은 아무것도 없을 것이오——무한은 결국 그것으로 고통받은 가족——낡은 공간——우연이 없는 곳에서 빠져 나가니까. 가족은 우연——그의 삶——을 부인하길 잘했고, 그래서 그는 절대가 될 수 있었다."[65] 거울 속에서 자신을 포착할 수 없어서, 그 속으로 점점 사라져 버리는 이지튀르는 "관념집착증, 즉 권태로 인해 불안정하게 된다." 언어 상징적 제어를 물려받은 자는 오직 강박 신경증의 권태와 무력함 아니면 거울과 시간의 동시적인 소멸 중에서만 선택할 수 있다. ("그는 무한한 시간에서 분리되고, 그래서 존재한다.")[66] 논리가 원하는 것은 그가 동시에 모든 것이 되는 것이다. 즉 그 가족의 희생물, 광인, 죽은 자가 동시에 되는 것이다. 논리의 주체는 오직 죽음이고, 그리고 그 주체는 과정의 중지에 지나지 않는다——"별들의 잿더미, 한 가족이 공유하는 잿더미 위에/그 불쌍한 인물이 드러누워 있었지/바다에 결핍된 허무의 방울을 들이마시고 난 후."[67]

그뿐 아니라 침실에서의 탈출에 대한 여러 가지 스케치들[68]도 찾아볼 수 있다. 그 중 가장 근원적인 것은 묘지에서 놀지 못하게 금하는 어머니의 명령을 위반하기이다. 어머니는 가장 근원적인 금지, 가장 기만적인 금지, 궁극적인 금지의 수호자이고, 금지는 주체과정의 신비를 유지하면서 종족의 연속성을 보존하는 것과 관련된다. (이 신비를 프로이트는 성을 분석함으로써 밝혀냈고, 말라르메는 거절된 광기의 언어를 통해서 탐구하고 있다.)

이 금지 행위를 벗어나면서——그러나 우리는 이 위반이 얼마나 모호한 것으로 남아 있는지를 보게 될 것이다——이지튀르는 '개념'의 '다른 쪽'에서 내려온다. 거기에는 더 이상 쌩볼릭이 존재하지 않고, 그 대신 '성도착적이고 무의식적인 혼란'과 죽음으로 인도하는 '실체로서의 허무'가 군림하고 있다. 프로이트보다 먼저 말라르메는 어떤 정신분석가도 겨룰 수 없을 정도로 정확하게, 프로이트에 의해 밝혀지게 되는 것을 환기시키고 있다. 말하자면 어머니가 금하는 금지의 위반은 쌩볼릭적 관계의 단절을 가져오고, 그리하여 성도착과 실체화를 통하여 광기와 죽음——유아기의 정신적 외상을 가리키는 이 도정의 핵심——으로 이끌고 간다. 다음 글을 읽어보자. "그런 식으로 내려가지 못하게 하는 그의 어머니의 금지——그가 완수했어야 할 것을 그에게 말해 준 그의 어머니. 그는 또한 어린 시절의 추억 속으로 빠져들고, 권고된 그날 밤에 자살을 시도한다 해도, 그는 다 자랐어도 그 행위를 완수할 수 없으리라."[69] 어머니의 금지에도 불구하고 그는 다음과 같이 진행한다. "그는 신비 속으로 들어가고 있기 때문에 앞으로 나아갈 수 있다. (……) 바로 이것이 **개념**에 역행하는 행진인데, 그는 청년기에 '절대,' 즉 나선 단계에 도달하였으므로, 개념의 상승을 알지 못했다. 나선 단계의 꼭대기에서 그는 '절대'가 되어, 꼼짝도 할 수 없었다. (……) 드디어 그는 그가 도달해야 할 곳에 도착하게 되고, 죽음과 자기를 분리시키는 행위를 깨닫게 된다.

또 다른 개구쟁이 짓.

그는 말한다. 나는 이런 일을 신중하게 할 수가 없다. 그러나 내가 앓고 있는 병, 산다는 고통은 끔찍하다. 이 절대를 고립시키는 사물들의 사악하고 의식 없는 이 혼동 저변에서——그는 실체로서의 '허무'라는 존재가 나타내 보이는 자아의 부재를 느낀다. 나는 죽어야 한다. 마치 이 작은 병(fiole)이 나의 종족을 통해서 나에게까지 지연된 허무를 담고 있듯이(……)."[70]

(성행위뿐만 아니라 모든 행위의) 무능, 혹은 광기 속에서의 죽음,

바로 이것이 자신을 무한한 자신의 역사 속에 **현존**하는 주체라고 생각하였던 '종족'이 이지튀르에게 남겨 놓는 양자택일이다. 어떻게 해야 할까? '그들의 광기'의 공허함(inanité)을 폭로하는 데 쓰이는 한 가지 행위가 있다. 그것은 광기의 존재를 증명하고, 그렇게 함으로써 언어(parole)에 홈을 파고, 그 통일성과 '미치게 되는 과정'을 언어를 괴롭히는 '물질' 쪽으로 길을 터주는 일이다. 이러한 말라르메적인 행위는 의미 실천의 효력을 주체가 그 유일한 증인인 모순의 장으로 요약한다. 이것이 어떤 의미로는 **이지튀르**, 즉 탕진의 논리적 귀결, 논리적 귀결의 탕진, 던지기와 주사위이다──"그들이 지닌 광기의 공허를 증명하는 어처구니없는 행위. (……) 당신이 지닌 광기의 공허함을 말했다고 나를 야유하지 마시오! 조용히 하시고, 당신이 고의로 보여 주고자 하는 그 정신나간 짓은 이제 그만두시오. 글쎄요! 시간을 찾으러 거기로 되돌아가기──또 그렇게 되기──가 당신에게는 매우 쉬운 일이지요. 문들은 닫혔습니까?

나 혼자──나 혼자만이──허무를 알고 싶소. 당신은, 당신 본래의 중합상태(amalgame)로 되돌아가시오."[71]

부정성의 학문적 · 가족적 또는 광적인 중합이 없다면 '인식'은 무엇이겠는가?──"나는 언어를 공허함 속에 다시 **빠뜨리기** 위해 언어를 내뱉는다." 그것은 시기에 적절하고, 정확하고, 통일된 언어일 것이고, 나아가서는 선조들이 원하던 것과 같은 예언일 것이다. 그러나 위반적이기 때문에 항상 어느 정도는 광적인 행위는, 자기 조정을 통하여, 물질에서 직접 생긴 모험적인 비연속성들을 표시하려 든다. "그는 주사위를 던지고, 던지기는 완료된다. 열둘, 시각(자정)──창조를 끝낸 자는 물질 · 덩어리 · 주사위들로 자신을 되찾는다──(……) 물론 거기에는 한 가지 행위가 있다──나의 의무는 이러한 광기가 존재한다는 것을 선포하는 것이오. 당신이 광기를 나타나게 한 것은 잘한 일이오(광기의 잠음). 내가 당신을 또다시 허무 속에 빠뜨리려 한다고 생각하진 마시오."[72] 이런 의미에서는, **이지튀르**——이성의 광란, 광기의 논리적 귀결——가 생겨나지 않을 것이다. 이지튀르를 대신하여 논리적 탕진을 실현하는 것은《한 번의 주사위 던지기》의 통사론이기 때문이다. 그러나 무엇이 **코라** 세미오틱 속으로의 결정적인 침잠을 제지하는가? 무엇이 쌩볼릭의 배척을 방해하는가? 죽음의 욕동에 직면한 주체를 지탱시켜 주는 것은 혈통에 대한 집착임이 확인되고 있다. "……내 조상들에게 나를 만들어 낸 이유에 보답하기 전에는 나는 '허무'를 알고 싶지 않네——."[73] 족보가 그 본래의 권리를 되찾는다. 그리하여 주체는 족보 속으로 은신하여 실천적 탕진의 주사위들을 던지기 위해 일시적이나마 거기에 자신을 조정한다. 이것은 금지된 어머니는 사실상 자기 권리를 잃지 않는다는 것을 의미한다. 다시 말하면 어머니는 종족, 조상들의 혈통, 종으로서 되살아난다. 그리고 종의 존속을 보장하는 것과 그 지식을 영속시키는 것은 필요한 것이 된다. 이러한 규방(gynécée)의 법이 이지튀르가 벌이는 묘지 속에서의 놀이를 지탱시키고, 또 죽음으로부터 그를 보호해 주면서 필연적으로 그를 페티시스트로 만든다. 그렇기는 해도 이지튀르는 이러한 족보를 핑계삼아 자신의 놀이를 역사와 연결시킨다고 믿으면서 실제로 역사 속에 '부조리한 행위,' 즉 실천적 탕진을 끌어들인다. 현대 텍스트가 지닌 온갖 난해성·한계·진보성은 텍스트가 탕진하고 있는 역사를 계승하는 동시에 그 고리쇠(boucle) 속에 들어 있다. 지금 우리는 한 시대의 여명기에 와 있다. 이것은 결여된 착란, 무분별한 과잉, '격노한 지성'의 시대로, 그것들을 가지고 새로운 장치들을 만들어 내기 위해 모든 위반을 시도하고, 종국에는 그러한 실천을 통하여 역사가 '물질·덩어리·주사위' 속에서 제 원동력을 되찾게 되는 시대이다.

필립 솔레르스가 언급하였듯이, 이 실천은 더 이상 문학의 개념과는 관계가 없다. 그렇다면 그 실천에 대해서 어떻게 말을 해야 할까? **"글쓰기의 실천에서부터 구상된 하나의 집합 이론이 형성되어야 할 필요가 있다.**

(……) **실천에서부터**라는 이 말은, 역사 속에 위치할 수 있는 단절에서부터는 글쓰기를 글쓰기 그 자체(특정한 조건에서의 글쓰기 행위)와는 다른 방향에서 연구될 수 있는 대상으로 만드는 것이 불가능하게 되었다는 것을 의미한다. 달리 말하자면 글쓰기의 특수한 문제점은 신화와 표상과의 관계를 단호히 끊고, 글쓰기가 지닌 문학성과 그 공간 속에서 글쓰기 자체를 생각한다는 것이다. 글쓰기의 실천은 '텍스트'의 차원에서 정의되어야 하며, 그것은 텍스트라는 단어가 앞으로 글쓰기가 '표현하지는 않'지만 **마음대로 사용할 수 있는 하나의 기능을 가리키는** 한에서 그러하다. 연극적인 체제, 그 '기하학적인 장'은 표상될 수 없다. (그 자체가 공연이다.)"[74]

이와 같은 역사의 실천적 탕진과 마주하고 있는 이론적 담론은 오직 각운 나누기를 표시할 수밖에 없다. 이론적 담론이 유일한 **실천으로 존재하는 방법**은 역사적 이성에 홈을 파는 이 실천들을 다루는 역사가가 되는 것이다.[75]

우리는 지금 텍스트의, 더 일반적으로 말해서 예술의 **윤리적 기능**에 관련된 문제의 핵심에 와 있다. 형식주의에서 버림받고, 관념주의 철학과 통속적인 사회학 만능주의에 의해서 도덕적 인문주의로 변해 버린 이 문제는 오직 언어 속에서의, 아니면 보다 일반적으로는 의미 속에서의 주체의 과정을 고려하는 새로운 전망 속에서만 다시 제기(re-poser)될 수 있다. 여기에서 말하는 **윤리**는 실천 속에서 나르시시즘을 부정하기라고 이해해야 할 것이다. 달리 말하자면,

의미화 과정이 사회적-언어 상징적 실현과정 속에서 극복하게 되는 나르시시즘적 (좁은 의미로는 주체적) 고착을 해체하는 실천은 윤리적이다. 우리가 앞에서 정의한 것 같은 의미와 주체의 통일성을 조정하고-해체하는 실천은 우리가 방금 윤리적이라고 불렀던 것을 포함하고 있다. 따라서 우리가 이해하게 된 텍스트는, 그것이 지닌 의미 배치와 그 의미 작용 속에서, 온갖 긍정성을 수용하고, 그것을 부정화하여 그 토대를 이루는 **과정**을 나타나게 하는 실천이고, 특히 텍스트가 윤리적 요구를 실현하는 그 무엇이다. 이때부터 우리는 '예술'에게──텍스트에게──'긍정적'이라고 간주된 전언을 발신하라고 요구할 수 없게 된다. 그리고 그러한 전언의 일의적 진술은 이미 우리가 이해한 것과 같은 윤리적 기능의 삭제이다. 주체의 과정에 관한(그의 담론에 관한, 그의 성에 관한), 그리고 진행중인 역사적 발전과정의 여러 경향에 관한 과학적인 진리들을 진술하면서, 텍스트가 그 윤리적 기능을 다하는 것은 오로지 그러한 진리들을 복수화하고, 분쇄하고, '음악화'한다는 조건하에서이다. 다시 말하면 그 진리들을 웃음거리로 만든다는 조건에서이다.

예술의 윤리적 기능에 대한 이러한 관점은, 그 기능에게 이른바 진보주의적 이념, 혹은 사회-역사 속의 전위적인 철학을 대행하는 역할을 의무화하고자 하는 관점으로부터 우리를 철저하게 분리시키면서, '예술'이 한편으로는 메타 언어적 담론 또는 관조적 담론과, 또 한편으로는 욕동의 침입 사이에 위치한다는 그 특수성을 부인하고 있다.

예술의 윤리적 기능에 대한 그러한 관점은 우리를 헤겔의 관념주의적 입장과도 거리를 두게 한다. 헤겔은 열정을 표현하면서 그것을 억제하거나 아니면 '정화'하는 수단을 예술 속에서 찾아냈다. "예술은 자연과 밀접하게 결합되어 있는 인간을 표현함으로써 결과적으로 인간을 자연 위로 상승시켰다."[76] 헤겔 철학은 결국 예술을 윤리적으로 철학에 종속시키기에 이른다. 왜냐하면 오직 철학만이 모순된 두 가지 측면(자연-법)[77]을 융합시킬 수 있다고 인정되었고, 다른 한편 예술은 그 두 측면의 '방대하고도 심오한 대립'[78]을 강조한다고 생각되었기 때문이다.

결국 윤리를 텍스트 실천과 공외연적(co-extensive)이라고 보는 우리의 관점은, 외관상으로는 절대 자유주의적인 것 같지만, 인식에 토대를 둔 규범적인 윤리를 확립하고자 하는 '과학적 도덕'과 우리를 분리시킨다. 이와 같은 도덕주의는 모형의 자격으로 주체의 배척을 장려하여, 거기에 초월적 자아의 획일성이 주조되게 한다는 사실을 우리는 이미 지나칠 정도로 강조해 왔다. 진술된 윤리는 그것을 설교하는 지도자를 배신한다. 그가 과학적인 증거를 바탕으로 하여 가르친 '선(bien)'은 억압적인 정의를 통해서 '체계'의 목적론을 나타내기 때문이다. 그리고 바로 이런 점에서, 결과적으로는, 기계론적 합리주의자가 헤겔의 규범적 관념론과 합류한다.

윤리는 진술될 수 없다. 윤리는 상실될 각오로 자신을 실천한다. 텍스트는 이와 같은 실천의 가장 완성된 예들 중의 하나이다. 말라르메는 그 점을 다음과 같이 썼다.

"나는 포의 견해를 존중한다. 철학의 그 어떤 잔해도, 윤리나 형이상학도 드러나지는 않을 것이다. 나는 은근히 삽입되어 잠재하는 철학은 필요하다는 말을 덧붙이고 싶다."[79]

각 주

A. 이론적 전제

1) W. 셰익스피어, 《햄릿 *Hamlet*》 3막 1장. *Hamlet*, tr. fr. d'A. Gide, in *Œuvres Complètes*, t. II, Bibl. de la Pléiade, Gallimard, 1959, p.651.

2) 과정(procès): 일차적으로 '재판'·'소송'의 의미를 지닌 이 단어는 진행을 뜻하는 '과정'의 뜻으로도 쓰인다. 크리스테바가 사용하는 이 단어는 그 두 가지 의미를 모두 갖기 때문에 '소송＝과정'으로 번역해야겠으나 번거로움을 피하기 위해 '과정'으로만 옮기려 한다. 〔역주〕

3) 의미 생성·의미 산출(signifiance): 중세 프랑스어의 'sénéfiance'에서 유래한 단어이다. 프티 로베르 사전에도 수록되지 않은 점으로 보아 현대 일반 프랑스어에서는 쓰이지 않는다. 그레마스의 기호학 사전에도 역시 수록되어 있지 않다. 벵베니스트가 이 단어를 '의미 작용의 방식(mode de signifiance)' 이론을 위해 도입하였는데, 레 드보브는 signifiance를 '의미하는 것의 성질 (caractère de ce qui signifie)'이라 풀이하고 있다. 대체적으로 signifiance는 '과정으로서의 의미'를 나타내는 그리스어 'sémiosis'와 동일어로 간주할 수 있다. 크리스테바는 저서 《사랑의 역사》에서 이 단어를 '의미와 주체의 형성과 해체, 즉 변형의 과정'의 뜻으로 사용하고 있다. 〔역주〕

4) 초언어적·언어 외적(translinguistique): translinguistique란 잘 정의된 용어 개념이 아니다. 크리스테바는 언어학적인 의미가 언어 형상의 심층이 담고 있는 의미를 드러내지 못하기 때문에, 그 심층을 조명하기 위한 분야로서 초언어학이라고 하는 분야를 생각한 듯하다. 실제로 하나의 언술, 또는 문장이 표현하는 의미는 언어학 쪽으로는 간단히 분석될 수 있지만, 언어학만으로는 화자의 심리 속에 깊숙이 들어 있는 내면적인 문제 내지는 정신분석학적인 문제, 사회 의식 등은 설명될 수 없기 때문에 그러한 것들을 총괄하는 분야로서 초언어학, 즉 translinguistique를 생각해 낸 것 같다. 〔역주〕

5) 텍스트(texte): 크리스테바가 말하는 texte는 문학을 비롯한 각종 텍스트를 우선적으로 의미하지만, 문장의 phrase 개념이 아닌 언술·담론 등을 폭넓게 내포하는 개념이다. 〔역주〕

6) 분석 주체(analysant): 이 단어는 라캉 이후로 피분석자, 또는 환자라는 말 대신에 사용되고 있다. 이 낱말이 명확히 밝히고자 하는 것은, 주체가 (분석되기 위하여) 수동적으로 분석가에게 말을 하는 것이 아니라는 의미이다. 분석과정에서 능동적으로 말을 하고, 결합시키며, 기본 규칙을 따르려고 노력하는 사람은 바로 분석 주체이기 때문이다. 〔역주〕

7) 전이(transfert): 정신분석 치료과정에서 분석 주체, 즉 환자가 과거에 부모나 형제에게 쏟았던 애정이나 증오 등 어린 시절의 감정과 갈등을 무의식적으로 치료자, 즉 분석가에게 쏟아내는 일이다. 이처럼 분석중에 대상이 옮겨지는 것을 '전이'라 하고, 그러한 환자의 전이에 대해 치료자가 환자에게 갖는 무의식적 반응의 총체를 '역전이'라 한다. 〔역주〕

8) 욕동(pulsion): 프로이트가 말하는 Trieb를 프랑스어로 옮긴 낱말. '충동(impulsion)'과 차별화하기 위해 '욕동'으로 옮긴다. 〔역주〕

9) 《앙띠-오이디푸스 L'Anti-Œdipe》, Éd. de Minuit, 1972 참조.

10) 극한에로의 이행(le passage à la limite): 철학적 추론의 한 방법. 각각의 가능성을 모두 검토하였다고 가정하여, 그 속에서 최대한 유용한 가능성을 포괄하는 유일한 가설을 받아들여 추론하는 방법을 말한다. 〔역주〕

11) 향락·향유·환락·희열·즐김(jouissance): 라캉의 용어. 프랑스어 jouissance는 성적인 함축 의미를 갖는다. 라캉은 이 용어를 성적 대상의 즐김과 자위 행위의 쾌락을 말하는 데 사용하고, 오르가슴의 의미를 부여한다. 라캉이 향락과 쾌락간의 대립을 발전시킨 것은 1960년경이다. 쾌락의 원칙은 향락에 대한 제한으로 기능하고, 주체는 '가능한 한 적게 즐긴다'는 법칙을 개진한다. 주체는 동시에 그의 향락에 부과된 금지를 항상 위반하려 들고, '쾌락의 원칙을 넘어서'려 한다. 하지만 쾌락의 원칙을 위반한 결과는 더 이상 쾌락이 아니라 고통이다. 주체는 일정한 양의 쾌락만을 감당할 수 있기 때문이다. 그 한계를 넘어서게 되면 쾌락은 고통이 되고, 이 '고통스러운 쾌락'이 바로 라캉이 말하는 향락이다. 따라서 향락은 주체가 자신의 만족으로부터 얻어낸 고통을 역설적으로 표현한 용어라고 하겠다. 〔역주〕

12) 세미오틱(le sémiotique) ; 쌩볼릭(le symbolique) : 널리 알려진 크리스테바 이론의 핵심 용어. 여러 가지 역어가 사용되고 있지만 어느것도 그 의미의 범위를 충분히 담아내지 못하는 것 같다. 역자의 생각으로는 le sémiotique을 '본원적 언어'로, le symbolique을 '구성적 언어'로 번역하여 사용할 수 있겠으나 충분히 만족스럽지 못하여 원어를 살려서 세미오틱 · 쌩볼릭으로 음역하였다. 문맥과 어원을 제외하면 전자를 '원기호태', 후자를 '기호태' 라고 번역할 수 있겠다. 〔역주〕

13) 《언어의 수학적 구조 *Mathematical Structures of Langage*》, New York, John Wiley and Sons, 1968 ; 프랑스어역, *Structures mathématiques du langage,* 수량언어학 연구 논문, Nº 3, Dunod, 1971 참조.

M. 그로스와 A. 랑탱, 《형식 문법에 관한 개념 *Notions sur les grammaires formelles*》, Gauthier-Villard, 2ᵉ éd. 1970 ; M. -C. Barbault et J. -P. Desclés, 《형식 변화와 언어학 이론 *Transformations formelles et Théories linguistiques*》, 수량언어학 자료, 파리 제6대학 수량언어학 센터, 1972 참조.

14) 이 '대상(object)'에 대해서는 *Langages*, Nº 24, 1971년 12월호를 참조할 것. 교육적이면서 대중화된 저서로는 크리스테바의 저서 《언어, 그 미지의 것 *Le Langage, cet inconnu*》, Paris, Seuil, 1981 참조.

15) E. 후설은 《현상학의 주요 사상 *Idées directrices pour une phénoménologie*》(tr. fr. de P. Ricœur, Gallimard, 1950)에서, 주체를 직관의 주체로 설정하고 있다. 이와 같은 주체는 자신이 모든 사람들에 대해 유효한 통일성, 즉 범주들(catégories)과 범주성(catégorialité) 그 자체 속에 살아 있는 통일성을 지니고 있다고 확신하고 있다. 그것은 초월성이라는 분명히 데카르트적 코기토의 확장인 그와 같은 '자아'의 내재이기 때문이다. "의식의 체험을, 그것이 구체적인 콘테스트──체험의 유출──속에 삽입되어, 그 자체의 본질에 따라서 콘테스트에 첨가되는 경우에 있어서의 모든 **구체적인 충만함**을 감안하여 고찰하자. 이때에 명확해지는 것은, 이 체험의 유출 속에서 성찰의 시선이 도달할 수 있는 각각의 체험은 **직관이 파악하고자 하는 노력**으로 그 **자체의 본질**을, 다시 말해서 **그것 자체로서** 그리고 그것이 지닌 독자성에 따

라서 고찰될 수 있는 '내용'을 갖는다는 것이다. 우리가 해야 하는 것은, 사유(cogitatio)에 고유한 이 지위를 그것이 지닌 순수한 독자성에 따라 파악하여 그것의 일반적 특징들을 나타냄으로써, 사유가 결국 그 자체 내에서 어떤 것인가에 따라서 사유 속에 내용이 아닌 것을 모두 배제해 버리는 일이다. 뿐만 아니라 의식의 통일성도 특징지어야 한다. 그 통일성은 사유(cogitationes)에 고유한 특징에 의하여 순수하게 요구되는 것인데, 그 요구는 너무도 필요한 것이어서 사유가 그 통일성 없이는 존재할 수 없다."(p.111)

이와 근접한 관점에서, 그리고 언어의 대화적 특성과 프로이트의 발견에 있어서 언어의 역할을 강조하면서, 벵베니스트는 나(je)/너(tu)의 양극성에 대해 다음과 같이 기록하고 있다. "이 양극이 의미하는 것은 평등도 대칭도 아니다. '자아(ego)'는 언제나 너에 대하여 초월적인 위치에 있다."(〈언어 속의 주체성에 대하여〉, 《일반언어학의 제문제 Problèmes de linguistique générale》, Gallimard, 1966, p.260) 촘스키에 있어서는, 통사적 종합의 지주가 되는 주체(le sujet-support)가 데카르트적 코기토에 속하는 것으로 분명하게 규정되어 있다.(《데카르트적 언어학 La Linguistique cartésienne》, tr. fr. Éd. du Seuil, 1969) 이와 같은 데카르트-촘스키적 주체와 벵베니스트와 그리고 현상학을 보다 더 분명히 수용하는 그외 다른 학자들이 드러내는 '초월적 자아' 사이의 차이는, 그 두 가지 판단 행위(또는 언어 행위)의 개념이 공통적으로 형이상학적인 기반, 즉 통합된 통일성으로서의, 그리고 존재의 유일한 보증으로서의 의식에 의존하고 있다는 사실에 아무런 변화도 주지 못한다. 더구나 통사론적 기술(記述)의 기원을 주관하였던 데카르트적 제원리에 저촉되지 않고서도, 그 이후 많은 언어학자들이 후설의 현상학은 그러한 기술면에서는 데카르트의 방법보다 더 분명하고 더 엄격하게 세분된 기반이 된다는 사실을 지적하고 있다. (로만 야콥슨도 현대 언어학의 구성에 있어서 후설이 맡은 역할을 환기시키고 있다. 〈언어과학과 타과학과의 관계〉, 《일반언어학 서설 Essais de linguistique générale》, t. II, Éd. de Minuit, 1963; S. -Y. Kuroda, 〈The Categorical and the Thetic Judgement, Evidence from Japanese〉, in Foundations of Language, vol. 9, Nº nov. 1972 참조.)

16) 이 분야에 관해서는 I. 포나기의 업적들, 그 중에서도 특히 〈발성의 욕동적 기반 Les bases pulsionnelles de la phonation〉, in Revue française de psychanalyse, janv. 1970, p.101-136, et juil. 1971, p.543-591 참조할 것.

17) A, I, 1 주 5) 참조.

18) 〈언술 행위의 주체 sujet de l'énonciation〉에 관해서는 T. 토도로프가 감수한 *Langages*, N° 17, 1970 참조. 언어학에서는 뱅베니스트가 (〈프랑스어 동사의 시제 관계 Relations de temps dans le verbe français〉, 〈언어 작용에 있어서의 주체성에 대하여 De la subjectivité dans le langage〉에서) 형식화한 이 개념을 많은 언어학자들이 사용하였다. 특히 A. 퀴리올리는 〈자연 언어의 처리에 개입하는 조작에 대하여 A propos d'opérations intervenant dans le traitement des langues naturelles, in *Mathématiques et Sciences humaines*, N° 34 EPHE, Gauthier-Villars, 1971, p.7-15에서, 그리고 O. 뒤크로는 〈부정관사와 언술 행위 Les indéfinis et l'énonciation〉, in *Langages*, N° 17, 1970, p.91-111에서 사용하였다. 촘스키의 〈확대 표준 이론 Théorie standard élargie〉은 언술 행위의 주체를 끌어들이지 않고 범주의 직관을 사용하고 있지만, 《데카르트적 언어학 *La Linguistique cartésienne*》(1966)에서부터는 암암리에 그 문제를 거론하고 있다. 《생성문법에 있어서의 의미론 *Studies on Semantics in generative Grammar*》, Mouton, 〈Janua Linguarum〉, Series Minor, N° 107, 1971 참조.

19) 존 R. 설, 《언어 행위 *Speech Acts*》, an Essay on the Philosophy of Language, Cambridge Univ. Press, 1969; tr. fr. *Les Actes du language*, Essai de philosophie du langage, Hermann, 1972 참조.

20) 로버트 D. 킹, 《역사언어학과 생성문법 *Historical Linguistics and generative Grammar*》, New York, Englewood Cliffs, Prentice Hall Inc., 1969; 폴 키파르스키, 〈언어의 보편성과 언어 변화 Linguistic universals and linguistic change〉, in Emmon Bach and Robert T. Harms(eds.), 《언어 이론의 보편성 *Universals in linguistic Theory*》, New York etc., Holt, Rinehart and Winston, Inc., 1968, p.170-202; id. 〈음운론은 얼마나 추상적인가? How abstract is Phonolgy?〉, reproduit par Indiana Univ. Linguistic Club, oct. 1968 참조.

21) S. -Y. 구로다는 '보고적(reportive)'과 '비보고적(non-reportive)'이라는 두 가지 유형의 문체를 구별하고 있다. 전자는 1인칭으로 된 서술과 서술자가 '삭제된' 다른 인칭들로 기술된 서술들을 포함하고, 후자는 전지적(omniscient)이거나 아니면 '복수적인 의식을 가진' 서술자와 관계된다. 이러한 구별은 일본어에서 감각형용사, 동사의 분배에서 볼 수 있는 몇 가지 변칙을

설명할 수 있게 해준다. (그리하여 일상적 용법은 형용사가 1인칭과 함께 사용되는 것을 요구한다. 그러나 그 용법은 3인칭을 동반할 수도 있다. 이때의 비문법성은 하나의 다른 '문법적인 문제'를 의미한다. 다시 말하자면 전지적 저자가 작중 인물의 이름으로 말을 하거나, 아니면 언표가 그 작중 인물의 관점을 표현한다는 것을 뜻한다.) 그 언표를 맡아 수행하는 언술 행위의 주체가 누구이든간에, 그 주체는 'his Erlebnis(그의 체험)'을 대표하는 자로 기술되어진다. 이 용어는 후설이 《이데아》에서 사용한 것이라고 저자는 밝히고 있다. (S. -Y. Kuroda, 〈문체와 문법은 언어과학의 어느 지점에서 만나는가? Where epistemology Style and Grammar meet?〉, Univers. of San Diego, California, 1971, miméographié)

22) 변증법적 유물론의 범주들을 도입하는 것은 담론의 생산조건을 그 담론의 의미 작용의 본질적인 증여자로 지칭하기 위해서이다. 그러한 도입은 '지주로서의 주체'에서부터 이루어지고, 그 주체의 논리적 위치는 앞에서 설명한 후설의 그것과 큰 차이가 없다. 그리하여 Cl. 아로쉬·P. 앙리 그리고 M. 페쉬가 강조하고 있는 것은 "언표/언술 행위의 관계에 대한 언어학적인 연구가 중요하다는 것이다. 이유는 그 관계에 따라서 '화자 주체'가 자신이 지주로 되어 있는 표상들과 관련하여 위치되기 때문이고, 그 표상들은 언어학적으로 분석 가능한 '미리 구성된 것'에 의해서 실현되기 때문이다. 아마도 이러한 문제, 즉 서술의 형성에서 특징적인 치환의 연사화(syntagmatisation)와 연결되어 있는 이 문제 때문에 이데올로기 형성의 연구(그리고 이데올로기 학자들의 이론)에 기여하는 담론 이론이 현재로서는 가장 활발하게 발전할 수 있다."(〈의미론과 소쉬르의 단절: 언어·언어활동·담화 La sémantique et la coupure saussurienne: langue, langage, discours〉, in *Langages*, N° 24, déc. 1971, p.106) '미리 구성된' 언어에서 항상 이미 거기에 존재하는 주체——그런데 그 언어는 어떤 식으로 구성될까? 그리고 이미 구성된 것(le construit)을 **지탱하기**(supporter) 이전에 **구성하는**(construisant) 주체와는 어떤 관계에 있을까? ——는 프로이트적인 덮개 아래 가리워져 유지될 수도 있다. 그리하여 M. 토르는 정신분석/사적 유물론의 관계를 검토하면서 '이데올로기의 심급'과 '무의식의 형성' 사이에 한 지주로서의 주체(sujet-support)를 위치시키고 있고, 이 주체는 "개인의 생물학적 개체성(생물학적 개념의 개체성)——이것이 물질적인 기반이 되어 그 위에서 각 개인이 사회관계에 따라서 기능하게 되

는 한에서——"으로 정의되고 있다.(〈사적 유물론에서의 정신분석 La psycha-
nalyse dans le matérialisme historique〉in *Nouvelle Revue de psychanalyse*, Nº
1, printemps 1970, p.154) 그러나 이 지주로서의 주체가 무의식을 통하여, 그
리고 '이데올로기를 지닌' 시니피앙 내에서 어떻게 산출되는지 알 수 없고,
또한 그 산출이 어떻게 이데올로기적인 표상들 그 자체 속에 투입되는지도 알
수가 없다. 이러한 전망에서 우리가 예로 들어 '예술'이나 '종교'에 관해서
말할 수 있는 것은, 단지 그것들이 '생존물(survivances)'이라는 말 이외에는
다른 말을 할 수 없을 것이다. 언어와 역사에 관해서는 J. -Cl. 슈발리에,〈언
어와 역사 Langage et histoire〉in *Langue française*, Nº 15, sept. 1972, p.3-7
참조.

23) 현대 언어학의 현상학적 기반에 대해서는 J. 크리스테바,〈언어학의 인
식론 Les épistémologies de la linguistique〉in *Langages*, Nº 24, 1971, p.11
과, 특히 J. 데리다,〈계사의 부가——언어학과 대면하고 있는 철학 Le suppl-
lément de copule: la philosophie devant la linguistique〉, *ibid.*, p.14-39;《그
라마톨로지에 대하여 De la grammatologie》, Éd. de Minuit, 1967, p.42-108;
《음성과 현상 La Voix et le phénomène》, PUF, 1967 참조.

24) 질서잡기(ordonnancement): 경제·재정에서 쓰이는 용어로 '지불 명령'
또는 '능률적인 생산 계획'의 의미를 지니고 있지만, 크리스테바는 오히려
'ordre＝질서'에 가까운 뜻으로 사용하고 있다.〔역주〕

25) 최근에 J. 데리다는 코라를 재거론하면서 그것의 존재론적 본질을 비
판하였다.《조정 Position》, Éd. de Minuit, 1972, p.101.

26) 위상학·토폴로지(topologie): 프로이트는《꿈의 해석》에서 정신을 묘사
하기 위하여 공간적 은유를 사용한다. 그는 꿈속에서의 행동 장면이 각성상
태에서의 생활 장면과 다르다는 페히너의 주장을 인용하면서 '정신적인 장
소'라는 개념을 제시한다. 프로이트는 이 개념이 순전히 지형학적인 개념이
므로 해부학적인 신체적인 장소와 혼동되어서는 안 된다고 설명한다. 그의
'첫번째 지형학'에서는 정신을 세 가지 체계——의식·전의식·무의식으로
나누고, '두번째 지형학'에서는 세 가지 층위——자아·초자아·이드로 나누
고 있다.〔역주〕

27) 플라톤이 강조한 것은 이성에 대한 공간($\chi\acute{\omega}\rho\alpha$)이라고 불리는 집적소
($\acute{\upsilon}\pi o\delta o\chi\epsilon\widetilde{\iota}o\nu$)의 필연적인 성질이다. 그것은 지속적인 변화와 생성상태에 있

는 불안정하고 불확실한 것이기 때문에 신성한 것은 아니다. 이 집적소는 명명될 수도 없고, 있음직하지도 않은 사생아와도 같은 것이다. "한정되지 않은 장소. 그것은 파괴를 감당해 낼 수는 없으나, 생성하는 모든 것에 자리를 제공해 준다. 그것 자체가 온갖 감각에서 벗어나 있고, 일종의 비정상적(batard) 추론을 사용하여야 파악되기 때문이다. 그것은 믿을 수 있는 것이 못 된다. 바로 그 점이 우리가 그것을 깨달았을 때 우리로 하여금 몽상 속에 빠져들게 하고, 또 존재하는 것은 무엇이든 어디엔가 한정된 장소에 있어야 한다는 사실을 마치 하나의 필연성처럼 확인하게 해주는 것이다……"(*Timée*, §52, in *Œuvres complètes*, t. II, tr. fr. et notes de L. Robin avec la collaboration de J. Moreau, Bibl. de la Pléiade, Gallimard, 1942. Cf. aussi pour le même texte, Platon, *Œuvres complètes*, t. X, tr. fr. d'A. Ribaud, Éd. ⟨Les Belles Lettres⟩, 1925) 이것은 하나의 '사물'인가, 아니면 언어활동의 양식인가?——이 두 가지 물음 사이에서 플라톤의 망설임은 이 집적소에게 추가적인 불분명함을 더해 주고 있다. 여기서는 우주(univers)에 선행할 뿐만 아니라 명칭(nom)에, 나아가서는 음절(syllabe)에 선행하는 요소들이 문제가 되고 있다. "우리는 그것들을 원리라고 부르고 '우주'의 요소들로 설정한다. 그렇지만 음절의 열(rang)까지도, 거기에 대해 조금만 생각해 보면 사실임직한 비교에서는 그 요소들에게 잘 들어맞지 않는다는 사실을 알 수 있다."(같은 책, §48) "사실 이러한 물체(corps)에 대해서, 실제로 어느것을 불이라기보다 물이라고 불러야 하고, 또 어느것을 다른 모든 명칭으로 돌아가며 부르기보다는 한 주어진 이름으로 불러야만 확실하고 안정된 언어를 사용할 수 있다고 말하는 것, 바로 그것이 어려운 점이다. (……) 그러나 바로 거기에, 즉 명칭의 단순성 속에, 전혀 이름 붙일 수 없는 것들이 존재하고 있는 것이다."(같은 책, §49)

28) 근본적인 애매성. 한편으로 집적소는 유동적이고 모순적이며, 통일성이 결여되어 있으면서 분리·분할이 가능하다. 즉 음절 이전, 단어 이전의 것이다. 그러나 다른 한편으로는 그와 동시에, 바로 그러한 분리성과 분할성이 수와 형태에 선행하기 때문에, 이 집적소라는 공간(l'espace-réceptacle)을 무정형이라고 부를 것이다. 이처럼 넌지시 암시된 그 운율성은 어떻게 보면 지워져 있을 것이다. 제아무리 필요한 것이라도 아직 단독체(singulier)가 되지 않은 것의 분절을 어떻게 생각할 수 있겠는가? 그리하여 그 운율성이 관념적인 것으로서 협력하도록 우리가 그것에 대해 말할 수 있는 것은, 운율성은 무정

형이지만 '그러한 것'이지, 지표 혹은 단독체('이것' 혹은 '저것')는 아니라는 사실이다. 왜냐하면 일단 이름이 붙여지면, 그것은 벌써 하나의 용기(conte-nant)가 되어 무한히, 그리고 한없이 반복할 수 있는 분리 가능성의 역할을 맡게 되기 때문이다. 다시 말하자면 이 반복된 분리 가능성은 하나의 **명칭**, 한 **단어**가 그것을 대체하여 관념적인 것이 되는 순간에 '존재론적인 것이 됨'을 뜻한다. "그런데 우리가 각각의 사물 속에서 각 대상의 관념적 실재가 있음을 확인한다는 것이 헛된 일일까? 이 **실재**는 하나의 단어가 아닌 그 무엇일 수 없을까?"(《티마이오스》, §51) 플라톤의 **코라**는 리듬의 (반복된 분리의) '명명 가능성(nominabilité)'일까?

그렇다면 무엇 때문에 조정에 선행하는 분절을 지칭하기 위해 존재론적인 것이 되어 버린 용어를 다시 사용하는가?──이유는 그 플라톤의 용어가 담론에서 극복하기 어려운 문제를 명시하기 때문이다. 즉 기능 작용은 일단 명명되고 나면, 그것이 쌩볼릭 이전의 것이라도 쌩볼릭의 조정 속에 귀환하기 때문이다. 담론이 할 수 있는 것은 '비정상적인 추론'에 의해 집적소와 운동성을 구별하는 것이고, 이 운동성은 '어떤 것'으로 조정되지 않는다──두 번째 이유는 그 운동성이 쌩볼릭이 지닌 성질(symbolicité)의 조건이기 때문이다. 그 조건은 운동성과는 이질적인 것이지만 없어서는 안 되는 것이다. 따라서 이제 남은 일은 항상 '비정상적인 추론'으로, 이 운동성의 특수한 배열들을 차별화하는 것이고, 그렇게 하면서 그 운동성을 발생되는 특성의 용기로도, 항상 그 자체로 조정된 존재로도, '일자(一者)'의 투영으로도 간주해서는 안 된다. 더구나 플라톤이 그런 식으로 차별화할 것을 권장할 때에, 그는 이 운동성을 용기 같은 막(membrane rédipiendaire) 속으로 끌어들이면서 기술하고 있음을 알 수 있다. "그리하여 그 막을 가득 채우고 있던 힘은 서로 비슷하지 않고 그 무게 역시 같지 않아서, 그 어느 부분도 균형을 잡지 못하고 있었다. 그러나 그 힘 때문에 불규칙적으로 사방으로 뒤흔들려서 충격을 받게 된 그 막이, 이번에는 자신의 움직임으로 그 힘을 뒤흔들고 있었다. 그렇지만 한시도 가만히 있지 못하고 동요하는 이 성질은, 마치 밀을 까불어 닦아내는 키와 도구처럼 각각 자신 쪽으로 몰려들었다가 다시 분리되곤 하였다. (……) 종류가 다른 것은 서로 떨어져 나갔고, 종류가 같은 것은 서로 껴안았다. 이와 같이 서로 다른 것들이, 그들의 배치가 구성한 '우주'가 태어나기 이전에, 서로 다른 자리를 차지하였다. (……) 그러나 그것들은 신의 부재시에 모든 것을 찾아낼 수 있다는 확실한 기대에 찬 상태에 있었다."(같은 책, §53) '의미'가 결여된 채, 기능하는 무한정의 '접합'과 '이접.' 다시 말하면 코라는 신의 율법이 아닌 어떤 필연성에 따라서 작용한다.

29) 플라톤의 집적소라는 공간은 어머니이자 유모이다. "실제로 수용하는 용기를 어머니로, 그 원형을 아버지로, 그 둘 사이를 연결하는 자연을 자식에 비유하는 것은 적절한 말이다……"(《티마이오스》, §50) "그런데 유모는 물기로 촉촉이 젖어 있었고, 불처럼 타올랐으며, 대지와 대기의 형태를 띠면서 뒤따라 솟아나는 온갖 감동을 받아들이고 있었다."(같은 책, §52)

30) 어원적으로 lex에서 유래된 '법(loi)'은 당연히 재판 행위를 함의하며, 그것이 지닌 사회 보호 기능은 로마의 사법권에서 발전되었다. 한편 '질서잡기'는 (그리스어 γνώμων를 형용사로는 '식별하는,' 명사로는 '직각자(équerre)'를 번역한) '규칙'·'규범' 등의 계열에 가깝다. 그것은 수적인, 혹은 기하학적인 필연성을 함의한다. (언어학에서의 규범성에 관해서는 A. 레이, 〈언어학의 용법, 판단과 시효 Usages, jugements et prescriptions linguistiques〉, in *Langue française*, N° 16, déc. 1972, p.5 참조.) 그러나 **코라**의 일시적 질서잡기는 아직 하나의 **규칙**이 아니다. 기하학적인 장비(arsenal)는 **코라**의 운동성 뒤에 나타나서, 그것을 고정하고 축소하기 때문이다.

31) 구체적인 조작(opérations concrètes): 스위스 심리학자 J. 피아제의 용어. 어린이에게 있어서 대상을 향한 작용(움직임) 중 대상의 내부와 상호 관련지어져 하나의 통합된 체계에 편입되는 것을 조작이라고 부른다. 그 중에서도 7-8세부터 11-12세까지에서 행해지는 대상에 밀착된 작동을 구체적인 조작이라고 부른다. 〔역주〕

32) 조작성은 판단력의 주체의 행위일 것이다.

33) J. 피아제는 감각운동의 작용은 언어(langage)에 선행하고, 사고의 습득은 쌩볼릭의 기능에 기인한다는 것을 강조하고 있다. 피아제에게 있어서 이 쌩볼릭의 기능은 이른바 언어와는 관계가 없는 개념이다. J. Piaget, 〈언어와 지적 조작 Le langage et les opérations intellectuelles〉, in 《심리언어학의 제 문제 *Problèmes de psycho-linguistique*》, PUF, 1962.

34) '기능(fonction)'은 종속 변수(variable dépendante)를 의미하며, 이것은 매번 관련되는 독립 변수(variable indépendante)들이 결정될 때에 한정된다. 달리 말해 보면, 기능은 세미오틱의 소통과정 속에서 정지를 연결하는 것이

라고 말할 수 있을 것이다.

35) 그와 같은 입장은 L. 스중디, 《욕망의 실험적 진단 *Diagnostic expéri-mental des pulsions*》, PUF, 1952에서 공식화되었다. 이 저서의 A, III장에서 재언급하겠다.

36) J. 웟슨, 《이중나선 *La Double Hélice*》, Laffont, 1968 참조.

37) 멜라니 클라인은 그의 모든 저서에서 '오이디푸스 전기' 단계, 다시 말하자면 거세의 '발견'과 그 결과로 강요되는 아버지의 '법'에 복종하는 초자아의 조정에 앞선 주체의 발달기를 강조하고 있다. 이 단계에 대해 그녀가 기술하고 있는 과정은 쌩볼릭과는 다르고, 그 밑에 깔려 있으면서 쌩볼릭을 조건짓는 세미오틱이라고 불리는 것과 일치하는데, 그것은 어디까지나 **발생론적인 차원**에서 그러하다. 주목할 만한 것은, 이 오이디푸스 전기 단계의 과정이 남자아이의 경우와 마찬가지로 여자아이의 경우에도 어머니의 몸에 자신을 투사시키면서 형성된다는 사실이다. "……발달 단계에 있는 이 시기의 남자아이와 여자아이는 둘 다 어머니의 몸을 욕망할 수 있는 모든 것의 집적소처럼, 특히 아버지의 페니스의 집적소처럼 간주한다."(《어린이의 정신분석 *La Psychanalyse des enfants*》, Payot, 1969, p.210) 여기서 우리가 밝히고 싶은 것은, 이 시기에는 주체가 그 어떤 '대상'을 '고찰'하거나 '욕망할 수' 없으므로 대상이 아닌 것에 비추어서 자신을 형성해 가고 있는 중이라는 사실이다. 말하자면 주체는 대상이 아닌 것(non-objet)으로부터 분리되어 그것으로 '하나(un)'를 만들고, 자신을 '타자(autre)'로 조정하는 도중에 있다. 어머니의 몸은 바로 이 아직 하나가 아닌 것(ce pas-encore-un)이고, 고찰하고 욕망하는 주체는 그것을 하나의 '집적소'처럼 상상할 것이다.

38) 무엇이 어머니의 위치를 쌩볼릭의 공간 속에 정하는가를 찾아보면 남근(phallus)을 만나게 되는데(J. 라캉, 〈대상관계와 프로이트적인 구조 *La rela-tion d'objet et les structures freudiennes*〉, in *Bulletin de psychologie*, avr. 1957, p.446-450) 그것을 나타내는 것은 바로 어머니의 아버지, 즉 주체의 외할아버지이다.(〈프로이트에 있어서의 부친 살해 *Le meurtre du père chez Freud*〉, in *L'Inconscient*, N° 5, janv.-mars. 1968, p.105-129)

39) 프로이트의 욕동 이론은 논쟁의 여지가 많고, 그것 자체의 변화가 심하여 받아들이기 어렵다. 그 이론에서 우리가 관심을 갖는 것은 프로이트가 일반적인 '생명 있는 물질'의 경우와 마찬가지로 '인간'의 경우에도 죽음의 충

동에 지배적인 자리를 부여하고 있다고 하는 사실이다. 죽음의 충동은 자기 동일성을 관통하는 것이고, 그 형성이 구조들과 넓은 의미에서의 삶의 결합을 확실하게 해주는 '나르시시즘'을 분산시키는 경향이 있다. 그러나 동시에 또 그 반대로 나르시시즘과 쾌락은 오직 일시적인 조정에 지나지 않으며, 그에 의지하여 죽음의 충동은 새로운 이행을 개척해 나간다. 그러므로 나르시시즘과 쾌락은 죽음의 충동의 포착이자 실현화이다. 코라 세미오틱은 욕동의 충전을 정지로 분절하기 때문에, 항상성적인(homéostatique) 상태로 되돌아가는 경향이 있는 죽음의 충동의 지연처럼 보여질 수 있고, 동시에 그 충동의 실현처럼 보여질 수도 있다. 이러한 가설과 다음과 같은 프로이트의 지적을 접근시켜 보자. "······정신 생활 초기에는 쾌락 성향의 강도가 그 이후보다 더 강하게 나타나지만, 자주 겪게 되는 중단과 수많은 중지 때문에 그 성향은 덜 무한한 것으로 나타난다."(《쾌락 원칙을 넘어서 Au-delà du principe de plaisir》, in *Essais de psychanalyse*, Payot, 1963, p.80)

40) A, II장 참조.

41) O. C., p.382-387. 특별한 지적이 없을 경우, 말라르메의 텍스트는 H. 몽도르와 G. 장 오브리가 플레야드판(Gallimard, 1945)으로 펴낸 전집 *Œuvres Complètes*에 따라서 인용되었음.

42) 같은 책, p.383.

43) 같은 책, p.383.

44) 같은 책, p.385.

45) 같은 책, p.385-386.

46) 이 문제에 대해서는 John Lyons, 〈Towards a 'notional' Theory of the 'Parts of Speech'〉 in *Journal of Linguistics*, vol. 2, N° 2, 1966 참조. 이러한 입장의 형이상학적 전개는 P. F. Strawson, *Individuals, an Essay in descriptive Metaphysics*, London, Lave & Brydone, 1959에서 찾아볼 수 있다: tr. fr. *Individus*, Éd. du Seuil, 1973.

47) 《현상학을 위한 주요 사상 *Idées directrices pour une phénoménologie*》 tr. fr. de P. Ricoeur, Gallimard, 1950, p.310.

48) Tr. fr. de H. Elie, A. Kelkel et R. Scherer, PUF, 1959.

49) 《현상학을 위한 주요 사상》 제1에 실린 두 가지 개념 구분에 의하면.

50) 같은 책, p.288.

51) 같은 책, p.438.

52) 같은 책, p.441.

53) 같은 책, p.453.

54) 같은 책, p.400.

55) 같은 책, p.410.

56) 또한 '의미'(Sinn이라는 용어)는 '명제(Satz)'와 동의어로 사용되고 있다. "……순수한 의미 혹은 명제……."(같은 책, p.460) 의미는 조정의 지주이고, 그리고 조정은 항상 합리적이다. "……의미는, (……) 노에마의 조정적인 **특징에 대해**, 혹은 달리 말하자면 노에마의 존재적 특징에 대해 **기반의 역할을 담당한다.**"(같은 책, p.460) 마찬가지로 "……이성과 관련된 주요 문제군들(명확성의 제문제)은 정립의 기본적인 종류들과, 그리고 정립이 본질적으로 요구하는 조정 자료(Materien)와 관계가 있다. 그 첫 서열에 자리잡는 것은 물론 원역설, 일치하는 존재 양태를 가진 역설의 제양태이다."(같은 책, p.492) 보다 더 명료하게 기술하고 있는 것은, 역시 명제적 술어에 대한 역설적이고 정립적인 다양성의 의존관계에 대해서이다. "보다 특별하게, **술어적**(분석적) 종합의 순수한 형식 속에 존재하고 있는 것은 **역설적 차원의 합리적인 확신의 가능성**, 아니면 노에마적인 용어로 말하자면 **진실의 가능성의 선험적**인 제조건들이다. 그 가능성의 객관적 형성은 그 단어가 지닌 가장 좁은 의미에서의 형식논리학, 즉 **형식적 명제론**('판단'의 형식논리학)의 임무이고, 그 학문은 이처럼 그러한 '판단'의 형태론에 기반을 두고 있다."(같은 책, p.493)

57) 여기서는 이 문제와 '초월적 자아론(égologie)'을 분리시키는 것을 생각해 보자. 후설은 데카르트적 주체 의식의 발견에서 하나의 새로운 문제제기의 단서를 끌어내고 있다. 어떻게 이러한 의식이 작용하고 산출하는가 하는 문제이다. "여하튼 여기에서는 '외부'와 '즉자 존재(être en soi)'라는 용어가 그 의미를 오로지 인식 속에서 끌어낸다는 사실과 그리고 외부 존재의 긍정, 기반 다지기, 인식은 모두가 인식 그 자체 속에서 산출되는 판단 작용과 인식 작용이라는 사실을 궁극적으로 인식하게 될 수밖에 없다. (……) 그렇다면 인식하는 의식의 성찰과 가능한 인식에 필요하게 된 모든 객관성과 진실에 대한 조회가 빠뜨려 놓는 그 모든 애매모호함과 난처함, 점점 더 깊숙이 그 안으로 미끄러져 들어가는 모든 난해성(Unverständlichkeiten; 원문의 intelligibilité는 inintelligibilité로 읽어야 할 것 같다)과 불가사의는 지금까지 우리

가 의식을 작용하는 의식으로서 연구하기를 소홀히 했던 사실에서 비롯되었다."(《제1철학 *Philosophie première*》 t. 1, PUF, 1970, p.94) 그런데 여기서 우리에게 문제로 보이는 것은 그와 같은 의식이 어떻게 설정되기에 이를 수 있었는가 하는 것이다. 따라서 우리의 관심은 작용하고 산출하는 의식이 아니라 산출할 수 있는 의식에 쏠려 있다.

58) 확대 표준 이론: 변형 문법 이론의 한 발전 단계. 〔역주〕

59) N. 촘스키, 《생성문법에 있어서의 의미론 연구 *Studies on Semantics in generative Grammar*》, 〈Janua Linguarum〉 Series Minor, N° 107, Mouton, 1971.

60) 같은 책, p.198.

61) jeg véd det ikke (네덜란드어)

I do not know (영어)

je ne sais pas (프랑스어) 〔역주〕

62) 《언어 이론 서설 *Prolégomènes à une théorie du langage*》 Éd. de Minuit, 1968, p.75-76.

63) 같은 책, p.82.

64) '형식(forme)'과 '실질(substance)': 옐름슬레우의 이론 체계에서 기호는 표현(시니피앙에 해당)과 내용(시니피에에 해당)으로 나누어지고, 각각이 '형식'·'실질'·'재료(물질)'를 갖는다. 그래서 '형식'은 가장 추상적인 범주로서 변별을 초래하는 작용만을 갖는다. 이에 대해 '실질'은 변별을 각각의 기호 체계에 적용시킨 형으로 실현하는 것을 나타낸다. 음성 언어를 예로 들면 음소는 형식에, 음성은 실질에, 공기(또는 사람의 목소리)는 재료에 속한다. 〔역주〕

65) 언리학(glossématique): 옐름슬레우가 주장한 기능주의 언어분석 이론. 〔역주〕

66) 같은 책, p.165.

67) 같은 책, p.166.

68) 같은 책, p.79.

69) 현재로서는 여러 나라 국어의 형성에 있어서 이러한 관계를 명확하게 밝히는 것이 불가능한 것은 사실이지만, 다양한 체계나 의미 실천에서 출발하여 그것들을 검토할 수는 있다.

70) 같은 책, p.18.

71) 다양한 의미 체계들을, 그것을 구성하는 '단위'가 기호이거나 기호가 아니라는 사실에 따라서 구별하는 필요성에 관한 E. 벵베니스트의 고찰과, 이 입장에서 출발한 그의 언리학(言理學) 비판은 우리의 이 논술을 앞질러 검증해 주고 있다. E. Benveniste, 〈언어기호론 Sémiologie de la langue〉 in *Semiotica*, 2/1969. p.127 sq 참조.

72) 스토아학파의 기호학: 서구 기호학의 원류에 중요한 자리를 잡고 있는 기호론적인 사고를 포함한 스토아학파의 논리학. 〔역주〕

73) 이런 방향에서는 이 연구가 오직 몇 가지 관계들, 로트레아몽과 말라르메의 텍스트를 읽으면 떠오르는 것과 같은 관계들만을 묘사할 수 있을 것이다.

74) 문자(gramme): 그리스어의 '문자'를 어원으로 하는 이 말은 본래 데리다의 용어 체계에 들어 있는 것이다. 기호로서 분절·접합되는 일 없고, 따라서 의미에 환언되지는 않지만 그러나 차이를 초래하여 변별을 가능케 하는 '흔적'을 나타낸다. 〔역주〕

75) Éd. de Minuit, 1967.

76) 구조주의 언어학의 이러한 양상에 대해서는 J. 크리스테바의 〈언어학에 있어서의 주체에 관하여 Du sujet en linguistique〉, in *Langages*, N° 24, déc. 1971, p.111-114 참조. 또한 R. 야콥슨, 〈언어의 두 가지 양상과 실어증의 두 가지 유형 Deux aspects du langage et deux types d'aphasie〉, in *Essais de linguistique générale*, Éd. de Minuit, 1963, p.43-67.

77) 레비 스트로스는 이렇게 썼다. "……무의식은 항상 비어 있다. (……) 어떤 특정 기능을 지닌 기관인 무의식은 그 실재성을 고갈시키는 구조적인 법칙을 다른 데에서 생기는 미분절된 요소들, 즉 욕동·감동·표상·회상 등에게 강요하는 것으로 한정된다. 따라서 우리는 잠재 의식이란 각 개인의 어휘집이고, 그 안에 우리 각자는 자기 개인적 경력의 단어를 쌓아둔다. 그러나 이 단어가 우리 자신에게, 그리고 다른 사람에게 의미를 갖는 것은 오직 무의식이 그 단어를 자신의 법에 따라서 조직하고, 또 그것으로 하나의 담론을 만들어 내는 한에서 그러하다고 말할 수 있다." 〈상징적 효과 l'efficacité symbolique〉(1949), in 《구조인류학 Anthropologie structurale》, Plon, 1958, p.224-225.

78) 다음의 chap. A, I, 5 참조.

79) 《현상학을 위한 주요 사상 *Idées directrices pour une phénoménologie*》, I, p.413-414.

80) 《현상학을 위한 주요 사상》 제1권에 따르면, 명제는 '의미와 정립적 특징의 통일'이다. "명제의 개념은 물론 이처럼 예외적이고 충격적일 수 있는 확대 해석을 수용한다. 그렇지만 이 개념은 주목할 만한 형상적(形相的) 통일의 경계선을 추월하지는 않는다. 의미와 명제의 개념들은 표현과 개념적인 의미 작용에 대한 암시를 전혀 내포하지 않는다. 그러나 다른 한편으로는 그 개념들이 그 자체에 종속되어 있으면서, 모든 표현의 명제와 명제적인 의미 작용들을 내포하고 있다는 사실을 결코 잊어서는 안 된다."(같은 책, p.446) 나중에 명제와 의미, 그리고 대상의 불가분성이 보다 분명하게 기술되어 있다. "우리의 분석에서 드러나는 것은, 이러한 개념들이 모든 **노에마의 완전한 구성**(인용자의 강조)에 속하는 하나의 추상적인 층(couche)을 지칭한다는 것이다. 우리가 이 층을, 거기에 온갖 차이들을 포함시키면서 그것이 지닌 보편성 속에서 파악한다는 것과, 결국 그 층이 모든 **행위의 영역 속에** 실제로 자기 자리를 갖는다는 것을 명백하게 이해한다는 것은 우리의 인식에게 무한히 넓은 영향력을 행사한다. 단순한 **직관** 속에서도 대상의 개념과 불가분의 관계를 맺고 있는 의미와 명제의 개념은 필연적인 적용을 찾아낸다……"(같은 책, 같은 면)

81) 논리적인 증명 구조로서의 기호의 모형에 대해서는 E. 브레이어, 《비물체 개론 *Traité des Incorporels*》, Picard, 1907 참조.

82) "신체의 형태 전체에 의해서 주체는 신기루(mirage) 속으로 자기 능력의 성숙을 앞지르게 하고, 이 형태는 오직 **제스탈트**(Gestalt)로서만, 다시 말하면 외재성 속에서만 주체에게 주어진다. 외재성 속에서 그 형태는 물론 구성되어진 것이라기보다는 구성하는 것이다. 그러나 주체에게는 그것이 무엇보다도 그 형태를 **고정시키는**(이 말을 강조함) 입체적인 크기(un relief de stature)로도 나타나고, 주체가 생동감을 준다고 느끼면서 행하는 소란스러운 움직임과는 대조적으로, 그 형태를 역전하는 대칭상으로도 나타난다."(〈거울 단계 Le stade du miroir〉, in *Écrits*, Éd du Seuil, 1965, p.95)

83) 〈주체의 전복과 욕망의 변증법 Subversion du sujet et dialectique du désir〉 in *Écrits*, p.822.

84) 포르트-다(Fort-da) 놀이: 프로이트가 관찰한 생후 18개월 된 어린이는, 어머니의 부재시 끈에 연결된 실패를 던져 보이지 않게 한 후 'Fort(멀리 가고 없다)'라고 말한 다음, 보이는 곳으로 끌어당겨 실패가 옆에 가까이 오면 'da(여기 있네)'라고 말하며 놀았다. 프로이트에 의하면 이 아이는 어머니의 부재와 귀환을 실패놀이로 재현하고 있지만, 기쁨을 유발하기 마련인 끌어당겨 붙이는 행위보다도 실패를 시야로부터 없애는 행동을 더 열심히 행한다는 것이다. 프로이트는 주체로서 불쾌감을 유발하기 마련인 이 놀이 속에서 그것을 넘어 쾌락을 얻게 된다는 것을 고찰하였다. 〔역주〕

85) A, II; A, III 참조.

86) 라캉의 용어 체계에서, 거세와 남근은 '조정'·'위치 결정'·'현존'으로 정의되고 있다. "우리가 알고 있듯이, 무의식적인 거세 콤플렉스는 결절점(結節点)의 기능을 지닌다. 〔……〕 2° 이 첫번째 역할에게 자기 몫을 부여하는 발전의 규제 속에, 말하자면 주체가 자기와 동일한 성(性)의 이상형에 동화되는 데 없어서는 안 되는 무의식적인 조정을 주체 속에 **정착하기에서**……." (〈남근의 의미 La sinigfication du phallus〉, in *Écrits*, p.685; 인용자의 강조) "우리가 알고 있듯이 프로이트는 이 용어(남근기)로써 생식능력의 초기 성숙을 특징짓고 있다. 이 시기는 한편으로 남근적 속성의 우세를 상상으로 인정하는 것으로, 그리고 자위 행위로 쾌락을 얻어내는 것으로 그 특징이 드러나고——다른 한편 여성에게 있어서 이 시기는 그 쾌락을 음핵에 **국한시키고**, 그렇게 함으로써 음핵은 남근의 기능으로 승급하는 것으로 규정되어 있다……." (같은 책, p.686; 인용자의 강조) "(남근은) 시니피앙이 시니피앙이라는 존재로서 시니피에의 제효과를 조건짓는 한에서, 그러한 제효과를 통틀어 **지칭**하도록 마련되어 있는 시니피앙이다." (같은 책, p.690; 인용자의 강조)

87) 같은 책, p.800.

88) 같은 책, p.801.

89) 라캉의 글에서 우리가 죽음의 충동에서 파생된 것으로 언어에 대해 내린 정의와 일치하는 말을 읽게 된다. "우리가 여러분을 그쪽으로 다가서게 했을 때부터, 여러분은 프로이트가 모든 생명체와 연관시키는 무생명 상태로의 회귀의 은유 속에서 말을 하기 때문에 언어가 인간에게 보장해 주는 생을 초월한 그러한 난외 부분(marge)을 인정하게 된다. 그리고 이 난외라는 것은 존재가 그 안에서 신체를 교환 가능한 것으로 만들기에 적합한 부분일 뿐만

아니라, 신체 그 자체를 시니피앙의 위치에 끌어넣는 것 바로 그것이다."(〈주체의 전복과 욕망의 변증법〉, in *Écrits*, p.803) 마술적 상징성은 이처럼 죽음의 충동을 육체에서 끌어내면서 그것을 축적하는 이러한 언어능력에 의존한다는 사실을 추가해서 말해 두자. 레비 스트로스도 그 점을 암시하고 있다. "……괴물과 질병의 관계는 의식적인 혹은 무의식적인 (환자의) 정신에 내재해 있다. 그것은 상징과 상징으로 나타난 것과의 관계이고, 언어학자들의 용어를 사용하자면 기표와 기의의 관계이다. 무당은 환자에게 어떤 **언어**를 제공하고, 그 언어 속에는 말로 표현되지 않은, 달리 말하자면 말로 표현할 수 없는 상태들이 즉시 표현될 수 있다. 그리고 이 언어 표현으로의 이행은 (그러지 않으면 무질서하고 말로 표현할 수 없을 현재의 경험을 질서정연하고 이해 가능한 형식으로 살아 있게 하는 것으로서) 생리적인 과정의 해체를, 즉 환자가 감수하는 반복되는 사태의 재조직화를 주도한다."(〈상징적 효과 L'efficacité symbolique〉, in 《구조인류학 *Anthropologie structurale*》, Plon, 1958, p.218)

90) 의미화 연쇄(chaîne signifiante): 언표와 문장 속에서 연결되는 기호의 사슬을 지칭한다. 〔역주〕

91) J. 라캉, 〈정신병의 가능한 치료에 대하여 Du traitement possible de la psychose〉, in *Écrits*, p.554.

92) "텍스트라는 글쓰기 역사의 이론은 '기념비적 역사'라고 불릴 수 있다. 그 이론이 문자 그대로, 글로 씌어진/외적인 공간을 감추면서 형성하는 데 사용되었기 때문에, 비유가 풍부한 (목적론적인) '초서체의' 역사에 대해 그 '토대'가 되는 한에서 그러하다. (……) 따라서 '단절을 인정하는' 글쓰기는, '씌어진 텍스트'라는 고전적(표상적) 개념으로 환원될 수 있다. 글쓰기가 글로 표현하는 것은 그 자체의 일부에 불과하다. 그것은 단절로서 두 개의 집합(언어의 두 가지 융합될 수 없는 신분)사이에 교차점을 만든다……." P. 솔레르스, 〈프로그램 Programme〉, in *Tel Quel*, N° 31, automne 1967, p.5-6. 우리가 시도한 로트레아몽과 말라르메에 대한 독서 방향도 이와 같이 진술된 원칙들을 따르고 있다. 특히 이 저서 《시적 언어의 혁명》 제3부 〈국가와 신비〉, C장 참조.

93) 지양(la relève): 위로 올린다는 의미의 독일어 Aufheben의 프랑스어 번역. 이것은 변증법에서 중요한 개념으로 어떤 것을 그 자체로서는 부정하면서 오히려 한층 더 높은 단계에서 그것을 긍정하며 살려 나가는 것과, 모순

대립하는 것을 고차원적인 통일로 해결하여 현재보다 높은 차원으로 진입하는 것을 의미한다. [역주]

94) 시니피앙을 절대적 주인으로 고정시키는 라캉의 이론에서도 '완성도(graphe complet)'의 두 가지 층위가 나타내는 시니피앙의 두 양태의 구별을 읽을 수 있다.(*Écrits*, p.817) 한편으로 **시니피앙**은 '시니피앙의 보고(trésor)'로서 코드와는 구별된다. "왜냐하면 하나의 기호는 그 무엇과의 일의적 대응이라는 사실이 그 속에 보존되어 있기 때문이 아니라, 시니피앙은 오직 공시적이고 셀 수 있는 집합으로만 구성되며, 그 속에서 각 시니피앙은 그것이 지닌 각각의 다른 시니피앙들과의 대립이라는 원칙으로만 유지되기 때문이다."(같은 책, p.806) 욕동은 이 '시니피앙들의 보고'(같은 책, p.817) 속에서 기능하고, 그것은 또한 의미를 지닌 '축전지(batterie)'로 불린다. 그러나 이 층위에서부터, 그리고 이미 그 도정에서, 주체는 '의미 작용이 완성품으로 형성되게 하는 구두점'(같은 책, p.806)처럼 표시되는 시니피앙에게 복종하기에 이른다. 따라서 보고에서 구두점으로 나아가는 도정은 '시니피앙의 순수 주체를 위한 예비적인 자리'를 형성하지만, 그러나 아직은 대타자의 진정한 장은 아니다. 이 층위에서는 정신병적인 '춤', 즉 게임 이론으로 설명될 수 있는 '이 예비적인 대타자로 자족하는' '위장 행위'가 펼쳐진다. 남아 있는 것은 **예비적인 자리**가 의미 작용의 문제를 충분히 해결하지 못한다는 사실이다. 왜냐하면 주체는 대타자 속에 자리잡고 있는 코드로 형성되는 것이 아니라, 대타자가 발신하는 전언으로 형성되기 때문이다. 대타자가 모든 상대와 구별되어 시니피앙과 시니피에로 개진되고, 따라서 항상 이미 문장의 의미 작용으로 분절되어 메시지로 전달되는 경우에만 언어('음성 언어')의 제조건이 재집합된다.

이 제2의 단계에서는, 시니피앙이 단지 '보고' 혹은 '축전지'가 아니라 하나의 장(lieu)이라고 할 수 있을 것이다. "그러나 분명한 것은 '음성 언어(parole)'는 오직 위장 행위에서 시니피앙의 질서로의 이행과 함께 시작된다는 사실과, 그리고 시니피앙은 또 하나의 장——대타자의 장, 증인인 대타자, 그 어떤 상대와도 다른 대타자 증인——을 요구하여 시니피앙이 감당하는 '음성 언어'가 거짓말을 할 수 있게, 다시 말하면 '진실'로 조정될 수 있게 한다는 사실이다."(같은 책, p.807) '자아(moi)'의 다양한 언어적 배치가 시작되는 것은 바로 이 시점에서부터이다. 이러한 구도 속에서 문제점이 된다고 생각되는 것은, 아니면 여하간 긴 설명이 필요하다고 생각되는 것은 시니피앙의 '보고' 혹은 '축전지'의 기능 작용이다. 게임 이론이 그것을 충분히 해결할 수 있다고 생각되지 않는다. 그리고 아직 그 어떤 이타성도 그와 같은 것으로 **분명하게 조정되지** 않았을 경우, 분절되는 것은 의미 작용이 아니다. 따라서 대타자의 조정이나 정립에 앞서 '시니피앙'이라는 단어를 말해서는 안 될 것이다. 그리고 대타자의 분절은 오직 거울 단계와 함께 시작된다. 그런데 아직은 하나의 '자리(site)'는 아니지만, 앞으로 정립상이 중단시키지 않고 의미하는 질서로서 형성할 것이고, 또 그 질서 속으로 회귀하게 될 **기능 작용**인 예비과정들은 어떻게 되는 것일까?

95) 프로이트의 부인(Verneinung = dénégation) : '부정'이라고 번역할 수 있겠으나, négation을 '부정'으로 번역하였기 때문에 혼돈을 피하기 위해 '부인'으로 옮긴다. 〔역주〕

96) 〈의미와 지시 작용 sens et dénotation〉 in *Écrits logiques et philoso-phiques*, Éd. du Seuil, 1972, p.111.(인용자의 강조) 게다가 이와 비슷한 지적들을 후설의 글에서도 찾아볼 수 있다. "종합적 통일성을 형성하는 의식에 합체된(incorporé) 개별적인 정립과 종합의 수가 어떠하든간에, 이 종합은 **하나의 종합적 통일성**을 형성하는 의식으로서 그것에 귀속된 **하나의 총체적 대상**을 가지고 있다. 이 대상이 종합의 하위 등급 혹은 상위 등급의 구성원들에게 고의적으로 귀속하는 대상들과는 대치된다는 의미에서 우리는 총체적이라 부른다……"(《현상학을 위한 주요 사상》, I. p.405; 인용자의 강조) "……이러한 체험들은 분명히 한정되고, 정신이 그 무한성에도 불구하고 포괄할 수 있는 현상적인(eidétique) 신분을 갖는다. 말하자면 그 체험들은 '동일한' 사상(事象)에 대한 의식이라는 점에서 서로 일치한다. 이 사상의 단일성은 의식의 영역에서는 소여(donnée)의 등급을 갖는다……"(같은 책, p.454; 인용자의 강조)

97) "주어와 술어를 요약하면서 우리는 한 가지 생각을 떠올린다. 그러나 조금도 한 의미에서 그것의 지시 작용으로 이행할 수 없고, 한 사고(pensée)에서 그 진리치로 이행할 수도 없다. 그 다음 층위로 옮겨가지 못하고 동일한 층위에서 진화하고 있는 것이다. 하나의 진리치는 태양이 사고일 수 없는 것과 마찬가지로 더 이상 사고일 수 없다. 왜냐하면 이 가치는 의미가 아니고 대상이기 때문이다."(프레게, 앞의 책, p.110-111)

98) 알려진 바와 같이 브렌타노·벤·베인·러셀 등은 존재적 주장을 술어적 주장으로 전환할 수 있는 가능성에 대해 논증하였다. 여기서 말하는 존재는 술어를 가진 주체의 존재로 이해하여야지, 단순히 주체 속에 든 술어의 존재로 이해해서는 안 된다. 프레게는 그 두 층위를 명확하게 구별하고 있다. 즉 지시 작용이라는 것은 지시된 대상으로서의 논리적 주체의 존재이고, 그리고 의미라는 것은 주체에 대한 술어의 존재이다.(같은 책, p.110-111)

99) "한 명제의 진리치가 그것이 지닌 지시 작용이라면, 모든 참된 명제는 동일한 지시 작용을 갖고, 모든 거짓 명제 역시 그러하다."(같은 책, p.111)

100) "문법적으로 바르게 구성되어, 고유명사의 역할을 맡고 있는 표현에는 언제나 하나의 의미가 있다는 사실을 인정할 수 있을 것이다."(같은 책, p.104)

101) 인구어족에 속하지 않는 여러 나라 언어에서, **동사** être(이다·있다)의 기능 작용은 존재를 조정하기 이전의 의미 생성과정이 행하는 진전을 증언한다. 이런 점에서 그 언어들은 그리스어와 다르고, 그리고 일반적으로 주저없이 존재를 위치시키고, 그때부터 그것으로 하나의 형이상학적 범주를 만드는 경향이 있는 모든 인구어와는 차이가 있다. (하이데거와 뱅베니스트, 이 두 사람의 이름만을 밝히겠는데, 그들은 존재의 범주와 être 동사 사이의 연립관계(complicité)를 증명하였다고 믿었다.) 인구어에 속하지 않는 이 언어들은 우리에게 정립에 선행하거나 아니면 내재하여, 존재와는 다른 세미오틱적 **단계들** 혹은 **양태들**을 확인하도록 권유한다. 즉 지칭·강조·언술 행위의 단일성 내지는 정당성의 상기 등이 그것이다. 이리하여 현대 중국어에서 우리는 계사로 쓰인 'shi[是]'(에 있다)의 '비논리적인' 기능을 확인하게 되고, 또한 그것을 해결하는 데 있어서는 그러한 '비논리적인' 경우의 대부분에서 '있다(être)' 동사가 단순히 있는 그대로의 동사 기능의 대체(substitut)이거나, 아니면 동사를 대신하는 '**대동사**(pro-verbe)'로 불리는 것이라고 가정하게 된다. (Anne Yue Haschimoto, 〈현대 중국어에서 Be 동사 The Verbe 'to be' in modern Chinese〉, in *The Verb 'Be' and its Synonyms*, Philosophical and grammatical Studies, ed. by John W. M. Verhaar, Dordrecht, Holland, D. Riedel Publishing Company, 1969, p.90 이하 참조.) 논증될 수 있듯이, 'shi'가 하시모도가 지적한 경우와는 다른 여러 경우에서도 이러한 대동사의 기능을 담당한다면, 그 기능은 언술 행위와 지시 작용의 논리적 계기를 알려 주고, 언술 행위-지시 작용이라는 행위의 **조정**과 거기에서 파생되는 관계의 **제가능**

성을 (주어나 혹은 명시된 목적어의 존재 확인어와 그것들과 연관된 양태들에 앞서) 표시하는 것이라고 말할 수 있을 것이다. 중국어에서 흔히 볼 수 있는 'shi'의 **강조어법** 기능과, 언표의 **정확성** 내지는 진실을 나타내는 용법으로서의 의미론적 기능은 똑같이 이러한 해석을 확증해 주는 것 같다. 같은 의도에서 고전 중국어에서 'shi'가 동사로 쓰인 것은 오직 2세기부터였다는 사실을 부언할 수 있을 것이다. 그 이전에는 이 단어가 **지시사**로서만 사용되었고, 그 부정형만이 동사 기능을 지니고 있었다.

다른 한편, 아랍어에서는 être 동사가 없다. 그래서 그 기능은, 아랍어를 인구어 여러 나라 언어로 번역하거나 그 반대의 경우가 증언하듯이, 다음과 같은 것들로 충당되고 있다. 거기에 포함되는 것으로는, 첫째 발생론적으로 하나의 과정을 나타내지 이미 거기에 있음을 나타내지는 않는 동사 kana('있다'와 '이다'라는 두 가지 의미를 지닌)의 일련의 형태소들, 둘째 '실제로'의 의미를 가진 inna라는 긍정소사(particule assertive), 셋째 부정계사인 불완전 동사 laysa, 넷째 논증 행위의 통일성을 보장하고 일상의 형이상학적 해석에서는 신(神)이기도 한 대화 외적 심급(instance)을 가리키는 대명사의 3인칭인 huwa, 마지막으로 '발견하다'를 의미하는 동사 어근 wjd와, 그 의미를 확대하여 진리를 가리키는 그 국지화(localisation) 등이다.(파드루 세다디, 〈아랍어와 Be 동사 Arabic and 'to be'〉, 같은 책, p.112-125)

요약해 보면, 의미론적인 면에서, 그리고 통사적인 면에서 여기에 환기된 언어들에서는 명백하지만 다른 언어들(예를 들면 여러 인구어들)에서는 암묵적으로, être 동사는 술어 기능의 다양한 양태들을 압축하고 있다. 그 중 가장 근본적인 기능은 **조정**(정립) 혹은 국지화이고, 그것에서부터 다른 기능들(존재의, 진리의, 언술 행위의 주체가 행하는 시공적 차이화의 언술 행위 등)이 파생되는 것 같다. John Lyons, 〈소유·존재·위치를 나타내는 문장에 대한 주해 A Note on possessive, existential and locative Sentences〉in *Foundations of Language*, N° 3, 1967; Charles H. Kahn, 《고대 그리스어에 있어서의 Be 동사 The Verb Be in ancien Greek》: Found. of Language, suppl. series vol. 16, Dordrecht, Holland, D. Riedel publishing Company, 1973 참조.

102) 사상(寫像)관계(application): 집합론에서 쓰이는 용어. 복수의 집합에서 요소간의 대응관계를 지칭한다. [역주]

103) 쿠리우오비치: 폴란드 태생의 언어학자. 크리스테바는 여기서 그의 논

문〈언어의 기본 구조: 언어군과 절 Les structures fondamentales de la langue: groupe et proposition〉을 참조하고 있다. 그는 modifiant-modifié(수정하는-수정된) 대신에 déterminant-déterminé(한정하는-한정된)이라는 용어를 사용하고 있다. 〔역주〕

104) 스트로슨: 영국 철학자. 그의《특색배치 언명》은 명확한 주어-술어를 갖추지 않으면서도 명제로서 성립되는 것 같은 '언명'을 말한다. 〔역주〕

105) 샤우미안: 러시아 언어철학자로 촘스키와는 다른 입장에서 그를 비판하는 생성문법의 구상을 주도하고 있다. 크리스테바가 이 저서에서 제시하는 제노-텍스트와 페노-텍스트 이론은 그의 영향을 받은 것이다. 〔역주〕

106) 완결된 언표의 기반으로서의 술어 기능에 관해서는 J. Kurylowicz,《언어학 스케치 Esquisses linguistiques》, Wroclaw-Krakow, 1960, p.35이하; S. K. Šaumjan et P. A. Soboleva,《러시아 생성문법의 기초 Osnovanija porozdajuščej gramatiki ruskovo jazyka》, Moscou, Nauka, 1968 참조. 이와 동일한 언어 외적인 외부와 언표의 관계에 연관된 문제에 관해서는 E. Benveniste,〈명사구문 La phrase nominale〉, in《일반언어학의 제문제 Problèmes de linguistique générale》, Gallimard, 1956, p.151-167과 P. F. Strawson, 앞의 책 참조.

107) 비교언어학은 일반적으로 동사를 언어의 지배적인 요소로 간주하였고, 그로부터 **명사**를 파생시켰다. 생성언어학은 **명사**를 심층 구조의 본질적인 구성 인자로 간주하기 때문에 명사를 재평가하고 있다. 한편 동사는 본질적인 또 하나의 다른 구성 인자인 **술어** 속에 포함되어 있다. 그렇지만 몇몇 언어학자들은 명사가 언표에게 구체적인 지시 대상을 부여하면서 언표를 개별화하는 한에서, **명사**에게 결정적인 역할을 부여하고자 한다. 이러한 관점에서의 술어 기능은 오직 언술 행위에 관해서만, 그리고 명사에 의해 보완되었다는 조건하에서만 결정적인 것이 된다. (이 점에 관해서는 Lyons의 위의 책과 Strawson의 위의 책을 참조할 것.) 다른 학자들에게 있어서 명사는 항상 '술어의 결점(noeud)' 하에서 발견되는데, 이것은 논리학자들(러셀, 콰인)의 명제를 답습하는 것이다. 논리학자들에게는 모든 '특수항(particular)'이 존재량화(存在量化) 내에 연결된 변항(variable)으로 치환된다.

이러한 고찰에서 우리가 기억해야 할 것은, 술어 기능은 모든 명명 행위(acte de nomination)와 공외연적(coextensif)임을 인정한다는 사실이다. 우리가 정립적 기능이라고 부르는 것은 다름아닌 구 아니면 절을 통한 화자 주체의 언술 행위의 조정에 지나지 않는다. 명사/동사 등의 구별은 이 기능 다음에 일어나는 것이고, 그것은 몇몇 언어의 표면 구조에만 관계된다. 그러나 우리가 강조하고 싶은 것은, 이 구별에 (논리적으로) 앞서서, 언술 행위는 그것이 사용된 구의 형태가 어떤 것이든간에 정립적이라는 사실과, 언술하는 주체의 행위를 온갖 다른 개별화가 있기 이전에 타자와 관련하여, 그리고 시공 속에 위치시킨다는 의미에서 '술어적'이라는 사실이다. 이 정립적(술어적) 행위는 단순히 모든 명사적 언표의 **전제**(présupposé)이고, 이 명사적 언표가 이번에는 고유한 술어 형태를 선택하게 된다. (C. E. Bazell, 〈통사관계와 언어 분류 Syntactic Relations and linguistic Typology〉, in *Cahiers Ferdinand de Saussure*, N° 8, 1949, p.5-20 참조.) 발생론적인 면에서 E. 벵베니스트는 인구어의 '전-굴절어기'를 관찰하였다. 이 기간에는 명사와 동사가 '공통적인 기반 위에서 형성되어' 서로 구별되지 않는다.(《인구어에서 명사 형성의 기원 *Origines de la formation des noms en indoeuropéen*》, Libr. Maisonneuve, 1935)

108) 정립적인 것의 조정을 방해하는 외상적 대상에 관해서는 B장, I, 3 참조.

109) B장을 참조할 것.

110) B장, II를 참조할 것. 그 장에서 우리는 삭제(supression)를 회복 불가능한 삭제로 규정하고 있다.

111) 침해(effraction) : 프랑스어 effraction은 법률 용어로 '불법 침입'의 의미로 사용된다. 크리스테바는 이 단어에 '세미오틱이 쌩볼릭의 범위를 파괴하고 불법 침입한다'라는 강한 의미를 부여하고 있다. 〔역주〕

112) 최근 미메시스는 대상의 모방이 아니라, 언술 행위가 행하는 도정의 복원이라는 사실을 많이 강조해 왔다. 아니면 다른 용어로 미메시스는 (프레게의 의미로) 지시 작용을 위반하여 오직 그 의미만을 충실히 이행한다고 주장해 왔다. 롤랑 바르트는 그것을 다음과 같이 명시하고 있다. "이야기의 기능은 '표상하는 것'이 아니다. 그것은 우리에게는 여전히 매우 수수께끼 같은 것으로 남아 있는 어떤 광경을 구성하는 것이다 〔……〕 여기서 논리는 해방의 가치를 갖게 되고──그리고 그것과 함께 이야기 전부를 갖는다. 그래서 사람들은 끊임없이 그들이 알게 된 것, 체험한 것을 이야기 속에 재도입할 수 있다. 적어도 그것은 어떤 형식 속에 도입된다고 하겠는데, 그 형식은 반복을 극복하여 생성의 모형을 확립한 것이다. 이야기는 보여 주는 것이 아

니고, 모방하지도 않는다. 소설을 읽는 우리를 뜨겁게 흥분시키는 열정은 '시상(視想)'의 정열이 아니라(사실 우리는 아무것도 '보지' 못하므로) 의미의 열정이다. [……] 우연히 생기는 것은 오직 언어, 언어의 모험일 뿐이며, 그것의 도래는 끊임없이 축복을 받는다."(〈이야기의 구조분석 서설 Introduction à l'analyse structurale du récit〉, in Communications, N° 8, 1966, p.26-27) 괴테가 다음과 같은 글을 쓴 것도 같은 의미를 지닌다. "그대의 시를 쓰는 방법 속에서 나를 되찾고 싶소/반복되는 소리들 역시 내 마음을 기쁘게 할 테니/나는 맨 먼저 생각을, 그 다음에 단어들을 찾아낼 것이오(Erst werd' ich Sinn, sodann auch Worte finden)/그 어떤 소리도 두 번 울리지 않으리라/특별한 의미를 끌어내지 않는 한/비길 데 없이 혜택받은 인간, 시인인 그대는 정말로 잘 해내는군!" 그러나 이처럼 소리로써 의미를 분석한다는 것은 하나의 새로운 장치에 도달해야 되고, 이 새로운 장치란 하나의 새로운 의미가 아니라 하나의 새로운 '형식'이다. "빈틈없이 구성된 운율은 분명한 활력소/그리고 재능은 기꺼이 그것을 즐기네/그러나 재빨리 그것들은 끔찍스런 혐오감을 맛보게 하지/바로 그런 것이 육신도 의미도 없는 텅 빈 가면이라네(Hohle Masken ohne Blut und Sinn)/정신도 만족할 줄 모르네/새로운 형식이 나타나기를 기다리면서/이 죽은 형식을 끝장내지 못하는 한."(〈모방〉(Nachbildung), in Divan occidental-oriental, Aubier-Montaigne, p.93-95)

113) 어법에 어긋난 말(glossolalie) : 일종의 언어 장애로 통상적인 언어와는 다른 단어들을 고안해 내어, 그것을 사용하면서 통합된 담론을 수행하지만, 제3자에게는 거의 알아들을 수 없는 말이다. 특히 종교적인 흥분상태 등에서 볼 수 있다. [역주]

114) 이것은 라캉이 '남근의 의미(Die Bedeutung des phallus)'라는 표현은 동어반복이라고 말할 수 있게 한 것이다. Séminaire du printemps, 1972 참조.

115) 이동(déplacement)과 압축(condensation) : 이동은 하나의 표상이 어떤 동기 ——프로이트는 그것을 억압과 금지에서 비롯된다고 한다—— 에 의해서 그것이 연상하는 다른 표상으로 바뀌어지는 것을 가리킨다. 압축은 무의식의 전개에서 ——특히 꿈에서—— 드러나는 하나의 표상이 다양한 잠재 요소와 연관되어 있는 것을 뜻한다. [역주]

116) 크루제프스키(1851-1887) : 폴란드의 언어학자. 음운론에 관한 업적이 많으며, 주로 언어와 이론의 관련을 연구하였다. [역주]

117) R. 야콥슨, 〈일반언어학에 대한 크루제프스키의 기여 L'importanza di Kruszewski per lo sviluppo della linguistice generale〉, in *Richerce Slavistiche*, vol. 13, 1965, p.3-23 참조.

118) J. 라캉, *Écrits*, p.505-506 등 참조.

119) 《소설이라는 텍스트 *Le Texte du roman*》, Mouton, 1970 참조.

120) "이것은 우리가 아직 한번도 언급한 적이 없는 하나의 다른 종류의 이동(Verschiebung)이다. 그러나 정신분석은 우리에게 그 이동이 존재하고, 또 그것이 사고들 사이에서 **언어 표현의 교환**으로 이루어진다는 것을 가르쳐 준다. (……) 한 요소는 다른 요소와 그 언어 형식을 교환한다(ein Element sein Wort fassung gegen eine andere vertauscht). (……) 다른 동기들에서 유래한 표현을 가진 사고는 이 기회에 차별화와 선택을 행사하면서 다른 사고의 여러 가지 표현 가능성에 작용할 것이다. 그리고 아마도 시적 작업에서 생길 수 있듯이, 처음부터 그렇게 할 수 있을 것이다(Der eine Gedanke, dessen Ausdrück etwa aus anderen gründen feststehet, wird dabei verteiled und auswahlend auf die Ausdrücksmöglichkeiten des anderen einwerken, und dies vielleicht von vorneherein, ähnlich wie bei der Arbeit des Dichters)."(《꿈의 해석 *L'Interprétation des rêves*》, PUF, 1962, p.292 ; G. W., t. II-III, p.344-345) B, I, 3장 참조.

121) 괴테도 아랍 전통에서 출발하여, 시인의 역할을 설명할 적에 이에 대해 언급하였다. 그가 말하는 시인의 역할은 "확실한 불멸의 진리를/그러나 여기저기에/법의 한계를 초월하는 하찮은 얘기들(Ausgemachte Wahreit unauslöchlich/Aber hie und da auch Kleinigkeiten/Ausserhalb der Grenze des Gesetzes)"을 표현하는 것이다. (〈판정 Fetva〉, in *Divan occidental-oriental*, Aubier-Montaigne, p.89)

122) 페티쉬(fétiche), 페티시즘(fétichisme) : 페티쉬는 프로이트와 라캉의 주요 개념인 페티시즘에 직결된 용어이다. 인문과학 분야에서는 물신·물신 숭배·물신주의로 번역되기를 선호하고, 정신의학에서는 음란절편·절편음란 증으로 통한다. 페티쉬는 페티시즘적인 주체가 도착적으로 집착을 보이는 특별한 대상, 구체적으로 말하자면 어머니의 결핍된 남근을 대신한 상징적 대체물을 가리킨다.

페티시즘은 '거세(castration)'와 '도착(perversion)'이라는 두 개념과 밀접한 관련이 있다. 여성, 특히 어머니의 (아버지에 의한) 거세에 대한 아이의 공포와 '부인(déni)'에서 기원하는 페티시즘은, 아이 흔히 남자아이가(페티시즘은 주로 남성에게서 나타난다) 어머니의 남근 결핍을 부인하면 거세된 남근을 대신할 상징적 대체물에 대해 가지는 도착적인 집착으로 간략히 설명될 수 있다. 〔역주〕

123) "그런데 이 '예측상태에 놓인 대상(objet de perspective)'은 다양한 대접을 받을 수 있다. 페티시즘과 함께(그리고 내 생각에는 예술작품과 함께) 그 대상은 심각한 애매성, 부인의 애매성을 돌출시켜 물질화된다. (……) 여기서부터 우리가 이해하게 되는 것은 (……) 모든 과학적인 혹은 미학적인 관찰 혹은 활동은 '예측상태에 놓인 대상'에 주어진 운명에 협력하지 않으면 안 된다는 사실이다"라고, 기 로졸라토는 〈대상을 잃어버린 페티시즘 Le féti-chisme dont se 'dérobe' l'objet〉, in *Nouvelle Revue de psychanalyse*, Nº 2, automne 1970, p.39에서 말했다.

124) J. 푸이용이 지적했듯이 "단어가 물신에 지나지 않는다면, 의미론은 음운론에 귀착될 것이다." 〈페티시즘 없는 물신 Fétiches sans fétichisme〉, *Ibid.*, p.147.

125) 그 반대로, 몰리에르의 〈유식한 여성들 Femmes savantes〉의 담론은 오로지 시니피앙에만 고정되어 있기 때문에 페티시즘화의 전형적인 예이다. "에로틱한 대상이 되는 것은 기호이지, 일반적으로 억압의 단순한 사례(외설적인 말이나 낙서)에서 나타나는 것 같은 담론의 '에로틱한' 시니피에가 아니다. 여기서 문제가 되는 것은 강박 증세가 아니라 성도착이다."(Josette Rey-Debove, 〈언어의 대향연 L'orgie langagière〉, in *Poétique*, Nº 12, 1972, p.579)

126) 폰 노이만, 《컴퓨터와 두뇌 The Computer and the Brain》, New Haven, Yale Univ. Press, 1958 참조.

127) 이 점에 관해서는 A. 윌든 〈아날로그와 디지털 커뮤니케이션 Analog and digital Communication〉, in *Semiotica*, vol. 6, Nº 1, 1972, p.55 참조.

128) E. 벵베니스트는 우리에게 이 두 가지 기능을 혼동하지 말 것과, 그리고 언어에 대해서는 오직 이중분절이 있는 경우에만 언급할 것을 깨닫게 하였다. 의미 작용을 갖지 않은 음소들과 의미 작용의 요소인 형태소들의 구별은, 어떤 코드도 그것을 알지 못하므로, 인간 특유의 **사회적** 사실이다. 〈동물의 의사소통과 인간 언어 Communication animale et langage humain〉, in

Problèmes de linguistique générale, p.56-62.

129) 이것은 헤겔이 생각한 것이다. 헤겔은 《대논리학 *Grande Logique*》 말미에서 절대적 부정성——절대지(絕對知)를 구성하는 것——을 환기시키면서 다음과 같이 썼다. "이 부정성은, 지양되는 모순으로서, **최초의 무매개성의 회복**, 단순한 일반성의 회복과 같다. 왜냐하면 무매개는 타자의 타자, 부정의 부정이고, 긍정적인 것, 자기 동일적인 것, 일반적인 것이기 때문이다." (*Science de la logique*, t. II, Aubier, 1947, p.564)

130) 《모세와 일신교 *Moïse et le Monothéisme*》, Gallimard, 1949.

131) 이 두 가지 역할은 뒤메질이 《미트라와 바루나 *Mitra et Varuna*》, Gallimard, 1948에서 상기시키는 것처럼 자주 혼동되었다. C장, VIII, 1참조.

132) 〈언어학과 인류학에서의 구조분석 L'analyse structurale en linguistique et en anthropologie〉, 《구조인류학 *Anthropologie structurale*》, Plon, 1958, p.62; 인용자의 강조.

133) 〈모스의 저작에 대한 서론 Introduction à l'œuvre de M. Mauss〉, in Mauss, 《사회학과 인류학 *Sociologie et Anthropologie*》, PUF, 1950, p.XLV-XLVII.

134) R. 지라르, 《폭력과 성(聖) *La Violence et le Sacré*》, Grasset, 1972.

135) 앙리 위베르와 마르셀 모스는 그들의 유명한 저서 《희생제의의 본성과 기능에 관한 시론 *Essai sur la nature et la fonction du sacrifice*》(《사회학연보 *Année sociologique*》, 제2호, 1889)에서, 희생제의 제형태의 시대적 계승이 아니라 논리적 계승을 연구하였고, 그리하여 동물·식물·인간의 희생제의 다음에 오는 신의 희생제의를 희생제의 형태들의 완성에 위치시키고 있다. "실제로 신적인 인물의 희생제의 속에서 희생제의 개념은 그것이 지닌 최고의 표현에 도달한다. 또한 이러한 형태하에서 희생제의는 가장 최근의 종교들을 파고들었고, 아직도 행해지고 있는 신앙과 실천들을 태어나게 했다. (……) 이러한 점에서 기독교적 희생제의는 우리가 역사 속에서 만날 수 있는 가장 교훈적인 것들 가운데 하나이다."(M. 모스, 《전집》, t. I, Éd. de Minuit, 1968, p.283, 300)

136) 같은 책, p.304.

137) 같은 책, p.305.

138) 같은 책, 같은 면.

139) 같은 책, p.306.

140) 같은 책, p.307.

141) 같은 책, p.306. "(희생제의의 기능은) 사회적 기능이다. 왜냐하면 희생제의는 사회적인 사실들과 관련되기 때문이다."

142) 예술. 〈희생제의〉, in *Encyclopaedia Britannica*, 《셈족의 종교 *Religion of Semites*》, Gifford Lectures, 1ᵉʳ éd. 1890, 2ᵉ éd. 1894.

143) "생것과 구운 것, 사냥과 희생제의는 인간이 단지 일개 동물에 지나지 않는다는 점에서 서로 만나게 된다. *οἰϰεία βορά*(하늘이 준 식량)은 결국 근친상간의 등가물이다."(P. Vidal-Naquet, 〈오레스테이아에서의 사냥과 희생제의 Chasse et sacrifice dans l'Orestie〉, in J. -P. Vernant et P. Vidal Naquet, 《고대 그리스의 신화와 비극 *Mythe et Tragédie en Grèce ancienne*》, Maspero, 1972, p.148) 마찬가지로 장정인 필록테테스도 "'말하자면 동물 세계와의 유사성을 극복하였다.'(*Phil.*, §226) 야성(ágrios)으로 정의되어, 그를 몹시 괴롭히는 아픔 그 자체는 그 속에 들어 있는 야성의 일부이다. 따라서 필록테테스는 매우 정확하게 인간성과 야수성의 경계에 와 있다."(〈소포클레스의 '필록테테스' Le 'Philoctète' de Sophocle〉, 재인용, p.170)

144) 《야만적 사고 *La Pensée sauvage*》, Plon, 1962, p.294-302; 《벌거벗은 인간 *L'Homme nu*》, Plon, 1971, p.608.

145) "유사함은 개념적인 것이지 지각적인 것은 아니다. '에 있다'는 유추에 기반을 두고 있다"는 레비 스트로스가 《야만적 사고》, p.296에서 인용하였다.

146) 같은 책, p.301.

147) R. 지라르가 "종교적인 것은, 아무리 조잡스럽다 해도, 가장 '비관론적인' 조류일지라도 비종교적인 사고의 모든 조류에서 벗어나는 하나의 진리를 보유하고 있다"라는 글을 썼을 때 우리는 그에 동감하였다. 그러나 동시에 "종교의 무력함, 다시 말하면 인간 폭력의 은폐, 인간 폭력이 모든 인간 사회를 무겁게 짓누르는 위협에 대한 몰이해"가 있다(재인용, p.359)는 말에도 동감하게 된다. 그런데 계속 놀라운 것은, 그가 이러한 폭력에게 성적인 특징을 인정하려 들지 않는다는 사실이다. 프로이트의 업적은 바로 그 성적인 특징을 민속학적인 잡다한 자료들 속에서 검출해 내어, 이처럼 그러한 폭력의 합리적인 인식에게 환상적으로 혹은 미메시스적으로 재구성된 문명들의 추상 속에 길을 열어 준 것이 아니라, 여러 사회적인 힘 속에, 지금 그리고 여기에

있는 주체의——주체들의——구체적인 실천 속에 길을 열어 주는 데 공헌하였다.

148) 탕진(dépense) : 바타유의 《일반 경제학》의 핵심 사상을 이루는 개념. 정상적인 소비가 생산활동의 유지와 생명 보존을 위한 최소한의 지출에 한정되는 데 비하여, 그러한 한정과 조건을 전혀 갖지 않는 소비 행동을 '탕진'이라고 부른다. 바타유는 그 중에서도 사치, 전쟁, 화려한 기념비 건립, 도박, 흥행산업, 예술, 성도착적인 행동 등을 꼽는다. 〔역주〕

149) 고드프리 린하르트, 《신성과 경험 Divinity and Experience》(R. 지라르, 재인용, p.141) 참조.

150) 이데올로기라는 단어를 우리는 논리적 '이념'의 영역과 관련되는 모든 인지적 종합이라는 의미로 사용할 것이고, 이 영역에서 '지식(savoir)'을 높이 평가하기 위하여 '이데올로기'를 평가절하하지는 않을 것이다. 또한 이데올로기는 모든 언술 행위에 잠재해 있다는 사실과, '좋은' 이데올로기나 '나쁜' 이데올로기의 구별은 오직 사회-경제적인 모순들 내부에서의 정확한 자리매김과 관련될 수밖에 없다는 사실도 고려할 것이다.

151) 그러나 헤겔은 이미 변증법이라는 용어를 철학사가 부여하지 않았던 의미로 사용했다. "**변증법**은 고대인이나 현대인과 마찬가지로 현대 형이상학과 민중철학이 가장 빈번히 무시해 온 오래 된 학문들 중의 하나이다. (……) 변증법은 자주 하나의 **기술(art)**로 간주되었고, 마치 그것이 개념의 객관성에 기반을 두기보다는 주관적인 작업에 의존하는 것처럼 여겨져 왔다. 앞에서 우리는 변증법이 칸트 철학에서 받은 형식과 그 형식에 부여한 귀결을 명시하는 예들을 인용한 바 있다. 무엇보다 중요하게 생각해야 할 것은, 비록 우리가 얻어낸 결과에 대립되는 귀결을 끌어낼 수밖에 없다고 해도 변증법이 새로이 이성(理性)에 필요 불가결한 것으로 인정받게 되었다는 사실이다." (《논리학 Science de la logique》, t. II, Aubier, 1947, p.557・558)

152) G. 바타유, 〈오레스테이아 존재 Être Oreste〉, in 《전집》, t. III, Gallimard, 1971, p.220.

153) 우리가 기억하는 것은, 프로이트가 그의 논문 〈문학 창조와 각성몽〉(in *Essais de psychanalyse appliquée*, Gallimard, 1933)에서 "문학작품은 백일몽 (rêve diurne)과 마찬가지로 그 옛날 어린시절 놀이의 연장이자 그 대체물일 것이다"라고 쓴 글이다.(p.79) 그러나 이 놀이는 우리에게 각자의 환몽

(fantasme)을 '거리낌 없고 수치심 없이' 즐길 수 있게 하는 이점을 가지고 있다. 어떤 방법이 사용될까? 그 점이 수수께끼이고, 계속 남아 있는 문제이다. 왜냐하면 프로이트가 의거하고 있는 것은 오직 미학, '형식적 쾌락,' 그가 '예비적 쾌락'(그런데 이 쾌락은 어디에서 오는 것인가?)이라고 명명하는 '기법' 뿐이고, 이 기법은 "가장 심오한 정신적 원천에서 솟아나는 상위의 향락"(같은 책, p.81)을 향한 매개자 역할을 하도록 되어 있는 쾌락이기 때문이다. 그렇지만 프로이트의 다른 텍스트들은 '가장 심오한 향락의 원천' 쪽으로 안내하는 이 '예비적(미학적) 쾌락'의 메커니즘을 탐구할 수 있는 방향을 제시해 준다. 〈미켈란젤로의 모세상〉, 《레오나르도 다 빈치: 유아기의 기억에 대한 정신-성적 연구》 그리고 젠센의 《그라디바》에서 보여 주는 '망상'과 '꿈'은 환상에게 날개를 달아 주는 힘으로써 유아기의 심적 외상 쪽으로, 주체와 거세와의 관계 또는 주체와 상상적 자기 동일화의 관계 쪽으로 독자의 주의력을 쏠리게 한다. 또 한편 '재치 있는 말'과 무의식과의 관계는 언어적인 장면을 통하여 무의미의 장면을 열어 보이고, 이것은 의미 작용의 조직 속에 제 모습을 드러내기 위하여 의미 작용을 형성하는 억제를 들추어 내어 쾌락을 불러일으킨다. 그러므로 '미학적 기법'은 '재치 있는 말'과 유사관계가 있다. 그 두 가지 모두 언어를 형성하는 억제를 들추어 내고, 항상 유지되어 온 언어 질서를 통하여 의미의 조정에 선행하는 욕동들의 기능 작용을 끌어내기 때문이다.

154) 《전집》, t. III, p.218.

155) 〈연동소, 동사 범주와 러시아 동사 Les embrayeurs, les catégories verbales et le verbe russe〉, in 《일반언어학 서설》, Éd. de Minuit, 1963, p.176-196 참조.

156) J. 니덤, 《중국의 과학과 문명 Science and Civilization in China》, t. I, Cambridge Univ. Press, 1960 참조.

157) 이와 가까운 관점에서 에드가 모랭은 다음과 같이 썼다. "마술·신화·이데올로기 들은 감정적 현상을 합리화하고, 합리성을 감정적 현상으로 만드는 혼합 체계처럼 간주할 수 있고, a) 근본적인 욕동, b) 환몽의 임의적인 놀이, c) 논리적-구성적 체계 사이의 결합에서 태어난 결과처럼 생각할 수도 있다. (우리 생각에는 신화 이론은 일방적인 논리에 근거를 두기보다 오히려 삼위일체적 종합주의에 기반을 두어야 할 것 같다.)——주: 신화에는 한 가지 논

리가 있는 것이 아니라 세 가지 논리의 종합이 들어 있다." (〈실종된 패러다임: 인간의 본성 Le paradigme perdu: la nature humaine〉, exposé au Colloque 〈생물학적 불변이체와 문화적 보편 개념 Invariants biologiques et universaux culturels〉, Royaumont, 6-9 sept. 1972)

158) 1969년과 1970년의 세미나.

159) J. 크리스테바, 《소설이라는 텍스트 Le texte du roman》, Mouton, 1970.

160) M. de M'Uzan, 〈같은 것과 동일한 것 Le même et l'identique〉, in *Revue française de psychanalyse*, N° 3, mai 1970, p.444.

161) 같은 책, p.447.

162) 여기서 '거의' 라는 말을 쓰는 것은, 이른바 문체적인 효과는 모든 서술에 고유한 것으로서 이와 같은 뛰어넘기를 증언하기 때문이다.

163) 안드레 욜레스: 독일의 문학이론가. 〔역주〕

164) 프랑스어 번역은 éd. du Seuil, 1972.

165) "그러므로 모든 역사적 사건은 '무훈시' 가 된다. 한 민족의 소멸은 한 종족의 소멸을 말하고, 한 민족의 승리는 언어 행위로써 결정(結晶)되어 한 종족의 수장의, 전설 속 영웅들의 승리가 된다. 두 민족간의 충돌은, 그것이 이동민족간의 상봉이든 아니면 정주민과의 충돌이든간에, 이러한 방식으로만 생각되어질 수는 없다." (같은 책, p.72)

166) 같은 책, p.96-97.

167) 그의 논문 〈부정〉, traduit in *Revue française de psychanalyse*, vol. 7, N° 2, 1934 참조.

168) V. 골드슈미트, 《스토아학파의 체계와 시간 관념 Le Système des stoïciens et l'idée du temps》, Vrin, 1969. 문법 속에서의 통사형성에 관해서는 슈발리에 J. -Cl. Chevalier, 《문법학자들의 보어 개념, 1530-1750의 프랑스어 문법연구 La Notion de complément chez les grammairiens, Étude de grammaire française 1530-1750》, Genève, Droz, 1968 참조.

169) 비종합적 결합(réunion non-synthétique): '비종합적' 이란 '종합적' 이 아닌 것이다. '종합적' 은 '분석적' 의 반대말로 이해되지만, 크리스테바는 변증법에서 말하는 '상반되는 두 요소의 결합' 이라는 의미로 부정적 접두사 '비(非)' 를 첨가하였다. 〔역주〕

170) chap. A, II 참조.

171) P. 스미스, 〈인격의 원리와 사회적 범주 Principes de la personne et ca-tégories sociales〉, Études sur les Diakhanke, *Colloque international sur la no-tion de personne en Afrique noire*, Paris, 11-17, octobre 1971, Éd. du CNRS, 1973.

172) 그리오(Griots): 아프리카의 구전 전승자들. 크리스테바는 그들이 관조적 담론의 옹호자, 즉 기생인간들과 동일한 패러다임에 속하는 대표적 인물로 평가하고 있다. 〔역주〕

173) 히스테리적 담론: 라캉이 말하는 네 가지 담론형 중의 하나. 이야기로서 완결되지 않은 채 퇴행하여 승화를 이루지 못하고 권력에서 멀어지려는 경향을 지닌 담론. 〔역주〕

174) 부분적 욕동(pulsions partielles): '전체를 구성하는 욕동'이라는 의미에서 '구성적 욕동'이라고 번역할 수 있을 것이다. 영어로는 'component in-stinct'로 번역된다. '부분적 욕동'은 프로이트의 정신분석에서 성욕에 대한 분석의 일환으로 제시된 개념이다. 그것은 형태와 근원면에서는 '구순적 욕동'·'항문적 욕동'으로, 목적면에서는 '시간적 욕동'·'지배적 욕동' 등으로 이루어진다. 〔역주〕

175) 이 표현은 J. 니덤이 사용한 것으로 생물 조직뿐만 아니라 사회 조직에도 관계가 된다. 《중국의 과학과 문명 *Science and Civilization in China*》, v. IVa, section 27c 등 참조.

176) J. 바누, 〈고대 동양철학의 시각에서 본 '아시아적인' 사회 형성 La for-mation sociale 'asiatique' dans la perspective de la philosophie orientale an-tique〉, in *Sur le 〈mode de production asiatique〉*, Éd. du CERM, 1969, p.285--307 참조.

177) 프로이트와 브로이어, 《히스테리 연구 *Écrits sur l'hystérie*》, PUF, 1956, p.5.

178) 같은 책. p.39.

179) G. 판코브, 《인간과 그 정신병 *L'Homme et sa psychose*》, Aubier-Mon-taigne, 1969.

180) 프로이트와 브로이어, 재인용, p.6.

181) 조토(1246-1337): 단테의 친구로 르네상스의 선구자격 이탈리아 화가. 크리스테바는 이 화가를 논한 〈조토 공간 L'Espace Giotto〉을 저서 《폴리로

그)에 수록하였다. 〔역주〕

182) 로스코(1903-1970): 러시아 태생의 화가로 주로 미국에서 활동하였다. 〔역주〕

183)《자본론 *Le Capital*》, in *Œuvres*, t. II, Bibl. de la Pléiade, Gallimard, 1968, p.1487.

184) 같은 책, p.289.

185) 같은 책, p.311.

II. 부정성: 거부

1)〈변증법 노트 Cahiers dialectiques〉, in *Œuvres complètes*, t. XXXVIII, Éd. sociales, 1971, p.218.

2) 같은 책, p.95.

3) 같은 책, 같은 면.

4)〈예술 종교 La religion esthétique〉, in 《정신현상학 *La Phénoménologie de l'esprit*》, t. II, tr. fr. de J. Hyppolite, Aubier-Montaigne 참조.

5) 헤겔 《철학백과사전 *Encyclopédie des sciences philosophiques*》, t. I, 《논리학 *Science de la logique*》, tr. fr. de B. Bourgeois, Vrin, 1970, p.203.

6) 레닌, 재인용, p.217.

7)《논리학 *Science de la logique*》, t. I, tr. fr. de VI. Jankélévitch, Aubier, 1947, p.73.

8) 같은 책, p.75.

9) 같은 책, 같은 면.

10) 재인용, t. II, p.564.

11) 재인용, t. I, 84.

12)《정신현상학》, 재인용, t. I, p.112. "Die Bewegung ist aber dasjenige, was Kraft gennant wird: das eine Moment desselben, nämlich sie als Ausbreitung selbstständigen Materien in ihren Sehn, ist ihre Ausserung; sie aber als das Versehwundensehn derselben ist die in sich aus ihrer Ausserung zurückgedrängte, oder die eigentliche Kraft. Uber erstens die in sich zurückgedrdrängte Kraft musse sich äusssern; und zweitens in der Ausserung ist sie eben so in sich selbst sehende Kraft, als sie in diesem Insichselbststehn Ausserung ist." (헤겔, *Sämtliche Werke*, Jubiläumausgabe, Stuttgart, Fr. Frommans Verlag, 1927, p.110-111.)

13) 헤겔, 재인용, p.113.

14) 같은 책, p.121.

15) 〈인격을 가진 자동 인형 L'automate personnel〉, in *Œuvres complètes*, Gallimard, t. I, p.179.

16) 헤겔, 재인용, p.118.

17) G. 들뢰즈 《차이와 반복 *Différence et Répétition*》, PUF. 1968 참조.

18) D. 뒤바를과 A. 드로즈, 《논리학과 변증법 *Logique et Dialectique*》, Larousse, 1972, p.36 참조.

19) 〈논리 탐구 Recherches logiques I, 사고 La pensée〉, in 《논리적이고 철학적인 글 *Écrits logiques et philosophiques*》, Éd. du Seuil, 1971, p.191.

20) 같은 책, p.195.

21) 같은 책, p.200.

22) 같은 책, 같은 면.

23) 같은 책, 〈부정 La négation〉, p.207.

24) 같은 책, p.201-202.

25) J. 이폴리트와 J. 라캉의 논평 참조. *Écrits*, Éd. du Seuil, 1965, p.879-888과 p.369-400.

26) V. 알퉁, 《현대 중국어 문법 개요 *Éléments de grammaire du chinois moderne*》, Univ. de Paris VII, UER Extrême-Orient, 1969.

27) J. 뒤부아, L. 이리가레, P. 마시, 〈부정의 변형과 어휘 분류의 편성 Transformation négative et organisation des classes lexicales〉, in *Cahiers de lexicologie*, vol. 7, 1965.

28) R. 스피츠, 《탄생에서 파롤까지 *De la naissance à la parole*》, PUF, 1968, p.146.

29) 거울 단계(stade de mirroir): 라캉의 용어로, 기본적으로는 생후 6-18개월 사이에 형성되는 인간 성장의 한 단계를 가리킨다. 이 시기에 아직 몸을 가누지 못하는 유아는 상상을 통해 자신의 신체를 알고, 또 하나로 제어하고 싶어한다. 아이는 이러한 상상적인 신체의 단일화를 거울에 비친 자신

의 모습, 즉 자신의 거울 이미지와의 동일화를 통해 구체적으로 경험하게 된다. 따라서 라캉은 이 단계를 자아가 태동되는 시기로 설명하며, 이후에는 이를 유아기에만 국한시키지 않고 영원한 주체 구조인 '상상계(l'imaginaire)'와 '상징계(le symbolique)'에 결부시켜 논한다. 〔역주〕

30) H. 생클레르 드 즈와르, 《언어 습득과 사고의 발달 *Acquisition du langage et développement de la pensée*》, 언어의 하부 조직과 구체적 작용, Dunod, 1967, p.130.

31) 프레게, 재인용, p.195.

32) J. 뒤부아, L. 이리가레, P. 마시, 재인용; L. 이리가레, 〈정신분열증 환자에 있어서 부정과 부정 변형 Négation et transformation négative chez les schizophrènes〉, in *Langages*, N° 5, 1957 참조.

33) 페이딩(fading) : 전파의 강도가 시간적으로 변동하는 현상. 〔역주〕

34) chap. B, II; B, IV 참조.

35) *Papirer*, IV, C. 97, 1, édition danoise des œuvres de Kierkegaard 참조.

36) 《존재와 시간 *L'Être et le Temps*》, Gallimard, 1964, p.243.

37) 같은 책, p.243.

38) 같은 책, p.240.

39) "Unius bonum natura perfecit, dei scilicet, alterines cure, hominis(한편으로 신의 아름다움을 완성하는 것이 신의 본성이라면, 다른 한편 인간에게는 불안이리라)."

40) 《구체적인 것의 변증법 *La Dialectique du concret*》, Maspero, 1970, p.46 이하.

41) 같은 책, p.50.

42) 《에크리 *Écrits*》, Éd. du Seuil, 1965, p.640.

43) 같은 책, p.637.

44) 같은 책, p.627. 여기서 '언어의 존재는 대상들의 비존재이다.'

45) 프로이트의 제1국소론 개념들: 의식·전의식·무의식. 〔역주〕

46) 《에크리 *Écrits*》, Éd. du Seuil, 1965, p.623.

47) 같은 책, p.851.

48) 같은 책, p.628.

49) 같은 책, p.853.

50) 같은 책, p.662.

51) 같은 책, p.630.

52)《정신현상학 *La Phénoménologie de l'esprit*》, t. I, p.152.

53) 헤겔,《역사철학 *Leçons sur la philosophie de l'histoire*》, Vrin, 1937, p.219.

54) L. 포이어바흐, 〈헤겔 철학 비평 Critique de la philosophie de Hegel〉, in 《철학선언문 *Manifestes philosophiques*》, tr. fr. de Louis Althusser, PUF, 1960, p.54. "La conscience de soi, c'est l'homme(자아 의식, 그것은 곧 인간이 다)." (*Sämtliche Werke*, t. II, Éd. W. Bolin et F. Jodl, Stuttgart, 2ᵉ éd. 1959, p.242)

55) Id.,《기독교의 본질 *Das Wesen des Christentums*》, Leipzig, A. Kröner, 2ᵉ éd. 1943, p.XIX.

56) Id,《*Sämtliche Werke*》, t. II, p.4.

57)《*Frühe Schriften*》, t. I, Stuttgart, 1962, p.252.

58)《*Kleine philosophische schriften*》, *1842-1845*, Leipzig, F. Meiner, 1950, p.34.

59) L. 포이어바흐,《*Sämtliche Werke*》, t. II, p.223.

60) "기적은 인간의 욕망 또는 자연의 욕망이 초자연적인 방법으로 실현 되는 것이다."(*Frühe Schriften*, t. I, p.65) 마찬가지로《독일 이데올로기 *l'I-déolégie allemande*》에서 막스 슈티르너와 논쟁을 벌일 때, 마르크스는 '욕 망'이라는 용어를 원고에는 삭제된 구절 속에 사용하면서, '유동적 욕망'과 '고정적 욕망' 사이에서 망설이고 있다. "공산주의자들은 (……) 유일하게 그들의 역사적 행동이 이러한 욕망과 응고된 사유에게 그들이 지닌 자연스 러운 유동성을 진정으로 회복시켜 준 사람들이다. (……) 공산주의자들도 역시 그들의 욕망과 욕구의 이 고정성을 제거할 생각을 전혀 하지 않는다. (……) 그들은 단지 생산과 교환의 조직이 그들 욕구의 정상적인 만족을 보 장할 만큼 실현되기를 갈망할 뿐이다."(《독일 이데올로기》, Éd. sociales, 1968, p.289)

61)《헤겔파 젊은이들과 K. 마르크스 *Les Jeunes Hégéliens et K. Marx*》, Payot, 1972, p.161. 헤겔파 젊은이들의 저서에 대한 우리의 참조는 이 책에 준한다.

62) K. 마르크스, 《Frühe Schriften》, t. I, p.505.

63) 같은 책, p.600 이하.

64) 이폴리트가 기록하였듯이 "부르주아 사회의 자유는 요구되었지만, 개인은 단지 개인적인 요소 속에 매장되어 버렸다. 개인이 구제될 수 있는 것은 오직 국가와 종교 속에서이다."(《헤겔과 마르크스에 관한 연구 Études sur Hegel et Marx》, PUF, 1955, p.94)

65) 그라마톨로지(grammatologie) : 데리다의 용어. 문자학으로 번역되기도 한다. 〔역주〕

66) J. 데리다, 《글쓰기와 차이 L'Écriture et la Différence》, Éd. du Seuil, 1967, p.364.

67) J. 데리다, 《그라마톨로지에 대하여 De la grammatologie》, Éd. de Minuit, 1967, p.88.

68) 같은 책, p.68.

69) 같은 책, p.92.

70) 《글쓰기와 차이》, p.227-228.

71) 《그라마톨로지에 대하여》, p.68.

72) 같은 책, p.92.

73) 《글쓰기와 차이》에 수록된 〈프로이트와 글쓰기의 무대〉, 참조.

74) 같은 책, p.302.

75) 같은 책, p.295.

76) 같은 책, p.302.

77) 《그라마톨로지에 대하여》, p.69.

78) 같은 책, p.70.

79) 같은 책, p.68-69; 인용자의 강조.

80) 후설, 《기하학의 기원 Origine de la géométrie》, J. 데리다의 서론, PUF, 1962, p.171.

81) 《글쓰기와 차이》, p.339.

82) 탕진이라는 개념에 관해서는 G. 바타유, 《전집》, t. I, Gallimard, 1970, p.302-320; t. II, 1972, p.47-158 참조.

83) 《글쓰기와 차이》, p.295.

84) 《그라마톨로지에 대하여》, p.93.

85) A. 그린은 "그러나 문화는 또 다른 것이다. 문화는 부분적으로 욕망을 벗어난 과학기술적이고 정치적인 발전을 포함한다"라고 썼다. (〈투사; 계획에의 투사적 자기 동일화에 대하여 La projection; de l'identification projection au projet〉, in *Revue française de psychanalyse*, N° 56, 1971, p.958.)

86) A. 아르토, 〈존재의 새로운 계시 Les nouvelles révélations de l'être〉, in *Œuvres complètes*, t. VIII, p.151.

87) 운율법(prosodie) : 언어학에서 음성에 나타나는 억양・고저・강세・속도 등, 음소에 귀속되지 않는 특징들을 가리키는 용어. 〔역주〕

88) 프로이트, 〈부인 La dénégation〉, in *Revue française de psychanalyse*, vol. 7, N° 2, 1934.

89) 시뇨렐리(1441-1523) : 르네상스 시대의 이탈리아 화가. 《최후의 심판》을 주제로 한 방대한 벽화를 그린 화가로 유명하다. 〔역주〕

90) 《쾌락 원칙을 넘어서 Au-delà du principe de plaisir》 in *Essais de psychanalyse*, Payot, 1963, p.69.

91) 〈자아의 발달에서 상징 형성의 중요성 L'importance de la formation du symbole dans le développement du moi〉(1930), in *Essais de psychanalyse*, Payot, 1967, p.277.

92) 정신분석에서는 거울 단계를 생후 6개월에서 18개월 사이, 이른바 남근기를 열어 주는 마지막 시기로 설정하고 있다. 그런데 여러 가지 관찰은, 이 시기(생후 2년)경에는 뇌의 가속적인 성숙함과 그 측성화(latéralisation)를 보여 주는데도 불구하고 언어 습득은 억제되어 있다는 것을 증명한다. 이 억제에서 오이디푸스기가 끝날 때까지, 즉 남근적 요소의 쇠퇴(4-5세경)와 함께, 언어 수행 능력에 가장 중요한 구성 요소들이 가속적으로 얻어지게 된다. 그후 잠재기 동안은 언어 습득의 굴곡이 완만해지고, 아주 가벼운 경사만을 나타낸다. 사춘기에 와서는 언어 습득의 용이함이 마무리된다. Eric H. Lenneberg, 《언어의 생물학적 기반 *Biological Foundations of Language*》, New York, John Willey and Sons, 1967, p.168, 376.

93) B. I ; B. II ; B III ; B. IV장을 참조할 것.

94) 프로이트의 원시집단 : 프로이트가 《토템과 터부 Totem et Taboo》에서 다윈으로부터 빌려 온 토템의(막힌 사회의) 기원으로 상정한 소집단. 〔역주〕

95) 미켈란젤로의 '켄타우로스들' : 반인반마(半人半馬)의 괴물들. 일반적으

로 〈라피타이인과 켄타우로스들의 전쟁〉이라 불리는 이 작품은 가로 90.5cm 세로 84.5cm의 조각으로 1494년경에 제작된 것으로 알려져 있다. 피렌체의 카사 베오나로티에 소장되어 있다. (역주)

96) 메리 로랑: 말라르메가 40대부터 죽을 때까지 두터운 친교를 맺었던 여인. 마네의 그림 모델이기도 한 그녀는 말라르메로부터 '공작'이라는 별명을 받기도 하였다. (역주)

97) 말라르메에 있어서 성문(聲聞)의 경련: 말라르메는 1898년 9월 8일 목구멍의 심한 경련으로 인한 발작이 일어났고, 그것이 진정되자 유서를 썼지만 다음날 경련이 재발하여 그대로 질식해 죽었다. 그를 진찰했던 의사에게 말라르메는 전날의 경련을 그대로 재현하였고, 바로 그것이 직접적인 사인이 되었다고 전해진다. (역주)

98) 말라르메, 헤겔, 그리고 '아내-개념'에 관해서는 C, VII, 2장 참조.

99) 르네 A. 스피츠, 《탄생에서 파롤까지 De la naissance à la parole》, PUF, 1968 참조.

100) "내 생각에는, 두 가지 욕동이 정상적으로 뒤얽힌 상태에서는 공격성 쪽이 반송파(onde porteuse)의 역할에 비교할 수 있는 역할을 맡는다. 이런 방식으로 공격성의 압력은 그 두 가지 욕동을 그 주위로 뻗어 나갈 수 있게 한다. 그러나 그 두 가지 욕동이 뒤얽히지 못하게 되면 분리현상이 일어나고, 그렇게 되면 공격성이 그 인격체 자체를 적대시하게 된다. 이럴 경우 리비도 역시 외부 쪽으로 전진할 수 없다."(같은 책, p.221-222)

101) S. 프로이트, 《매저키즘의 경제성 문제 Le Problème économique du masochisme》, Standard Ed., t, XIX 참조.

102) 자음반복·모음조화 등의 효과, B, I 참조.

103) 혼성어, B, I장 참조.

104) 프로이트, 〈늑대인간 L'homme aux loups〉, in Cinq psychanalyses, PUF, 1966.

105) 그린, 재인용 참조.

106) 뒤카스(Ducasse): 로트레아몽의 본명. (역주)

107) 오레스테스(Oreste): 그리스 신화 속의 인물. 트로이 전쟁의 영웅 아가멤논과 클리템네스트라의 아들. 남편인 아가멤논을 애인 아이기스토스와 모살한 클리템네스트라를 여동생 엘렉트라의 사주를 받아 살해하고, 복수의 여

신들에 의해 추방된다. 〔역주〕

108) 《라모의 조카》와 《배우의 역설》: 18세기 프랑스 작가 디드로의 작품들. 〔역주〕

109) 불락과 위스만, 《헤라클레이토스 혹은 분리 *Héraclite ou la séparation*》 Éd. de Minuit, 1972, p.14.

110) 예를 들면 욕동 이론.

111) 불락과 위스만, 재인용, p.305, §108.

112) 이암블리코스(250-325경): 그리스 철학자. 플로티노스의 학설을 이어받아 신플라톤학파의 일맥을 이루었다. 그의 학설 속에는 신비적 요소가 많다. 〔역주〕

113) 같은 책, p.226. 그리고 p.69.

114) 《논리학 *Science de la logique*》, t. I, tr. fr. de VI, Jankélévitch, Aubier, 1947, p.173-174 참조. 헤겔은 '배척하다(repousser)'를 'abstossen'과 'repelliren'으로 사용하고, '배척(repoussement)'을 '혐오감 (Repulsion)'으로 사용하고 있다. Hegel, *Science de la logique*, t. I, livre 1(1812), tr. fr. de J. Lababarière et G. Jarczyk, Aubier-Montaigne, 1972, p.138 이하 참조.

115) 같은 책, p.191. (tr. fr. de VI. Jankélévitch)

116) 같은 책, 같은 면.

117) 여기에 대해서는 A, III장에서 다시 언급하겠다.

118) 헤겔, 재인용, p.175; 인용자의 강조.

119) 〈부인 La dénégation〉, p.3 참조.

120) A. 아르토, 〈신체상태의 묘사 Description d'un état physique〉, in *Œuvres complètes*, t. I, p.75.

C장에서 우리는 '一者'의 파열이 지닌 비신학적인 기능을 강조하게 될 것이다.(특히 p.579 이하 참조) 여기서는 G. 판코가 〈'존재하지 않는 신'의 꿈〉에서 드러낸 언표를 상기하자. "Schizophrénie est synonyme d'athéisme(정신분열증은 무신론과 동의어이다)." (G. Pankow, 《인간과 그 정신병 *L'Homme et sa psychose*》, Aubier-Montaigne, 1969, p.220)

121) "그 다음 몇 해 동안의 작업들(《쾌락 원칙을 넘어서》(1920), 《신체심리학과 자아분석》(1921), 《자아와 이드》(1923))에서 나는 그처럼 오랫동안 억눌러 왔던 사변에 대한 이러한 취향에 빠져들었다."(〈Étude autobiographique〉, S.

E., t. XX. p.57; G. W., t. XIV)

122) 《쾌락 원칙을 넘어서》, S. E., t. XVIII, p.35(in *Essais de psychanalyse*, Payot, 1963, p.45).

123) 같은 책, p.36(in *Essais de psychanalyse*, p.46).

124) 〈J. 이폴리트의 논평에 관한 서론 Introduction au commentaire de J. Hyppolite〉, in *Écrits*, p.372; 인용자의 강조.

125) B, Ⅰ장 참조.

Ⅲ. 이질적 요소

1) 모나코프: 독일의 생리학자 겸 심리학자. 대뇌 기능에 대한 업적으로 유명하다. 〔역주〕

2) 《신경학과 심리학 연구에 대한 생물학적 서설 *Introduction biologique à l'étude de la neurologie et de la psychologie*》, F. Alcan, 1928.

3) 같은 책, p.87

4) 같은 책, p.33.

5) 같은 책, p.38.

6) H. 드리슈, 《생물체의 철학 *Philosophie de l'organisme*》, Rivière, 1921.

7) L. 존디: 헝가리 태생의 정신분석가. 프로이트의 개인적 무의식과 융의 집단적 무의식 사이에 가족 무의식을 제창하였다. 〔역주〕

8) L. 존디 《욕동의 실험적 진단 *Diagnostic expérimental des pulsions*》, PUF, 1952.

9) 같은 책, p.3.

10) 같은 책, p.4.

11) 이와 같이 정신분열증에 대한 현대 정신의학과 생물학의 몇몇 이론은 다음과 같은 주장을 지지한다. 그 주장은 "기본적으로 유전자들 사이의 중요한 차이에 기인하는 것으로, 그 차이들은 통상적으로는 동형접합체에서 (열성적으로) 나타나고, 이따금 이형접합체에서는 (우성적으로) 나타난다"는 것이다. Jan A. Bök, 〈분열성 정신병의 유전학적 양상 Genetical Aspects of schizophrenic Psychoses〉, in *The Etiology of Schizophrenia*, ed. by Don D. Jackson, New York, Basic Books, 1960, p.29 참조. 이 논집에 실린 여러 다른

저자들도 동일한 관점을 표명하고 있다.

12) A. 그린, 〈반복, 차이, 복제 Répétition, différence, réplication〉, in *Revue française de psychanalyse*, mai 1970, p.479.

13) 제임스 A. 윗슨, 《이중나선 *La Double Hélice*》 Laffont, 1968 참조.

14) 《쾌락 원칙을 넘어서 *Au-delà du principe de plaisir*》, in *Essais de psychanalyse*, p.67 ; 진한 글자체는 인용자의 강조.

15) 같은 책, p.77, 주.

16) 엔그램(engramme) : 심리학에서 말하는 개인적인 과거의 경험이 뇌의 신경세포에 남긴 흔적. 〔역주〕

17) 파라그람(paragramme) : 본래 파람그람은 '철자의 오류'를 의미한다. 크리스테바는 단어의 시니피앙이 그 단어와 철자가 다르면서 같은 시니피앙을 가진 단어의 시니피에를 나타내는 경우를 가리킨다. 가령 'saint(성스러운)'은 파라그람에 의하여 그와 같은 시니피앙를 가진 'sein(젖가슴)'을 연상할 수 있다. 〔역주〕

18) 아르토, 〈발리인에게 보낸 편지에 관한 노트 Notes pour une lettre aux Balinais〉, in *Tel Quel*, N° 46, 여름 1971, p.10.

19) 멜라니 클라인은 다음과 같이 말한다. "어머니의 몸에 대한 공격은 심리 발달에서 사디즘 단계 절정기에 위치하고, 그 전제에는 **어머니 속에 들어 있는 아버지의 페니스에 대한 투쟁**이 함축되어 있다. 부모의 결합은 이 상황에 특별하고도 강력한 힘을 가한다. 이미 형성된 초기 **사디즘적 초자아**에 따르면, 결합된 부모는 극단적으로 잔혹하고, 그들은 매우 두려운 공격자들이다." 〈유아의 불안 상황과 예술작품과 창조적 비약 속에 나타난 그 반영 Les situations d'angoisse de l'enfant et leur reflet dans une œuvre d'art et dans l'élan créateur〉 in *Essais de psychanalyse*, Payot, 1967, p.257 ; 진한 글자체는 인용자의 강조.

20) 아버지의 이름(Nom-du-père) : 라캉의 용어인 아버지의 이름 'Nom'은, 상징적 정체성인 아버지의 '성(nom)'과 근친상간을 금하는 '아니오(non)'를 의미한다. 곧 아버지의 이름은 '법(loi)'과 동의어이다. 그러므로 한 주체가 성을 소유한다는 것은 한편으로는 어머니에 대한 사랑의 포기를, 다른 한편으로는 권위의 이상적 상징인 아버지와의 동일화를 의미하는 것으로 결국 오이디푸스 콤플렉스의 초월, 즉 언어 · 상징 · 문화적 주체의 성립을 의미한

다. 〔역주〕

21) 도라 증례(Cas de Dora): 프로이트가 분석한 히스테리증의 한 사례이다. 프로이트는 천식·구역질 등의 신체 증상을 통해 우회적으로 억압된 성적 욕망을 표현하는 도라라는 여성의 히스테리를 그녀가 꾼 두 가지 꿈을 바탕으로 분석하면서, 그녀로 하여금 은폐된 유년기와 억압된 도착적·양성애적 성향 등을 자각하도록 만든다. 동시에 프로이트는 이 도라의 경우를 통해 다양한 이론들을 구체화한다. 증상 형성과정의 복잡성, 이질적인 증상들의 공존, '억압(refoulement)', 분석에 대한 '저항(résistance)', 욕망의 '전이(transfert)' 등. 〔역주〕

22) A, IV, 1장 참조.

23) 《정신현상학 La phénoménologie de l'esprit》, t. I, 서론, p.70-71.

24) 같은 책, p.71.

25) 같은 책, p.72: 진한 글자체는 인용자의 강조.

26) 같은 책, p.73.

27) 같은 책, p.76

28) 같은 책, p.71.

IV·실 천

1) C, I: C, II: C, III참조.

2) 《정신현상학 La phénoménologie de l'esprit》, t. I, Introduction, p.75-76.

3) 같은 책, p.77. 하이데거의 주석, 〈헤겔과 그의 경험 개념 Hegel et son concept de l'expérience〉, in Chemins qui ne mènent nulle part, Gallimard, 1962, p.101-172 참조.

4) 사실, 후설의 현상학적 경험은 사정이 매우 다르다. 그는 헤겔이 말 나온 김에 들추어 내고 있는 이 **부정성의 순간**에 대해 별로 관심을 두는 것 같지 않다. 후설에게 있어서 "경험은 가장 광범위한 의미에서의 판단을 이미 고려에 넣고 있다." 따라서 기원적으로 경험이 '비술어적인 명증성'을 가리킨다 해도, 이 기반이 되는 경험은 통사적 실행의 자기 유형들을 가지고 있고, 하지만 그 실행이 하는 일은 모호하게 남아 있다. 왜냐하면 그것이 하는

일은 아직 "술어적 판단과 언표의 의미에서 범주를 특징지어 주는 개념적이고 문법적인 형식화"에 기인하는 것이 아니기 때문이다.(후설, 《형식논리학과 선험적 논리학 *Logique formelle et Logique transcendentale*》, tr. fr. Suzanne Bachelard, Paris, PUF, 1965, p.286 참조) 그러므로 우리는 헤겔에게 있어서 **경험**에 대한 하이데거의 비판은, 《정신현상학》에 관련되기보다는, 우선적으로 그리고 특히 후설에 관련되는 것이 아닌지 자문해 볼 수 있다.

5) 《논리학 *Science de la logique*》, t. II, p.498.

6) 같은 책, p.546-547.

7) 《전집》, t. XXXVIII, p.203.

8) 헤겔, 재인용, p.549.

9) 《포이어바흐에 관한 논제 *Thèses sur Feuerbach*》: 《독일 이데올로기 *L'idéologie allemande*》, Éd. sociales, 1968, p.31과 601 참조.

10) 레닌, 재인용, p.205-206.

11) 《네 가지 철학 에세이 *Quatre Essais philosophiques*》, Pékin, Éditions en langues étrangères, 1967, p.9.

12) 같은 책, p.10.

13) P. 솔레르스, 〈바타유론 L'acte Bataille〉, in *Tel Quel*, N° 52, hiver 1972, p.44.

14) 마오쩌둥, 재인용, p.23.

15) A, I, 13: 서술적 담론 참조.

16) 《문학과 악 *La Littérature et le Mal*》, Gallimard, 1957, p.38-39.

17) A. I. 13 참조.

18) 말라르메, 《한 번의 주사위 던지기 *Un coup de dés*》, 전집, p.474-475.

19) Id., 《음악과 문예 *La Musique et les Lettres*》, 전집, p.656.

20) 《시 *Poésies*》, O.C., p.396-397. 이 장과 다음장에서 우리가 사용할 판은 *Œuvres complètes* de Lautréamont, éditées par Maurice Saillet, dans le Livre de poche, 1963이고, O.C.라는 약자로 표기하며, 거기에 페이지를 밝힐 것이다. 또한 Pierre-Olivier Walzer가 구성한 텍스트(Bibl. de la Pléiade, Gallimard, 1970)도 유익하게 참고할 것이다.

21) 《말도로르의 노래 *Les Chants de Maldoror*》, O.C., p.149.

22) 《시》, O.C., p.395.

23) 같은 책, p.403-404.

24) B, IV장 참조.

25)《시》, O.C., p.395.

26) 같은 책, p.393-394.

27) 같은 책, p.384.

28) 같은 책, p.413. (한편 파스칼은, 주체의 자기 동일성이라는 이름으로, 이러한 상상적 변용을 인정하지 않는다. "우리는 우리 자신 속에, 그리고 우리의 고유한 존재 속에 있는 삶에 만족하지 않는다. 우리는 타자들의 생각 속에서 상상적인 삶을 살고 싶어하고, 그래서 그렇게 보이려고 노력한다. 우리는 끊임없이 우리의 상상적 존재를 아름답게 가꾸고 보존하려고 노력한다. 그리하여 우리는 참된 것을 경시한다." *Pensées*, §147.)

29) 같은 책, p.403.

30)《자신의 자료를 통한 로트레아몽 *Lautréamont par lui-même*》, Éd. du Seuil, 1967, p.157.

31)《아나톨의 묘지》: 아나톨은 말라르메의 둘째아들로 병에 걸려 8세 때 요절하였다. 말라르메는 이 아들을 애도하는 글들을 썼고, 그것들을 모아 한 권의 책으로 엮으려 했으나 미완성으로 끝났다. [역주]

32) C. VIII, 7 참조.

33) P. 솔레르스, 〈로트레아몽론 La science de Lautréamont〉, in *Logiques*, Éd. du Seuil, 1968, p.254-255.

34)《텔 켈 *Tel Quel*》, Éd. du Seuil, 1972.

35) 로트레아몽이라면 '유익한'이라는 단어를 썼을 것이다.

36)《재담과 무의식의 관계 Le Mot d'esprit et ses rapports avec l'in-conscient》, Gallimard, 1939, p.275.

37) "이 추상화 운동은 이러한 격언들과 법칙들이 속에 지니고 있는 변증법의 의식이고, 따라서 그 두 가지가 맨 먼저 모습을 드러내는 절대적 타당성의 소멸에 대한 의식이기도 하다."(《정신현상학》, t. II, p.256) 이 낱말들은 있는 그대로 로트레아몽의 작품《시》와 연관될 수 있다.

38) 보들레르를 로트레아몽이 읽은 것이 확실하다. M. Pleynet, 재인용, p.92.

39)〈웃음의 본질에 대하여 De l'essence du rire〉, in *Œuvres Complètes*, Bibl. de la pléiade, Gallimard, 1951, p.704.

40) 같은 책, p.707.

41) 같은 책, p.704.

42) 같은 책, p.708.

43) 같은 책, p.720.

44) 같은 책, p.709.

45) 《시》, O.C., p.413.

46) 같은 책, p.374.

47) 《말도로르의 노래》, O.C., p.350.

48) 같은 책, p.319.

49) 같은 책, p.314.

50) 같은 책, p.99.

51) 로트레아몽에 있어서 웃음과 전제에 관해서는 B, IV장을 참조.

52) 《말도로르의 노래》, 재인용, p.219.

53) 같은 책, p.39.

54) 같은 책, p.277.

55) 같은 책, p.319.

56) 프로이트, 《재담 Le Mot d'esprit》, op. cit., p.227.

57) 이지튀르(Igitur) : 라틴어로 '그러므로'를 의미한다. 〔역주〕

58) 《이지튀르》, O.C., p.443.

59) 《한 번의 주사위 던지기》, O.C., p.477.

60) 앞에서 우리가 과정의 부정성과 대립시켰던 부정과 긍정의 논리적 상호 의존을 참조할 것. Chap. A, II, 3.

61) 《이지튀르》, O.C., p.441.

62) 같은 책, p.441-442.

63) 같은 책, p.442.

64) 같은 책, 같은 면.

65) 같은 책, p.434.

66) 같은 책, p.440.

67) 같은 책, p.443.

68) 같은 책, p.445.

69) 같은 책, p.450.

70) 같은 책, 같은 면.

71) 같은 책, p.451.

72) 같은 책, 같은 면.

73) 같은 책, 같은 면.

74) P. 솔레르스, 〈프로그램 Programme〉, in *Tel Quel*, Nº 31, automne 1967, p.3.

75) 《광기의 역사 *Histoire de la folie*》에서 〈형벌 사회〉까지에 이르는 M. 푸코의 저작들은 이러한 경향을 가장 잘 드러내고 있다.

76) 헤겔, 《미학 서설 *Introduction à l'esthétique*》, Aubier-Montaigne, 1964, p.62.

77) 같은 책, p.70.

78) 같은 책, p.69.

79) 〈포에 관하여 Sur Poe〉, O.C., p.872.

줄리아 크리스테바

―기호학에서 정신분석으로―

이 책은 줄리아 크리스테바의《시적 언어의 혁명 *La Révolution du langage poétique*, L'Avant-garde à la fin du XIXe siècle: Lautréamont et Mallarmé》(Éditions du Seuil, 1974, Coll),《텔 켈 *Tel Quel*》의 제1부《이론적 전제 *Préliminaire théorique*》를 번역한 것이다.

크리스테바의 대표적 저서로 알려진《시적 언어의 혁명》은 그의 국가박사학위 논문이며, 3부로 나누어져 있다. 제1부를 비롯하여 제2부《텍스트의 기호론적 장치 *Le dispositif sémiotique du texte*》와 제3부《국가와 신비 *L'Etat et le mystère*》로 구성된 이 저서는 전체가 6백50페이지에 달하는 대작이다.

제1부는 텍스트 분석의 이론적 전제를 구축하고 있고, 제2부는 제1부에서 제시한 이론을 구체적으로 적용하면서, 19세기말의 프랑스의 두 시인 말라르메와 로트레아몽의 텍스트를 면밀하게 분석하고 있다. 제3부《국가와 신비》는 그 두 시인의 작품을 국가·사회·가족과의 관계를 토대로 탐색·분석함으로써, 기호학·문학비평·정신분석·페미니즘 등의 이론적인 당위성을 실천적인 측면에서 확인시켜 준다. 그리고 특히 우리의 관심을 끄는 부분은 크리스테바의 텍스트 이론이 언어학·기호학·문화인류학 등에 기반을 두고 다양한 접근을 시도함으로써 이론적 깊이를 심화시켜 주고 있으며, 또한 텍스트들을 생성 가능케 하는 요소들이 화자 주체의 정신적인 면과 밀접하게 연결되었다고 보는 그의 정신분석학적 접근이다. 크리스테

바는 공산국가였던 불가리아 출신이지만, 프랑스 도미니크회 수녀들이 운영하던 유치원에서부터 프랑스어를 모국어처럼 익혔다. 프랑스 문화와 문학에 각별한 애정을 가졌던 부모 밑에서 가정 교육을 받았고, 본인 역시 책읽기와 글쓰기를 좋아해서 일찍부터 문학과 학문의 기초를 단단히 하였다. 학교 교육에서는 모국어와 가까운 러시아어를 배워 도스토예프스키·톨스토이 등을 읽었고, 그리스어·라틴어를 공부하여 서구 고전을 익혔으며, 특히 사회주의 교육의 장점인 토론과 발표능력을 키울 수 있었다. 역자에게 들려 준 회고에 의하면, 크리스테바가 다닌 소피아대학은 철학·사회학 등의 과목을 철저하게 공부시켰다고 한다. 그리하여 헤겔·마르크스 등의 이론을 깊이 있게 공부할 수 있었고, 스터디 서클을 조직하여 대학 교과과정에 포함되지 않은 러시아 형식주의와 바흐친의 대화주의 이론을 별도로 공부하였다. 그리고 크리스테바는 대학시절 불가리아청년연맹의 기자로도 활약하면서 서유럽의 새로운 서적과 잡지들을 자유롭게 접할 수 있었다고 한다.

　대학원 과정에서 크리스테바는 프랑스 현대 문학, 특히 누보 로망에 등장하는 인물에 대해 연구하여 석사학위를 받았다. 그후 운이 좋아 프랑스 정부 초청 장학금을 타게 되어 1966년 파리에 온다. 그 당시 프랑스는 구조주의의 열풍이 불던 시대였다. 그러나 보수적인 소르본대학은 구조주의를 받아들이지 않고 있었다. 한편으로 크리스테바는 루시앵 골드만 교수의 지도하에 박사논문을 준비하면서, 다른 한편으로는 바르트가 이끄는 세미나에서 바흐친의 문학 이론에 대한 발표를 한다. 그러니까 크리스테바는 구조주의의 절정에서 이미 구조주의의 한계를 제시한 셈이다. 그리하여 바르트의 소개로 《텔 켈》지를 비롯한 문학 전문지에 후기 구조주의 내지 탈구조주의 경향의 논문들이 실린다. 또한 바르트와 벵베니스트의 언어학

이론을 공부하면서 1968년 5월 학생운동의 혼란기에 〈소설의 기원〉에 대한 논문으로 제3과정 박사학위를 획득한다.

그후 크리스테바는 라캉의 정신분석 강의를 들으면서 아예 정신분석의 과정을 밟게 되고, 정신분석의 자격증을 따고는 종합병원에서 임상의로 근무한다. 그러면서 저서 《세미오디케, 기호분석을 위한 연구 *Recherches pour une sémanalyse*》를 출판한다. 그러니까 크리스테바는 구조주의가 한창일 때에 그것을 극복하는 대화주의를 비롯한 러시아의 문학 이론을 소개하고, 그것에 만족하지 않고 그레마스의 기호학 연구 모임에도 참여하여 기호학의 형성에 기여한다. 그러나 크리스테바는 일반적인 기호학에 만족하지 못하고 정신분석을 도입하여 기호학과 정신분석을 결합한 기호분석(sémanalyse)이라는 분야를 만들어 낸다.

우선 기호학이라는 분야에 대해 크리스테바는 매우 복합적인 생각들을 가지고 있다. 그는 기호학의 본질을 '학문들의 입체교차로(croisement des sciences)'이면서, 또한 자율적인 판단능력을 지닌 의인화 조직체로 규정하고 있다. '학문들의 입체교차로'라 함은 '다양한 의미 체계 내지 담론들이 유통되는 장'이라는 것을 의미하며, 기호학이 그 한가운데 서서 '교통정리'를 맡았다고 보는 것이라고 생각된다. 거기에서 한 걸음 더 나아가 크리스테바는 기호학을 '사유의 유형'이라고 보며 "기호학의 대상과 도구, 그리고 그들간의 관계에 대해 사유하고, 자신으로 되돌아와 자신을 돌이켜보면서 그 학문의 이론 역할을 담당한다"고 규정한다. 그리고 특히 기호학은 자기 정화와 반성의 능력까지 갖추고 있다고 한다. 이와 같이 기호학을 의인화된 인격체로 규정하는 것은 결국 수사학적 표현이라고 받아들여야 할 것이지만, 우리는 그것을 기호학자라고 바꾸어 생각할 수도 있을 것이다. 여하간 크리스테바가 《기호분석을 위한 연구》에서 생각하는 기호학은 모든 학문 위에 군림하는 학문으로 전지전능한 능력을 갖추고 있다. 정말 기호학이 그처럼 완전한 학문이냐의 문제는 상당한 논란의 여지가 있고, 그 유효성의 여부는 기호학자의 실천에 좌우되는 것이 아닐까 생각한다.

내용면에서 기호학이란 "형식화(formalisation)이고 모형의 산출 (production de modèles)"이며, 형식면에서 기호학은 "의미 체계의 공리화(axiomatisation)의 형태로 형성된다"라고 크리스테바는 설명한다. 그리고 "모형과 이론이 형성되는 장(lieu d'élaboration de modèles et de théories)인 기호학은 체계에 종속되거나 그 자체가 체계가 되어서는 안 된다고 말한다. 이처럼 크리스테바가 생각한 기호학은 반론 내지 자기 비판을 전제로 하는 학문이었지만 그러한 초기 생각에 차츰 변화가 생기는 것 같다. 왜냐하면 크리스테바가 기호학에 정신분석적인 요소를 도입하면서 기호학을 sémanalyse로 바꾸게 되었기 때문이다. 'sémanalyse'에서 'sem'은 '기호학(sémiotique)'을 말하고, 'analyse'는 단순한 분석이라기보다는 '정신분석(psychanalyse)'의 'analyse'에 해당한다고 말할 수 있겠다.

결국 기호분석은 크리스테바가 창안한 담론과 텍스트의 의미 작용에 관한 이론으로서 그 특징은 화자-주체의 상황을 고려한다는 점이다. 그러한 의도에서 크리스테바는 인간 의식의 심층에 잠재해 있는 무의식이 인간 행위와 사고를 움직이는 가장 중요한 요인이라고 본 프로이트의 사상을 바탕으로 하여 텍스트의 의미를 단일적으로 보지 않고, 그 속에 담겨진 복합적인 요소를 결과로서가 아니라 과정으로서 고찰한다.

텍스트는 복합적 의미 실천으로서 다양한 요소 내지 차이들이 계층화되어(statifié) 다의적인 의미 산출을 하는 의미체라고 하겠다. '다의적'이라는 수식어는 우선 '이중적'이라는 의미를 갖게 된다.

다시 말해 텍스트를 분석하면 크게 두 가지 요소가 드러난다는 설명이다.

《기호분석을 위한 연구》와 《폴리로그》에서 시도된 언어의 이중적 층위: 쌩볼릭(le symbolique)과 세미오틱(le sémiotique)에 대한 연구는, 《시적 언어의 혁명》에서 보다 심도 있게 연구된다.

언어면에서 크리스테바는 텍스트의 언어는 쌩볼릭(=구성적 언어)과 세미오틱(=본능적 언어)의 두 가지 층위로 구성되고, 거기에 정립적 요소(le thétique), 코라(chora) 등과 인류학적 내지는 민속학적인 개념들이 개입된다고 본다. 그리하여 텍스트의 최종적인 의미는 쌩볼릭과 세미오틱의 상호 작용에 의하여 결정된다고 말한다. 한 마디로 크리스테바는 전통적으로 시와 시적 언어를 접근하던 방법으로 원용되던 수사학적인 테두리를 벗어나, 주로 정신분석학과 인류학에서 제시되어 온 개념들을 도구로 하여 새로운 관점에서 시와 시적 언어를 조명하고 있는 것이다.

1. 사회적 요소와 쌩볼릭

사회적 요소의 강조는 일반적으로 개인의 주체를 평준화하는 방향으로 유도되기 쉽다. 그러나 크리스테바는 사회적 요소가 개인의 주체를 강화시키는 작용을 하고, 또 인식론적인 면에서는 그것이 쌩볼릭과 동일한 지평에 위치한 동질절인 대상이라고 보고 있다. 그러한 근거를 크리스테바는 문화인류학에서 찾아낸다. 모스와 레비 스트로스가 보여 주는 결혼방식·마법·신화 등은, 각각의 사회를 특징짓는 언어로서 사회적 요소가 쌩볼릭의 성격을 동시에 지니고 있다는 점을 지적한다. 환언하면 사회의 상징적 근원을 탐구하는 문화인류학이 사회적 상징 체계(symbolisme)와 언어의 등가성을 수립하게 되고, 그 두 가지는 정립적 요소(le thétique)의 생산으로 구체화된다.

사회적 요소와 쌩볼릭이 등가적이라면 양자가 완전한 일치를 보여 주는 것이 논리적이겠으나, 크리스테바는 사회적인 것 가운데 두 가지 요소가 사회적 상징 체계를 구성하는 정립적 요소에 반작용 역할을 한다고 본다. 그 가운데 한 가지가 희생제의(sacrifice)이다. 희생제의는 폭력성과 조절 기능을 수행한다. 환원하면 희생제의가 보여 주는 폭력성——희생물을 잔인하게 죽이는 행사에 의한——은 하나의 정립적 요소를 내포하고 있으며, 그 정립적 요소는 그 폭력성을 하나의 시니피앙(signifiant)——즉 표상——으로 삼는다. 관객이 그것을 봄으로써 카타르시스 작용에 의해 마음이 정화되고 보이지 않는 질서에 귀의하고자 하는 열망을 갖게 된다는 것이다. 이러한 현상을 시의 지평에서 본다면 시 작품 속에서 드러나는 난폭성도 일종의 희생제의적 해석에 의해 시니피앙으로 간주될 수 있고, 재현으로서의 그 이미지는 살풀이적인 반작용에 의하여 마음을 평화와 안정으로 이끌어 갈 수 있다는 말이 된다.

다른 한 가지는 토템 숭배(totémisme)이다. 토템 숭배는 희생제의와 전혀 다른 성격 같지만, 양자 사이에는 밀접한 상관관계가 있다고 지적된다. 희생제의는 일종의 환유(métonymie) 현상이다. 왜냐하면 사람을 대신하여 양을 희생시킨다든지 하면서 어떠한 대용물을 희생시키기 때문이다. 그러한 희생은 신으로부터 사후에 어떤 대가를 기대한다. 그리고 신에게 어떤 응답이 있다고 보고 그에 대한 감사를 표시한다. 이러한 일련의 사건을 나타내는 의사소통은 희생물 기탁(don)→응답과 보상(récompense)→상징적 예찬(louange symbolique)의 회로를 형성하게 된다. 그에 비하여 토템 숭배는 숭배자와 피숭배자의 관계가 정해진 이후에 확립된 상징적 해석 체계인 것이다. 바꾸어 말하면 토템 숭배는 하나의 연속체를 형성하는 언어(langue)이고, 그에 비하여 희생제의는 환유 작용을 통하여 무의식에 잠재해 있는 것을 외부로 재현하여 보여 주는 것이다. 그것은 근친상간이나 인간의 동물적인 본능 등과 마찬가지로 우리 내부에 억눌린 상태로 있다가 어느 때가 되면 폭발적으로 외부에 드러나게 되는 그것이다. 크리스테바에 의하면, 결국 희생제의가 제시하는 정립적 요소는 상징적 질서를 확립하기 위하여 대체희생물(substitut)의 제거를 함의하고 있으며, 말라르메의 "절대에게로 가는 이정표(Une borne à l'infini)"가 바로 그것을 나타낸다는 것이다. 그런데 크리스테바가 정작 중요성을 부여하는 것은, 희생제의 그 자체라기보다는 그것이 이루어지기 전에 행해지는 각종 '놀이'에 대해서이다. 연극이나 시낭송·창·무용 등의 예술이 이러한 의식 직전에 이루어진다는 것은 그리스의 바코스 축제 등을 통하여 널리 알려진 사실이다. 여기서 크리스테바가 주목하는 것은 그러한 다양한 예술 행위들이 상징적 미메시스(mimésis)를 바탕으로 쌩볼릭의 한계를 초월하여 사회적인 가장자리 너머에 있는 세미오틱(le sémiotique) —— 보다 정확하게 말하자면 코라 세미오틱(chora sémiotique)——에 도달한다는 사실이다. 그러므로 그 극한에서 예술은 쌩볼릭의 세미오틱화에 다름 아닌 것이다. 그것을 언어적인 차원에서 말하자면, 어휘와 구문을 바꿈으로써 언어가 가렸던 본능적인 욕구를 드러내 주고, 그것을 계기로 사회적 쌩볼릭의 질서 속에 향락적인 멋(jouissance)을 끌어들이는 것이라고 하겠다. 환언하면 근원적으로 시는 종교적 희생제의가 허용치 않는 향락적인 멋을 언어의 질서 속에 끌어들이는 셈이다.

시의 성격을 희생제의 직전에 이루어지는 행사와 연결시켜 생각한다는 것은, 크리스테바가 시의 성격을 일방적으로 제한한다는 비판의 여지를 불러들이는 바와 다름이 없다. 그러나 시가 일상적인 것을 노래하는 경우에도 시에는 그것을 넘어서고자 하는 주체적 의도가 들어 있다는 사실을 상기한다면, 시가 쌩볼릭과 일상 언어의 틀을 넘나들면서 사회적인 것의 뿌리도 흔들어 놓는다는 사실을 쉽사리 인정할 수 있을 것이다. 이러한 맥락에서 크리스테바는 19세기 유럽에 부르주아 중산층이 형성되면서 시가 사회의 바탕을 이루는 '언어와 국가의 근간'을 흔들어 놓게 되었다는 사실을 지적한다. 이 말은 프로이트를 중심으로 한 정신분석 이론이 무의식 연구를 통하여 찾아낸 인간 내부에 잠재된 욕망을 시는 시적 언어를 통하여 실천하여 왔다는 것을 의미한다.

크리스테바의 시에 대한 관점의 특징은 우선 그가 19세기 중반부터의 시에 초점을 맞추고 있다는 사실에서 찾아볼 수 있다. 한 마디로 그 이전의 시는 그의 관심 밖에 있고, 어떻게 보면 시라고 하는 범주에도 들어가지 않는다고 보고 있는 것이다. 그의 관점을 이해하기 위해서 우리는 우선 시와 시적 언어의 구별에 대해서부터 논의해야 할 것이다. 그의 관점은 "19세기 전반 이전에는 시는 있되 시적 언어는 없다"라고 요약될 수 있을 것 같다. 환언하면 시적 언어로 이루어진 시가 없었다는 말이다. 그렇다면 크리스테바가 말하는 시적 언어란 무엇인가?

크리스테바에게 있어서 시적 언어는 단일 개념이 아닌 복합 개념으로 필요에 따라 다양하게 정의되기 때문에 간단하게 요약하기는 불가능하다. 역자의 풀이로는 어떤 신성불가침한 개념의 절대화나 낭만적인 광란에 의한 부조리, 그 모두를 거부하는 이중부정을 바탕으로 쌩볼릭의 내부에 세미오틱을 도입하여 그것을 가로지르고 뒤흔들어 놓는 의미의 실천이라고 할 수 있을 것 같다.

크리스테바는 19세기 후반의 네르발·말라르메·로트레아몽의 시가 그러한 새로운 시적 언어에 의한 시임을 보여 준다고 한다. 그들의 시는 표층적으로 낭만주의적 광란과 현실주의를 거부하면서 광기와 논리성을 포괄하고 있다는 것이다. 조이스와 바타유의 실험도 그러한 맥락에서 이해될 수 있다. "19세기말 로트레아몽과 말라르메에게는 의미화 과정에서 문학을 주체의 논리에 대한 시험의 장으로 만든다고 하는 것은, 무엇보다 광적인 도피로서의 시를 거부하고, 페티시즘(fétichisme ; 언어의 유희, 실체로서의 작품, 부연 불가능한 수사법의 수락)의 대상으로 시를 타파한다는 의미를 내포한다"라는 구절은 크리스테바의 시에 대한 관점을 잘 표현해 주고 있다.

　표면적으로 보기에 사회적 격동과 별로 관계가 없어 보이는 말라르메의 시는 예술지상주의를 표방하던 파르나스 시와의 타협을 거부하고, 독창적인 시적 언어의 구축을 통하여 그것을 극복하면서 당시의 시대 위에 군림하던 논리와 이데올로기를 깨뜨렸다고 평가되고 있다. 로트레아몽도《말도로르의 노래》를 중심으로 그와 같은 맥락에서 유사한 작업을 한 시인으로 평가된다. 크리스테바가 우선적으로 강조하는 것은, 언어의 구성 성분면에서 시가 일반 담화의 구성 법칙(lois constitutives)만을 충실히 따른다면 그것은 이미 시가 아니라는 점이다.

　크리스테바에 의하면 프로이트가 환자들의 언어 구사에서 발견한 바를 토대로 정신분석 이론을 구축한 것을 그대로 로트레아몽의 시에 적용할 수 있다고 한다. 로트레아몽과 말라르메는 각기 실험적 언어의 구축을 통하여 자기들의 세계를 풍미하던 페티시즘과 광란에 대한 투쟁을 전개하였는데, 그것은 당시 사회를 억누르고 있던 중압감을 걷어 젖힌 행위로 평가된다는 것이다. 이러한 크리스테바의 견해는 프로이트가 언어와 사회, 욕동과 사회-상징적 질서 사이에 놓인 성(sexualité)이라는 고리를 감싸고 있던 장막을 걷어치움으로써 성의 본질을 재발견하게 하였는데, 이러한 프로이트의 이론을 로트레아몽과 말라르메에게 적용할 경우 두 시인의 언어적 실천이 목표하던 바가 무엇이었는지를 확연하게 드러내 볼 수 있다는 것이다.

2. 생성 텍스트(géno-texte)와 현상 텍스트(phéno-texte)

쌩볼릭과 세미오틱은 텍스트의 기능 작용면에서 생성 텍스트와 현상 텍스트에 연결된다. 생성 텍스트는 심층에서부터 텍스트를 생성해 내는 데 개입되는 모든 요소들을 포괄한다. 알기 쉽게 말하자면 크리스테바는 텍스트의 발생 원인과 텍스트가 나타나기 이전의 과정을 모두 텍스트라는 이름으로 부르고 있다. 이러한 텍스트의 개념은 크리스테바가 처음으로 제기한 것이다.

생성 텍스트는 세미오틱 작용들을 포함한다. 그에 속하는 것으로는 욕동과 그 경향들, 그 다양한 욕구들이 신체 각 부위에 미치는 영향, 개체를 에워싸고 있는 생태적 체계 및 사회적 체계, 환언하면 실체 주변의 대상물들과 부모에 대한 오이디푸스 이전의 관계들을 들 수 있다. 그밖에도 세미오틱 작용에는 쌩볼릭의 솟아오름(surgissement)이 포함되는데, 쌩볼릭은 목적어와 주어의 출현, 의미장(champs sémantique)과 범주장(champs catégoriels)에 의한 의미핵(noyaux de sens)의 구성 등으로 이루어진다. 그러면 구체적으로 텍스트 내에서 생성 텍스트가 어떻게 포착될 수 있는가?

생성 텍스트의 특징은 우선 음운 배치면에서는 특수 음소의 집중과 반복 그리고 각운을 통하여, 또 멜로디면에서는 억양과 운율 등을 통해서 드러난다. 그리고 의미론적 면에서는 의미장과 범주장의 통사론적이고 논리적인 특성과 환몽(fantasme), 외시적 의미(dénotation)의 중지와 이야기 등을 포괄하는 미메시스 구조가 어떠한 양상을 띠고 있는가 등에 대한 고찰을 통하여 드러난다. 음운 구조, 의미적 특성, 미메시스 구성 등이 언어학적인 형태를 띠고 있지만 본질적으로는 사회 구조가 부과하는 제약의 영향을 받는 주체가 정신적인 소통(frayage)에 의하여 언어 형식을 빌려 표현한다고 크리스테바는 확신하고 있다. 말하자면 시적 언어의 구사는 언어분석이 아니라 정신분석에 의해 포착되고 인식될 수 있다는 확신을 가지고 있기 때문에, 크리스테바는 세미오틱의 층위를 설정해야 한다고 주장하는 것이다.

《시적 언어의 혁명》에서 제시된 핵심 개념들을 다시 정리해 보면, 쌩볼릭은 사회제도와 관습, 사회적 요소를 집약한 개념으로서 사회적 상징 체계를 표상한다. 다양한 예술 행위들이 미메시스 작용을 통하여 쌩볼릭으로 자리매김된다. 결과적으로 쌩볼릭은 모든 사회적 관계를 총괄하여 조직화하는 기능을 맡고 있으며, 언어면에서의 쌩볼릭은 전형적인 구문의 틀과 본래적인 의미의 어휘를 가리킨다. 그렇기 때문에 언어로서의 쌩볼릭은 보편적인 성격의 '구성 언어'라고 번역될 수 있다.

그에 비하면 세미오틱은 주체로서의 개인의 의미 생성(signifiance) 과정과 관련된 양상들을 의미한다. 정신분석에서 논의되는 욕동을 비롯하여 이동(déplacement)・압축(condensation)・병합(absorption)・기각(repoussement)・거부(rejet)・정지(stase) 등이 세미오틱의 작용에 속한다. 크리스테바는 유전적인 요소를 세미오틱의 중요한 요인으로 간주하고, 언어면에서는 개인의 직관적이고 본능적인 언어 사용을 의미 있게 관찰한다. 시적 언어에서 볼 수 있는 특이한 음운 배열이나 리듬・어조 등과 통상적인 구문의 파괴와, 독특한 어휘・의미 사용 등을 모두 세미오틱의 영역이라고 간주하고 그 핵심이 코라에서 나온다고 말하고 있다. 그러나 정작 코라에 대한 구체적인 설명은 결여되어 있다. 그리고 크리스테바에게 쌩볼릭과 세미오틱에 대한 구분은 절대적인 것이 아니다. 왜냐하면 쌩볼릭이 그 한계점에서 세미오틱과 접선된다고 보기 때문이다. 그리고 크리스테바의 쌩볼릭과 세미오틱의 구분은 소쉬르의 랑그와 파롤의 구분과 연관이 있다.

구조적 기능 작용에 의한 현상 텍스트와 생성텍스트의 구분 또한 주로 텍스트 개념에 중점을 둔다는 사실 이외는 여러 가지 면에서 쌩볼릭과 세미오틱의 구분을 연상시킨다. 그리고 현상 텍스트는 대수학(algèbre)에, 생성 텍스트는 위상기하학(topologie)에 비유되고 있는데, 전자는 통상적인 언어 구조의 형식을 보여 주면서 의사소통의 규칙을 따르는 표면 구조라고 설명한다. 사회적 제약을 형식적으로 표출하고 의미 산출에도 관계하는 현상 텍스트에는, 화자 주어와 수신자는 있으나 그것이 주체에 의한 의미 실천이라고 간주되지는 않는다.

그에 비하여 생성 텍스트는 외적으로 드러난 언어 구조인 현상 텍스트를 통하여 포착될 수는 있으나, 그것이 일반적인 언어학적 분석 대상은 아니다. 생성 텍스트는 현상 텍스트의 바탕이면서 의사소통을 위한 실천이자 화자와 청자 사이에 전개되는 세미오틱의 과정이다. 그 과정에서 코라를 중심으로 하는 욕동의 움직임은 화자 주체에 대한 외부의 영향과 그에 대한 반응을 보여 준다. 결과적으로 생성 텍스트는 세미오틱의 경우와 마찬가지로 정신분석적인 층위이며, 언어학적인 면에서도 세미오틱에서와 마찬가지로 통상적인 음성학·통사론·음률론 등의 틀을 깨트리고 넘어서 독창적인 언어 구사의 실천을 연구한다.

이와 같은 고찰을 통하여 우리는 크리스테바가 쓴 초기의 일부 기호학 관계 논문을 제외한다면 일찍부터 텍스트 연구에 정신분석을 도입하였음을 알 수 있다. 그의 대표작이라고 할 수 있는 《시적 언어의 혁명》에서 우리는 특히 헤겔 철학, 마르크스의 유물론적 개념과 함께 프로이트의 기본 개념들이 쌩볼릭·세미오틱·생성 텍스트·현상 텍스트 등의 개념 형성에 개입하고 있음을 확인할 수 있었다. 그러나 동일한 정신분석의 개념이 모든 문학 텍스트 분석에 적용될 수 있는 것은 아니다. 텍스트의 성격에 따라 정신분석적인 전망은 달라질 수밖에 없다.

고전과 현대 문학에 대해 해박한 지식을 가졌던 프로이트는 10여 가지 문학 예술작품들을 분석하였고, 그의 저서 중에는 문학 텍스트와 관련되는 것이 많이 있다. 그는 일반적으로 생각하듯이 심리분석을 통하여 주인공의 무의식 속에서 작품의 열쇠를 찾아내는 방식을 추구하지 않는다. 그의 관심은 텍스트의 창조과정에 있고, 그 과정을 이끌어 가는 것은 환몽형성 행위(le fantasmer)이고, 정신분석은 환몽형성 행위의 무의식적 논리를 재구성하는 데 있다. 그리고 저자는 글쓰기를 통하여 자신의 내부에 억압되어 있는 것을 수면 위로 끌어내어 글로 표현함으로써 자신의 억압을 해소시키고, 유사한 경험을 가진 독자로 하여금 같은 효과를 얻게 함으로써 공감을 얻는다고 프로이트는 생각한다. 그러한 예로 제시된 것이 '옌센의 《그라디바》에 나타난 착란과 꿈'이다.

크리스테바도 저서 《검은 태양》(1987)에서 우울증과 멜랑콜리를 토대로 네르발·홀바인·도스토예프스키·마르그리트 뒤라스에 대해 연구한다. 편의상 우울증·멜랑콜리와 문학 텍스트의 관계를 네르발의 시 〈상속받지 못한 자〉를 중심으로 고찰한 부분을 살펴보자.

크리스테바는 "멜랑콜리는 프랑스적인 것이 아니다"라고 선언한다. 그 증거로 골족 특유의 쾌활하고 에로스적인 기질을 들면서 멜랑콜리가 종교적으로 청교도·그리스정교 등과 더 깊은 관계가 있으며, 파스칼·루소·네르발 등 멜랑콜리한 경향을 보여 주는 작가들은 오히려 프랑스 작가로서는 예외적인 인물들이라는 견해를 제시한다. 크리스테바는 인간이 멜랑콜리에 의해 생에 대한 회의적 시각에서 비롯되어 삶에 대한 의의를 상실하게 되는데, 철학자들 중에는 그리스의 헤라클레이토스·소크라테스·키에르케고르에게서 그러한 경향을 찾아볼 수 있다고 말한다.

크리스테바는 우울증과 멜랑콜리 두 가지 증세를 뒤섞어 설명할 때도 있지만, 그의 연구를 요약해 보면 멜랑콜리에 대해 관심을 가진 최초의 학자로는 아리스토텔레스를 꼽는다. 물론 의학에서는 히포크라테스가 체액(humeurs)을 분류하여 기질들(tempéraments)과 연관시킨 바 있다. 그러나 아리스토텔레스는 위대한 인물들이 공통적으로 검은 담즙의 활발한 분비를 보여 준다고 하면서 담즙에 의한 멜랑콜리를 일반병리학으로부터 분리시켰다. 아리스토텔레스는 멜랑콜리가 몸의 열에서 비롯되는 정액의 거품으로서 성적 욕구와 관계가 있고, 이러한 멜랑콜리가 철학자의 본성을 이룬다고 선언한다.

크리스테바는 멜랑콜리가 광적인 흥분이 가시면서 상호 교체되는 현상으로서 "때때로 혹은 주기적으로 찾아오는 증상으로 억제(in-hibition)와 기호해독불능증(asymbolie)을 동반하는 은신적 징후(symtomatologie asilaire)"라고 정의한다. 그에 비하여 우울증은 증상이 덜 심하고 빈도가 덜한 경우를 가리킨다고 언급한다. 프로이트도 그 두 증상을 구분하고 있지만 그 경계는 사실상 희미하다. 그리고 그 두 증상의 근원을 프로이트와 크리스테바는 모성적 대상(object maternel)을 상실한 슬픔(deuil)에서 찾는다. 뿐만 아니라 크리스테바는 멜랑콜리는 생물학적 요소와 언어적 요소의 만남의 지점에서 그 열쇠를 찾아야 한다는 문제를 제기하고 있다.

우울증은 넓은 의미에서 나르시시즘과 연결된다. 나르시스적 우울증 환자들이 상심하는 것은 대문자 '대상(Objet)'을 잃어서가 아니라 '쇼즈(Chose)'를 잃었기 때문이라는 것이 크리스테바의 견해이다. 우선 그는 네르발의 시를 예로 든다: "꿈에서는 종종 훨씬 더 밝은 빛을 감지하는 경우가 있지만 결코 태양을 보지는 못한다." 이 시에서 '쇼즈'란 "꿈에서 본 밝고도 어두운 태양"이라고 설명한다. 우울증 환자는 언제나 실망스러운 모험과 사랑을 찾아 방황하거나, 아니면 그 무명의 '쇼즈'를 마주한 채 언어를 잃고 망연자실에 빠진다. 멜랑콜리에서 비롯된 '쇼즈'는 욕망의 환유를 가로막으면서 상의 슬픔이 정신의 내면에서 생성·가공되는 것을 방해한다.

상의 슬픔은 우울증의 기본적인 성향으로서 '정동(affect)'의 표상 세계로 이끌어 간다. 정동은 불안·공포·환희 등으로 표현된다. 슬픔은 유동적인 에너지 이동의 정신적 표상이고, 정동——특히 슬픔——의 표상은 유동적인 에너지의 투여를 표출한다. 슬픔은 외부에서 비롯되는 외상(traumatisme)에 대한 인간의 취약성을 드러내 보여 주지만, 또 한편으로는 상의 슬픔 속에서 우리의 내면을 가다듬을 수 있는 계기를 마련해 주기도 한다. 그러한 의미에서 크리스테바는 슬픔이 승리의 표상은 아닐지라도 살아남기 위한 투쟁 정신을 잃지 않고 있으며, 창조적인 의식도 지니고 있다고 본다. 그에 의하면 문학 창작이란 바로 "정동의 증언을 통한 육체와 기호의 모험이다. (정동을 구성하는) 슬픔은 분리의 표지인 동시에 상징 차원의 시발의 표지이다. 그리고 환희는 작위와 상징의 세계 속에 나를 자리매김하는 승리의 표지이다. 그러한 증언으로서의 (……) 문학 창작은 정동을 리듬·기호·형식 속으로 옮겨 놓는다. 그러므로 '세미오틱'과 '쌩볼릭'은 독자에게 감성적으로 현재의 정서적 현실을 전달할 수 있게 하는 표지인 것이다. 이러한 관점에서 볼 때, 정동으로 대표되는 슬픔이나 환희 같은 정서적인 성향은 기호와 언어로 표시되기 이전의 전기호(pré-signe)·전언어(pré-langue)라고 할 수 있다.

이와 같은 사실은 문학 창작에만 국한되는 것은 아니다. 넓은 의미에서 인간성이 개입되는 모든 담화나 텍스트는 주체가 기호학적 표상을 통하여 자신을 억누르는 현실과의 투쟁을 표출하는 행위이며, 아울러 자신의 고통을 치료하는 한 방법이 된다. 이러한 크리스테바의 관점은 이미 프로이트가 문학 창작에 대해 가졌던 생각과 상통한다고 볼 수 있다. 그러나 언어학을 전공한 크리스테바는 텍스트 연구에 정신분석과 함께 보다 언어학적인 분석을 도입하고 있는 것이다.

3. 우울증 환자의 언어적 특징

크리스테바에게 있어서 언어학적인 분석은 언어학적인 관점에서만 이루어지는 것이 아니다. 크리스테바는 우울증 환자의 언어적 특징을 우선 세 가지로 집약한다. 첫째로 리듬면에서 반복적이고, 둘째로 멜로디——즉 어조——면에서 단조로우며, 셋째로 구문이 이어지지 않고 중절되는데, 그것은 사고의 논리가 단절되는 것을 나타낸다. 그에 비하여 멜랑콜리 환자는 관념화의 말하기(profération)가 정지되면서 기호해독불능증에 빠지게 되고, 모든 것이 혼돈스러운 양상을 띤다고 크리스테바는 설명한다. 그러나 우울증 환자의 언어와 멜랑콜리 환자의 언어를 완전하게 구분할 수 있느냐에 대해서는 보다 심도 있는 검증이 필요하다고 생각된다. 위에 열거된 특징은 실상 정상인들에게서도 경우에 따라 자주 목격되는 현상이지만, 크리스테바의 설명은 바로 그러한 현상이 환자의 증상에서 비롯된다는 것이다.

병리학적으로 볼 때 슬픔에 잠긴 환자의 신경계의 흐름은 정상을 벗어나 지나치게 빠르거나 아니면 너무 느리다. 그렇기 때문에 행동의 리듬에도 단절이 일어난다. 언어적으로는 발화가 늦어지고, 침묵이 길어지며, 앞에서 언급한 바와 같이 리듬이 느리고 단조로운 어조에다 구문에는 중간에 빠지는 요소들이 많아진다. 관사나 접속사·전치사가 빠지면 그런 대로 문장을 재구성할 수 있겠지만, 목적어나 동사가 빠지면 화자의 의도 자체를 이해할 수 없게 된다. 이러한 증상에는 심적인 가설과 함께 생물학적인 가설이 있는데, 거기에 크리스테바는 언어적인 진단까지 첨가한다.

일반적으로 우울증 환자의 언어 장애는 언어를 관장하는 좌뇌 장애와 관계가 있고, 우뇌의 기능은 일차과정 및 음악적 기재, 특히 정동, 즉 정서 감정과 관계가 있다는 것이다. 그런데 크리스테바의 입장은 언어적 기능이 전적으로 좌뇌에 의해 결정된다고 보는 견해는 재고되어야 한다는 쪽이다. 사실 현재 미국과 유럽의 뇌전문 연구가들은 좌뇌와 우뇌가 기능적으로 연결되어 있어서 이분법적인 분할은 생각할 수도 없으며, 좌뇌와 우뇌 모두를 관장하는 중앙조절-통제장치가 있다는 쪽으로 의견이 모아지고 있다. 크리스테바의 생각을 구체적으로 살펴보면 좌뇌는 문법적이고 논리적으로 문장을 배열·전개하고 일정한 의미를 형성하는 언어적 기능, 즉 쎙볼릭의 기능을 맡고 있고, 그에 비해 우뇌는 세미오틱의 기능을 맡고 있다는 것이다. 그렇기 때문에 우울증 환자는 억압되어 있던 근원적 감정을 터뜨리기만 하는 우뇌의 기능을 통제하지 못하면서 드러난다는 것이다.

크리스테바는 프로이트의 '상의 슬픔과 멜랑콜리'로부터 출발하여, 아브라함과 멜라니 클라인을 참고하면서 우울증과 멜랑콜리에 대한 연구를 문학과 예술에 대한 이해와 접목시키고자 하였다.

프로이트의 정신분석에 따른 문학 창작 연구에서는 그 핵심이 창작 주인공과 과거·꿈·환몽 등을 중심으로 이루어지고 그것들에 의존한다면, 크리스테바의 연구에서는 우울증과 멜랑콜리에 대한 고찰을 토대로 '대상'과 '쇼즈'를 도입하여 일차과정과 이차과정에 연결시키면서 쌩볼릭 및 세미오틱 개념을 부각시키고 있다. 또한 거기에 욕동·정동·성향 내지 기질, 주체의 분열 등의 문제를 도입하여 그것과 창작의 관련성을 분석하고 있다. 아울러 언어적인 차원에서 우울증·멜랑콜리와 부정의 문제와도 결부시켜 증상의 본질에 대한 이해를 심화시키고 있다.

크리스테바 자신은 특별히 강조하고 있지는 않지만 그가 프로이트와 약간의 견해 차이를 보이는 몇 가지 점들도 찾아볼 수 있다. 첫째는 "아름다움은 바로 우울증으로부터 태어난다"고 하는 우울증에 대한 적극적인 관점이다. 우울증이 절망을 넘어서 조화로움으로 가는 원천이라는 생각이다.

둘째로는 프로이트의 오이디푸스 콤플렉스를 부정하지는 않으나 그에 못지않게 모성성(maternité)과 어머니의 중요성에 대해 강조한다. 《검은 태양》을 출판하고 나서 가진 인터뷰에서도 강조하였듯이 크리스테바는 "딸자식의 어머니에 대한 애정과 집착"만큼 중요한 모티프는 없다라는 생각을 가지고 있다.

셋째로 크리스테바 역시 아가페 너머 에로스가 있고, 에로스는 반드시 성적인 욕망만을 지칭하는 것이 아니라 넓은 의미에서의 "인연을 만들고 유지하기"라고 보고 있다. 그러한 의미에서 에로스의 중요성을 충분히 인정하지만, 모든 문제가 에로스로 귀착되거나 그것에 의하여 결말이 난다는 관점을 보여 주지는 않는다. 그러나 크리스테바 역시 기본적으로 정신분석과 관련된 문제에서는 프로이트의 이론으로부터 크게 벗어날 수 없다.

크리스테바에게 정신분석은 문학 텍스트를 분석하는 데만 도입되는 것이 아니다. 그의 창작에서도 정신분석은 중요한 비중을 차지한다. 이제까지 출판된 그의 소설은 모두 3권이다. 1990년에 발간된 《사무라이들》은 프랑스에 유학 온 후, 남편인 필립 솔레르스를 포함한 문단의 다양한 작가들과 인물들과의 만남을 소설 형식으로 엮은 것이다. 얼핏 보기에는 자신의 전기를 썼다기보다는 만난 사람들의 이름을 바꾸어 가면을 씌워 무대에 올려 놓고, 자신과 등장 인물들간의 우정·관계, 미묘한 갈등을 재현하고 그것을 음미하기 위하여, 말하자면 즐기기 위하여 쓴 것 같은 인상을 준다. 크리스테바 자신은 사회적인 관점에서 《사무라이들》이 시몬 드 보부아르의 《레 망다랭》과 비슷한 점이 있음을 상기시키면서 자기 특유의 글쓰기를 통하여 대중적인 감성에 맞는 '다성적(polyponique)'인 작품을 쓰고자 했고, 자기 자신으로부터 일정한 거리를 둠으로써 자신을 하나의 '성격'으로 보고 싶어했다고 말한다. 아울러 그 소설을 통하여 자기 자신과 타협하는 것을 배웠고, 자신의 환자들에 대해 더 한층 주의를 기울이게 되었다고 고백한다. 이 소설은 환자 주체가 정신분석의에게 자신 속에 묻어두었던 체험과 기억을 모두 쏟아 놓으면서 자신을 억압하고 있는 것으로부터 탈피하고, 자신을 객관화하여 볼 수 있게 하는 효과를 주었다고 하겠다. 이 경우 특이한 것은 환자 주체와 분석의, 객관화의 대상과 그 대상을 바라보는 존재 모두가 크리스테바 자신이라는 점이다.

두번째 소설 《노인과 늑대들》(1991)의 무대인 산타바르바라는 공산주의 체제하의 동구 도시이고, 거기에서 주인공과 주인공의 아버지의 이미지를 볼 수 있다는 점에서 자전적인 면이 있지만 이 소설은 부정적이고 비관적인 분위기에 잠겨 있다. 자신의 아버지인 '노인'의 죽음은 조국 불가리아가 보여 준 너무나 어처구니없는 환자에 대한 무성의와 시설 및 약품 부족에서 비롯된 비극으로서, 작가는 자신의 개인적인 분노를 최대한 자제하면서 무엇보다 기본적인 가치관과 윤리관의 붕괴를 개탄한다. 그러면서 소설이 그래도 그런 불행한 현실을 가장 적나라하게 보여 줄 수 있는 수단이라는 관점에서 소설쓰기를 선택했노라고 크리스테바는 솔직하게 털어놓았다.

세번째 소설 《포세시옹, 소유라는 악마》는 위의 두 소설과 상당히 다른 양상을 보여 준다. 두번째 소설과는 사건이 전개되는 도시인 산타바르바라와 저자의 분신인 스테파니 등의 요소가 공통점으로 등장하지만, 소설의 내용이나 성격은 자전적인 요소를 거의 벗어던지고 추리소설의 형식을 택했다. 추리소설의 형식에 대해 그 소설을 쓰기 전 크리스테바는 움베르토 에코와 사석에서 약속한 바를 역자에게 말한 바 있다. 두 사람은 문학, 주로 창작에 대한 관심을 끌어올리기 위하여 함께 노력하기로 약속하고, 우선 새로운 밀레니엄에는 가장 각광받는 분야가 추리소설일 것이라는 데 합의하여 두 사람 모두 추리소설을 열심히 쓰기로 하였노라고 전했다. 아마도 그 첫 작품이 《포세시옹, 소유의 악마》인 것 같다. 그러나 추리소설이란 그 형식일 뿐 내용은 현대 사회와 인간에 대한 정신분석적인 탐구이다.

이 작품의 내레이터는 크리스테바의 분신이라고 추정되는 신문기자 겸 사설탐정인 스테파니이고, 이야기의 무대는 두번째 소설과 같다. 해변 휴양도시 산타바르바라는 동서 문명이 교차되고, 선과 악이 공존하는 공간이다. 그곳에서 미모의 중년 부인 글로리아 해리슨이 목이 잘려 머리는 없어지고 몸만 남은 상태로 발견된다. 바람둥이 화가 남편 노박이 죽고 난 후, 장애자 아들 제리와 함께 살면서 마약 밀매 브로커인 피쉬와 동거중이었던 여류 번역가 글로리아. 그녀는 살해되기 전날 밤 파티를 열었고, 그 파티에 참석한 사람들이 이 살인 사건의 수사 대상이 된다. 첫번째 용의자로 피쉬가 지목되지만 외국으로 도피하였고, 모든 수사는 릴스키 서장의 주도하에 진행된다. 용의자들로는 피쉬 이외에도 글로리아의 번역일을 돕는 대학생 왓트, 그녀를 흠모하는 정신과의 조린 교수, 하녀 헤스터 등이 있고, 제리의 언어치료사 폴린은 살인이 일어난 저녁 제리를 데리고 시골집으로 떠났기 때문에 혐의 대상에서 제외된다. 결국 마약관계와 글로리아의 재산 절도 혐의까지 있는 피쉬가 가장 유력한 용의자로 수감된다. 그러나 스테파니는 정신분석적인 추리를 통하여 폴린이 진범이라는 결론을 내린다. 제리의 어머니 글로리아 못지않게 제리를 사랑하는 폴린은 글로리아가 자신의 재산권을 강압에 의해 사기꾼 피쉬에게 위임하려고 한다는 사실을 알게 되면서 그렇게 되면 피쉬가 글로리아를 어떻게든 제거하고 그 재산을 전부 차지하게 될 것이고, 그러면 장애자 제리는 천애의 고아가 될 수밖에 없다고 생각하고 알리바이를 만든 다음 글로리아를 살해하게 되었다는 것이다.

이 소설에서 작가는 현대 사회가 물질문명의 발달과 함께 정신적인 것의 쇠퇴, 섹스·마약·폭력에 의한 감각주의로의 퇴행이 인간성의 상실을 재촉하게 되었고, 그 가운데서 현대인은 내면적으로 고독·슬픔·불안·소외·우울증 등에 시달리고 있음을 섬세하고 예리한 필치로 보여 주고 있다. 그러면서도 무엇보다 이 소설은 흥미진진한 전개를 보여 준다는 점에서 창작의 새로운 지평을 연 것으로 평가된다. 그러나 가장 주목해야 할 사항은 이 작품의 기저에 정신분석적인 의도가 깔려 있다는 점일 것이다. 크리스테바는 정신분석의로서 그리고 작가로서 우리가 일반적으로 생각할 수 있는 여성으로서의 한계를 넘어섰음을 여러 가지로 확인시켜 준다. 다양한 분야에 대한 소양의 폭이나 이해, 그리고 서술의 깊이에서 남성적인 수월성을 능가하고 있다고 할 수 있다.

    그럼에도 우리는 크리스테바의 모든 이론과 창작에는 여성적이고 모성적인 관점이 중심 역할을 한다는 사실을 발견할 수 있다. 정신 분석 분야에서도 프로이트에서 라캉, 그리고 현재 이론에 이르기까지 분석의 이론은 모두 남성적이고 가부장적인 관점에 토대를 두고 있다. 그러한 현상에 대해 크리스테바는 프로이트 정신분석의 기본적인 틀을 부정하지 않으면서도 《기호분석》이나 《시적 언어의 혁명》 등의 텍스트와 언어에 대한 분석에서 여성적인 관점을 보여 주고 있으며, 창작에서도 모성애의 중요성을 강조하고 있다. 그가 말하는 플라톤의 '코라(chora)'는 남성과 여성의 생성 이전에 있었던 모태로서, 그것은 남성이나 여성이 모두 여성적인 것에서 비롯된다는 것을 의미한다. 동양의 음양적인 개념을 빌려 표현하자면, 음·양으로 구분되기 이전의 태극의 상태는 음양 모두를 배태하고 있으므로 태극을 '음'적인 것으로 보는 것과도 같다. 그러한 관점에서 크리스테바는 정신분석 이론에서 여성의 관점을 부각시켰던 멜라니 클라인의 이론에 상당히 공감하고 있다.

    현재 크리스테바를 보는 시각은 프랑스 안팎에서 상당한 차이를 보인다. 일본에서는 모든 크리스테바의 저서와 논문이 1-2년의 시차를 두고 번역되고 있고, 다양한 분야의 전공자들이 번역에 힘쓰고 있다. 미국에서는 콜롬비아대학이 크리스테바의 모든 저서와 논문들을 독점하다시피 번역 출판하고 있으며, 다수의 저명한 필진이 맡아 번역 소개하고 있다. 존 렉트 교수는 《크리스테바 연구》라는 단행본을 낸 바 있고, 그밖에도 크리스테바 선집, 인터뷰 모음, 현대 사상 관계 저서에서 학제간의 연구 대상이 되고 있다. 옥스퍼드와 모스크바대학에서는 정기적으로 크리스테바에게 특강을 요청하고 있다.

    그러나 프랑스 내에서의 상황은 약간 다르다. 강연이나 세미나에서 크리스테바의 참여는 그 모임을 빛내고 청중을 끌어오는 역할을 한다. 약간 동양적인 얼굴에 아담한 체격 또한 그녀의 매력일 뿐 아니라, 독특한 의상이나 화장 또한 딱딱한 강의나 공개 토론장 등에 적절한 아름다움을 연출하여 인기를 끌어낸다. 그리고 그의 모든 저서는 쇠이유·갈리마르·파이야르 등 명문 출판사들이 차지하여 출판한다. 보증수표나 다름없기 때문이다. 그에 비해 크리스테바에 관한 연구서는 눈에 띄지 않는다. 언어학자들에게 크리스테바에 대해 물어보면 "그분은 기호학자지요"라고 하고, 기호학자들은 "정신분석으로 간 분이지요"라고 한다. 정신분석에서는 "그분은 문학비평가 아닙니까?"라고 반문한다.

크리스테바는 개인적으로 자신이 외국 출신이고, 여성이기 때문에 다른 사람들에 비하여 불리한 경우가 많이 있었다고 털어놓는다. 그러나 어떠한 장벽도 크리스테바의 창조적 능력을 가로막지는 못하였다. 어떻게 보면 여러 분야에서 '개척자'적인 그의 입장은 한 분야에만 매달린 분들에게는 일종의 자격지심까지 느끼게 할 것이고, 또 그 분야에만 전념하지 않는 학자에 대해 그리고 여러 분야에 걸쳐 왕성한 업적을 내는 저자에 대해 연구서를 낸다고 하는 일 역시 아직은 조금 이른 감이 있지 않나 하는 생각도 든다. 그러나 현재 여러 사람들이 그에 대한 저서를 준비하고 있음은 확실하다. 앞으로 태어날 크리스테바의 저서와 그에 대한 연구서들을 읽는 데 이 부족한 역서가 조금이나마 도움이 되었으면 하고 기대해 본다.

마지막으로 출판계의 어려운 사정에도 기꺼이 이 책을 출판해 주신 동문선 사장님께 감사를 드린다. 그리고 컴퓨터 작업과 교정을 도와 준 이화여대 대학원 박사과정 김수영 양, 석사과정 이은화 양에게도 고마운 마음을 전하고 싶다.

2000년 4월 이대 인문관 연구실에서　김 인 환

색 인

김인환

이화여대 불문과 및 동대학원 졸업.

프랑스 소르본대학 현대 불문학 교수 자격증 획득.

소르본대 문학박사, 현재 이화여대 불문과 교수.

줄리아 크리스테바 관련 주요 논문으로는

〈줄리아 크리스테바의 기호학〉〈줄리아 크리스테바의 담론 연구〉

〈시적 언어의 형식과 그 해석〉〈크리스테바의 문학과 정신분석〉 외 다수,

번역서로는 《언어, 그 미지의 것》《사랑의 정신분석》

《포세시옹, 소유라는 악마》가 있다.

문예신서
153

시적 언어의 혁명

초판발행 : 2000년 5월 30일

지은이 : 줄리아 크리스테바

옮긴이 : 김인환

펴낸이 : 辛成大

펴낸곳 : 東文選

제10-64호, 78. 12. 16 등록

서울시 종로구 관훈동 74

전화 : 737-2795

팩스 : 723-4518

편집설계: 韓仁淑

ISBN 89-8038-088-7 94160

ISBN 89-8038-000-3 (세트)

東文選 文藝新書 148

재 생 산

피에르 부르디외 + 장 클로드 파세롱

이상호 옮김

이 책은 1964년에 출간된 《상속자들》에서 처음으로 선보였던 연구작업의 이론적 종합을 시도한다. 교육관계, 지식인이나 평민의 언어 사용 및 대학 문화 활용, 그리고 시험과 학위의 경제적·상징적 효과에 대한 경험 연구에서 출발하며, 상징폭력 행위와 이 폭력을 은폐하는 사회조건에 대한 일반 이론을 보여 준다. 이 이론은 상징적 주입관계의 사회조건에 대해 설명함으로써 언어학·사이버네틱 이론·정신분석 이론의 누적된 영향 아래서, 사회관계를 순수한 상징관계로 환원시키는 경향을 보이는 분석의 방법론적 한계를 규정한다.

이 책에 따르면, 학교는 환상을 생산하지만 그 효과는 환상과 거리가 멀다. 그래서 학교의 독립성과 중립성이라는 환상은, 학교가 기존 질서를 재생산한다는 가장 특별한 기여 원칙에 귀속된다. 나아가 이 책은 문화자본의 분배구조를 재생산하는 법칙을 해명하고자 시도함으로써, 오늘날 교육체계에서 작동되는 모순을 완벽하게 이해하는 수단을 제공할 뿐만 아니라 실천 이론에도 기여한다. 행위자를 구조의 생산물이자 구조의 재생산자로 구성함으로써 범구조주의의 객관주의만큼이나 창조적 자유의 주관주의에서도 벗어날 수 있는 실천 이론 말이다.

현대 교육사회학 분야에서 빼놓을 수 없는 역작으로 평가 받는 이 책은 단순히 교육사회학에 국한되지 않고 교육과 사회, 개인행위와 사회질서, 미시사회학과 거시사회학의 상관성을 밝히는 데 중요한 단서를 제공하고 있다.

東文選 文藝新書 142

"사회를 보호해야 한다"

미셸 푸코 / 박정자 옮김

왜 다시 푸코인가? 푸코의 콜레주 드 프랑스에서의 강의는 이미 알려진 대로 수백 명의 청강생들이 발디딜 틈도 없이 몰리는 대단한 명강의였다고한다.

그는 1971년 1월부터 1984년 6월 사망할 때까지 줄곧 콜레주 드 프랑스에서 강의를 하였다. 그 강의의 내용이 프랑스의 갈리마르 출판사와 쇠이유 출판사의 공동작업으로 기획된 〈고등연구총서〉로 순차적으로 발간되고 있다. 본서는 그 첫번째 강의록으로서 1997년에 발간되었다.

그가 강의 준비를 위해 메모한 노트와 청강생들의 녹음에 의해 사후 17년 만에 세상의 빛을 보게 된 이것들은 엄밀하게 미공개된 원고의 출판이라고 할 수는 없으나, 매년 새로운 연구업적을 발표해야 하고 또 매번 강의 내용도 바뀌어야 한다는 콜레주 드 프랑스의 특이한 수업규칙 때문에, 본서의 내용은 그동안 출간된 그의 저서 중 어느것과도 내용상으로 중복되지 않는 특징이 있다. 따라서 그 강의에 직접 참석치 않은 거의 모든 이들에게는 전혀 새로운 내용의 책이라 할 수 있다. 마치 푸코가 다시 살아서 생생한 육성으로 읽는 이를 매료시키고 있는 듯하다.

푸코의 콜레주 드 프랑스에서의 강좌명은 〈사유체계의 역사〉였다. 이번 강의는 "사회를 보호해야 한다"라는 인종차별을 합리화하는 인종주의자들의 말을 푸코가 비꼬는 어조로 인용한 것이다. 그는 이 강의에서 권력관계를 분석하는 데 있어서 전쟁의 모델이 적합한지를 묻고, 앎과 권력의 관계에 대한 독특한 계보학에 따라 자신의 작업을 성찰해 나가고 있다.

東文選 文藝新書 147

모더니티 입문

앙리 르페브르

이종민 옮김

　우리들 각자는 흔히 예술이나 현대적 사상, 현대적 기술, 현대적 사랑 등등에 대해 언급한다. 관습과 오류에도 불구하고 모더니티라는 낱말은 자신의 위력을 상실하지 않았다. 그것은 광고와 선전, 그리고 새롭거나 새로운 것처럼 보이는 모든 표현으로 사용된다. 하지만 그것은 정확히 무엇을 의미하는 것일까?

　모호하지만 모더니티라는 이 낱말은 분석에 있어 두 가지 의미를 드러내고, 두 개의 현실을 은폐한다. 한편으로 그것은 다소 인위적이고 양식에 순응하는 어떤 열광을 지칭하며, 또 한편으로는 상당수의 문제와 가능성(혹은 불가능성)을 보여 준다. 첫번째 의미는 '모더니즘'으로 명명될 수 있고, 두번째는 '모더니티'로 이름 붙일 수 있다. '모더니즘'은 사회학적인 현상이다. 즉 나름대로의 법칙을 가질 수 있는 사회적인 의식의 행위인 것이다. '모더니티'는 나타나기 시작하는 비평과 명확히 규정할 수 있는 문제성에 결부된 개념이다.
　이 책이 포함하고 있는 12개의 전주곡은 '모더니즘'과 '모더니티' 사이의 변증법적 관계를 파악하기 위하여 그 두 단어를 구별하고자 노력한다. 그 전주곡들은 '모더니티'가 제기하거나, 혹은 오히려 '모더니티'가 덮고 있는 제문제를 정형화하면서 그 개념의 윤곽을 명확히 하고자 한다. 여기에는 소위 현대적인 우리의 사회에 설정된 것처럼 보이는, 실제와 사고에 대한 근본적인 이의를 반드시 동반하기 마련이다.

東文選 文藝新書 150

기호와 몽상

알프레드 시몽

박형섭 옮김

　기호와 몽상의 구체적 실현물인 연극과 축제는 오래 전부터 존재해 왔고, 인간의 삶과 깊은 관계를 맺고 있다. 삶이 있는 곳에는 언제나 크고 작은 축제가 있었으며, 이 축제 속에는 반드시 연극적 요소가 있었다. 저자는 축제와 연극의 뿌리가 생태적으로 같으며, 둘 모두 민중적 삶의 조건과 비극성에서 비롯했음을 강조한다. 또한 축제에는 진정한 창조정신이 깃들어 있다. 그것은 살아 있는 작품이며, 실제적인 행위인 것이다. 축제는 일상적 모임, 노동, 정치적 집회와도 무관하지 않다. 모든 회합은 연극성을 띠고 있으며, 모든 작업공동체는 창조적 도약으로 그 자체 속에 고유한 축제성을 지니고 있다. 축제 없이는 공동체도 없고, 공동체 없이는 축제도 없다. 한편 연극은 세계에 대한 설명이고, 우주를 해석하며, 인간조건을 풀어 주는 열쇠이다. 그래서 연극은 하나의 은유적 기능을 하는 것이다. 연극은 인간 자신에 대해 그리고 인간과 사회와의 관계를 표상한다. 모든 사람들은 배우로서 자신들의 역할을 살아 간다. 그의 의식의 프리즘은 사회를 스펙트럼처럼 분석한다. 또한 사람은 자신을 신성하게 만들어 주는 이미지를 찾아서 환각의 장소인 연극적 공간으로 들어가는 것이다. 사람은 연극에 의해 반사되고, 스스로의 이미지 속에 몰입한다.

　이 책의 주요 테마는 연극과 축제와 비극성의 동질적 관계를 밝히는 것이다. 저자는 연극의 죽음과 축제의 부재가 소외된 사회의 잔재가 아니라 오히려 소외가 이러한 죽음과 부재의 이중적 과정에 의해 정의된다고 강조한다.

　저자의 해박한 지식은 물론 그의 서술방법, 축제와 연극에 관한 시각 등이 매우 새로운 이 책은 축제와 연극의 상관성을 역사적·사회학적·미학적으로 분석한 본격 문화이론서가 될 것이다.